번역으로서의
동아시아

번역으로서의 동아시아

후나야마 도루 지음·이향철 옮김

한자 문화권에서의 '불교'의 탄생

BUTTEN WA DÔ KAN'YAKU SARETA NO KA

푸른역사

저자 범례

1. 설명은 읽기 쉽고 알기 쉬운 것을 기본으로 한다.
2. 번잡함을 피하기 위해 원문의 제시는 최소한에 그치고 주는 생략한다.
3. 산스크리트어와 팔리어의 로마자 표기는 장모음 기호(ā, ī, ū 등)나 반설음反舌音(ṭ, ḍ, ṇ, ṣ 등) 기타 발음 구분 부호diacritical mark의 표기를 포함해 현재 가장 표준적인 표기 방법에 따른다. 티베트어의 로마자 표기는 위리Wylie 방식에 따른다. 이러한 표기법의 설명은 이 책에서 다루지 않지만 산스크리트어나 티베트어의 초급문법서의 설명 내용과 같다.
4. 본문 중에 관련된 선행 연구에 대한 언급은 가능한 한 하지 않지만 문헌정보가 필요한 경우 괄호 ( ) 안에 간단하게 표기한다. 이 경우 원칙적으로 문헌정보만을 표기하고 쪽수는 생략하며, 꼭 필요한 경우 괄호 ( ) 안에 추가한다. 상세한 문헌정보는 권말의 참고문헌을 참조하기 바란다.
5. 이 책에서 '의역意譯'이라는 말을 두 가지 의미로 사용한다. 하나는 직역(축어역)의 반의어(대의어)로서 보다 전체적인 의미를 중시하는 자유역이라는 의미의 '의역'이다. 다른 하나는 음역의 반의어로서의 '의역'이다. 후자는 보통 말하는 번역과 같은 개념으로 '기점 언어'의 의미 내용을 '목표 언어'의 말로 바꾸어 표현하는 것을 뜻한다. 일반적으로 사전 등에서는 '의역'이라는 표제어에 첫 번째 의미밖에 제시하지 않지만, 두 번째 의미의 '의역'도 실제로는 사용되고 있다. 특히 한역 불전의 경우는, 음역의 반의어를 전통적으로 '의역義譯'이라고 부르고, '의역意譯'은 '의역義譯'의 현대어 표현으로 널리 사용한다. 이 책에서는 '의역意譯'을 두 번째 의미로 사용하는 경우가 많지만, 어느 쪽 '의역'인지 헷갈리지 않도록 표현 방식에 주의한다.
6. 원문 및 번역문 가운데 [ ]는 협주夾注(할주割注, 본문 중에 두 줄로 나누어 작은 글씨로 표기한 원주)를 나타낸다.
7. 원문 일부에 붙인 ' / '는 원문의 행 바꿈을 나타낸다.

옮긴이 범례

1. 일본어에서 한국어로의 번역은 직역(축어역)을 기본으로 한다. 다만, 한국어와 일본어만큼 다른 언어도 없으므로 의미가 통하지 않는 경우에는 전후 문맥을 고려하여 '의역意譯'도 가미한다.
2. 한국에서 통용되는 불교 관련 산스크리트어나 팔리어 등의 로마자 표기 및 발음 구분 부호는 통일되어 있지 않고 오류도 다수 보인다. 또한 한국어 표기도 국립국어연구소에 의한 기준이 마련되어 있지 않아 제각각 다르게 사용하는 사례가 많다. 따라서 여기서는 불전 번역이라는 관점에서 언어학적으로 범어나 기타 외국어 표기에 엄밀하게 접근하는 저자의 방침을 존중하여 그대로 따른다.
3. 번잡함을 피하기 위해 원문의 제시나 주를 최소한에 그친 저자의 의도에 반하여 한국어판에서는 사족이지만 불교나 불전을 잘 알지 못하는 국내 독자도 쉽게 읽을 수 있도록 약간의 옮긴이 주를 저자의 주와 구별하여 붙였다. 그러나 저자의 새로운 분석에 의해 지금까지 전거를 삼아온 국내외 저명 불교사전의 기술에 상당한 오류가 발견되고 있으므로 오해를 불러일으킬 소지도 있지만 이에 대한 책임은 전적으로 옮긴이에게 있고 저자에게는 미치지 않는다.
4. 주와 참고문헌 정리는 국내 독자들이 쉽게 찾아볼 수 있도록 알파벳순으로 정리하여 재배치했다. 이때 한국어로는 중국어, 대만어, 홍콩어의 발음은 구분하지 않지만 로마자는 다르게 표기하므로 국제적인 기준에 따른다.
5. 본문 중에 얼마 되지는 않지만 한국 독자들의 이해를 돕기 위해 저자의 기술에 더하여 사건의 연대나 인물의 생몰연대 등의 정보를 추가하여 설명할 경우 별도로 [ ]로 구분하여 표기한다.

한국어판 서문

이번에 저의 저서《번역으로서의 동아시아—한자 문화권에서의 '불교'의 탄생》(원제《仏典はどう漢訳されたのか—スートラが経典になるとき》東京: 岩波書店, 2013)이 한국어로 번역되고 출판 작업도 거의 마무리 단계에 들어섰다는 이야기를 듣고 기쁘게 생각합니다.

이 책의 의도에 대해 자세히는 1장에서 다루고 있으므로 읽어보시기 바랍니다. 저는 이 책에서 불전佛典의 한역漢譯을 다양한 각도에서 의의를 부여하는 것을 목적으로 했습니다. 일반적으로 불전의 한역에 대해 개설할 때, 한역의 여명기인 후한後漢 시대에서 이야기를 시작해 위진남북조魏晋南北朝 시대를 거쳐 수당隋唐의 융성기에 이르기까지 주요 한역자와 경전 이름을 드는 것이 보통입니다.

이와 관련된 사항은 이 책에서도 언급하고 있지만, 그것은 2장〈번역에 종사한 사람들—역경의 대략적인 역사〉에서 다루는 정도에 지나지 않습니다. 단순히 번역자의 이름과 번역된 경전의 이름을 드는 것만으로는 한역이라는 인류의 지적인 영위가 갖는 의의를 충분히 전달할 수 없습니다.

3장에서는 중국 불교의 주요 번역이론으로 이른바 '구역舊譯'의 대표로 5세기 구마라집鳩摩羅什의 주장을, '신역新譯'의 대표로 7세기 현장玄奘의 주장을 소개했습니다. 외국인 승려가 어려운 고전 한어를 어느 정도까지 읽고 쓸 수 있었는지에 대해서도 사료를 구체적으로 소개하면서 설명했습니다.

한역 불전과 대조해 보아야 할 문헌의 종류로 '위경偽經'이라는 것이 있습니다. 위경이란, 중국인이 한역인 것처럼 위작한 경전을 말합니다. 위경의 특징을 아는 것은 한역의 특징을 아는 것으로 연결됩니다. 이 문제는 5장과 6장에서 가능한 한 알기 쉽게 설명했습니다.

한역 경전은 유교 경전이나 일반 역사서와는 완전히 다릅니다. 난해한 용어와 문법의 표현이 넘쳐나고 있습니다. 7장에서는 어휘와 어법에서 본 한역 불전의 특징을 다루었습니다. 한역 과정에서 처음으로 만들어진 한자도 존재합니다.

8장은 현대사상의 번역이론에서 종종 다루어지는 번역 가능성과 번역 불가능성이라는 시점에서 한역자가 번역 불가능한 내용을 어떻게 다루었는지를 설명했습니다. 불전에 많이 사용되는 '음역', 이른바 '음사어音寫語'의 특징에 대해서도 설명했습니다.

불전을 손에 들고 읽는 사람이라면 누구나 한역의 중요성과 고귀함을 알 것입니다. 그러나 한역의 역사는 길고, 분량도 엄청나기 때문에 지금까지 한역의 역사와 특징을 총체적으로 설명해주는 책은 세계 어느 나라에도 존재하지 않았습니다. 이 책은 분량은 얼마 되지 않지만 한역의 의의를 가능한 한 다양한 각도에서 다루는 새로운 시도입니다. 여러분에게도 부디 새로운 발견이 있기를 기원합니다.

2016년 8월
교토에서 후나야마 도루

머리말

동아시아에서의 불전

한역漢譯 불전佛典은 인도 말을 한문으로 번역한 불교경전이다. 인도 문명과 중국 문명이라는 거대한 두 문명의 접촉과 융합의 소산이라고도 할 수 있는 불전의 한역에 대해 그 특징과 의의를 이야기해보고자 한다.

불전의 한역이라면, 당연히 내용은 불교이고, 사용된 언어는 한문이다. 불교에 대해서는 좋든 싫든, 믿든 안 믿든, 아시아에 거주하는 사람이라면 누구나 어떤 이미지를 갖고 있을 것이다. 최근에는 인기가 시들었지만 한국이나 일본 사람이라면 누구나 한 번쯤 한문을 배웠을 것이다. 따라서 많은 사람이 틀림없이 불전의 한역에 대해서 다양한 안내서가 수없이 나와 있을 것으로 생각한다. 실은 그렇지 않다. 인도·중국·한국·일본 불교사 개설이나 쉽게 해설해놓은 저술은 분명히 있다. 그러나 불전 번역의 역사를 정면으로 다룬 개설서는 예상외로 적다.

이는 한국어와 일본어만의 문제가 아니라, 영어 또는 기타 유럽어의 경우도, 중국이나 타이완에서 출판된 중국어의 경우도 마찬가지다. 물론 전문가가 종종 인용하는 초시봉曹仕邦의 《중국불교역경사논집中國佛敎譯經史論集》(Tso 1990)과 같은 뛰어난 연구는 있다. 그러나 그것은 논문집이지 통사적 개설서가 아니다. 그 밖에도 연구는 많으나 개별 주제나 문헌만을 다루든가 혹은 누가 무엇을 번역했다는 고유명사의 나열을 주된 내용으로 하는 너무 전문적인 것이 대부분이다. 이처럼 불전 번역의 역사나 특징을 문화사적인 측면까지 포함해 다룬 연구는 동서를 불문하고 예상했던 것보다 그 양이 적다.

그런데 한역의 특징은 한역만을 두고 살펴보면 반대로 알 수 없는 부분도 있다. 다시 말하면, 한역의 바탕이 된 인도 원전과의 비교나, 티베트어역 등 다른 언어 체계로의 번역 상황에 비춰보아야 비로소 알게 되는 면도 있다는 말이다. 필자는 이들 모든 언어에 충분히 정통한 것은 아니지만 한역 불전을 인도와의 관계에서 파악하고자 한다. 역량은 부족하지만 중인中印 연구Sino-Indian studies의 관점을 중시하면서 전문가가 아닌 일반인도 읽을 수 있는 불전의 한역에 대한 책을 한 권 쓰고 싶다고 생각한 것은 이러한 사정에 기인한다.

두 가지 시점

이 책에서 왜 불전의 한역을 다루는지, 그리고 한역을 어떻게 다룰지에 대해 내 관심사가 무엇인지 이야기하고 들어가겠다. 중국을 중심으로 하는 동아시아의 한자 문화권에서 한역된 불전을 다루고자 할 경우, 크게 두 가지 방향으로 나누어볼 수 있다. 하나는 동아시아의 역사·사상사·문화사 연구에서 불교와 불전 한역을 자리매김하는 시점이다. 다른 하나는 인간의 지적 영위로서의 번역사에서 불전의 고전 중국어역이 갖는 특징이다. 전자는 역사·사상사 연구로서의 불교 및 불교 번역사에서 바라본 한역의 의의이고, 후자는 현재의 실천적인 통역의 바람직한 모습과도 깊게 결부된 이른바 번역학translation studies의 관점에서 본 한역 불전의 의의다.

불교는 종합적인 문화 체계

먼저, 첫 번째 시점에 대해 간단히 언급하겠다. 인도에서 발생한 불교는 몇 세기 지난 기원 전후 무렵 중국에 전래되었다. 중국 문화에 도입된 불교는 한자라는 옷을 입고 한자를 사용하여 인도의 가르침을 표현하는 독특한 문화 접촉을 실현했다. 또 몇 세기에 걸쳐 독자적인 발전과 함께 중국적 변용을 거듭하여, 원래 외래 문화였던 불교는 중국 문화 그 자체의 피가 되고 살이 되어갔다. 중국 문화는 불교를 빼놓고는 이야기할 수 없는 것이 되었다. 그뿐만 아니라 한자로 기록된 불교는 동아시아 전체로 퍼져나가 동쪽 맨 끝의 일본을 포함한 한자 문화권에서 각 문화의 중요한 일부로서 '혈육화血肉化'되었다. 이른바 한자 문화권에서의 불교의 탄생이다.

다만 불교가 전파된 동아시아 지역에서 문화 중심부까지 파고들었나 하면 대답은 미묘하다. 어느 의미에서 불교는 끊임없이 아웃사이드적인 위치를 지켰다고도 할 수 있다. 고국 인도에서조차 불교는 정통 브라만교에 대한 안티테제의 역할을 수행했고, 항상 그 정통과 대립·긴장·융화를 꾀하면서 계승되었다. 이와 마찬가지로 중국에 전파된 뒤에도 불교는 서방 외래문화로서, 유교 문화와 양립할 수 없는 오랑캐 사상으로 도입되어, 전통문화와 모종의 긴장 관계 내지 타국성

他國性을 풍기면서 동아시아 한자문화 중심 지점에서 약간 벗어난 곳
에 자리하였다. 그러면서 기원후 중국 문화의 중요한 지주의 하나로
존속하며 지금에 이르기까지 2천여 년의 세월이 흘렀다.

한자 문화권에서 불교가 얼마나 깊게 뿌리 내리고 있는지는 여러
말이 필요 없다. 그런 의미에서 불교를 종교로 규정짓는 것은 오히려
그 본질에 맞지 않는다. 하지만 정말로 불교는 종교가 맞다. 애당초
영어 'religion'의 번역어인 '종교宗敎*라는 말이 없던 시대에 불교는
종교인 동시에 사상·철학·학문이요, 생활태도·사고방식이었다. 굳
이 극단적으로 말하면 불교는 문화 그 자체였다. 7장에서 후술하겠
지만, '탑塔'이나 '마魔', '바리鉢'** 등이 가리키는 사물뿐만이 아니라
이들 한자 그 자체가 불교 전래 이전에는 존재하지 않았다. 이 단어
들이 불전 번역 과정에서 만들어진 새로운 한자라는 사실은 불교가
얼마나 한자 문화권의 깊숙한 곳까지 영향을 미쳤는지를 생생하게
보여주는 한 사례다. 또한 일본어 50음표가 그 명확한 기원이나 발상
의 양상은 제쳐놓고라도 불교와 함께 발달한 인도의 문자학인 실담
학悉曇學***의 산물임을 아는 독자도 많을 것이다(Mabuchi 1993). 어린
이 학습용으로 일본 가나 47자를 한 번씩 사용하여 만든 〈이로하 노

---

* '종교'라는 말은 1881년 일본 최초의 철학사전 《철학자휘哲學字彙》에 'religion'의 번역어
로 실리고 그 후 중국에 역수출되어 널리 사용되었다(이하 *는 저자주 또는 원문주로 특별
히 명기하지 않은 한 모두 옮긴이 주).
** 불교 승려들이 탁발할 때나 평상시 공양(식사) 때 쓰는 원형 밥그릇을 일컫는 말이다. 범
어 파트라patra의 한자 음역어 '발다라鉢多羅'의 약칭으로 '바리때', '발우鉢盂', '바루'라고
도 한다.
*** '실담悉曇'은 성취나 길조를 의미하는 범어 싯담siddaṃ의 음역인데 본래 범자의 모음 12
자와 자음體文 35자로 구성된 자모표 앞부분에 이 말을 쓴 데 유래하여 인도의 문자학을
'실담학'이라 한다.

래 いろは歌〉*가 불교 사상과 관계있는 것도 잘 알려져 있다.

　바꿔 말하면, 그 옛날 아시아 도처에서 불교는 인생의 지침을 사람들에게 제시했다. 선이란 무엇이고 악이란 무엇인가, 무엇을 해야 하고 해서는 안 되는가를 가르치고, 때로는 눈에 보이지 않는 대상에 대해서도 논하고 보이지 않는 것에도 영향을 미치는 힘을 주는 가르침으로 사회 가운데 살아 있었다. 또한 문학이나 미술을 낳고 현실사회에서 때로는 정치를 좌우하기도 했다. 나아가 불교는 과학 사상이기도 하였고 구체적인 사물에도 영향을 미쳤다. 의자에 앉는 풍습도 차를 마시는 것도 본래 인도에서 중국으로 전래된 문화다. 설탕도 서역西域에서 들어온 물품이다. 목욕이나 화장실 등의 위생적인 면도 불교의 율律에 기초한 것이 많다. 예를 들면 지금의 칫솔에 해당하는 치목齒木을 사용하는 습관은 인도에서 기원한 것이라고 해도 좋다.

　놀랍게도 불교에는 '극미極微'**로 불리는 원자이론도 있고, 수미산須彌山 세계***나 삼천대천三千大千 세계**** 등의 표현으로 알려진 독자적

---

* 《열반경涅槃經》에 나오는 "諸行無常 是生滅法 生滅滅已 寂滅爲樂"이라는 구절을 "꽃은 곱게 물들어도 지고 마는 것을(色は匂へど散りぬるを) 우리가 사는 세상 누군들 영원하리오(我が世誰ぞ常ならむ). 덧없는 인생의 깊은 산을 오늘도 넘어가네(有為の奥山けふ越えて) 헛된 꿈꾸지 않으리 취하지도 않으리(浅き夢見じ酔ひもせず)"로 의역한 것이다.
** 범어 paramanu의 의역으로 그 이상 나눌 수 없는 최소의 존재를 의미한다.
*** 불교는 세계의 중심에 수미산須彌山(범어 Sumeru의 음역)이 우뚝 솟아 있고 그 꼭대기의 궁전에 불법의 수호신인 제석천帝釋天이 군림하고 중턱에는 사천왕四天王이 살며 이에 시중을 들고 있으며, 수미산 주변에는 동심원상으로 일곱 겹의 산이 에워싸고 그 바깥의 동서남북에 인간이 사는 섬부주贍部洲를 포함한 4대주가 펼쳐지고 그 외곽을 철위산鐵圍山이 감싸고 있다는 독자적인 우주관을 가지고 있다.
**** 한 사람의 부처가 교화하는 세계를 말하는데, 수미산, 일월, 4대주, 상천上天을 하나의 세계로 하여 이를 천 개 모은 것을 소천小千 세계, 그것을 천 개 모은 것은 중천中千 세계, 나아가 중천 세계를 천 개 모은 것을 삼천대천三千大千 세계라고 한다.

인 우주이론도 가지고 있다. 요컨대 불교는 단순히 종교라기보다 하나의 커다란 종합적 문화 체계였다. 실제로 불교는 종교이지만 동시에 신앙이나 이론, 사상을 넘어선다. 불교는 다양성을 품은 종합 문화인 것이다.

이렇게 말하면, 종합 문화로서의 불교는 사회 구석구석까지 계속 확산되어가는 방향성만을 가리키는 것으로도 보이지만 그렇지 않다. 불교에는 이른바 핵이 되는 부분이 있다. 그것은 교설敎說이다. 교설은 '대장경'이나 '일체경一切經'으로 불리는 불교 총서로 만들어졌지만, 그런 중국 불교 문헌 가운데 가장 핵심은 인도에서 전래된 텍스트를 한문으로 번역한 경전이다. 이른바 한역 경전, 바로 이것이 불교의 중심을 형성하고, 여기에서 나온 모든 불교적인 사상事象이 사회 구석구석으로 확산되어 영향을 미쳤다. 불교 종합 문화의 핵심은 교설에 있고, 그것을 기록한 한역 경전이 가장 중요한 위치를 차지한다.

번역학과 불전의 한역

한역에 관한 다른 하나의 시점은, 그것을 인류의 다양한 번역 활동 가운데 하나로 파악하여 특징을 찾는 것이다. 이것은 번역학과 관계된다. 그러나 이 책에서 시도하려는 것은 번역학의 일환으로 불전의 한역을 논하는 것이 아니다. 필자에게는 그럴만한 역량이 없다. 오히려 지금까지 번역학에서 불전의 한역이 충분히 다뤄지지 않은 사실 그 자체를 감안하여, 불전 번역의 역사와 이와 관련된 여러 사상事象을 소개해두는 것이 의의가 있다고 생각한다.

다만 필자는 번역학의 역사나 최신 사정에 어둡고 일본어나 일부 영어 자료를 학습한 일이 있을 뿐이므로 번역학을 종합적으로 평가할 입장에 있지 않다. 그러나 지금까지 알게 된 사실로 미루어 볼 때, 현대 번역학은 다양한 분야에서 실제로 이루어지고 있는 통역의 이론화라는 시점과 관계하고, 그 때문에 주된 과제는 현실적인 번역과 통역의 기술이나 이론과 관련된 사항이다. 또한 그 배후에 있는 역사로서 과거 유럽의 번역론도 다루는 학문 분야라 해도 좋지 않을까 생각한다. 그 경우 번역의 역사로서 종종 다루어지는 사항은 그리스 고전의 번역과 성경의 번역, 그리고 근현대의 번역론이다. 그리스 고전의 라틴어 번역에 관해서는 기원전 1세기의 키케로, 성경 번역에 대해서는 교회 공인 라틴어역 성경을 완성한 4~5세기의 성聖 히에로니무스, 근현대의 번역론으로서는 17세기 말의 존 드라이덴에 의한 번역의 세 분류, 19세기 초의 프리드리히 슐라이어마허의 강의록 〈번역의 다양한 방법에 대해〉(1813), 발터 벤야민(1892~1940)의 〈번역자의 과제〉 등이 특히 유명하고, 관련 논고에서 많이 거론 소개되고 있다.

　　이에 대해 한자 문화권의 번역사는 번역학에서 아직 제대로 자리매김 되어 있지 않은 것처럼 보인다. 물론 필자의 무지에 의한 것일 수도 있지만, 예컨대 모나 베이커Mona Baker가 엮은 《라우트릿지 번역학 백과사전Routledge Encyclopedia of Translation Studies》(1998)에 불전 한역사의 해설은 불과 두 쪽, 더구나 그 기술에는 불전 한역의 역사를 전문으로 하는 사람이 보면 기이한 부분도 없지 않다. 현대 번역론은 불전의 가치는 인식하고 있지만 구미 언어로 쓰인 연구 논문 등이 충분하지 않은 탓인지 올바른 식견에 기초하지 않은 부분도 있다. 소개되는 내용은, 예컨대 이 책 4장 끝부분에 나오는 '문文'과 '질質'

의 문체 문제, 즉 '번역인 이상 본래 의미를 다소 훼손해도 중국 사대부의 품격에 맞는 명료한 표현으로 할 것인가(文),' 아니면 '난해해도 중국어로 본래 의미를 정확하게 살려 표현할 것인가(質)' 하는 문체논의 등에 시종하는 것 같다. 바꿔 말하면, 키케로 이래 구미의 번역이론사와 비교하여 불전 번역은 분량 면에서 성경의 번역을 훨씬 넘어서는데도 한역에는 주목하지 않은 것이 현실이다. 그 이유는 번역학 자체가 구미 언어권에서 발생했다는 사정도 관계한다. 네덜란드 레이덴대학의 중국학 교수를 역임한 에리크 쥐르허Erik Zürcher의 《불교의 중국 정복*The Buddhist Conquest of China*: *The Spread* and Adaptation of Buddhism in Early Medieval China》(1959)에 언급된 현대 번역론도 있다. 이 작품은 매우 뛰어난 연구서지만 애석하게도 다루는 시기가 4세기 말에서 시작해 5세기 초에서 끝나고 만다. 그래서 5세기 초에 획기적인 족적을 남긴 서역 승려 구마라집Kumārajīva(鳩摩羅什, 약 350 경~409경)의 번역 작업에 대한 분석은커녕 이에 대한 언급조차 충분치 않고, 하물며 당대 초기의 승려 현장玄奘은 완전히 대상 밖이었기 때문에 에리크 쥐르허의 책으로는 불전 한역 역사의 전모를 알 수 없다. 이런 배경에서 여기서 불전 번역의 역사나 특징을 1차 자료에 입각해 소개하고, 과거 역사적 사실과 사료를 구체적으로 제시하는 것은 의미가 있을 것이다.

이상에서 언급했듯이, 이 책은 동아시아 한자 문화권의 문화를 구성하는 중요한 주축의 하나로서 불전 번역의 역사를 가능한 한 다각적으로 소개하는 것에 주안점을 두고, 나아가 장래 번역학과의 연대를 어떤 형태로든 도모하기 위한 소재를 제공한다는 두 가지 사항을 목적으로 한다. 이 가운데 필자가 주안점을 두는 것은 첫 번째 사항이다.

 두 번째 사항에 대해서는 중요성을 의식하면서도 이 책에서는 굳이 번역학과 관련된 용어를 사용하지 않고 '전문용어'가 아닌 일반적 용어, 혹은 중국 불교사에서 1차 자료가 실제로 사용하는 용어를 써서 설명하기로 한다. 그 이유는 번역학의 전문용어는, 예컨대 '등가 equivalence'라는 말 하나만 들어보아도, 구체적으로 누구의 이론을 따르는지에 따라 그 의미가 상당히 달라지기 때문이다. 또한 그 이상으로 불전 한역이라는 지적 행위가 현대 번역론이나 그것이 바탕으로 하는 구미 중심의 시선과 반드시 꼭 맞아떨어지지 않는 경우가 많아서 과거 불교사를 현대이론의 전문용어로 객관적으로 알맞게 설명하는 것이 곤란하기 때문이다. 이 책의 기술이 처음부터 끝까지 현대적 이론으로 무장한 서적에 익숙한 독자에게는 하품이 나올 정도로 평범하고 특징 없는 설명으로 이어질지 모른다. 하지만 색다른 것을 내세워 사람의 관심을 끌려 하거나 무리한 시도도 하지 않고, 현대와는 선을 긋는 고전의 현실과 1차 문헌이 말해주는 내용에 입각해 무엇을 말할 수 있는지 없는지를 설명하는 데 노력을 기울이고 싶다.

차례

[그림 1]
중국으로의 불교 전래 경로

[그림 2]
인도 서역

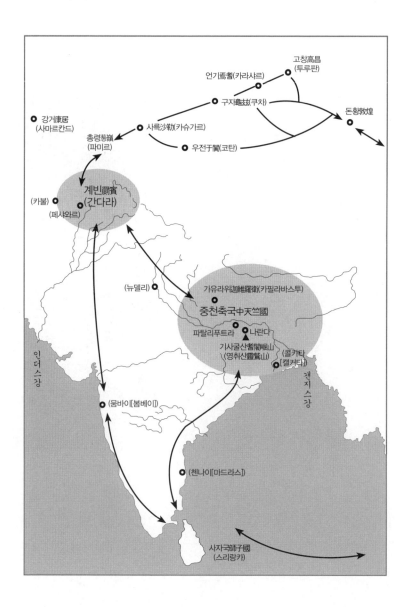

[그림 3]
중국 남북조시대

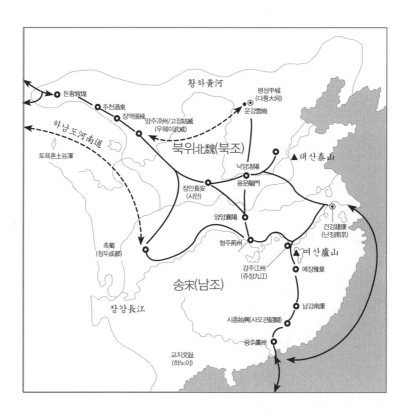

1

한역
세계로의
초대

인도 그리고 중국으로 ⋮⋮⋮⋮⋮⋮⋮⋮

이 장은 한역에 관한 구체적인 몇 가지 논점에 들어가기 위한 서장이다. 즉, 불교 경전이란 무엇인가, 인도 말을 중국 말로 번역한다는 것은 요컨대 무슨 말을 무슨 말로 옮기는 것인가, 그리고 한역의 역사적 실태를 알기 위한 기본적인 사료에는 무엇이 있는지 등을 설명해두고자 한다.

범어 등의 인도어

불전의 한역이란 불교의 가르침을 어느 원어에서 한문으로 번역하는 것이다. 이 경우 한문은 한어漢語, 보다 엄밀하게 말하면 문장어로서의 고전 한어(Classical Chinese, 고전 중국어)이다. 한편 불교의 원어는 구체적으로 무엇을 가리키는 것일까. 불전의 경우, 약간의 예외를 제외하면 한어로 번역되기 이전 원전의 언어는 인도의 언어로 '인도어

Indic languages'로 총칭할 수 있다. 영어로 '인도'라는 단어의 형용사는 일반적으로 'Indian'으로 '인도의, 인도인의'와 같은 의미다. 그런데 'Indic'이라는 형용사는 특히 인도유럽어족에 속하는 '인도어(인도-아리아어)'에 관련된 의미로 사용한다.

한역 불전의 원어인 주요 '인도어'로는 산스크리트어Sanskrit(梵語), 팔리어[Pāli], 간다라어[Gāndhārī], 그리고 나중에 다룰 불교 혼성 범어 [Buddhist Hybrid Sanskrit]를 들 수 있다. 몇몇 예외는 있지만 대체로 이 네 종류의 말이 인도 불교의 원어. 이 언어들은 각기 다르지만 모두 같은 계통(어족·어파)에 속하는 것으로 '인도어'라고 총칭할 수 있다. 이 가운데 가장 중요하고 역사적으로도 주류를 이루는 언어는 산스크리트어. 산스크리트Sanskrit는 '완성된 (말), 세련된 (말)'을 뜻하는 'saṃskṛta'라는 말의 현대어 표기다. 산스크리트어는 인도의 규범적인 언어*이고 학술 언어의 역할을 해왔다. 유럽 역사에서 라틴어가 해온 것과 같은 역할을 수행했다고 보면 된다.

인도유럽어족에 속하는 산스크리트어에는 명사·형용사 등의 격 변화와 동사의 활용형, 시제, 태(수동·능동) 등이 자세하게 규정되어 있다. 예를 들면, 항아리를 의미하는 남성 명사 '가타ghaṭa'의 경우, 단수형·쌍수형·복수형의 구별이 있고, 단수형의 격 변화는 다음과 같다.

---

* 언어학에는 '언어의 있는 그대로의 모습'을 기록하거나 그 체계를 다루는 '기술description', '기술 문법descriptive grammar'이라는 개념과, '언어란 이래야 한다는 본연의 모습'을 규정하거나 그 체계를 다루는 '규범prescription', '규범 문법prescriptive grammar'이라는 개념 구분이 있다. 인도 고어에서 산스크리트어를 '규범적인 언어'라고 한다면, 일상적으로 널리 사용되고 있던 프라크리트어Prakrit는 '기술적인 언어'다.

주격nominative	~ (은)는	가타스ghaṭas
호격vocative	~ (이)여!	가타ghaṭa
대격accusative(직접목적)	~ (을)를	가탐ghaṭam
여격dative(간접목적)	~ 에, 으로, (을)를 위해	가타야ghaṭāya
구격instrumental	~ 에 의해	가테나ghaṭena
탈격ablative	~ 에서, 로부터, 에 입각해	가타트ghaṭāt
속격genitive(소유격)	~ 의, 에 속하는, 에 관한	가타스야ghaṭasya
처격locative(위치격)	~ 에	가테ghaṭe

이와 마찬가지로 명사의 쌍수와 복수, 나아가 동사 등에서도 세세한 어형 변화가 일어난다. 고대 굴절어를 대표하는 언어 가운데 하나인 산스트리트어의 이런 특성을 고립어인 중국어(고전 한어)로 옮기는 것은 문자 그대로 전혀 다른 언어로 번역하는 작업이었다.

이외에도 인도 고어에는 산스크리트어와 대비해 '일상적으로 널리 사용되는 자연적인 (언어)'를 의미하는 '프라크리타prākṛta'에 바탕을 둔, 이른바 '프라크리트Prakrit'로 불리는 여러 언어가 있다. 언어학에서는 중기 인도어Middle Indic나 중기 인도-아리아어라고 부르기도 한다. 산스크리트어가 문법적으로 세련되고, 완성된 언어인 데 비해 프라크리트어는 자연 언어다.

불전에 사용한 프라크리트어의 대표로 팔리어Pāli가 있다. 이것은 스리랑카 상좌부上座部* 등 해로를 통해 동남아시아로 전래된 불교의

----

* 팔리어 '테라바다Theravāda'를 한역한 것으로 '테라thera'는 출가한 지 오래되어 '상좌'에 앉는 교단의 장로를 가리키고, '바다vāda'는 '이야기하다'를 뜻하는 동사의 어간 vad-의 파생 명사형으로 '교설, 강론' 등을 말한다. 따라서 상좌부란 '교단의 장로에 의해 계승되어 온 불교의 전통적 교설'을 의미한다. 한국에서는 이를 일반적으로 '소승불교小乘佛敎'로 부르고 있으나 대승불교측이 상좌부 불교를 자기구제만을 생각하고 남을 돌보지 않는다고 멸시적인 뉘앙스가 포함하여 가리키는 표현이므로 세계불교도회의에서는 이 말을 사용하

성전을 기록한 언어다. 예를 들면, 남북조시대 남제南齊에서 번역된 계율 관계 주석서 《선견율비바사善見律毘婆沙》는 [인도 마가다국 Magadha 출신 학승] 붓다고사Buddhaghosa가 팔리어로 펴낸 《사만타 파사디카Samanta-pāsādikā》에 대응한다. 또한 불교의 개조인 석가모니 Śākya-muni(석존釋尊, 가우타마/고타마 싯다르타)의 말은 갠지스강 일대 에서 사용되던 고대 마가다어Māgadhī였던 것으로 추정되며 이 역시 프라크리트어의 하나다.

간다라어도 프라크리트 어군에 포함된다. 인도 문명권의 서북 변경 간다라를 중심으로 하는 지역의 언어는 현재 간다라어Gāndhārī로 불리며, 인도어 중에서도 문법이나 음운 체계에 특색이 있는 것으로 알려져 있다. 간다라국의 수도는 현재 지명으로는 파키스탄 공화국 의 페샤와르에 해당하는 푸루샤푸라Puruṣapura였다. 본래의 간다라는 페샤와르 분지, 즉 페샤와르 주변의 비교적 한정된 지역이지만, 그것 을 포함한 넓은 지역으로서 서로는 현재 아프가니스탄 카불을 넘어 더욱 서쪽으로 나아간 바미얀* 주변까지, 동으로는 페샤와르보다 동 쪽에 있는 탁실라나 그곳으로부터 북동에 위치한 길깃 주변까지의 넓은 지역을 '광역 간다라Greater Gandhāra'라고 부르는 경우도 있다.

한문 사료의 경우, 예를 들면 양梁의 혜교慧皎가 편찬한 《고승전高僧 傳》에서는 간다라 일대를 계빈罽賓이라 부르는 경우가 많다. 3~5세기

지 않기로 결의한 바 있다.
* 아프가니스탄 중부의 힌두쿠시 산맥에 위치한 바미얀 지역에는 쿠샨 왕조 이래 동서 문 명의 융합을 보여주는 인류 문명의 위대한 유산으로 각각 높이 55미터와 38미터에 이르는 세계 최대 석불 입상을 포함하여 천 개가 넘는 석굴 사원 유적이 있었다. 2001년 극단적인 이슬람 원리주의 세력인 탈레반이 공공연하게 이를 파괴함으로써 온 세계에 충격을 안겨 주었다.

무렵 중국에서 활약한 인도계 불경 번역 승려 중에는 계빈 지방에서 온 사람이 많다. 계빈은 본래 음운상으로는 캐시미르에 대응한다고 하는데 시대에 따라 그것이 가리키는 실제 지역은 바뀌었다. 특히 육조시대 불교 문헌의 경우, 계빈이 간다라를 가리키는 확실한 사례가 있음을 논증한 자료로 구와야마 쇼신桑山正進의 연구가 있다(Kuwayama 1990). 그 후 계빈이 간다라를 포함한 캐시미르의 역어로 사용된 예도 무시할 수 없음을 재입증한 에노모토 후미오榎本文雄의 연구(Enomoto 1993)도 중요하다. 간다라어의 음운적 특징을 정확하게 기술하는 것에 필자가 능숙하지는 않지만, 팔리어 등의 프라크리트어에서는 s(치음dental의 치찰음 '스'), ś(구개palatal의 치찰음 '슈'), ṣ(설전음 retroflex의 치찰음 '슈')의 음이 구별되지 않는 데 비해 간다라어에서는 이 구별이 범어와 마찬가지로 유지되는 등 일반 프라크리트어(중기 인도어)와는 다른 음운론을 가지고 있다고 한다. 2~4세기 무렵 한역된 불전에는 간다라어의 영향을 보여주는 사례가 많이 있다는 것도 최근 밝혀지고 있다.

　이밖에도 인도 불교의 언어로서 널리 사용되는 것에 현재 불교 혼성 범어, 즉 Buddhist Hybrid Sanskrit라고 불리는 것이 있다. 불교 잡종 범어라고도 한다. 이것은 산스크리트어와 프라크리트어의 중간 형태이고 문법이나 음운이 흐트러진 산스크리트어다. 인도 불전의 경우, 철학적인 논서는 정통 산스크리트어로 기록되어 있지만, 대승경전大乘經典의 현존 사본에는 종종 불교 혼성 범어로 쓰인 것이 보인다. 석가모니 생전이나 입적한 지 얼마 안 된 초기 불교시대에 불교도는 그 지방의 말로 포교하고 있었는데, 그 후 성전을 범어로 표기하는 '산스크리트화Sanskritization'로 불리는 움직임이 생겼다. 그러나 불전의 일부에는 본래의 프라크리트어 계통이 잔존한 채로 '산스크리트화'가 이루어지는데 그런 불전 특유의 말을 불교 혼성 범어라고 부르는 것이다.

종래의 해설에는 한역의 본래 원전은 산스크리트어에서 복수의 중앙아시아어로 번역을 거친 것, 말하자면 한역된 많은 불전은 중앙아시아어로부터의 중역이었다는 주장도 있으나 이것은 전혀 맞지 않는 이야기다. 인도어에서 중앙아시아 언어로 번역된 경전을 한역한 예도 전혀 없는 것은 아니지만 오히려 이러한 경우는 예외적이고 한역은 대부분 직접 인도어에서 옮긴 것이다. 다만 원전은 인도어라도 그것이 꼭 범어였다고는 할 수 없지 않느냐라고 하는 경우이다. 설령 한역한 것의 원전이 중앙아시아 언어로 쓰여 있고 거슬러 올라가면 인도어에 도달한다 해도, 그 경우 한역의 원전은 중앙아시아의 텍스트이고 그 한역이 간접적으로 의거한 인도어 문헌을 한역의 원전이라고 할 수 없다.

앞으로 이 책에서 산스크리트어를 지칭할 때 약간 긴 표기 대신에 한자 두 글자로 '범어梵語'라고 표기하고, 범어나 팔리어, 간다라어 등 인도계 언어를 총칭할 때 '인도어'라고 표기하기로 한다. 범어란 중국 불교에서 산스크리트어를 만든 것이 범천梵天(브라흐마Brahmā의 신)이라는 전승에 입각하여 붙인 전통적 호칭이다.

한역과 티베트어역

한역과 아울러 중요한 불전 번역에 범어의 티베트어역이 있다. 따라서 한역을 티베트어역과 대비해 보는 것도 한역의 특징을 아는 데 어느 정도 유용할 것이다.

티베트어역은 종종 범어 원전에 지극히 충실한 번역이라는 이야기를 듣는다. 범어와 티베트어역의 명확한 대응 관계를, 티베트어역을 읽는 데 익숙해진 사람 중에는, 때로는 티베트어역을 통해 범어 원문이 마치 투명하게 비쳐 보이는 것 같다고 표현하는 사람도 있을 정도다. 티베트어역이 범어 원전과 상당할 정도로 일치하는 데는 이유가 있다. 다양한 분석이 있을 수 있지만 여기서는 특히 두 가지 점에 주목하고자 한다. 첫째는, 티베트는 자신들의 문자를 범어계의 문자를 모방하여 만들고, 스스로 어휘나 어조사(후치사)의 사용법을 정리하여 범어의 어휘나 격 변화, 접두사 등과의 대응 관계를 명확히 정함으로써 범어의 원활한 번역을 용이하게 하는 자국의 언어 체계를 구축한 것이다. 티베트는 814년 티데 송첸 왕 시대에 국가사업으로서 번역 용어의 통일을 도모하고 《번역명의대집翻譯名義大集(*Mahāvyutpatti*)》이나 《이권본역어석二卷本譯語釋》으로 대표되는 범어와 티베트어역의 대조를 체계적으로 확립했다. 티베트어는 범어와 같은 굴절어가 아닌데도 우수한 인도 문화와 범어 문헌을 받아들이기 위해 자신들 언어를 범어와 대응시키는 작업을 했던 것이다.

오해의 여지가 있지만, 범어와 티베트어와의 관계는 어느 면에서 한문과 일본어 훈독의 관계와 비슷한 데가 있다. 일본인은 한문을 자기들 언어 체계 가운데 넣어 사용하기 위해 그것을 일본어 방식으로 읽어내는 정확한 훈독법을 체계화하여 어느 정도까지 기계적인 훈독을 가능하게 했다. 훈독으로부터 본래의 한문을 재구성하는 것도 거의 가능할 정도다. 마찬가지로 티베트어로부터도 그 바탕이 된 범어의 단어를 어느 정도 높은 확률로 상정해내는 것이 가능하고, 완전하지 않지만 문장이 아닌 단어 차원이라면 어느 정도 원어를 복원하는 것도 불가능하지 않다. 원어 복원 가능성이 높다는 점에서 한문의 훈독과 범어의 티베트어역에는 공통점이 있다고 할 수 있다(다만 티베트어역은 확실히 번역이지만 한문의 훈독이 과연 번역인가라는 문제에서 출발하여 한역과 티베트어역 간에는 공통점과 함께 차이점도 많지만 여기선 깊이 들어가지 않는다).

티베트어역과 범어 원전의 일치도가 높은 또 다른 이유는, 티베트어역이 대부분 9세기나 그 후의 번역이고 현존하는 범어 사본도 오래된 것이 얼마 되지 않고 대체로 10세기 이후의 것이라는 점이다.

불전 한역의 경우는 어떤가. 한역은 위에서 두 가지 면으로 살펴본 티베트어역의 경우와 크게 다르다. 첫째로 중국에서는 불전을 번역하기 위해 자국의 문자나 문법을 인도에 맞추는 일 따위는 하지 않았다. 범어에서 티베트어로 번역할 때와는 달리 한역의 경우는 인도의 대문명을 그것과 전혀 다른 중화의 대문명으로 번역하는 것을 의미했다. 다만 대국적으로 보면 불전의 전래로 인해 중국어는 원칙적으로 변하지 않았지만, 보다 국지적·개별적인 데로 눈을 돌리면 불전 한역의 영향을 받아 어쩔 수 없이 중국어가 변화를 겪게 되는 면도 적지 않았다. 이 문제는 7장에서 다룰 예정이다.

둘째로, 한역의 성립 시기도 티베트어역과 많이 다르다. 2장 앞부분에서 서술하겠지만 최초의 한역은 전설상 기원 1세기에 이루어진 것으로 되어 있어 신빙성에 문제는 있지만, 실제로 2세기 중엽에 시작된 것은 확실하다. 이것은 인도에서 대승 불교가 성립되고 나서 얼마 안 있어 중국에 불교가 전래된 것을 의미한다. 티베트로 불교가 전파된 것보다 500~600년은 빠르다. 티베트에 불교가 전래되었을 무렵 인도 불교는 이미 상당히 정비되고 일종의 도태가 이루어진 다음이었다.

이에 대해 한역의 바탕이 된 원전은 인도 불교가 시시각각 생성되고 있던 생생한 상태를 보여주는 경전이며, 그것이 도태나 정리를 거치지 않고 그대로 중국으로 흘러들어온 것이다. 그 때문에 후대 인도 불교에서 소실되고 만 도중의 과정이 마치 화석처럼 한역 불전 가운데 보존되어 있는 경우가 있다. 그래서 한역 불전은 현존 범어 사본에 나타난 후대 정보와 약간 다른 내용을 전하는 일도 많다.

이처럼 한역 불전은 오랜 역사와 언어 체계의 차이에서 티베트로 전파된 경우와는 다른 양상을 전해주고 있다는 사실을 우선 머릿속에 넣어둘 필요가 있다. 한역인가 티베트어역인가, 어느 쪽이 바르고 어느 쪽이 그른가, 어느 쪽이 번역으로서 우수한가를 묻는 것은 적절치 않다. 인도에서 중국으로, 그리고 인도에서 티베트로 서로 다른 두 종류의 불교 전파가 이루어졌다는 것이지, 그 우열을 운운할 사항이 아니다. 마찬가지로 인도에서 스리랑카를 거쳐 동남아시아라는 남방 루트를 통한 전승이 또 다른 별도의 전파 발전 과정을 보여주고 있음은 말할 필요도 없다.

어휘 연구의 중요성을 넘어

한역 연구의 역사는 길다. 현재 구마라집(쿠마라지바, 약 350경~409경) 이전의 초기 불교 연구에는 놀랄 만한 진전이 있다. 한어 연구 그 자체의 발전도 있지만 간다라어 불전이 계속 발견·연구되고 있으며 선구적인 연구자들의 노력에 힘입어 1세대 전에는 상상도 할 수 없었을 정도로 초기 한역 불전의 연구는 일진월보하고 있다. 요즈음 간다라어계 사본의 발견과 연구는 해마다 갱신되고 있기 때문에 최신 정보를 일본어로 파악하는 것은 오히려 용이하지 않다. 하지만 전문가가 아닌 사람들도 읽을 수 있는 개설로는《신아시아불교사 05, 중앙아시아: 문명·문화의 교차점》에 수록된 마츠다 가즈노부松田和信의〈중앙아시아의 불교 사본〉(Matsuda 2010)이 있다.

초기 한역에 관한 주요 연구로는 간다라어의 식견을 바탕으로 획기적인 업적을 내놓고 있는 가라시마 세이시辛嶋静志의《정법화경사전正法華經詞典》(1998),《묘법연화경사전妙法蓮華經詞典》(2001),《도행반야경사전道行般若經詞典》(2010) 등 일련의 문헌학적 연구와 중국 삼국시대 이전 역경의 문헌학적 특징을 총람한 잔 나티에Jan Nattier의《최초기 한역 불전 안내: 동한에서 삼국시대까지의 문헌들》(영문, Nattier 2008) 등이 있다. 또한 연대를 거슬러 올라가면 어휘·색인류 분석에 관한 뛰어난 성과도 보인다. 아비다르마* 교리학서로 유명한《구사론俱舍論》의 범어·티베트어·한역 2종(진陳의 진제眞諦 역, 당唐의 현장 역)에 나오는 어휘의 대응 관계를 조사한 히라카와 아키라平川彰·히라이 슌에이平井俊榮·다카하시 소高橋莊·하카마야 노리아키袴谷憲昭·

---

* 범어 'dharma에 대해'라는 의미의 'abhidharma'를 음역한 말. 의역하여 '대법對法', '승법勝法'이라 하고 단순히 '논論', '논서論書'라고 하기도 한다. 본래는 'dharma'를 석가모니의 깨달음의 '법法'으로 해석하고 이를 이해하는 제자들의 지혜나 이를 정리한 논서를 의미했다. 기원전 2세기 무렵부터 아비다르마 논서가 작성되어 집적되자 부파불교시대에는 '논서論書'를 지칭하는 말로서 사용되고 그 후 원시불교시대에 성립된 '율장律藏'과 '경장經藏'을 합해 불교문헌을 총칭하는 '삼장三藏'으로 부르게 된다.

요시즈 요시히데吉津宜英의 노작인《구사론색인俱舍論索引》3권(1973, 1977, 1978)은 컴퓨터 전성시대인 지금도 유용하고 귀중한 정보를 제공해준다. 또한 나카무라 하지메中村元의《불교어대사전》(1975)이나 요코야마 고이츠橫山紘一·히로사와 다카유키廣澤隆之의《유가사지론총색인瑜伽師地論総索引》도 유익하다.

이들 연구는 한역의 어휘 분석을 중심으로 하고 있다. '한역의 이러이러한 것은 어떤 원어를 옮긴 것인가와 같은 원어와 한역의 대응 관계를 하나하나 확정해나가는 것은 문헌학적 연구의 가장 기본적이고 중요한 과제다. 한어 불전의 핵심에 한역이 자리하는 것과 마찬가지로 한역의 중심에 어휘나 번역어의 문제가 있는 것이다. 어느 한역어 X에 대해, 그 원어는 무엇인가, 대응하는 티베트어역은 무엇인가, X 이외에 다른 한역어는 없는가, 또한 있다면 그들 사이에 어떤 차이가 있는가 등을 아는 것은, 말하자면 불교 문헌을 다룰 때의 묘미라고 해도 좋을 것이다.

한역의 어휘 연구는 매우 중요하다. 그것은 말하자면 한역 연구의 보루이고 그것 없이는 한역 연구라는 성은 성립되지 않는다. 그러나 말할 것도 없이 보루는 성 그 자체가 아니며 보루만으로 성은 이루어지지 않는다. 오히려 보루에 이르는 다양한 건물 구조나 길·벽·성을 둘러싼 지형, 마을 모습 등의 전체 구조도 중요하며 그 가운데 성의 성격이 정해진다. 마찬가지로 한역이 무엇인지 알고자 할 경우도 어휘가 가장 중요해도 어휘 지식만으로 알 수 없는 특성도 있는 것이다. 어휘 수만큼 존재하는 개별적 어휘 연구가 중요하지만 그것을 축적한다고 해서 저절로 한역이 무엇인가라는 질문에 대한 해답이 얻어지지 않는다. 말과 말을 연결하는 어순, 문체, 통사론syntax, 번역 텍스트의 구조나 형식, 한역과 그 밖의 것을 대비하는 시점, 중국어 전체의 문제 등을 두루 고려해야 비로소 보이게 되는 한역의 뜻도 있다. 나아가 한역은 언어학뿐만이 아니라 불교의 역사, 사상, 문화사 등과도 관련 있어 언어학만으로 한역의 전모를 알 수 없다.

이 책에서는 한역어의 원어를 확정하는 지금까지의 연구 동향을 최대한 존중하면서 굳이 이를 중심적 과제로 삼지 않고 오히려 어휘 문제에서 약간 벗어난 주변적인 사상事象 쪽에 주목한다. 한역의 중심적 과제로부터 한걸음 물러난 곳에서 한역의 특성을 바라보고, 동아시아 문화권에서 불전 한역이 갖는 의의를 다양한 사상과의 관련성 가운데 종합적으로 자리매김하는 것을 목적으로 한다.

그 경우, 중국 불교 전체 가운데 한역의 위치를 알려면, 나아가 동아시아 한자 문화권에서 한역의 의의를 이해하려면, 한역 그 자체의 개별적 사상에 발을 내딛기 전에 알아두어야 할 몇 가지 기본 용어가 있다. 이 장에서는 한역의 세계로 독자를 초대하기 위해, 한역으로 불리는 것에 들어가는 데 필요한 기본 용어 세 가지를 먼저 설명한다. 즉, 불전의 총체를 나타내는 '대장경大藏經', 번역자의 전기를 포함한 '승전僧傳', 번역된 문헌의 목록인 '경록經錄'이 그것이다.

한역의 길라잡이 1: 대장경

불교에서는 비교적 오랜 옛날부터 불교에 관한 문헌을 하나로 모아 전집 내지 총서로 묶어두는 경향이 강하게 나타난다. 불서의 이러한 총서를 가리키는 유명한 말로서는 '삼장三藏', '일체경一切經', '대장경

大藏經' 세 가지가 있는데 모두 같은 의미로 사용한다. 현재 가장 널리 사용되는 말은 대장경이다.

　그런데 인도 불교에 원래 있었던 표현은 '트리피타카tripiṭaka'다. 'tri'는 세 가지, 'piṭaka'는 보물이나 꽃 등을 담는 바구니라는 의미다. 여기서 세 가지란 경經·율律·논論으로, 순서에 따라 불타의 가르침을 기록한 '수트라sūtra', 불타가 규정한 출가 교단의 운영 규칙을 정한 '비나야vinaya', 수트라의 내용을 후세 사람이 체계적으로 정리하고 발전시킨 논서를 의미하는 '샤스트라śāstra'를 말한다. 샤스트라 대신에 아비다르마abhidharma(阿毘達磨)라 하기도 한다. 이 '트리피타카'의 한역이 '삼장'인데, 원어의 '바구니'는 번역 후 창고를 뜻하는 '장藏'으로 바뀐 점이 다르다. 덧붙여 '삼장'은 삼장에 모두 정통한 사람이라는 '삼장법사'를 가리키는 경우도 있다. 다만 이 경우의 원어는 '트리피타카'가 아니라 '트레피타카trepiṭaka'나 '트리피타tripiṭa' 등 조금 다른 어형이다.

　다음으로 '일체경'이라는 호칭은 수당隋唐 이전부터 사용되어 왔는데, 현재까지 확인된 바에 따르면 최초로 등장한 곳은 남북조시대의 남조가 아니라 북조다. 즉, 북위北魏 효문제孝文帝 태화太和 3년(479)에 일체경을 10벌 필사했다는 기록이 있다(Chikusa 2000ab). 여기에서 '일체경'이라는 말이 북조에서 사용되고 있었음을 알 수 있다. 한편 같은 시기 남조에서는 '일체경'이라는 호칭은 확인되지 않는다. 6세기 전반 무렵 남조에서는 일반적으로 '중경衆經'이라는 호칭을 사용한 것 같다.

　후대에 가장 널리 사용되는 '대장경'은 어떤가. 사실 이 말의 출현이나 초기 용례에 대해서는 분명하지 않은 점이 많다. 다만 당대唐代

에 확립된 것은 분명하다(Fang 2006).

'트리피타카'와 한역 '삼장'이 인도에서 기원한 말인 데 대해, '일체경', '대장경'은 중국에서 성립한 어휘임은 틀림없을 것이다. 그리고 불전 전체는, 삼장에 포함된 개개 문헌의 한역과 이들 한역을 바탕으로 중국에서 저술·편찬한 한어의 주석서, 독립 작품, 전기, 목록 등의 두 부류로 이루어진다. 한역이 한역 불전 전체의 중심을 차지하고 있음을 알 수 있다.

성립 당초, 대장경에 포함된 텍스트는 두루마리 형태의 사본(卷子本)이었지만, 북송시대에 '개보장開寶藏'으로 불리는 목판 인쇄 대장경이 처음으로 만들어진 것을 시작으로 북송 이후 중국 대장경은 목판으로 인쇄되었다. 이렇게 대장경은 중국에서 작성되었으나 한반도에서 작성된 '고려팔만대장경高麗八萬大藏經'이나 일본에서 작성된 것도 있다. 참고로 일본에서는 현재 다이쇼大正에서 쇼와昭和 초기에 편찬된 '다이쇼신수대장경大正新脩大藏經', 통칭 '다이쇼장大正藏'*이 일반적으로 가장 널리 이용되고 있고 그 전자판도 공개되어 있다. '다이쇼장'은 본체와 도상부圖像部, 목록까지 전부 합치면 B5판 100권 분량이다.

---

* 1924년부터 1934년까지 12년에 걸쳐 근대 불교학에 바탕을 둔 새로운 대장경을 편찬한다는 취지 아래 다카쿠스 준지로高楠順次郞(1866~1945)와 와타나베 가이쿄쿠渡辺海旭(1872~1933)를 감수자로 하여 '고려팔만대장경'을 주요 저본으로 하는 《정편正篇》(한역 경률론 및 중국 편찬 불전) 55권에다 일본에서 편찬한 불전인 《속편續篇》 30권, 《도상부圖像部》(밀교 도상의 영인 등) 12권, 《총목록》 3권을 합한 100권 체제로 간행한 불교 경전집성을 말한다.

한역의 길라잡이 2: 승전

그런데 대장경에 포함된 것 중에서 불전의 한역을 알기 위해 가장 중요한 자료가 구체적인 개별 한역 경전임은 물론이지만, 그 밖에도 한역이 무엇인지를 이야기해주는 사료가 있다. 크게 나누어 두 종류 사료가 중요하다. 하나는 승전僧傳으로 불리는 것이다. 그 대표적인 것으로 일본의 '다이쇼장' 50권에 수록된 양나라 혜교의《고승전高僧傳》(519년에 완성되었으나 일부 그 뒤의 기사도 포함), 당唐나라 도선道宣(596~667)의《속고승전續高僧傳》, 북송北宋 찬녕贊寧(919~1001)의《송고승전宋高僧傳》이 있다. 이들 책자의 첫머리를 장식하는 '역경편'은 역대 한역자의 전기로서 높은 사료적 가치를 갖는다. 특히《고승전》은 근년 현대어역이 출판되었다. 요시카와 다다오吉川忠夫·후나야마 도루船山徹 역주의《고승전》(4분책, 岩波文庫)이 그것인데, 제3분책까지의 역경편은 후한後漢에서 양梁에 이르기까지 불전 번역에 종사한 역경승譯經僧의 전기로서 사료적 가치가 높다. 그것을 현대 일본어로 통독하고 주석을 통해 그 배경을 알 수 있게 된 것은 중국 불교사를 둘러싼 근년의 커다란 변화의 하나라고 해도 좋다. 또한 본전의 성립이나 특징, 의의를 상세하게 논한 제1분책의 '역자 해설'은 가능하면 일독해주기 바란다.

한역의 길라잡이 3: 경록

한역에 관한 다른 하나의 기본 사료는 일반적으로 '경록'이라 불리는 것이다. 경록이란 경전 목록을 말한다. 대장경이나 일체경의 형성과 직간접으로 관계를 가지면서 중국에서는 대대로 학승學僧이 당시의 대사원이나 왕조의 명을 받아 다양한 경록을 작성했다. 소실되기도 했지만 현존하는 것만도 10종 이상 있고 그 대부분이 '다이쇼장' 55권에 수록되어 있다. 특히 중요한 경록으로서 여기서는 두 가지를 지적해두겠다. 양나라 승우僧祐가 편찬한《출삼장기집出三藏記集》15권과 당나라 지승智昇이 편찬한《개원석교록開元釋教錄》20권이 그것이다.

《출삼장기집》은 '삼장'을 '낸(出)' 기록의 집성이라는 의미다. 이 경우 '출出'이란 직접적으로는 '번역해내다', 다시 말하면 한역을 주로 가리키지만, 한역 외에도 '송출誦出=암송해내다' 등의 의미도 내포하며, 대체로 '출出'이란 중국의 문자나 언어로 표출하는 것을 의미한다고 해석할 수 있다.《출삼장기집》은 현존하는 가장 오래된 경록으로 남제南齊 말에서 양 초에 편찬되었다. 편찬자 승우는 제량齊梁 시대를 대표하는 학승으로 뛰어난 불교사가임과 동시에 율사律師(율장 전문가)이기도 하였다. 이 텍스트는 어느 해 한꺼번에 완성된 것이 아니라, 5세기 말 남제시대에 편찬하기 시작하여 6세기 초 양의 시대에 정리되고, 최종적인 편찬은 승우가 세상을 떠나는 518년까지 계속되었다. 역출譯出 경전 목록으로서 누가 무슨 경전을 번역했는지를 보여주는 리스트, 동일 원전을 다르게 번역한 한역 경전에 보이는 차이의 정리, '실역失譯(역자 불명) 경전의 리스트, 위작僞作 경전에 관한 기술, 그 외에 한역에 종사한 주요 승려의 전기(譯經僧傳)도 포함하는 다양하고 귀중한 역사적 기록이다.《출삼장기집》에 기록된 승려나 재가자在家者[*]의 전기는 그 수는 적지만 내용은 신뢰성이 높다. 앞에서 이야기한 혜교의 《고승전》은 《출삼장기집》의 승전을 거의 그대로 수록하면서 일부 문자 표현을 변경하고, 나아가 《출삼장기집》에 포함되어 있지 않은 많은 승려의 전기를 집성하는 형태로 성립되었다.

한편 《개원석교록》은 730년에 성립되었다. 불전 목록의 기준이라고 할 만하다. 이 경록에서 채택된 서지학적·목록학적 판단은 이후의 경록이나 대장경에서 모범으로 답습되었다. 예를 들면, 일본의 '다이쇼장'은 대부분 '고려팔만대장경'을 저본으로 하는데, 거기서 역자 불명의 경전에 대해 "실역失譯이지만 동진東晉 기록에 첨부한다"고 기술되어 있는 경우 《개원석교록》에서 당해 경전을 동진시대의 실역으로 판단한 것을 답습하고 있는 것이다. 또한 《개원석교록》에는 〈입장록入藏錄〉이라는 장절이 있는데 당시 실존하는 불전의 총수를 1,078부, 5,048권이라 명기하고 있다. 이 경전 수는 그 후에도 불전 총수의 표준으로 종종 언급되는 유명한 숫자가 되었다.

각 장의 개요

이제 이 책의 각 장에서 다루는 주제를 설명하고 그 구성을 제시하겠다. 2장 〈번역에 종사한 사람들―역경의 대략적인 역사〉에서는 불전 한역의 통사적 개관과 전망을 제공한다. 이 책의 기초편이다. 종래 한역사 개설에서 다루는 내용은 대부분 이 장에 포함된다. 고유 명사

---

[*] 출가하여 승려가 되지 않고 속세에 있으면서 불교에 귀의한 사람을 말한다.

가 많이 나오기 때문에 읽기 어려운 부분이 있을지도 모르겠다.

3장 〈번역은 이렇게 이루어졌다—한역 작성의 구체적 방법과 역할 분담〉은 한역의 번역문 작성 과정에 관한 사항을 다룬다. 어떤 하나의 번역을 완성하는 데 그 작업은 한 사람이 했는가, 몇 사람의 공동 작업이었는가? 또한 문헌을 하나 번역하는 데 며칠 걸렸는가? 이 장에서는 주로 이러한 소박한 의문에 대한 회답을 시도한다. 불전 번역에 종사한 집단에서 역할 분담의 실제 사정과 역사적 변천을 살펴보는 가운데 불전 한역은 번역자 단독의 작업이 아니라 '번역 공방'에서 집단으로 행하는 작업 같은 것이었음을 다양한 사례를 통해 논증한다.

4장 〈외국 승려의 어학력과 구마라집·현장의 번역론〉은 크게 두 가지 사항으로 나누어 살펴본다. 전반부는 인도에서 중국으로 건너와 불전 번역에 종사한 인도인, 혹은 다른 외국인의 경우에 도대체 어느 정도까지 중국어를 구사할 수 있었는지에 대한 답을 제공한다. 후반부는 중국 불교의 중요 번역이론으로 4세기 후반의 도안道安, 5세기 초의 구마라집, 7세기 중엽의 현장의 역경이론을 다루고 각각에 대해 해설한다. 이들 번역이론은 인도어의 차용어, 다시 말하면 인도어의 발음을 중국 언어 체계의 문자로 모사模寫한 이른바 음사어音寫語(이것을 '음역音譯'이라고 한다)의 가치와 현대식으로 말하면 '번역 불가능성'의 문제와도 관련된다.

5장 〈위작 경전의 출현〉에서는 중국 불교사에서 한역 불전과 함께 중요한 의미를 갖는 위작 경전을 다룬다. 위작 경전이란 마치 인도 원전에서 번역한 것처럼 꾸며 중국에서 작성한 경전으로, 역사적으로 '위경僞經' 또는 '의경疑經'으로 불렸다. 위작 경전이란 무엇인가,

왜 위작되었는가, 어떠한 특징이 있는가, 사람들은 경전의 위작에 대해 어떤 반응을 보였는가 등을 소개하고, 번역 경전의 성격을 위작 경전과 어떻게 다른가라는 관점에서 부각시킨다.

6장 〈번역과 위작의 사이—경전을 '편집'하다〉는 5장의 내용에 이어, 번역과 위작이라는 두 가지 장르 외에 실은 다른 하나의 중요한 지적 행위가 있었음에 주목한다. 이 장은 다른 장에 비해 훨씬 전문적이고 자세한 이야기가 되는데, 중국의 역경 실태를 알기 위해 필요한 논점을 제시하고 이로써 인도에서 수세기에 걸쳐 경전이 편찬된 것과 마찬가지로 중국에서도 일종의 경전 편찬 활동이 이루어졌음을 보여준다.

7장 〈한역이 중국어에 미친 영향〉은 이른바 '불교 한문'의 특징에 관한 사항을 언어적 측면에서 집중적으로 다룬다. 한역 불전의 성립이 고전 한어, 나아가 현대 중국어에 어떤 영향을 미쳤는가라는 문제다. 불전의 한역을 통해 새로운 어휘가 성립되었을 뿐만 아니라 새로운 한자도 만들어져 불전의 전래와 번역이 중국이나 중국어를 외부로부터 상대적으로 자리매김하는 효과를 미쳤음도 함께 소개한다.

8장 〈번역할 수 없는 근원적인 것〉은 최종적인 과제로서 번역 가능성과 불가능성의 문제나, 음사어音寫語의 의의를 다양한 각도에서 고찰한다. 나아가 불전에서는 통상적인 번역과는 다른 형태의 번역으로서 의미 내용의 번역이 아니라 중국 문화에서의 대응물을 가리키는 형태의 번역이 있었음을 지적한다.

마지막 9장 〈불전 한역사의 의의〉에서는 2장에서 8장까지의 논의를 요약하고, 한역의 특징에 관해 총괄한다. 특히 오늘날의 관점에서도 주목해야 할 점으로 불전 한역의 역사를 거시적으로 보았을 때의 의의, 한역의 기본 단위가 문장이 아니라 단어였다는 사실의 의의, 중국에서의 경전 편찬의 특징 등에 대해 다룬다. 나아가 한역과 현대 번역론의 접점으로서 8장에서 다루는 '문화 대응형 번역어'는 현대 번역론에서 유명한 유진 나이다Eugine A. Nida의 '동적 등가성dynamic equivalence'이라는 개념과 유사한 부분이 있으므로 이 둘의 관계를 언급한다.

그러면 이상으로 불전 한역의 역사와 실태를 이해하기 위한 기초 지식과 이 책에서 논의하고자 하는 내용의 방향성을 이해했을 것으로 생각된다. 이제 장을 바꾸어 한역 불전의 구체적인 내용에 들어가도록 하겠다. 물론 일반에게 잘 알려져 있는 것도 많지만 종래 거의 알려져 있지 않은 새로운 지적도 적지 않을 것이다. 이 책을 통해 동아시아사의 일대 문화 사업이었던 한역 불전의 새로운 일면과 그 즐거움·복잡함·심오함을 경험하고 흥미를 느끼는 독자가 있다면 이보다 더한 기쁨은 없을 것이다. 자, 한역 불전의 세계로 들어와 지적 즐거움을 만끽하기 바란다.

번역에
종사한
사람들

역경의 대략적인 역사 : : : : : : : : : :

불전의 한역은 후한後漢에서 시작하여 육조六朝와 수당隋唐을 거쳐 북송北宋으로 이어진다. 남송南宋 시대에는 이루어지지 않았으며, 그 후 횟수는 줄지만 원대元代에도 이루어지고 청대淸代에도 분량은 얼마되지 않지만 번역이 이루어졌다. 이 가운데 후한에서 북송까지는 불전 번역이 쏟아져 나오는 주요한 기간으로 대체로 900년간 계속되었다. 그 후의 시대까지 포함하면 불전 한역의 역사는 거의 1,500년에 달한다. 이렇게 이야기하면 1,000년, 1,500년이라는 오랜 세월에 걸쳐 불교에서 번역 활동이 끊이지 않고 연속된 것 같은 인상을 줄지 모르지만 실은 그렇지 않다.

이 장에서는 불전 한역의 오랜 역사를 알기 위한 기초편으로 한역사에 등장하는 주요한 번역가들의 이름을 확인해두고자 한다. 주요 번역 기간인 900년에 국한해 보아도 역경 작업이 집중적으로 이루어진 시기와 아주 정체된 시기가 있었다. 그리고 번역이 이루어진 지역도 현재의 시안西安이었다가 난징南京이었다가 또 다른 곳이었다가 시대에 따라 다양하게 바뀌는 등 변화가 상당히 많았다. 나아가 번역된 경전이나 논서의 종류는 같은 불전이라고는 하지만 시대와 역자에 따라 큰 차이가 있었다. 요컨대 불전 번역의 역사에는 상당할 정도로 다양한 형태의 기복이나 고비가 있었던 것이다.

기본적인 사항을 확인한다는 이 장의 성격상 어쩔 수 없이 앞으로 많은 인명이나 경전명을 들게 되겠지만, 가능한 한 번잡함을 피해 커다란 흐름 속에서 의미를 찾을 수 있도록 시도해 본다. 미리 양해를 구한다.

번역이란

'한역漢譯'이란 고전 한어로 옮긴다는 것이다. 그러면 '역譯'이란 애당초 어떤 의미일까. 먼저 이런 문제부터 기본적인 설명을 시작하겠다.

동아시아 한자 문화권에서 사용하는 '역', '번역'이라는 말만이 아니라 영어 'translate'나 독일어 'übersetzen' 등 현대어에서 일반적으로 번역이란 '기점 언어source language'의 의미를 '목표 언어target language'로 바꾸어 의미를 통하게 하는 것이라고 이해해도 좋다. 그러면 고전한어의 경우는 어떠할까. '역'에 대해서는 후한시대 자전字典으로 유명한 허신許愼의 《설문해자說文解字》 권3(상)에 "역譯이란 사이四夷*의

---

* 동이東夷, 서융西戎, 남만南蠻, 북적北狄을 말한다. 동아시아 대륙부에서 춘추전국시대에 한자 사용권이 형성되고 영역 국가가 출현하면서, 한자를 사용하는 좁은 영역을 '천하天下'라 하고, 그 바깥의 한자를 사용하지 않아 통역을 해야 의사소통이 가능한 '야만의 땅'에 사는 사람을 오랑캐(夷狄)라 하면서 이를 동서남북으로 세분하여 사이四夷라고 했다.

말을 전역傳譯하는 것이다"라는 정의가 있다. 이것은 사방의 오랑캐 말을 중화의 말로 바꾼다는 정도의 의미다. 중화 중심적인 뉘앙스를 일단 도외시한다면 거의 현대어의 '역'과 통한다고 해도 좋다.

다만 불전에서 번역을 의미하는 원어는 '역'만 있는 것이 아니다. 그 외에도 몇 가지를 들 수 있다. 양나라 승우가 편찬한 《출삼장기집》 등의 경록經錄(불교경전 목록)에서 번역에 상당하는 표현을 찾아보면, 먼저 문장어로서 번역을 의미하는 말로는 역, 출出, 역출譯出, 번翻 등이 있다. 그리고 '구두로 옮겨 말하다', '통역하다'를 나타내는 말로는 역, 구역口譯, 전역傳譯, 선宣, 구선口宣, 선역宣譯, 선출宣出, 도어度語, 전어傳語 등이 있다. 이 가운데 전역, 도어, 전어는 통역자의 의미로도 사용된다. '역'은 문장어의 번역과 회화의 통역 두 가지를 모두 뜻한다. 한편 구口가 붙는 경우나 선宣은 '역'을 오로지 입으로 말한다는 의미로 사용한다.

구역과 신역

다음으로 한역의 시대구분 문제이다. 한역의 오랜 역사를 구분 짓는 방법으로 구역舊譯과 신역新譯이 있다. 당나라 때의 현장玄奘(600/602~664)을 신역의 효시라 보고, 그 이전을 구역으로 일괄하는 구분법이다. 신역이란 원래 새로운 번역이라는 보통의 의미이고 특정 한역 경전을 가리키는 말이 아니지만, 불교에서는 이전의 번역을 쇄신한 현장의 번역을 가리키는 경우가 많다.

구역과 신역을 대표하는 역자로는 예컨대 누가 있을까? 이에 대해

서역西域 구자국龜玆國(쿠차, 현재 신장 위구르 자치구 쿠처庫車의 동쪽) 출신으로 5세기 초 무렵에 활약한 구마라집鳩摩羅什(쿠마라지바)과 7세기 중엽 당 태종시대에 인도 순례에서 돌아와 질적·양적으로 방대한 번역 작업을 수행한 한인 승려 현장의 이름을 드는 데 이견을 내세울 사람은 없을 것이다. 구마라집과 현장이야말로 불전 한역사에 우뚝 선 2대 거두이고 각각 구역과 신역을 대표하는 인물이다.

'구역'은 다시 '고역古譯'과 '구역舊譯'으로 세분하기도 한다. 이 구분법은 특히 일본에서 통용되고, 중국이나 타이완에서도 일부 사용하는 사람이 있다. 다만 '古'와 '舊'를 구별하여 시대차를 부여하는 이 구분법은 한자 문화권에서는 약간 기묘해 보인다. 아마도 이것은 《불서해설대사전佛書解說大辭典》이나 《다이쇼신수대장경 도상부大正新脩大藏經 圖像部》 편찬으로 유명한 불교학자 오노 겐묘小野玄妙의 창안이라 생각된다. 오노는 한역을 모두 6기로 나누고, "구역이라는 말 외에 따로 고역이라는 새로운 말을 만들어 한 시기를 나눌 필요는 없지 않은가"라는 생각도 있을 수 있음을 인정하면서도 "구역이라는 말 외에 …… 고역이라는 말을 만들어 역사상 한 시기를 부여해도 결코 지장이 없을 것"이라고 주장했다(Ono 1936).

여기서 주의해야 할 것은 고역과 구역의 경계다. 오노는 그 경계를 석도안釋道安이 《종리중경목록綜理衆經目錄》이라는 경록을 편찬한 동진東晉의 효무제 영강寧康 2년(374경)에 두었다. 석도안은 육조시대의 저명한 불교 실천가이자 학승이었다. 그가 편찬한 이 경록은 지금 전해오지 않지만, 오노의 지적대로 역사적으로 중요한 분수령을 이루는 저작이고 현존 경록 중에서 가장 오래된 양나라 승우의 《출삼장기집》에 수록되어 있으므로 대체로 그 원형은 알 수 있다.

다만 현재 다수의 연구자가 채용하는 학설은 오노설과는 약간 다르다. 지금은 석도안을 분수령으로 삼지 않고 그 후의 구마라집에 이르는 직전까지를 '고역'으로 하고 구마라집을 '구역'의 시작으로 보는 주장이 많다. 현재 이 구분은 《출삼장기집》 권1에 수록된 〈호한역경음의동이기胡漢譯經音義同異記〉와 〈전후출경이기前後出經異記〉에 나오는 '구경舊經'과 '신경新經'의 구별에 대응한다는 이점도 있다.

중국 불교사상 최초의 한역 경전

이제부터 한漢·위魏·양진兩晉·남북조南北朝에서 수당隋唐에 이르는 불전 한역의 대략적인 흐름을 주요 번역자 및 번역 경전과 아울러 시대순으로 추적해보도록 한다.

전통설에 따르면, 중국의 불전 한역은 후한 명제明帝(재위 57~75) 영평永平 연간(58~75)에 낙양洛陽(현재의 허난성河南省 뤄양)에서 섭마등攝摩騰이 작업한 《사십이장경四十二章經》이 시초라고 한다. 따라서 먼저 《사십이장경》 번역과 관련된 전승 문제로부터 불전 한역의 역사를 풀어나가야 할 것이다. 섭마등은 가섭마등迦葉摩騰이라고도 하는데 카쉬야파 마탕가라는 인도인의 이름이다. 그로부터 약 100년 후 환제桓帝(재위 146~167) 시대에 안세고安世高가, 이어 환제 및 영제靈帝(재위 167~189) 시대에 지루가참支婁迦讖이 등장하여 함께 낙양에서 역경 활동을 벌였다.

안세고와 시루가참에 대해서는 육조시대 불경 번역사의 실태를 아는 데 가장 신뢰할 만한 사료인 《출삼장기집》이나 후한에서 양에 걸친 초기 450년간의 고승 및 500인의 업적을 집대성한 《고승전》(양의 혜교 편찬)에 기록이 있다. 거기에 따르는 한 문제는 적지만, 그보다 먼저 나왔다는 섭마등 번역의 《사십이장경》의 실재성과 성립은 많은 문제를 안고 있다.

《사십이장경》은 석가모니의 가르침을 42조로 간명하게 정리하여 설명한 경전이다. 중국 역사상 최초가 되는 이 경전의 한역 연도를 영평永平 10년(67)으로 명기하는 문헌도 있다. 다만 이 경전은 적어도 현존 판본에 관한 한 5세기 초 아니면 그 후에 성립된 것이 확실하다. 현존 판본에는 동진 승가제바僧伽提婆 번역의 《증일아함경增一阿含經》 이나 남조南朝 송宋나라 때 구나발타라求那跋陀羅 번역의 《잡아함경雜阿含經》, 도교 문헌 《진고眞誥》(양의 도홍경陶弘景 편찬) 등과 빼닮은 문구가 나오는 등 이들이 《사십이장경》 성립의 소재가 되었을 가능성이 있기 때문이다(Okabe 1972).

그런데 《사십이장경》의 번역 이야기는 《고승전》이나 기타 다양한 문헌에 보이는 중국의 불교 전래 전설과 밀접한 관련이 있다. 이 전설이란 후한의 명제가 어느 날 밤 금색으로 빛나는 사람이 하늘을 날아가는 불가사의한 꿈을 꾼 것을 계기로 사자를 서역에 파견하고 그 결과 《사십이장경》이 반입되어 낙양에서 번역됨으로써 불교가 처음으로 전래되었다는 유명한 일화를 말한다. 그러나 아무래도 이것은 원래 문자 그대로 불교가 최초로 중국에 전래된 사정을 보여주는 것이 아니라, 불교가 황실 차원에서 처음으로 공식 인정된 경위를 말해주는 전설 같다. 이와는 별도로 원굉袁宏의 《후한기後漢紀》〈효명황제기孝明皇帝紀〉나 범엽范曄의 《후한서後漢書》〈초왕영전楚王英傳〉에 기록된 영평 8년(65) 초왕영楚王英, 즉 유영劉英이 "황노黃老의 미언微言을 송독誦讀하고 부도浮屠(불타의 오래된 음역어)의 사찰(仁祠)을 숭상한다"

는 유명한 일절[*]에서 알 수 있듯이 《사십이장경》이 번역되기 이전부터 중국에 불교 신앙이 있었음이 확실하기 때문이다. 나아가 승우나 혜교 등 불교사를 잘 아는 육조시대의 학승은 불교 전래는 전한前漢 말기였다는 취지의 기록을 남기고 있다. 이처럼 사상 최초의 한역 불전이 무엇인가는 다양한 전승과 얽혀 있는 문제이고 전설을 그대로 단순히 믿을 수는 없다.

다시 말하면, 불교는 전한시대에 전래하여 신앙으로서 어느 정도 자리를 잡고 있었지만 기록된 성전이 없는 시대가 계속되다가, 세월이 많이 흘러 마침내 국가 차원에서 인정되고, 나아가 경전 번역이 시작되었다고 파악하는 것이 자연스럽다. 그리고 최초 한역 경전이 《사십이장경》이었는지는 의심스럽고, 설령 그렇다 해도 현존 판본과 별개의 것이었을 것이다. 이처럼 《사십이장경》의 전승이나 실재가 의심스러운 것이 되면, 《출삼장기집》 등의 기록은 《사십이장경》 다음의 불전 한역자를 안세고로 소개하고 있으므로 안세고야말로 최초의 한역자였을 가능성이 생기는 것이다.

---

* 초왕영은 중국 후한 광무제의 3남으로 이름은 유영이며, 명제의 이복동생이다. 건무建武 17년(41) 초왕에 오르기 때문에 일반적으로 초왕영으로 불린다. 65년에 유영이 모반을 꾀한다는 무고가 있자 명제는 비단을 헌상하게 하여 속죄케 하는 조치를 취하는데 그때 내린 조칙에서 "초왕은 황노의 미언을 송독하고 부도의 사찰을 숭상한다. …… 어찌 의심하는가"라고 했다. 이것은 조정으로서도 황노(황제黃帝와 노자老子)의 가르침과 마찬가지로 외래의 불교를 신앙하는 것을 공인하고 황노와 불타를 동렬에 두고 불타를 신으로 제사지내게 된 것을 의미한다.

안세고와 지루가참

안세고安世高는 후한 환제시대, 즉 2세기 중엽 낙양에서 호흡법에 입각한 명상법을 설명하는 《안반수의경安般守意經》과 심신의 구성 요소를 분석적으로 설명하는 《음지입경陰持入經》 등을 번역했다. 전자는 '다이쇼장'에 수록된 《대안반수의경大安般守意經》과 관계 있는데, 이 현존 판본에는 전승의 혼란에 의해 후대의 주석도 대량 뒤섞여 들어가 안세고 번역의 원본 그 자체가 아님이 판명되었다. 한편 《음지입경》은 그대로 현존한다. 또한 《고승전》에 나오는 안세고의 전기는 역사적 기록으로 가치를 갖는 한편, 신비에 찬 성자로 묘사한 부분도 포함한다. 그는 낙양에서 역경 작업을 끝낸 다음 여산廬山(현재의 장시성江西省 포양호鄱陽湖 서쪽에 위치한 명산)을 거쳐 광주廣州(현재의 광둥성廣東省 광저우廣州)에 이르러 불가사의한 최후를 맞이했다고 한다.

지루가참支婁迦讖/支樓迦讖은 줄여서 지참이라고도 한다. 안세고보다 거의 1세대 뒤에 같은 장소인 낙양에서 경전 번역 활동을 했다. 대승에서 반야般若의 지혜*를 논한 《반야경般若經》 경전군의 완본 중에 현존하는 가장 오래된 《도행반야경道行般若經》(단, 간다라어 사본에는 이보다 더 오래된 단편잔간斷簡이 남아 있다)과, 부처가 바로 앞에 나타나 있는 모습을 명상하는 《반주삼매경般舟三昧經》 등을 번역했다. 《반주삼매경》은 1권 판본과 3권 판본이 현존하지만 그중 지루가참 번역의 원형은 3권 판본 첫머리에서 도중까지의 부분으로 추정된다

---

* 반야般若prajñā 혹은 반야바라밀다般若波羅蜜多prajñāpāramitā란 이상적인 피안彼岸에 도달하기 위한 최고무상最高無上의 궁극적 지혜를 말한다.

(Kajiyama 1992에서 요약한 폴 해리슨의 주장). 이상의 《도행반야경》과 《반주삼매경》의 번역은 둘 다 179년 같은 달 같은 날에 시작되었다.

그런데 안세고의 '안'은 안식국安息國(아르사케스가 세운 페르시아 파르티아 제국)의 의미로 그가 어디 출신인지를 알려준다. 《고승전》 권1의 본전本傳에 의하면, "안청安淸, 자字는 세고, 안식국왕 정실 황후의 태자"라고 기록되어 있다. 한편 지루가참支婁迦讖의 '지'는 월지月支(대월씨국大月氏國)* 출신임을 가리킨다. 곧 '월지 출신의 루가참'이라는 의미다. 모두 재가在家** 불자의 성씨로 후대에까지 많은 출가승이나 재가 불자의 이름에 붙여 사용했다.

그 외에 이와 유사한 의미를 가진 성으로 '축竺'씨나 '강康'씨 등도 있다. '축'은 그 인물이 천축天竺(인도) 출신임을 가리키고, '강'은 강거국康居國(내륙아시아의 사마르칸트)에서 유래함을 나타낸다. 모두 어떤 의미든 출신을 뜻하는데, 다만 본인이 실제 그 지역에서 태어난 경우도 있지만 선조의 출신지일 수도 있고 스승의 성을 그대로 따른 경우도 있다. 특히 '축'은 '축' 성을 가진 스승으로부터 가르침을 받은 중국인 제자에게도 붙였다. 예를 들면, 남조 송宋에서 활약한 축도생竺道生이라는 승려는 본래 위魏 성을 가진 한인이었지만 그 스승과의 관계에서 '축' 성을 갖게 되었다. 또한 이 장 뒷부분에서 이야기하는 축법호竺法護도 선조는 월지 출신인데도 '지' 성이 아니라 축고좌竺高座

---

* 중국 진한시대에 중잉아시아에서 활약한 민족. 처음에는 몽골고원 서쪽 지역을 지배했으나 기원전 2세기 무렵 흉노의 압박으로 그 주력(大月氏)은 이리 지방에서 아프가니스탄 북부로 이동하고 북서인도 박트리아를 영향 아래 두기도 했다.
** 일반적으로 불교에서 출가出家한 승려 이외에 집에 있으면서 승려처럼 불도를 닦는 신도를 재가在家(범어grhastha) 혹은 재가 불자라고 한다.

라는 승려를 스승으로 둔 사정으로 '축' 성으로 불렸다.

후한에서 동진까지

서역승들의 출신과 성의 관계를 말하다가 논의가 빗나갔는데 불전
번역사로 되돌아가자. 후한시대에 활약한 역경 승려로는 이외에도
지요支曜나 강맹상康孟詳 등이 있고, 재가 불자로서 불전 번역에 종사
한 안현安玄 등도 등장하지만, 무엇보다 안세고와 지루가참이 가장
중요한 역할을 수행했다. 이 가운데 지루가참은 대승 경전을 번역하
지만, 그보다 앞선 안세고의 번역은 대승 이전의 전통불교 경전 같은
것으로 안세고 번역과 대승 불교의 관계는 적어도 현 시점에서는 명
확하게 확인되지 않는다. 아마도 인도에서 대승 불교가 발생한 시기
가 기원 전후 무렵이었던 것과 연동되어 있을 것이다.

  후한 이후 주요한 불전 번역자로서는 3세기 중엽 삼국시대 오吳나
라에 처음으로 불교를 전한 강승회康僧會나 재가 불자 지겸支謙이 있
다. 그때까지 화북 낙양에 중심을 둔 불교는 남하한다. 강승회는 오
나라 손권孫權이 통치하는 건업建鄴(나중의 건강建康, 현재의 장쑤성江蘇
省 난징南京)에 강남 최초의 불사인 건초사建初寺를 세워 불교를 뿌리
내리게 했다. 강승회는 대승 불교의 [여섯 가지 실천 덕목인] '육도六
度', 즉 육바라밀六波羅蜜*로 불리는 보살의 수행과 관련된 흥미 있는

---

* '반야경' 계통 초기 대승불전에서 집대성한, 보살이 지켜야 할 여섯 가지 기본적인 실천
덕목(보시報施, 지계持戒, 인욕忍辱, 정진精進, 선정禪定, 지혜知慧)을 말한다.

일화를 수없이 수집한 경전《육도집경六度集經》의 번역자로 알려져 있다.

또한 같은 시대에 오나라에서 활약한 지겸도 중요한 불전 한역자였다. 저명한 대승 불전인《비말라키르티의 가르침》*의 한역본인《유마힐경維摩詰經》이나 석존의 신화적인 전기인《태자서응본기경太子瑞應本起經》등도 한어로 소개했다. 다만 그는 출가승이 아니라 우바새優婆塞,** 즉 남성 재가 신도였다. 불전 한역에 이름을 남긴 사람은 출가승이 많지만 지겸과 같은 재가 신도도 있었던 것이다. 지겸의 전기는《출삼장기집》권13에 실려 있고《고승전》〈강승회전康僧會傳〉에도 부록으로 첨부되어 있다.

지겸은 '지'라는 성에서 보듯이 월지 출신으로 한인은 아니었지만 이미 선조 대에 도래하여 중국어에 능통했다. 그의 번역 스타일은 원문 직역보다 알기 쉬운 한어로 자유스럽게 의역했고 고유명사도 음역(音寫)보다 의미 번역을 좋아하는 경향이 있다. 이러한 역문의 문체와 관련된 문제는 4장 끝부분을 참조하기 바란다.

서진西晉 시대에는 축법호竺法護(축담마라찰竺曇摩羅刹, 다르마라크샤, 239~316)가 엄청난 수의 경전을 번역했다. 남조의 동진東晉과 대응하는 시대에 북조에서는 승가발징僧伽跋澄(의역 중현衆賢), 승가제바僧伽提

---

* 고대 인도의 진취적 상업도시 바이살리(毘舍離城)에 사는 부호로 재가 불자인 비말라키르티(유마힐)가 출가 불제자나 보살을 차례로 논파하여 종래 출가 중심의 왜곡된 불교를 철저하게 비판하고 내승불교의 핵심을 논했나.
** 범어로 남성 재가 신도와 여성 재가 신도를 각각 '우파사카upāsaka', '우파시카upāsikā'라 하며, 한어로는 전자를 우바새優婆塞, 청신사淸信士, 신사信士, 근사남近事男, 선숙남善宿男, 후자를 우바이優婆夷, 청신녀淸信女, 신녀信女, 근사녀近事女, 선숙녀善宿女 등으로 음역 또는 의역했다.

婆(상가데바, 의역 중천衆天), 축불념竺佛念 등이 활약하였으며, 이 흐름은 [오호십육국五胡十六國] 후진後秦 시대 장안長安에서 활약한 구마라집(쿠마라지바, 의역 동수童壽)에 의해 정점에 달해 새로운 조류를 낳게 되었다.

구역의 거장, 구마라집

구마라집은 후진 문환제文桓帝 홍시弘始 3년(401) 12월 20일(402년 2월 8일에 상당) 후량後涼을 제압한 후진 정권에 의해 후량의 수도였던 양주涼州 고장姑臧(현재의 간쑤성甘肅省 우웨이武威)에서 후진의 수도 장안(지금의 시안西安)으로 강제 이주를 당한다. 장안에 머문 지 채 10년이 되지 않는 짧은 기간에 아주 많은 경전을 번역하고 우수한 한인 제자도 많이 길러냈다. 구마라집의 생몰 연도는 크게 두 가지 설이 있는데 350년에서 409년으로 보는 주장이 유력하다(Tsukamoto 1955). 다른 하나는 344년에서 413년으로 보는 주장이다.

　구마라집은 불전 한역의 역사에서 가장 중요한 역할을 한 인물이므로 그의 번역 작업의 특징을 조금 자세하게 살펴본다. 우선 구마라집鳩摩羅什이라는 이름은 구마라기바鳩摩羅耆婆라고도 표기하는데 쿠마라지바의 중국어 음역이고 '구마라鳩摩羅'와 '집什'으로 나누어 볼수 있다. 《고승전》권2 본전 등의 기술에 따르면, 그는 인도인 구마라염Kumārayāna鳩摩羅炎(쿠마라야나)과 구자국龜玆國 왕의 공주인 기바Jīvā耆婆(지바) 사이에서 태어났다. 즉, 쿠마라지바라는 이름은 부모의 이름에서 따온 것이다. 따라서 이것은 출가 이전부터 사용해온 그의 본명으로 생각된다. 승려의 이름이라 하면 출가하여 깨달음의 경지에 달했을 때에 새로이 내려 받은 법명이고 종교적 의미가 있을 것으로 생각되기 쉽지만 반드시 그렇지 않았다. 출가한 뒤에 본명을 그대로 사용한 경우도 있었던 것이다.

구마라집은 장안에 도착한 당초 후진국 군주 요흥姚興이 다스리고 있던 이 지역의 서명각西明閣과 소요원逍遙園에서 불전 번역에 종사하다가 대사大寺로 장소를 옮겨 더욱 활발하게 번역 작업을 전개했다. 구마라집의 번역 작업은 여러 방면에 걸쳐 있지만 특히 대승의 '공空' 사상과 관련된 것이 중심이 된다. 일체의 존재에는 고정적인 실체로서의 본성 따위는 아무것도 없다는 '공'의 가르침은《반야경般若經》으로 총칭되는 대승 경전군에서 널리 이야기되고 있다. 그는 모든 법이 공하다는 것을 아는 것이 지혜임을 설파한《마하반야바라밀경摩訶般若波羅蜜經》(통칭 '대품경大品經') 27권과 보다 짧은 같은 계열의 경전《마하반야바라밀경摩訶般若波羅蜜經》(통칭 '소품경小品經') 10권, 후대의 선불교에 이르기까지 중국에서 폭넓게 특히 재가의 거사居士들에게 열심히 읽힌 간결한 반야경《금강반야경金剛般若經》등도 번역했다. 나아가《반야경》외에 대승불전의 근본으로 널리 알려진《묘법연화경妙法蓮華經》, 즉《법화경法華經》(다만 그 1장인 '제바달타품提婆達多品'은 구마라집의 번역이 아니라 남제 시대의 번역임)이나 지겸 번역의《유마힐경》의 다른 번역인《유마힐소설경維摩詰所說經》등 구마라집이 한역한 경전은 후대에 절대적인 영향을 미치고 지금도 읽히고 있다.

구마라집의 '공' 사상은《반야경》뿐만이 아니라 인도 대승 불교의 2

대 학파인 중관파中觀派[*]와 유가행파瑜伽行派^{**} 가운데 중관파와 깊숙이 관련되어 있고, 구마라집은 중관파의 시조라고 할 수 있는 용수龍樹(나가르쥬나, 150~250)나 제바提婆(아랴데바, 성제바聖提婆)의 논서도 한어로 번역했다. 특히 용수의 저작 가운데 근본 중의 근본이라고 할 수 있는《중론中論》, 마찬가지로 용수에 귀착되는《십이문론十二門論》및 제바의《백론百論》3책은 후대에 중시되어 이것을 기본 원전으로 삼는 삼론종三論宗/三論學派이 생겼다. 그 대표는 길장吉藏(549~623)이다.

구마라집은 대승뿐만 아니라 전통적인 부파部派불교^{***}와도 관계하여 살바다부薩婆多部^{****}(후대의 호칭은 설일체유부說一切有部)의 계율인《십송률十誦律》의 번역에도 종사했다. 율律이란 '비나야vinaya', 즉 출가하여 공동생활을 하는 승려 집단의 규칙, 또는 그 규칙을 기록한 문헌을 말한다.《십송률》은 중국에서 최초로 원문이 모두 번역된 본격적

* 용수龍樹(나가르쥬나)를 시조로 하고 그의 저작《중론中論》을 기본 원전으로 삼는 인도 대승불교 학파의 하나. 모든 것은 원인조건을 기다려 발생(生起)하는 것으로 고유의 독립된 실체성을 갖지 않는 '공空性'이며 사물을 그렇게 파악하는 것이 고정관념에 사로잡히지 않는 '중中道'의 입장이라는 것이 이 학파의 기본 인식이다.

** 4~5세기 무렵에 성립된 인도 대승불교의 가장 오래된 학파로《해심밀경解深密經》등을 기본 경전으로 삼아, 용수에 의해 확립된 '공' 사상도 불타의 진의를 완전히 설명하고 있지 못하다고 사실상 학파로서 독립을 선언하고 '삼성三性', '유식唯識' 등의 개념을 근본사상으로 확립한다.

*** 석가가 입멸한 후 100년 정도 지난 마우리아 왕조의 아쇼카 왕 시대에 들어 불교 교단은 계율의 해석 등을 둘러싸고 대립이 발생한다. 석가 이래의 전통을 그대로 지키려는 보수적인 '상좌부Theravāda'와 진보적·자유주의적인 '대중부Mahāsānṅghika'로 분열되고, 다시 여기서 많은 부파가 갈라져 나오는데 이 시대의 불교를 총칭하여 '부파불교'라고 한다. 이 명칭은 오래된 불교 관련 문헌에 나오는 말이 아니라 메이지 이후 일본 불교학자가 사용하면서 일반화되었다.

**** 부파불교 가운데 가장 유력한 학파로 기원전 1세기 중반 무렵 상좌부에서 갈라져 나온 것으로 보인다. 가다연니자迦多衍尼子가《발지론發智論》으로 교학을 집대성하며 그 상세한 주해서로《대비바사론大毘婆沙論》이 나와 있다.

인 율장이다. 그러자 불전 학습을 위해서 뿐만이 아니라 중국 특히 5, 6세기의 남조에서는 출가승의 일상적인 생활 규칙의 기반으로 실제로 사용되게 되었다. 다만 이전에 구자국을 침공한 전진前秦의 무장 여광呂光에 의해 구마라집은 구자국왕의 딸 및 술과 함께 밀실에 억지로 감금된 사건을 계기로 어쩔 수 없이 음계淫戒를 어기게 된 사정이 있었고, 나아가 그가 수십 권에 달하는 율의 전문을 암송하고 있지 않은 것도 원인이 되어 전문적인 율사(비나야다라, vinayadhara)의 도래를 기다릴 필요가 있었다. 이에 대해서는 다음에 소개하도록 하겠다.

최초의 본격적 한역 비나야

《십송률》의 번역에는 흥미로운 일화가 있다. 《고승전》 권2에 따르면, 구마라집이 장안에서 역경 활동을 시작한 지 3년 정도 경과한 404년에 《십송률》을 암송하고 있던 불야다라弗若多羅(푸냐타라, 의역 공덕화功德華)가 장안에 도착했다. 같은 살바다부에 소속되어 있으면서 율을 암송하고 있지 않았던 구마라집은 불야다라에게 《십송률》의 번역을 요청하였다. 그리고 이 두 사람의 주도로 《십송률》의 한역 작업이 시작되었다. 하지만 애석하게도 번역이 전체 3분의 2 정도 진전되었을 즈음에 텍스트의 구석구석까지 기억하고 있던 유일한 인물인 불야다라가 병마로 쓰러져 타계하고 만다. 번역 일은 갑자기 틀어질 수밖에 없었다. 다행히 이듬해 405년 가을에 같은 텍스트를 암송하는 담마류지曇摩流支(다르마루치, 의역 법락法樂)라는 승려가 장안을 찾아왔다.

그래서 구마라집은 담마류지의 암송에 의거해 번역을 재개하였다. 이러한 우여곡절 끝에 《십송률》 원전 전체가 한어로 옮겨졌다. 그런데 구마라집 자신은 이 번역문에 만족하지 않았던 것 같으며 새로운 교정판을 만들려는 계획을 세운 상태로 409년 무렵 타계했다. 《고승전》 권2의 본전에 의하면, 생전에 율을 번역하는 한편으로 자신의 파계를 자각하고 있던 구마라집은 강의 때마다 "예컨대 진흙탕 가운데 연화가 돋아나온 것과 같다. 연화의 꽃만 취하고 진흙탕은 움켜쥐지 않도록 하라"고 제자를 깨우쳤다고 한다. 그리고 최종적으로 이 율은 고국 구자龜茲(쿠차)에서 구마라집의 계율 스승이었던 비마라차卑摩羅叉(비말라크샤, 의역 무구안無垢眼, 338경~414경)의 손에 의해 구마라집 사후에 고치고 다듬어져 역문이 확정되었다. 비마라차는 눈이 파랬기 때문에 '청안율사靑眼律師'라는 별명으로 불렸다.

이상에서 중국에 전래된 《십송률》의 원전은 사본을 가지고 온 것이 아니라 암송된 텍스트였음을 알 수 있다.

역경으로 번성한 장안, 그리고 급격한 쇠퇴

구마라집이 장안에서 역경 활동을 벌이는 동시에 많은 뛰어난 한인 승려를 육성한 것은 5세기 최초의 10년에 해당하는 시대였는데, 이를 전후로 주목할 만한 역경승譯經僧이 그밖에도 배출되었다. 구마라집 이전에 장안에서 활약한 역경승으로는 살바다부의 상세한 아비다르마 교리학서인 《비바사轉婆沙》를 번역한 승가발징僧伽跋澄이나, 그와 공동으로 작업하기도 하고 별도로 《증일아함경增一阿含經》 등을 번역한 담마난제曇摩難提(다르마난딘, 의역 법희法喜) 등이 있었다.

양주涼州 출신 축불념도 구마라집 이전부터 활동하고, 나아가 구마라집 사후에도 계속해서 장안에 체류하며 불전 한역에 종사했다. 양나라의 혜교는 《고승전》 권1 〈축불념전竺佛念傳〉에서 "안세고, 지겸 이후에 축불념보다 나은 사람은 없고 부씨符氏의 전진국前秦國과 요씨姚氏의 후진국後秦國 두 시대에 번역의 일인자였다"고 절찬했다.

구마라집 및 그의 사후에 장안에서 활약한 역경승은 바로 앞에서 언급한 축불념과, 《장아함경長阿含經》 등을 번역한 불타야사佛陀耶舍(붓다야샤스, 의역 각명覺明)였다. 불타야사는 붉은 수염을 기른 데다가 《비바사毘婆沙》(《십주비바사론十住毘婆沙論》을 말하는지 확실치 않음)라는 텍스트에 정통하고 있었기에 '붉은 수염 비바사(赤髭毘婆沙)'라는 별명도 얻었다. 또한 불타야사와 축불념 등이 구성한 번역 그룹은 410년부터 412년까지 법장부法藏部(담마굴다부曇摩掘多部/담무덕부曇無德部)라는 다른 부파의 율인 《사분율四分律》을 번역했다. 또한 담마야사曇摩耶舍와 담마굴다曇摩掘多는 407년부터 414년에 걸쳐 같은 법장부의 아비다르마 교리학서인 《사리불아비담론舍利弗阿毘曇論》을 번역했다.

구마라집 사후 그의 경전 번역을 지원해온 [후진後秦의 2대 황제] 요흥姚興은 나이가 들어 지배력이 약화되고 416년 마침내 병사하여 그때까지 황태자였던 요홍姚泓이 3대 황제로 즉위한다. 하지만 이듬해 417년에, 이 직후(420) 남조 송宋을 창건하여 초대 황제에 즉위하게 되는 유유劉裕의 침략군에 장안은 함락당하고 요홍도 살해당하고 만다. 부견符堅(재위 356~385)이 통치하는 전진前秦 시대부터 후진이 멸망할 때까지 수많은 외국인 승려가 도래하여 역경 사업으로 번성하던 장안이지만 이 무렵을 경계로 불전 번역은 갑작스럽게 단절된다.

동시에 구마라집이 양성한 다수의 우수한 한인 제자도 그의 사후 장안을 떠나 강남의 건강建康이나 형주荊州 등지에서 새로운 활동을 전개하게 된다.

역경의 중심은 남조로

구마라집이 활약한 시대에 중국 불교에서 불전 번역의 소식이 들려오는 곳은 어김없이 장안이었다. 따라서 새로운 정보를 찾아 많은 승려가 장안으로 몰려들었다. 그러나 구마라집이 타계하자 장안을 둘러싼 환경은 급변했다. 구마라집 사후 역경의 중심은 북조의 장안에서 남조南朝로 이동한다. 특히 남조의 수도 건강建康에서 불교를 극진히 비호한 송나라 3대 황제 문제文帝의 원가元嘉 연간(424~453)에 불타발타라佛馱跋陀羅/佛陀跋陀羅(붓다바드라, 의역 각현覺賢, 359~429), 보운寶雲(?~449), 구나발마求那跋摩(구나바르만, 의역 공덕개功德鎧, 367~431), 승가발마僧伽跋摩(상가바르만, 의역 중개衆鎧), 담마밀다曇摩蜜多(다르마미트라, 의역 법수法秀 또는 법우法友, 356~442), 구나발타라求那跋陀羅(구나바드라, 의역 공덕현功德賢, 394~468) 등이 차례로 출현하여 활발하게 활동하면서 방대한 수의 불전을 번역했다. 이들 역경승譯經僧이 활약한 기간은 주로 420~440년 무렵까지 대체로 20년 정도이다. 이토록 다채로운 인도승들이 차례로 내방하여 단기간에 집중적으로 불전 번역을 전개한 시기도 드물다.

  이상에서 언급한 번역자들은 서로 이름이 비슷하여 헷갈리기 쉬운데 각각에 대해 간단한 설명을 붙인다.

불타발타라는 노사나불盧舍那佛*의 세계관을 강설한 경전으로서, 그리고 후대에 모든 현상의 발생·소멸의 법칙을 설명하는 '하나가 곧 전체요 전체가 곧 하나(一即一切, 一切即一)'라는 특징적인 대승 연기緣起 사상의 표현을 제공한 경전으로 알려진《화엄경華嚴經》, 대중부大衆部라는 부파가 보유한 율인《마하승기율摩訶僧祇律》, 선정禪定(명상) 관련 서적인《달마다라선경達摩多羅禪經》등을 번역했다. 불타발타라는 살바다부의 승려이고 대중부의《달마다라선경》이 그에게는 다른 부파의 율이지만, 때마침 399년에 장안을 출발하여 인도 각지를 순례하고 막 귀환한 법현法顯이 파탈리푸트라(현재 인도 비하르주 파트나)에서 얻어온 최신 사본을 가지고 인도 문자와 학식에 정통한 불타발타라 등이 협력하여 번역한 것이다. 마찬가지로 대승의 열반경인《대반니원경大般泥洹經》6권(통칭 '육권니원六卷泥洹')도 법현이 인도에서 가져온 사본을 불타발타라 등과 함께 번역한 것이다. 또한 유명한《화엄경》은 자세하게는《대방광불화엄경大方廣佛華嚴經》60권이라 하고 '육십화엄六十華嚴'이라고도 부르는데, 이것도 불타발타라가 몸소 가져온 것이 아니라 지법령支法領이라는 승려가 내륙아시아의 오아시스 도시 우전于闐(코탄, 호탄)에서 얻어온 사본을 불타발타라에게 번역을 요청한 것일 뿐이다. 불타발타라는 일반적으로 대승의 승려로 간주되는 경향이 있으나 이상에서처럼 그와 대승의 관계는 오히려 희

---

* 범어로 '빛나는 태양에서 유래한 자'를 의미하는 '바이로차나Vairocana'를 한어로 음사(음역)한 것으로 화엄종華嚴宗 등에서 교주로 삼는 부처의 이름이다. 불타발타라는 '노사나불盧舍那佛'(구역)로, 실차난타實叉難陀는 '비로자나毘盧遮那'(신역)로 음사했다. 석가불과 비로자나(노사노)불은 완전히 동일한 역사상의 석가를 가리키는 것으로 알려져 있으나, 한편으로 역사상의 석가뿐만이 아니라 과거와 미래의 모든 부처를 가리키는 말로도 비로자나(노사노)불을 사용하기도 한다.

박하고 분명치 않은 점이 많다.

구나발마는 원가元嘉 8년(431) 정월에 남조의 수도 건강建康에 도래하여 동년 9월에 급서한다. 그런데 불과 몇 개월 사이에 황제 문제文帝에게 보살계菩薩戒*라는 대승 계율을 가르치고, 건강의 비구니(여성 출가자, 여승)가 정식 수계受戒 의례를 요청하자 이에 응하는 한편, 중국인 제자들과 함께 보살의 실천 수행이나 보살계를 강설한《보살선계경菩薩善戒經》등의 번역에 종사했다. 번역되지 않은 나머지 2장은 그가 급서한 후에도 제자가 계속 번역하여 완성을 보게 되었다. 또한 사후에 그의 유언을 적은 36행의 게송偈頌(범어의 운문 시절)**이 발견되어 제자들은 그것을 번역했다. 이 게구는《고승전》권3의 본전 말미에 수록되어 있는데, 인도 문헌으로서도 중국 문헌으로서도 5세기 전반이라는 비교적 이른 시기에 집필된 자서전의 일종으로 주목할 만한 내용을 전한다.

구나발마의 활동 직후에는 승가발마(상가바르만)가 건강에 도래하여 살바다부의 율에 대한 전문 주석서인《살바다부비니마득륵가薩婆多部毘尼摩得勒伽》등을 번역했다. 또한 그는 급서한 구나발마의 역할을 이어받아 건강에서 활동하는 많은 출가자의 새로운 수계 의례를 주도했다. 구나발마와 승가발마의 이름에 붙은 '발마'라는 말은 팔리어로 '밤마vamma', 범어로 '바르만varman'에 대응하는데 '갑옷'이라는

---

* 깨달음을 구하는 중생, 즉 보살bodhisattva을 미혹의 세계에서 건져내어 생사가 없는 열반의 언덕으로 안내하기 위해 제도濟度를 수행과 결부시킨 대승의 계율을 말한다.
** 범어 'gāthā'의 의역으로, 부처의 공덕이나 가르침을 찬양하는 노래를 말한다. 외우기 쉽게 다섯 자나 일곱 자를 하나의 구句로 하고 네 구를 하나의 게偈로 하는 게구偈句로 한시漢詩처럼 지었다.

의미다. 이름에 '발마'가 붙어 있는 사람은 원칙적으로 크샤트리아 계급* 출신이다.

담마밀다는,《법화경》의 마지막 장인 〈보현보살권발품普賢菩薩勸發品〉을 이어받는 형태로 성립된 대승의 철저한 참회법과 이를 통해 얻을 수 있는 명상(선관禪觀)의 신비적 체험을 강설한《관보현보살행법경觀普賢菩薩行法經》(통칭 '보현관경普賢觀經') 등을 번역했다.

구나발타라는 여래장如來藏 사상**으로 불리는 새로운 대승의 교설을 강론하는《승만경勝鬘經》이나《능가아발다라보경楞伽阿跋多羅寶經》(통칭 '능가경楞伽經') 등의 대승경, 그리고《잡아함경雜阿含經》등의 소승경을 번역했다.

구나발타라가 번역한《능가경》은 '사권능가四卷楞伽'라고도 한다. 이것은 대승의 유가행파 사상에서 중요시하는 기본 경전으로 현존하는 가장 오래된 판본이다. 흥미로운 점은 번역 직후에는 그다지 유행하지 않다가 6세기 전반 남조 양梁의 무제武帝에 이르기까지 여래장의 입장에서 육식 금지와 채식을 강설한 경전으로 오로지 이용되었다는 것이다. 여래장 사상과 함께 유가행파의 영향을 받은 경전으로

---

* 크샤트리아kṣatriya는 고대 인도의 브라만교 사회를 4계층의 종성種姓으로 분할하는 종교적 신분제도(varṇa)의 제2신분인 왕족·무인계급을 말한다. 최상위 계급인 성직자·승려 계급인 브라만brahmin을 받들고, 아래로 하위계급인 바이샤vaiśya(서민)와 수드라śūdra(예속민)의 두 계급을 통치했다. 브라만은 신분 자체가 성직자이므로 정치에는 개입할 수 없어 왕을 비롯하여 고대 인도의 주요 관직은 모두 크샤트리아가 담당했다. 불교의 개조인 석가는 석가족의 왕자로 크샤트리아에 속했다.
** 여래장tathāgata-garbha은 대승불교의 중요한 개념의 하나로 '여래如來(=부처)'와 '태' 또는 '태아'의 합성어다. "모든 중생은 여래를 잉태하고 있다"는 구절에서 유래한 표현으로 모든 중생은 깨달음의 가능성, 곧 불성佛性을 갖추고 있어 부처가 될 수 있다는 의미를 내포한다.

서도 중요하지만 유가행파의 원전으로 다루어지게 되는 것은 번역 후 약 100년이 경과한 6세기 중엽에서 후반에 걸친 시기 북조의 지론종地論宗(후술)에서였다.

5세기 전반기의 북조

이렇게 북조의 장안과 남조의 건강에서 다양한 경전이 번역·출간된 것과 때를 같이 하여 중국 문화권의 서쪽 변경 부근에서는 아주 중요한 다른 움직임이 발생하고 있었다. 남조 송宋의 건국을 앞둔 412년 인도인 승려 담무참曇無讖(385~433)이 흉노족 출신 저거몽손沮渠蒙遜이 통치하는 북량北涼(397~439)의 수도 고장姑臧에 도래하여 새로운 대승 경전을 차례로 번역하기 시작했다. 그는 다양한 경전을 번역했지만 특히 중요한 것은 《대반열반경大般涅槃經》과 《보살지지경菩薩地持經》이었다. 석가의 '니르바나nirvāṇa[열반]'를 강설한 열반경군에는 많은 종류가 있는데, 특히 소승(전통적 부파불교) 계통과 대승 계통으로 대별할 수 있다. 담무참이 가져온 《대반열반경》은 '일체중생실유불성一切衆生悉有佛性', 즉 '모든 중생은 부처가 될 성품을 가지고 있다'는 슬로건으로 상징되는 여래장으로 불리는 사상이나 '상락아정常樂我淨'*이라는 부처의 경지를 강설한 대승 경전으로 유명하다. 이보다 약간 앞

---

* 대승에서 열반에 도달하기 위해 갖추어야 하는 네 가지 덕목을 가리킨다. 즉, '상常'은 시간과 공간을 초월하여 생멸 변천이 없는 영원히 변치 않는 본성, '낙樂'은 번뇌가 다하여 괴로움과 즐거움을 벗어난 진정한 즐거움의 상태, '아我'는 망집妄執의 자아를 버리고 진정한 자아에 도달한 상태, '정淨'은 번뇌와 망상을 버리고 고요하고 맑은 상태를 말한다.

서 법현이나 불타발타라 등이 번역한 《대반니원경》 6권과 같은 계통이지만 더욱 발전된 대승 사상을 포함하고 있다.

《고승전》 권2의 본전에 의하면, 담무참이 《대반열반경》을 번역한 것은 421년이었다. 처음에 담무참은 한어를 모르고 북조 고장에는 통역이 없었기 때문에 오역을 우려해 《열반경》의 번역을 수락하지 않았다고 한다. 이것은 담무참의 도래 이전에 고장에는 역경 체제가 확립되어 있지 않았음을 뒷받침한다. 이 경전의 번역에 중요한 역할을 담당한 인물은 혜숭慧嵩과 도랑道朗이었는데, 특히 혜숭은 고장으로 옮겨오기 전에 장안에서 역경에 종사한 경험이 있었기 때문에 고장에서의 담무참의 역경 사업은 이에 앞선 장안의 그것을 어떤 의미에서 계승하는 측면이 있었다고 할 수도 있다. 또한 이렇게 번역된 대승의 《열반경》이 남조의 수도인 건강에 전래된 것은 번역된 지 거의 10년이 경과된 430~431년 무렵이었을 것으로 추정된다.

한편 《보살지지경》은 중국 불교 계율사의 문맥에서 주목해야 할 경전으로 보살의 실천 수행이나 보살계를 설명한다. 유가행유식파瑜伽行唯識派*의 근본 경전인 《유가사지론瑜伽師地論Yogācāra-bhūmi》의 일부를 구성하는 《보살지菩薩地Bodhisattva-bhūmi》를 한어로 번역한 판본 중의 하나다. 앞에서 언급한 구나발마 번역의 《보살선계경》과 넓은 의미에서 같은 계통이지만 내용이 약간 다르다. 나아가 당대唐代에 이르면 현장이 《유가사지론》 100권을 번역하게 되는데, 《보살지지경》은 바로 그 현장 번역의 《유가사지론》 〈본지분本地分〉 중의 《보살

---

* 유가행파瑜伽行派는 중관파中觀派와 함께 인도 대승불교의 양대 사조를 형성하는데, 특히 유가행파의 논사論師는 오로지 '마음=의식識'을 자기의 내적 형상으로 인식하는 사상적 특색으로부터 시대에 따라 유식론자唯識論者로 불리는 경우가 많았다.

지菩薩地》에 앞선 같은 계통의 이역본異譯本이었다.

담무참은 역경승일 뿐만 아니라 불가사의한 영력과 주술을 부리는 신이한 대승 승려로도 알려져 있다. 그는 승려로서 극히 이례적인 최후를 맞는다. 그가 경전을 구하기 위해 북량을 출발하려 했을 때 북량국 군주 저거몽손은 역정을 내고 담무참이 배신할 것을 우려했기 때문인지 자객을 보내 담무참을 살해하고 만다. 담무참의 파란만장한 생애는《고승전》권2의 본전에 자세하게 기술되어 있다.

그 외에 같은 시기에 북량에서는 살바다부(설일체유부)의 아비다르마 교리학의 상세한 주석 문헌인《아비담비바사阿毘曇毘婆沙》를 공역한 도태道泰나 부타발마浮陀跋摩 등이 활약했다.

5세기 후반에 무슨 일이 일어났는가

이상에서 살펴본 5세기의 흐름을 간단히 정리해본다. 5세기 초엽 구마라집의 번역에서는 대승불전 중에서도 비교적 초기의《법화경》이나《반야경》, 그리고 '공空' 사상을 주장하는 중관파中觀派의 논서에 주안을 두었다. 그 후의 번역에서는《화엄경》,《보살지지경》이나 여래장 사상을 강설한《대반열반경》,《승만경》등 구마라집이 번역한 것보다 약간 성립 연대가 늦은 나중의 대승 경전이 많이 포함된다. 그리고 명확한 이유는 알 수 없으나 [남조 송의 문제文帝] 원가元嘉 연간을 지나자 역경승의 도래가 갑자기 끊어지고 5세기 후반에 번역 활동은 격감했다. 남조 제齊에서 양梁에 걸쳐 활동한 역경승은 구나비지求那毘地(502 입적)와 승가바라僧伽婆羅(460~524) 등 불과 몇 명 안 되었다.

다만 5세기 후반부터 6세기 초에 걸쳐 남조의 역경 사업은 정체되었지만 불교 신앙 그 자체가 식은 것은 아니었다. 역경을 대신하여 활발하게 이루어진 활동은 이미 번역된 경전을 바탕으로 불서를 정리·편찬하는 것이었다(이와 관련된 남제南齊의 경전 초록抄經 작성에 대해서는 6장에서 설명). 후한시대부터 계속되어온 불전의 한역은 일견 끊이지 않고 연속하는 것 같은 인상을 주지만, 자세히 들여다보면 이처럼 번역 작업이 왕성한 시기와 정체된 시기가 있었다.

북조에서도 전체적으로 보면 거의 마찬가지였다. 이미 언급한 것처럼 저거몽손이 통치하는 북량국은 새로이 전래된 불교 문헌의 번역으로 번성하고 수도 고장에서 담무참이나 도태 등의 걸출한 역경승이 배출되었지만, 대국으로 도교 세력이 강한 북위北魏가 고장을 침공하여 북량이 멸망하자 그 후 얼마간 역경 활동은 전혀 이루어지지 않았다. 고장에 있던 많은 불교승은 북위의 수도 평성平城(현재의 산시성山西省 다퉁大同)으로 강제 송환되지만, 그 밖에 재가 번역자 저거경성沮渠京聲처럼 촉蜀(현재의 쓰촨성四川省)에서 장강長江을 따라 남조의 수도 건강으로 내려간 그룹과, 북량국의 생존자들과 함께 서쪽으로 도망쳐 선선국鄯善國(누란樓蘭)을 거쳐 최종적으로 고창국高昌國(현재의 신장新疆 위구르 자치구 투루판 부근)으로 이동한 그룹의 세 갈래로 나뉘었다. 마지막에 든 북량국의 생존자들은 저거안주沮渠安周를 필두로 하는 무리로 442~460년에 걸쳐 저거씨沮渠氏가 고창국을 지배하게 된다.

한편 북위 영역 내에서는 446년부터 수년간 단행된 열렬한 도교 신봉자 태무제太武帝의 불교 박해로 5세기 전반 평성에서 역경 활동은 전혀 이루어지지 않았다. 이 태무제의 불교 배척과 탄압은 중국 불교사에서 '3무1종의 법난法難[*]'으로 불리는 불교 탄압·사상 통제의 첫 번째 사건이었다. 452년 문성제文成帝에 의해 불교 부흥이 이루어진 뒤 길가야吉迦夜라는 서역 승려가 사문통沙門統[**]의 요직을 맡은 담요曇曜와 함께 불교 논리학서인《방편심론方便心論》과, 불멸후 스승에서 제자로 대대로 가르침을 전수하는 사자상승師資相承의 계보를 기록한 일종의 승려전인《부법장인연전付法藏因緣傳》등 몇 점의 불전을 번역하지만 그 외의 역경 활동은 전혀 없었다.

6세기의 새로운 전개

이러한 가운데 6세기에 새로운 전환기를 맞는다. 474년 평성에서 천도하여 북위의 새로운 도읍이 된 낙양에 늑나마제勒那摩提(라트나마티, 의역 보의寶意), 보리류지菩提流支/菩提留支(보디루치, 의역 도희道希, 527 입적) 등이 찾아와《십지경론十地經論》(대승 경전《십지경十地經》의 주석서),《입능가경入楞伽經》(통칭 '십권능가十卷楞伽'),《심밀해탈경深密解脫經》등을 번역하여 전혀 새로운 학파의 기초를 열었다. 낙양에 불교가 융성했던 모습은 6세기 중엽 양현지楊衒之의《낙양가람기洛陽伽藍記》(낙양의 사찰에 관한 기록)를 보면 알 수 있다. 또한 북위 및 그 뒤를 이은 동위

---

[*] 세 사람의 '무武', 즉 북위의 태무제太武帝, 북주北周의 무제武帝, 당의 무제武帝와 한 사람의 '종宗', 즉 후주後周의 세종世宗에 의한 불교 탄압 및 사상 통제 사건을 말한다.
[**] 중국 북위시대에 국가에 의해 설치된 불교 교단을 통괄하는 승관僧官의 명칭을 말한다. 불교 탄압으로 악명이 높은 태무제를 이어 즉위한 문성제는 불교 부흥과 동시에 불교를 관할하는 감복조監福曹의 장관으로 사문통을 두었다.

東魏 시대에는 불타선다佛陀扇多(붓다산타, 의역 각정覺定), 반야류지般若流支(프라쥬냐루치, 의역 지희智希/혜애慧愛), 비목지선毘目智仙, 담림曇林 등이 북위의 수도 낙양 및 동위의 수도 업鄴(현재의 허베이성河北省 한단시邯鄲市 린장臨漳)에서 활약했다. 참고로 인도인 반야류지는 출가 승려가 아니라 브라만 계급의 재속 불자이고 그의 두 아들은 수나라시대에 역경 사업에 종사하게 된다(4장 참조).

이 새로운 학파는 대승불전《십지경十地經》을 주석한 인도인 승려 천친天親(바수반두婆藪槃豆, 현장 번역은 세친世親)의 논서《십지경론十地經論》에 바탕을 두고 있다고 하여 지론종地論宗으로 불렸다. 그들이 근거한 것은 용수 계통 중관파보다 늦게 인도에서 발생한 유가행파의 사상이며 그 대부분은 무착無著(아상가)과 천친 형제의 논서를 중심으로 하고 있었다. 이들 형제가 설파한 삼계三界의 모든 것은 바로 자신의 마음이 표출된 것이라는 '삼계유심三界唯心'이나 외계의 객관적 존재를 부정하는 '유식무경唯識無境'의 가르침이 처음으로 중국에 전래된 것이다.

유가행파는 요가차라yogācāra라고도 하며 정신제어yoga를 중시하는 대승의 학파이다. 실은 이전에도 유가행파의 문헌은 번역되었다. 예를 들면, 구나발타라 번역의《능가경》, 구나발마 번역의《보살선계경》, 담무참 번역의《보살지지경》 등이 그것이다. 그러나 흥미롭게도 5세기 말까지 중국인은 그것을 유가행파의 문헌이라고는 의식하고 있지 않았던 것 같다.

한편 남조에서는 양나라 말 진제眞諦(파라마르타)라는 법명으로 널리 알려진 구라나타拘羅那他/拘羅那陀(Kulanātha, Paramārtha, 의역 친의親依, 499~569, 후대에 '拘那羅陀'라고 기록한 것은 오류)가 인도의 웃제니

Ujjayinī(현재 마디아 프라데시Madhya Pradesh주 웃제인Ujjain)에서 해로로 부남扶南(현재 캄보디아 일대)으로 건너오고, 그 후 광주廣州를 경유하여 건강建康에 도착했다. 그러나 진제가 도착한 직후에 '후경侯景의 난'으로 불리는 정변이 일어나 도읍은 대혼란에 빠지고 무제武帝도 죽었다(549). 그 때문에 진제는 도읍을 떠나 국가적 지원 체제와는 관계없는 환경에서 광주나 시흥始興(현재의 광동성廣東省 사오관韶關) 등의 각지를 전전하면서 역경에 종사했다.

진제가 중국에 전한 것도 그 직전 화북 지방에 소개된 지론종地論宗과 같은 유가행파의 사상이었다. 무착의 교리학서《섭대승론攝大乘論》과, 그것에 대해 동생 천친이 주석한《섭대승론석攝大乘論釋》외에도 살바다부(설일체유부)와 경부經部/經量部(Sautrāntika)*라는 부파의 교리학에 입각해 집필된 아비다르마 논서로 유명한《구사론俱舍論 Abhidharma-kośa》등을 번역하여 동 시대 및 직후의 시대에 절대적인 영향을 남겼다.

진제의 번역 활동은 몇 가지 점에서 다른 역경승과 구별이 된다. 우선 남조의 혼란기에 활동한 진제의 역경 작업은 국가의 지원 체제 아래 이루어진 것이 아니었다. 구마라집이든 현장이든 당시 역경은 국가 사업으로 조정의 비호를 받으며 막대한 재정 지원과 장소 제공이라는 안정적인 환경에서 하는 것이 일반적이지만, 진제는 그렇지

---

* 4~5세기에 등장한 인도 불교의 새로운 학파. 천친과 슈리라타Śrīlāta를 중심으로 하여 설일체유부說一切有部의 '삼세실유설三世實有說'을 비판하고 현재의 법dharma만을 실재로 인정하며 과거와 미래의 그것을 부정하는 '현재유체설現在有體說'의 입장을 취한다. 학파의 명칭은 천친이 "경전(經)을 지식의 근거(pramana=量)로 하고 논論을 지식의 근거로 삼지 않는다"고 해설한 것에 연유한다.

않았다. 그를 지원한 것은 자사刺史나 현령縣令(각각 주州와 현縣의 수령) 수준이고, 그는 장소를 바꿔가며 남조 각지에서 번역 작업을 계속했다.

진제는 여러 경론을 번역해냈을 뿐만 아니라 이들 경론에 대한 뜻풀이(注解)를 자신의 말로 한 점에서도 다른 역경승과 구별된다. 진제의 주석은 제자들의 필사筆寫로 후대에 상당한 영향을 미쳤다. 진제의 저작은 30건 이상 있었지만 당대唐代 무렵에 소실되어 지금은 거의 남아 있지 않다.

또한 불안정한 사회에서 진제는 자살을 기도한 적도 있었다. 기독교와 달리 불교에서는 자살을 완전히 부정하지는 않지만 고승의 자살 욕구를 노골적으로 기록한 예는 드물다.

5~6세기 역경의 경우, 구마라집의 번역은 '공空' 사상과 용수 계통 중관파 논서를 포함하고 있지만, 여래장 사상이나 유가행유식파의 전적典籍은 없었다. 그 직후의 담무참이나 구나발타라는 여래장 사상에 바탕을 둔 경전을 번역했다. 나아가 6세기가 되면 북조에서도 남조에서도 공히 유가행유식파의 논서라는 인식을 가지고 무착과 세친世親(천친天親)의 텍스트를 번역했다. 이런 사실은 중국으로의 경전 전래가 거의 인도 대승 불교의 발전에 따라 이루어지고 있음을 보여주는 것이다.

수에서 당으로

수대隋代에 들어서면 말법사상末法思想[*]을 강설한 경전으로 유명한 《대집경大集經》의 〈월장분月藏分〉 등을 번역한 나련제야사那連提耶舍/那連提黎耶舍(나렌드라야샤스, 의역 존칭尊稱, 490~589)가 많은 경전을 번역하며 활약했다. 참고로 그는 귀가 길게 늘어진 용모를 하고 있어서 '장이삼장長耳三藏'이라는 별명으로 불리기도 했다. 또한 사나굴다闍那崛多(지나구프타?/ 쥬냐나구프타?, 528~605/523~600), 달마급다達磨笈多(다르마구프타, 619 입적), 사나야사闍那耶舍 등의 역경승도 배출했다. 이 무렵 한역 작성의 구체적 형태가 크게 변화하게 된 것은 3장에서 상세하게 살펴본다.

당대에는 우선 바라파가라밀다라波羅頗伽羅蜜多羅(프라바카라미트라, 565~633)가 등장했다. 그의 이름은 바라파밀다라波羅頗蜜多羅라고도 하고 바파波頗라고도 표기한다. 그의 번역에는 중관파의 분별명分別明(바비베카)이라는 보살이 펴낸 《반야등론般若燈論》(용수의 《중론》에 대한 주석서)과, 유가행파의 무착이 펴낸 《대승장엄경론大乘莊嚴經論》이라는 중요한 논서가 있다. 그의 번역어에는 다른 데서 보이지 않는 독특한 것이 있다.

---

[*] 말법사상이란 불멸후의 시대를 3기로 나눈 '3시三時'라는 불교의 역사관 가운데 정법시正法時, 상법시像法時 다음에 온다는 마지막 1만 년의 말법시末法時에 관한 사상이다.

현장의 위업

당대唐代에는 그 후 유명한 현장이 등장하여 마침내 신역新譯 시대의 막이 오른다. 현장은 진제가 번역한 유가행파의 근본 성전《십칠지론 十七地論》(소실)을 읽고 그 번역문이 만족스럽지 않아 원전을 구하려고 당의 국금國禁까지 어겨가면서 서역으로 여행을 떠날 결심을 했다고 한다. 그는 중천축中天竺에 위치한 나란다[那爛陀Nālandā] 대사원(현재의 비하르주 파트나 부근)에서 계현법사戒賢法師*를 사사하여 유가행파의 교리 등을 배우고, 나아가 인도 각지의 유명 스승을 찾아 학문을 넓혔다. 그는 [당 태종] 정관貞觀 19년(645) 장안으로 귀환하는데, 그때 그가 가져온 방대한 경전이나 불상을 운반하는 데에 말 22필이 필요할 정도였다고 한다.

현장이 번역한 주요 경전은《유가사지론》(《십칠지론》의 이역본)이나 《섭대승론》,《해심밀경》 등으로 유가행파의 논서나 경전이 중심이었다. 그 외에《대비바사론大毘婆沙論》,《구사론》,《순정이론》 등의 설일체유부의 논서나《설무구칭경說無垢稱經》(《유마경維摩經》),《대반야경大般若經》과 같은 대승 경전도 다수 옮겼다. 그는 입적할 때(664)까지 정력적으로 활동했다.

당 태종과 고종에 의한 국가적 규모의 완전한 지원 체제를 배경으로 이루어진 현장의 역경은 질과 양에서 이전 시기와 확연히 구별되

---

* 6~7세기 인도 대승불교 유가행파의 논사로 당시 인도 불교의 최고 학당인 나란다 대사원의 주지를 역임한 실라바드라Śilabhadra를 말한다. 당나라 현장이 나란다 대사원을 찾아갔을 때 그는 이미 백 살이 넘은 고령으로 5년간《유가사지론》을 가르치고 그의 스승인 호법護法(다르마팔라)의 '유식론唯識論'을 전수한 것으로 알려져 있다.

었다. 특히 번역어 선정의 엄밀함과 쇄신성뿐만 아니라 수미일관성의 점에서 현장의 번역은 가히 신역이라고 할 만한 이유가 있었다. 현장의 인도 순례를 바탕으로 기술한 지리지로서 그의 제자인 변기辯機가 편집한《대당서역기大唐西域記》, 도선道宣의《석가방지釋迦方志》나 각종 주석서에서 현장의 제자들은 수많은 음역에 대해 현장의 음역이 올바르고 이전의 것은 잘못되었거나 부분적으로 생략된 것이라고 비판했다. 또한 현장은 의역意譯에 대해서도 많은 새로운 말을 만들어내어 후대에도 절대적인 영향을 미쳤다.

현장은 동아시아의 불전 번역에서 가장 위대한 업적을 남긴 인물이라고 해도 틀림없을 것이다. 그는 또한 직후의 시대에 '당삼장唐三藏'이라는 이름으로 불린 것처럼 '삼장법사'라고 하면 곧 현장을 가리킬 정도의 슈퍼스타였다.《서유기》의 삼장법사 모델이 현장임은 널리 알려져 있는 사실이다. 원래 '삼장'이란 세 종류의 불교 성전 '경經 sūtra', '율律vinaya', '논論śāstra/abhidharma'에 모두 정통한 사람을 가리키는 말인데, 종종 뛰어난 학승에 대한 존칭으로도 사용된다. 실제로 현장의 삼장 번역 가운데 율에 관한 문헌이 많지 않은 것을 감안하면 삼장이라는 말의 상징성과 존칭으로서의 측면을 나타내고 있는 것이리라.

현장을 계승한 의정

현장의 뒤를 이어 의정義淨(635~713)이 인도의 나란다 대사원에 유학하여, 거기서 논의되고 있던 근본설일체유부根本說一切有部라는 부파의 율 관련 문헌과 인명因明(논리학, 지식론) 등의 새로운 정보를 중국에 전했다.

의정은 《남해기귀내법전南海寄歸內法傳》의 저자로도 널리 알려져 있고 《금광명최승왕경金光明最勝王經》 등의 경전, 《근본설일체유부비나야根本說一切有部毘奈耶》를 비롯한 율장 관련 문헌, 세친 보살의 《능단금강반야바라밀다경론석能斷金剛般若波羅蜜多經論釋》, 진나陳那 보살의 《취인가설론取因假設論》, 호법護法 보살의 《관소연론석觀所緣論釋》 등의 논서 번역을 맡았다. 이 문헌들은 현장이 번역하지 않은 같은 나란다 계통의 경론을 보완하는 역할도 수행했다. 특히 근본설일체유부의 율 관련 문헌은 현장의 번역에서 빠져 있는 부분으로 이를 보완했다는 것이 의정의 새로운 공헌이다.

다만 의정 번역의 경우, 《남해기귀내법전》이나 그가 편찬한 승전僧傳인 《대당서역구법고승전大唐西域求法高僧傳》 연구는 상당히 진전되어 있지만, 그의 번역본에 대한 연구는 현 시점에서 아직 충분하지 않다. 예를 들면, 그가 선택한 번역어 특징이라는 한 가지에만 국한해도 밝혀지지 않은 부분이 많고, 말년에 완성하지 못한 채 남긴 번역이 있다는 사정도 해명되지 않았다. 의정이 활약한 시기는 여제 측천무후則天武后(무측천武則天)가 통치한 주周의 시대(武周期, 690~705) 및 그 직후의 당 왕조 부흥기였다. 의정은 66세가 되는 700년부터 번역을 시작해 711년 77세까지 번역 활동을 계속했다. 같은 무렵 우전于闐 출신의 실차난타實叉難陀(쉬크샤난다, 의역 학희學喜, 652~710)는 《화엄경》(통칭 '팔십화엄八十華嚴')과 《대승입능가경大乘入楞伽經》 등을 번역했다.

남천축 출신의 보리류지菩提流志/達摩流支(보디루치, 727 입적)는 당 중종中宗의 칙명을 받아 장안에서 현장이 다하지 못한 《대보적경大寶積

經》120권의 번역을 맡아 7년에 걸쳐 완성(713)하는 등 역경 사업에 종사했다. 물론 이 당대의 보리류지菩提流志는 북위의 보리류지菩提流支(留支)와는 다른 인물이다.

밀교 경전의 전래와 번역

7세기 말 이후 보이는 역경 작업의 특징은 다양한 역자에 의한 이른바 밀교 경전의 번역을 들 수 있다. 측천무후 이전에는 지바하라地婆訶羅(디바카라, 의역 일조日照, 612~687)나 불타파리佛陀波利(의역 각호覺護) 등이 등장했다. 그들이 번역한 경전 중에서도 특히 다라니陀羅尼* 암송으로 죄를 없앨 수 있음을 강론한《불정존승다라니경佛頂尊勝陀羅尼經》은 몇 편의 역본이 존재하고 당시 크게 유행했다. 종종 이 경전의 경문을 새긴 팔각형 모양의 '경당經幢'이라는 석탑이 당唐에서 명청明清 무렵까지 고통에서 벗어나고 오래 살기를 기원하는 사람들에 의해 각지에 수없이 만들어졌다(Liu 2008).

측천무후 및 이후의 시대에도 많은 밀교 관련 역자가 출현했다. 먼저, 보사유寶思惟/아이진나阿儞眞那(721 입적)는 현세 이익의 관점에서 절대적 효력을 미치는 주문이 들어 있는 것으로 민간에 보급된〈대수

---

* 범어 'dhāraṇī'를 음사한 것으로 '총지總持', '능지能持' 등으로 한역하기도 한다. '경전을 기억하는 능력'을 어원으로 하며 불교에서 말하는 비교적 긴 주문呪文을 의미한다. 이 주문은 본래 수행자가 마음의 흐트러짐을 막고 교법이나 교리를 기억하기 위해 사용한 것으로 이미 대승의 시대에 크게 유행하며 밀교의 시대가 되면 더욱 그 말에 내재된 존재를 환기喚起하는 효능에 기대하는 성격이 강해진다.

구다라니大隨求陀羅尼)의 하나인《수구즉득대자재다라니신주경隨求即得大自在陀羅尼神呪經》등을 번역했다(같은 계열의 다른 경전으로 곧 소개하는 불공不空 번역《대명왕대수구다라니경大明王大隨求陀羅尼經》도 유행했다).

선무외善無畏(슈바카라싱하, 별명 정사자淨師子, 637~735)는《대일경大日經》으로 통칭되는《대비로자나성불신변가지경大毘盧舍那成佛神變加持經》등을 번역했다. 금강지金剛智/跋日羅菩提(바즈라보디, 669~741)는《금강정유가중략출념송경金剛頂瑜伽中略出念誦經》등의 번역에 종사했다.

불공不空/阿目伽跋折羅(아모가바즈라, 705~774)은 '금강정경金剛頂經'으로 통칭되는《금강정일체여래진실섭대승현증대교왕경金剛頂一切如來眞實攝大乘現證大敎王經》이나 '이취경理趣經'으로 통칭되는《대락금강불공진실삼마야경반야바라밀다리취품大樂金剛不空眞實三摩耶經般若波羅蜜多理趣品》외에 엄청난 수의 밀교 경전을 번역했다.

인도 각지에서 오랫동안 면학에 힘쓰다가 중국으로 건너온 반야般若/般剌若(프라즈냐, 의역 지혜智慧, 734경~811경)는《대방광불화엄경》40권(통칭 '사십화엄四十華嚴'),《수호국계주다라니경守護國界主陀羅尼經》,《대승본생심지관경大乘本生心地觀經》등을 번역했다(Yoritomi 1979). 말년에 옮긴《대승본생심지관경》의 고사본 하나가 일본 시가현滋賀県 이시야마데라石山寺에 소장되어 있고, 거기에 기록된 내용에 따르면 장안에 있던 반야의 번역 작업장에서 번역한 말을 음사하여 받아 적거나 한어 역어를 선정하는 중임을 맡은 사람은 일본인 사문沙門* 료

---

* 범어 'śramaṇa'의 음역. 의역으로는 '노력하다śram'에서 파생한 말로 보고 '공로功勞'로 옮기거나 '휴식하다śam'는 말의 어근에서 유래한 말로 해석하여 '식심息心', '정지靜志' 등으로 옮기기도 했다. 예부터 인도에서는 남성 출가 수행자를 가리키는 말로 사용되어 왔고 불교에서도 이 말을 사용했다. 석가 생존 당시 석가를 포함해 갠지스강 중류 지역 도시에

센仙仙이었다고 한다.

　이들 밀교 계통 역자는 전부는 아니지만 대부분 중천축中天竺의 나란다 학파와 연결되는 사람들이었다.

단절의 시대

불교는 당대唐代 전체를 통해 매우 왕성한 신앙의 대상이었고 불교 교리학의 연구도 심화되었지만, 번역 활동에 국한해 보면 9세기 초의 반야 이후 완전히 내리막길을 걷게 되었다. 오대五代[*]에도 마찬가지로 번역은 이루어지지 않았다.

　앞에서 언급한 것처럼, 반야는 [당 헌종憲宗] 원화元和 5년(810)에서 이듬해에 걸쳐《대승본생심지관경大乘本生心地觀經》을 번역한다. 이에 대해 북송의 저명한 불교사가 찬녕贊寧은《대송승사략大宋僧史略》에서 "당의 원화 연간(806~820)에《대승본생심지관경》이 번역되어 나온 뒤 160년 동안 적적하게도 불전 번역에 대해 듣는 바가 없다"('大正藏 卷54, 240쪽 중)고 했다. 이것은 반야 이후 국가의 비호로 역경 사업은 이루어지지 않고 불전 한역은 거의 볼 만한 것이 없게 되었음을 보여준다. 다만 반야 이후도 역경 그 자체가 완전히 사라졌다는 것은 아

베다성전의 권위를 인정하지 않은 많은 사문들이 활약하면서 불교사상가를 지칭하는 말로 사용된다.
* 당의 멸망에서 송의 통일까지 분열의 시대에 흥기한 후량後梁(907~923), 후당後唐(923~936), 후진後晉(936~946), 후한後漢(947~950), 후주後周(951~960)의 다섯 왕조를 말한다.

니다. 예를 들면, [당 문종文宗] 개성開成 연간(836~840)에는 만월滿月과 금강실지金剛悉地 등이, [당 선종宣宗] 대중大中 연간(847~860)에는 반야작가般若斫迦(의역 지혜륜智慧輪)가 역경에 종사했다. 하지만 그 어느 것이나 단발적이고 소규모 사업에 그쳤다.

당 왕조는 안록산安祿山과 부하 사사명史思明이 일으킨 '안사의 난'(755~763)을 경계로 하여 그 전과 후가 모든 면에서 성격을 달리한다고 하나, 당대의 불전 역경 사업이 안사의 난을 계기로 단절된 것은 아니다. 밀교 경전의 번역에 최대 공적을 남긴 불공不空은 안사의 난 이후에도 왕성하게 활동했다.

또한 당대의 불교 탄압이라고 하면 842~845년 무종武宗에 의해 단행된 '회창의 폐불廢佛'(앞에서 기술한 '3무1종의 법난'의 하나)이 유명하지만, 불전 번역 사업이 이 폐불 사건을 계기로 정체된 것도 아니다. 앞에서 언급했듯이, 국가 차원의 대규모 역경 사업은 안사의 난과 '회창의 법난' 중간 시기에 반야의 사망과 함께 종언을 고했던 것이다.

재개와 종언

한역 사업이 다시 활기를 띠게 된 것은 160년 이상의 공백기를 거친 다음 북송 태종이 통치하는 태평흥국太平興國 7년(982) 수도 개봉開封(현재의 허난성河南省 카이펑開封)에 건립된 태평흥국사太平興國寺의 서쪽에 역경원이 세워진 시기부터였다. 역경원은 이듬해 전법원傳法院으로 이름을 바꾸어 활동을 계속한다. 북송에서 활동한 주요 역경승으로 먼저 인도인 천식재天息災(나중에 '법현法賢'으로 개명, 1000 입적)

를 들 수 있다. 천식재에 대해서는 명明나라 명하明河의《보속고승전補續高僧傳》권1의 맨 앞에 실려 있고, 그 외 [북송 진종眞宗의] 대중상부大中祥符 연간(1008~1016)의 경록《대중상부법보록大中祥符法寶錄》권6이나 청淸나라 서송徐松이 펴낸 사서《송회요집고宋會要輯稿》제200책 도석道釋 2의 7에 상세한 기술이 있다. 또한 인도인 법천法天(1001 입적), 시호施護(1017 입적), 법호法護/달리마파라達里摩波羅(다르마팔라, 963경~1058), 일칭日稱(1017~1078)이나, 한인 유정惟淨(973경~1051경) 등도 등장했다. 북송의 역경은 982년에 시작하여 일칭이 입적한 1078년까지 계속되었다.

일칭과 동 시대 및 후대에는 혜현慧賢, 혜순慧詢, 나란다 출신의 지길상智吉祥과 천길상天吉祥 등이 출현하지만, 역경 활동은 급격히 쇠퇴하고 1113년 금총지金總持의 역경을 끝으로 종언을 맞이했다고 한다(Leung 2003). 북송의 역경은 실질적으로 100년, 쇠퇴기를 포함하면 130여 년에 이르지만 여전히 밝혀지지 않은 부분이 많다. 또한 번역 기술이나 정확성에서도 문제가 있어 북송의 역경 사업에 대한 종합적 평가는 아직까지 확정되지 않은 상태다.

그 뒤 남송시대에는 불전 번역이 이루어지지 않다가 원대에 들어 부활했다. 사라파沙羅巴/沙羅巴(1259~1314)는 스승 발사파發思巴/八思巴/拔合思巴(파스파, 팍파, 1239~1280)의《창소지론彰所知論》및 다른 밀교 경전을 몇 권 번역하였으며, 관주팔管主八이나 안장安藏도 불전 한역에 종사했다. 이 시대의 불전 한역에 보이는 특징은 범어로부터 직접 번역한 판본이 전혀 없었던 것은 아니지만 티베트어 번역본이나 몽골어 번역본을 한어로 중역한 것이 많다.

다음으로 명대에는 명하의《보속고승전》등에 역경승에 대한 언급

자체가 없는 것은 아니지만 실태는 분명치 않고 아마도 역경은 거의 없었다고 보는 쪽이 정확할 것이다. 청대에는 건륭제乾隆帝 시대에 공포사포工布査布가 등장해 《조상량도경造像量度經》 등의 밀교 경전 3부를 티베트어로부터 한역했다. 또한 선종宣宗 무렵(1820~1850) 아왕찰습阿旺扎什도 밀교 경전을 한어로 번역했다. 다만 원대나 청대의 번역 작업은 단발적으로 이루어진 데다 양도 얼마 되지 않아 산스크리트어 원전을 한역한 북송까지와는 질과 양에서 성격이 크게 다르다.

덧붙여, 티베트어 불전佛典을 한어로 중역하는 청조의 흐름은 현대에도 일부 이어지고 있다. 중국의 전통을 계승한 현대 한역자로 법존法尊(1902~1980)이 있다. 그는 티베트어 불전을 전통적인 한어 문어체로 옮겼다. 그중에는 종래에 전혀 한역되지 않은 것도 포함되어 있다. 예를 들면, 중관파의 시조 나가르쥬나(용수龍樹)의 《공칠십론空七十論》이나 같은 중관파 찬드라키르티[월칭月稱]의 논서 《입중론入中論》, 불교 논리학자 다르마키르티[법칭法稱]의 주저 《석량론釋量論》(원전은 《프라마나 바르티카*Pramāṇavārttika*(올바른 인식수단에 관한 주석)》 등인도 산스크리트어 원전의 티베트어 역본을 한어로 옮겼다. 또한 티베트 라마교 겔룩파 시조 총카파宗喀巴의 《보리도차제광론菩提道次第廣論》 등을 위시한 티베트어 원전을 한역하기도 했다. 원문의 게송(운문)은 《입중론》의 경우 7언 4구, 《석량론》의 경우 5언 4구의 연속으로 번역했는데, 이 체제는 바로 전통적인 한역의 수법을 답습한 것이다. 아울러 법존은 《석량론》을 번역하면서 발문跋文을 붙였는데, 여기에서 전체 번역 기간이 1970년대 말에서 1980년대 초두에 걸쳐 8개월 남짓 소요되었다고 기술하고 있다. 그가 경이적인 속도로 한역을 완성한 점에서도 한역의 전통과 상통하는 점이 있다.

역경 활동의 기복과 번역 장소

이상에서 후한에서 북송에 이르는 시기에 활동한 주요한 역경승을 개관하고 청대에 이르는 그 뒤의 상황도 잠깐 살펴보았다. 사상 최초의 한역 경전으로 이야기되는 전설의 《사십이장경》을 일단 도외시한다면, 한역은 2세기 중반 무렵에서 9세기 초에 걸쳐 이루어지고, 그후 1세기 이상의 단절을 거친 다음 10세기 말에서 11세기 전반에 북송에서 재개되었다. 2~9세기에도 역경이 똑같은 추세로 장기간 이어진 것이 아니라 그때그때의 시대 상황이나 국가 체제를 배경으로 기복이 있었음을 알 수 있다. 이와 연동하여 역경이 이루어진 도시도 한결같지 않고 중심 지역은 시대에 따라 바뀌었다.

중국을 화북과 강남으로 크게 나눌 경우, 불전의 번역 장소로 특히 중요한 지역은 화북에서는 장안과 낙양, 강남에서는 건강이었다. 구역과 신역을 대표하는 구마라집과 현장의 활동으로 상징되듯이, 장안은 전진前秦의 4세기 후반에서 후진의 5세기 초까지 특히 중요한 역할을 수행하고, 그 후 시대의 단절을 거쳐 수당시대에 역경 활동이 부흥했다. 또한 후한시대에 안세고와 지루가참이 활동한 낙양은 그 뒤 몇 세기 동안 중심 지역이 아니었지만 6세기 지론종의 융성과 함께 다시 중요한 지역이 되고 그 후 의정으로 대표되듯이 측천무후의 주왕조가 건립된 7세기 말에서 8세기 초에 장안과 견주는 주요 역할을 수행했다.

한편 강남에서는 삼국시대 오吳의 강승회와 지겸이 활약한 이후 위진남북조시대에 가장 중요한 역경의 중심지로 기능한 것은 건강, 즉 지금의 난징南京이었다. 다만 예외는 있다. 남방의 출입구인 광주에서는 남제南齊 시대 승가발타라僧伽跋陀羅(상가바드라, 상세한 것은 불명)가 율의 주석서《선견율비바사善見律毘婆沙》를 번역했다. 진陳의 진제도 광주에서 작업한 번역이 많다. 이외에도 장강 중류에 위치한 형주에서 이루어진 역경도 있다. 예를 들면, 구나발타라의 역경은 건강과 형주의 두 곳에서 이루어졌다. 또한 송 말 무렵에 형주의 장사사長沙寺에서 경전을 번역한 공덕직功德直이라는 외국 승려도 있었다(Huijiao 2010a 권8〈玄暢傳〉). 나아가 장강을 거슬러 올라가 상류에 있는 촉蜀에서도 역경이 이루어진 일이 있었던 것 같다.《살바다비니비바사薩婆多毘尼毘婆沙》라는 역자 불명의 계율 주석서는 권9 첫머리에 수隋를 대표하는 율사인 지수智首의 서문을 붙였는데, 여기에 촉에서 번역되었음을 명기하고 있기 때문이다. 구마라집 번역의《십송률》에 대한 상세한 주석서인《살바다비니비바사》는 번역 당시에 주석이 대량 삽입된 부분이 있는 것으로 보아 번역인 동시에 강의록의 성격을 띤 점에서도 흥미롭다(Funayama 1995, 2006). 이처럼 남조에서는 광주, 형주, 촉에서도 번역이 이루어진 적이 있지만 대체로 단발적이었으며 대부분의 역경은 건강에서 이루어졌다. 그 건강도 육조六朝의 종언과 함께 역경 지역으로서의 역할이 끝나고 말았다.

경전의 전래 경로──육로와 해로

이러한 중국 내 역경 지역의 변천에 인도에서 중국으로 불전이 전래된 지리적 경로 문제가 얽혀 있으므로, 이 장을 마무리하기 전에 이에 대해 극히 간단하게 언급해두기로 한다.

인도에서 중국으로 불전이 전래된 경로는 육로와 해로로 크게 나눌 수 있다(17쪽 그림 1 참조). 해로의 경우, 종종 스리랑카(사자국師子國, 싱할라Siṃhala)를 거쳐 동남아시아로 향하고, 거기서 광주에 도착하는 것이 일반적이었다. 법현이 귀로로 이용한 경로도 해로이며 구나발타라, 진제, 의정 등이 중국으로 건너온 것도 해로였다. 덧붙여 광주에서 북상할 때는 물론 배로 건강까지 가는 해로도 이용했으나 내륙 루트를 선택하는 일도 많았다. 즉, 광주에서 북상하여 시흥을 통과해 대유령大庾嶺을 넘어 남강南康, 예장豫章을 거쳐 강주江州에 도착해 장강長江에 들고, 거기서 강을 따라 내려가 건강建康으로 들어가는 루트다. 내륙 루트는 특히 관료가 요인을 건강으로 초청할 때 이용하는 길이었지만 일반인도 이용했다. 중국에 도착한 뒤에 구나발타라와 양진梁陳 시기의 진제는 이 내륙 루트를 따랐다. 또한 당의 감진鑑眞도 일본으로 도래하기 전에 한 차례 이 길을 통과했다. 이 루트는 영남嶺南의 경계인 대유령大庾嶺*을 넘는 지역을 제외하면 나머지는 대부분 내륙의 하천 수로로 이동이 가능했다.

한편 육로란 종종 실크로드로 일컬어지는 내륙 아시아의 산악과 사막을 가로지르는 길이다. 육로는 모든 시대를 통해 이용되었지만, 특히 초창기 역경승은 대부분 육로로 중국에 왔다. 인도아대륙印度亞大陸에서 육로로 중국에 가기 위해서는, 먼저 푸르샤푸라Puruṣapura

---

* '영남'은 중국 남방 오령산맥五嶺山脈 이남 지역을 가리키는 말로, 현재의 광둥성廣東省·광시성廣西省 전체와 후난성湖南省·장시성江西省 일부를 아우른다. 오령산맥의 일부를 이루는 대유령(1,000미터)은 광둥성, 후난성, 장시성 남부 3성省을 나누고 주강珠江과 양자강의 분수령을 이루며, 매우 험준하여 오랜 역사를 통해 인적·물적 교류를 차단하는 천연의 장벽 역할을 하여 영남은 중원과 다른 경제와 문화를 꽃피우게 된다.

(현재의 파키스탄 페샤와르)를 수도로 하는 간다라 지방(《고승전》에서 '계빈罽賓'이라고 하는 경우 종종 간다라 지방을 가리키고 때로는 캐시미르를 가리키기도 함)으로 간 뒤, 거기서 북상하여 파미르 고원을 넘어(파미르 고원을 넘어가는 길은 하나가 아니라 몇 개가 있었음) 카슈가르에서 동쪽으로 사막을 건너 우전, 선선(누란)을 거쳐 돈황敦煌에 이르든가, 구자(쿠차)를 거쳐 돈황에 이르든가, 혹은 그 사이에 있는 다른 길을 통과하는 경로가 있었다. 나아가 돈황을 지나 다음은 주천酒泉, 장액張掖, 양주 고장을 거쳐 장안에 이른다. 혹은 남하하여 촉에 이른다. 이와는 별도로 우전에서 돈황을 거치지 않고 돈황의 남쪽에 위치한 걸복씨乞伏氏가 통치하는 토욕혼吐谷渾(河南國)을 동서로 빠져나와 촉에 이르는 하남도河南道라는 루트도 때로 이용되었다. 이 길은 남북조시대에 남조의 공식 사자使者가 북조 영역을 피해 서역과 교섭하는 경우 등에 이용했다(그림 2, 그림 3 참조).

현재 우리가 세계지도를 보면, 인도아대륙에서 동쪽으로 이동하여 인도 북동쪽 끝에 위치한 아샘 주를 통과하여 동남아시아 미얀마 북동을 거쳐 현재의 윈난성雲南省 다리大理나 쿤밍昆明 주변을 빠져나가는 것이 가장 간편해 보인다. 실제 이 길은 전한前漢 시대 장건張騫(기원전 114 몰)이 활동했을 무렵에 알려지게 된 길이고, 그 후에도 상업 교역의 루트로 알려져 있다. 다만 밀림을 통과하는 가혹한 도정이고 불교 전래 초기에 어떠한 형태로든 이용했을 가능성은 있을지 모르지만 불교 경전 전래의 주요한 루트로 이용되었다는 기록은 남아 있지 않다. 적어도 현재까지 이 루트를 통한 경전의 전래는 확인되지 않는다.

또한 인도아대륙에서 네팔로 북상하여 망율Mang yul(현재의 네팔·티베트 국경 가까이의 키롱Kyirong/Gyirong/sKyid grong, 지룽현吉隆縣 부근)로 불리는 지역에서 티베트를 가로질러 중앙아시아의 사막을 빠져나가는 경로도 존재했다. 그러나 이 길은 당대唐代 들어 관료 왕현책王玄策이 최초로 이용했고 육조시대에는 열리지 않았던 경로다. 왕현책은 현장 이전의 외교 사절로서 중천축中天竺에 서너 번 왕복했다. 근년 왕현책이 세운 석비가 키롱에서 발견되어 비문 내용이 해독된 바 있다(Huo 1994, 2001).

4대 번역가

사족이지만, 불전 번역의 역사에서 주요 인물을 네 사람 들어 '4대 번역가', '4대 역경가譯經家', '4대 역사譯師'로 부르는 경우가 있음을 지적해두고자 한다. 이 호칭은 모치즈키 신코望月信亨의 《불교대사전佛敎大辭典》(1909)과 《밀교대사전密敎大辭典》(1931), 타이완의 《불광대사전佛光大辭典》(1988) 등에 보인다. 이 책들이 설명하는 바에 따르면, 4인이란 후진의 구마라집, 진의 진제, 당의 현장 3인에다 당의 불공 또는 의정 가운데 한 사람을 더한 것이라고 한다. 한역자의 2대 거장으로 구마라집과 현장을 드는 데 이론을 제기하는 사람은 없을 것이지만, 4인을 꼽는 문헌상의 근거는 실로 분명치 않다. 메이지 이후 일본에서 등장한 주장일 가능성조차 있다. 어쨌든 4대 운운하는 것은 '다이쇼장大正藏' 등의 대장경大藏經에는 보이지 않는 말임에 유의하기 바란다.

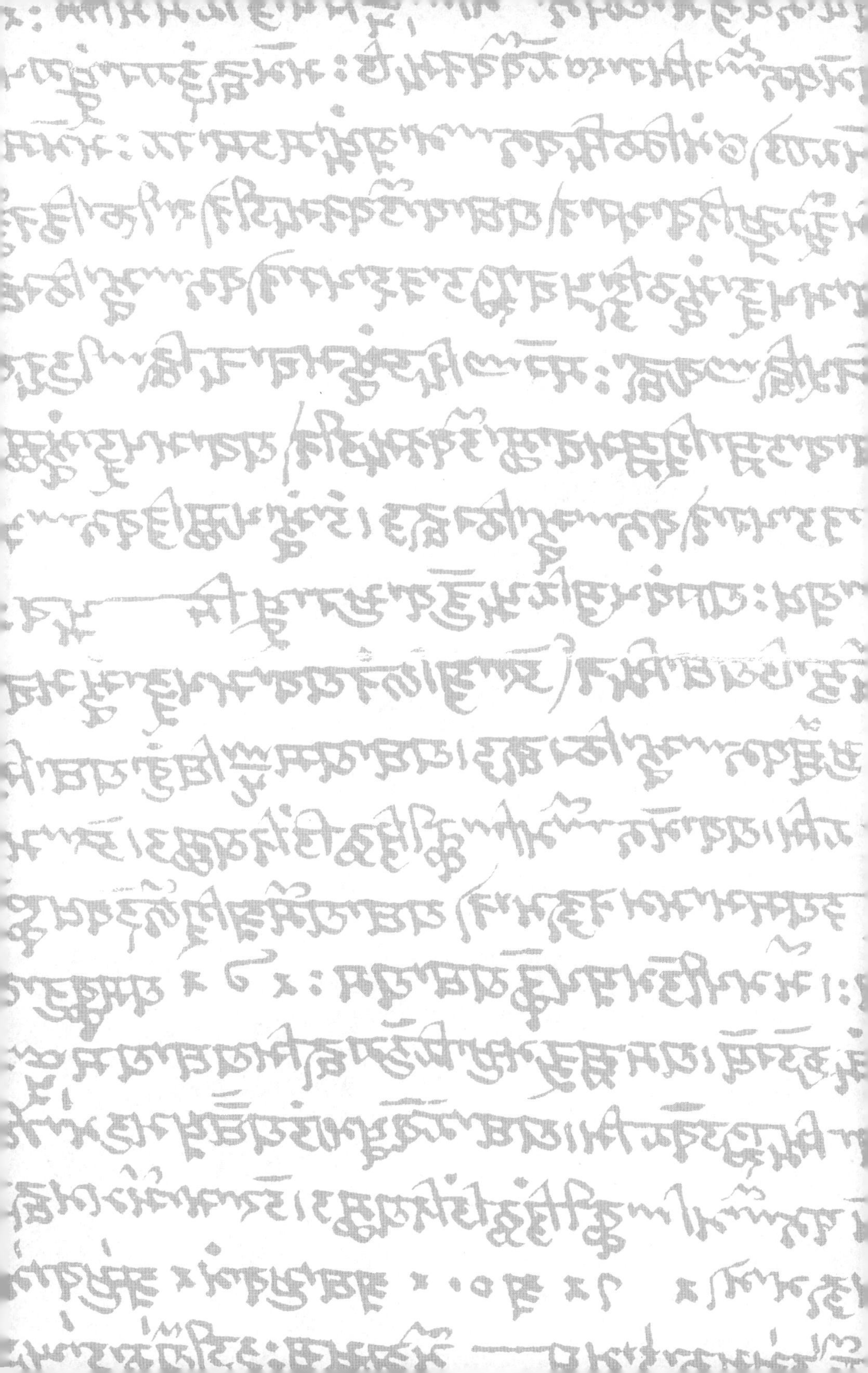

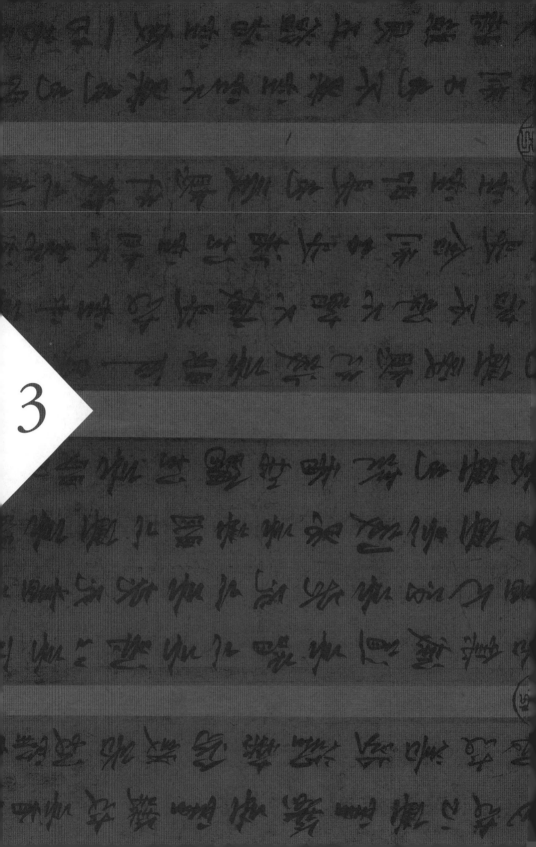

3

번역은
이렇게
이루어졌다

한역 작성의 구체적 방법과 역할 분담 : : : : : : : : :

앞장에서 불전 한역의 역사에서 보이는 주요 번역자와 번역되어 나온 경전을 개관했다. 이 장에서는 불전의 한역이 단독으로 이루어진 것인지, 아니면 복수의 사람이 관여한 것인지, 그리고 역문은 도대체 구체적으로 어떻게 작성된 것인지를 소개하여 번역 작업의 실태에 다가가보기로 한다.

번역에 어느 정도 시간이 걸렸나

한역의 실태를 이해하는 데 먼저 알아두어야 할 것은 구역이든 신역이든 한역의 구체적 작성 작업은 현대의 우리가 막연하게 상상하는 것보다 훨씬 빠른 속도로 이루어졌다는 것이다.

어떻게 그것을 알 수 있는가. 물론 방대한 수에 달하는 한역 전체의 번역 속도를 알 수 없지만, 양梁나라 승우僧祐의《출삼장기집出三藏

記集》)이나 당唐나라 지승智昇의《개원석교록開元釋敎錄》등의 경록에는 경전 번역의 개시일과 종료일을 특정할 수 있는 기록이 드물게 남아 있다. 따라서 이들 문헌을 조사하면 다소 오차는 피할 수 없다고 해도 대체적인 번역 속도는 파악할 수 있을 것이다.

예를 들면, 서진西晉의 축법호竺法護가 작업한《정법화경正法華經》10권의 번역은 [무제武帝] 태강太康 7년(286) 8월 10일에서 9월 2일에 걸쳐 이루어진 것으로 되어 있다(《出三藏記集》卷8〈正法華經記〉). 이 기록이 확실하다면 1권을 번역하는 데 이틀 남짓밖에 걸리지 않았다는 계산이 나온다. 마찬가지로 축법호가 번역한《여래대애경如來大哀經》7권의 경우에는 1권분의 번역 소요 일수가 6, 7일임을 알 수 있다(《出三藏記集》卷9〈如來大哀經記〉). 이 두 사례의 번역 속도는 다르지만, 축법호의 경우는 1권을 번역하는 데 수일밖에 걸리지 않은 셈이다. 실로 상상을 훨씬 뛰어넘는 경이적인 속도로 번역한 것 같다.

물론 번역 속도는 개개의 구체적인 상황에 따라 바뀐다. 육조시대의 번역이 모두 축법호의 번역과 같이 신속하게 이루어진 것은 아닐 것이다. 어쩌면 좀 더 많은 일수가 걸린 경우도 있었을 것이다. 후진後秦의 구마라집이 번역한《대품경大品經》(《마하반야바라밀경摩訶般若波羅蜜經》의 약칭)의 경우는 계산하면 1권분의 번역에 걸린 일수는 9~10일 정도이고 끝난 후의 교정까지 포함해도 1권당 15일 정도였다. 같은 구마라집 번역의《소품경小品經》(《소품반야바라밀경小品般若波羅蜜經》의 약칭)의 경우는 완교까지 포함해 1권분의 소요 일수는 15일 정도였다. 동진東晉의 법현法顯은《대반니원경大般泥洹經》6권을 번역하면서 1권당 20일이 채 걸리지 않았으며, 불타발타라佛馱跋陀羅 역시《화엄경華嚴經》1권 번역에 10~11일 정도 소요했을 뿐이다. 그 밖의 사례는 생략하고 위의 내용을 정리하면, 이른바 구역의 경우 뭔가 특별히 예측할 수 없는 사태가 생기지 않는 한 1권 분량을 번역하는 데 소요된 일수는 대체로 10일 전후이고 때로는 그보다 빠르거나 느린 경우도 있었다고 보아도 무방할 것이다.

이상은 《출삼장기집》 권2 〈신집찬출경률론록新集撰出經律論錄〉 및 권6~11에 수록된 경전 서문(經序)에 입각해 계산한 결과다.

한편 신역에 해당하는 현장玄奘의 번역 속도는 대체로 한층 빨라진 것 같다. 《개원석교록》 권8에 기록된 현장 번역의 경론 가운데 번역 연월일이 확실한 것을 조사해보면, 《대보살장경大菩薩藏經》은 1권당 6일, 《유가사지론瑜伽師地論》과 《불지경론佛地經論》은 7일 정도이고, 《대승장진론大乘掌珍論》과 《입아비달마론入阿毘達磨論》 등의 번역에는 1권분이 불과 3일 정도밖에 걸리지 않았다. 다만 현장의 번역물 중에서도 1권 평균 10일 이상 걸리거나 수십 일이 걸린 예도 있고, 복수의 문헌을 동시에 병행해 번역한 경우도 있으므로 지나치게 단순화하여 이해하는 것은 지양해야 하지만, 육조시대의 역경과 비교하여 현장의 번역 쪽이 한층 빨랐던 것은 확실하다고 할 것이다.

이상에서 대략적인 분량을 파악하기 위해 1권분이라는 표현을 사용했지만 실은 육조六朝와 수당隋唐 시대에 1권의 글자 수가 확정되어 있었던 것은 아니다. 사본학寫本學의 개설서로 정평이 나 있는 후지에다 아키라藤枝晃의 《문자의 문화사文字の文化史》(Fujieda 1971)에 의하면, 처음에는 1행의 문자 수조차 일정하지 않았고 나중에 1행을 17자로 하는 서식이 사경寫經 체제로 정착하게 된다. 그 시기는 대체로 5세기

후반 무렵이다. 그리고 세로 1척,* 가로 1척 5촌~2척의 종이를 20~30
장 붙인 것을 1권으로 하는 것이 통상이었다. 따라서 1권 분량이라고
해도 자수는 일정하지 않았다. 다만 그 점을 고려해도 앞에서 언급한
역경 속도는 직감적인 이해를 얻는 데에 도움이 될 것이다.

역장에는 두 유형이 있었다

불전 한역은 현대의 우리가 막연하게 상상하는 것보다 훨씬 빠른 속도
로 이루어졌고, 그 경향은 구역보다 신역에서 강하게 나타남을 살펴보
았다. 신역 쪽의 번역 속도가 빨랐던 데는 이유가 있다. 구역, 신역의
구분과 반드시 꼭 일치하는 것은 아니지만 거의 연동하는 형태로 번역
의 형태에 변화가 있었다. 이제 이 점에 대해 설명해두고자 한다.
　불전 번역문의 작성이 한 사람에 의해 이루어진 일은 거의 없었다.
한역은 복수의 사람이 모여 각각의 역할을 분담하는 팀워크로 이루
어지는 것이 보통이었다. 그렇게 모여서 번역 작업을 하는 장소나 시
설을 '역장譯場'이라고 한다.
　역장의 실태를 알기 위해서는, 구마라집과 현장의 경우처럼 관역官
譯(국가 사업)인가, 진제와 같이 사역私譯인가의 차이를 시점으로 살피

---

* 본래 중국에서 손바닥을 펼쳤을 때 엄지 끝에서 중지 끝까지의 한 뼘을 단위로 하는 신
체척身體尺에서 출발하는데 신체적 조건에 따라 길이가 들쭉날쭉하는 문제가 있어 왕조별
로 일정한 기준을 정해 1척으로 삼는 공정척公定尺이 도입된다. 1척의 길이는 전국시대에
서 진한대秦漢代까지는 23cm 전후, 불전 번역이 왕성하게 이루어지는 남북조시대에 들어
29.4cm로 길어져 수당대隋唐代까지 유지된다. 1척의 길이는 변해도 1척=10촌寸=1/10장
丈의 비율은 바뀌지 않는다.

는 것도 유효하다. 하지만 가장 주목해야 할 구별은 청중의 유무, 분업 조직의 세분화 여부에 따라 역장을 연대적으로 전후하는 두 유형으로 나누는 것이다.

첫 번째는 경전 강의를 함께하는 역장인데 육조시대 말까지 태반은 이 형태였다. 거기에는 다수의 승려 외에도 청중이 참여한다. 그들은 번역과 해설을 지켜보면서 때로 오래된 역본을 가지고 와 참조하거나 때로 역문의 내용에 관한 질문이 나와 번역자 측이 대답하는 경우도 있었던 것 같다. 이렇게 많은 사람이 경전 강의에 참가하는 형태의 역장에서는 역자의 분업 체제는 그다지 세분화되어 있지 않았다. 나중에 자세하게 보듯이 '역주譯主'라는 역장의 주도자, '필수筆受'라는 서기 담당 등의 구별이 있을 뿐이었다.

이에 대해 두 번째는 비교적 소수 전문가 집단만이 참가하여 자세한 분업 체제를 확립한 역장이다. 수당에서 북송에 이르기까지 거의 이 유형이다. 이 역장은 전문가만으로 구성된 닫힌 공간이고 오로지 번역 작업만이 마치 현대 제조업 공장의 벨트 컨베이어 작업처럼 이루어졌다. 경전 강의는 원칙적으로 이루어지지 않았다(Tso 1963 등).

다수 인원이 경전 강의에 참여하는 유형의 대표적인 것은 구마라집의 역장이었다. 그 구체적인 예는 나중에 살펴보겠지만 수십 명, 때로는 수백 명 혹은 1천 명 이상의 승려나 재가 신자가 모인 일종의 법회法會(불교 의례)였다. 번역에 종사한 사람들로는 그 역장의 중심인물과, '필수筆受'로 불리는 사람, '전역傳譯'으로 불리는 사람 등이 있었다. 그들의 번역 작업을 다수의 청중이 열석列席하여 지켜보는 형태로 번역과 동시에 해당 경전의 해설이나 이해하기 어려운 부분에 대한 강론을 진행하기도 했다. 구마라집 이후에도 많은 사람이 참가

한 역장에 대한 기록이 있는 한편, 수당 이전에도 적은 인원으로 꾸려진 역장에 관한 사례는 얼마간 있다(Wang Wen-yan 1984, 특히 148~150쪽). 또한 참가 인원수에 대해 언급하지 않은 기록도 있다. 따라서 오래된 역장의 특징은 참가 인원이 많다는 것보다는 역경이 일종의 의식으로 이루어지고 번역 담당자 외의 사람들에게도 공개된, 닫힌 공간이 아니었던 것으로 보아야 할 것이다.

한편 전문가 집단에 의한 후대의 역장은 경전 강의와는 관계가 없고 원칙적으로 청중도 존재하지 않았다. 역경원譯經院, 번경원翻經院, 전법원傳法院 등으로 불리는 번역 작업을 위한 전문 시설에 번역 종사자만이 모여 각각의 역할을 분담하면서 연계 작업의 형태로 번역했다. 역할은 '역주', '필수', '도어度語(또는 전어傳語)', '윤문潤文', '증의證義' 등으로 나누어지고, 하나의 담당에 복수의 인원이 배치되는 일도 많았다. 상세한 역할 분담에 대해서는 나중에 설명하겠다.

신형의 역장이 언제 만들어졌는지는 충분히 해명되어 있지 않지만, 역할의 세분화는 현장玄奘보다 앞서 수隋의 대흥성大興城(장안長安, 현재의 시안西安)에서 나련제야사那連提耶舍가 주도하는 역장에서 이미 상당히 명확한 분업 체제가 갖추어져 있었던 것으로 보인다(Wang Yarong 1999). 역할을 분담했던 이유는, 불전 한역이 국가 사업으로 이루어져 신속한 번역을 추구했고, 나련제야사의 경우 상당한 고령자였기 때문에 강력한 보좌가 필요했던 것으로 생각되지만 정확한 사정은 아직 모른다.

전문가 집단에 의한 번역 체제: 수당 이후

전문가 집단을 중심으로 세분화된 분업 체제를 갖춘 역장에 대해 좀
더 자세히 소개한다. 역장의 구체적인 인원 배치나 그 일람을 종종
역장열위譯場列位라고 한다(Ugai 1916). 역장열위의 문헌은 분업의 담
당 구분과 거기에 참여하는 사람의 이름을 일람표 형태로 열거하지
만, 각각 구체적으로 어떠한 역할을 담당했는지에 대해서는 자세한
설명이 없다. 한편 분업 체제의 구체적인 모습을 알려주는 자료로는
북송 찬녕贊寧의 《송고승전宋高僧傳》 권3 〈역경편譯經篇〉 해설이나 남
송 지반志磐의 《불조통기佛祖統紀》 권43 등의 불교사 관련 책이 있다.
여기서는 후자에 입각해 역장의 구체적인 모습을 살펴본다.

  북송 [태종] 태평흥국太平興國 7년(982)에 역경원 완성을 기념하는
개장 법요가 인도인 승려 천식재天息災에 의해 열렸다. 그 상세한 모
습이 《불조통기》 권43에 〈역경의식譯經儀式〉으로 기록되어 있다. 천식
재가 주도한 이 역경의식의 모습은 유명한 《반야심경般若心經》의 명
칭과 거기에 나오는 한 구절인 "오온*이 모두 공한 것에 비추어 보고
(照見五蘊皆空) 모든 고통과 재앙으로부터 중생을 구제했다(度一切苦厄)"

---

* 인간을 구성하는 색色, 수受, 상想, 행行, 식識의 다섯 가지 요소로, 범어 pañca-skandha의
의역이다. 온蘊(skandha)은 집적, 전체를 구성하는 부분을 의미한다. 구역에서는 오음五陰,
오중五衆 등으로 번역하기도 했다. '색'은 감각 기관을 갖춘 신체, '수'는 고苦·낙樂·불고
불락不苦不樂의 세 종류 감각, '상'은 인식 대상으로부터 그 모습의 형태나 관념을 수동적
으로 받아들이는 표상 작용, '행'은 능동적으로 이루고자 하는 작용이나 충동적 욕구, '식'
은 인식 혹은 판단을 말한다. 인간을 심신, 즉 신체(色)와 거기에 의거하는 정신의 작용(受·
想·行·識)으로 이루어진 것으로 보고, 이 다섯 가지 요소가 개인의 존재 전체를 나타낸다
고 보았다.

에 입각해 설명하고 있다. 번역에 관계하여 분업을 맡는 담당은 '역주', '증의', '증문證文', '서자書字 범학승梵學僧', '필수', '철문綴文', '참역參譯', '간정刊定', '윤문관潤文官'으로 불리고 각각의 역할은 다음과 같다.*

첫째, '역주'는 (승려들 곁에서) 밖을 향해 정좌하고 범어 문장을 구두로 말한다.

둘째, '증의'는 역주의 왼편에 앉아 역주와 함께 범어 문장(의 의미 내용에 뭔가 문제가 없는지)을 토의한다.

셋째, '증문'은 역주의 오른편에 앉아 역주가 범어 문장을 소리 높여 낭독하는 것을 듣고 잘못이 없는지 점검한다.

넷째, '서자 범학승'은 범어 문장을 주의 깊게 듣고 그 소리를 한자漢字로 받아쓴다. 다만 아직 범어다[(예를 들면), ᜀᜂᜒ kṛdaya(크리다야, hṛdaya흐리다야의 뜻)를 처음에는 '紇哩第野'로, ᜒᜀ sūtraṃ(수트람)을 '素怛覽'으로 옮겨 적는다.].

다섯째, '필수'는 범어를 한어로 바꾼다. [紇哩那野**를 이번에는 '心'

---

* (원문주) "第一譯主, 正坐面外, 宣傳梵文. 第二證義, 坐其左, 與譯主評量梵文. 第三證文, 坐其右, 聽譯主高讀梵文, 以驗差誤. 第四書字梵學僧, 審聽梵文, 書成華字, 猶是梵音[ᜀᜂᜒ, 初翻爲紇哩第野, ᜒᜀ, 爲素怛覽]. 第五筆受, 翻梵音成華言[紇哩那野, 再翻爲心. 素怛覽, 翻爲經]. 第六綴文, 回綴文字, 使成句義[如筆受云照見五蘊彼自性空見, 此今云照見五蘊皆空. 大率梵語, 多先能後所, 如念佛爲佛念, 打鐘爲鐘打. 故須回綴字句, 以順此土之文]. 第七參譯, 參考兩土文字, 使無誤. 第八刊定, 刊削冗長, 定取句義[如無無明無明, 剩兩字. 如上正遍知, 上闕一無字]. 第九潤文官, 於僧衆南向設位, 參詳潤色[如心經度一切苦厄一句, 元無梵文. 又是故空中一句, 是故兩字, 元無梵文.]"大正藏 卷49, 398쪽 중.
** (저자주) 원문의 紇哩那野는 올바르게는 紇哩第野이어야 한다. 이 책에서의 '那'와 '第'의 혼동은 역사적 오류로 보아야 할지 모른다. '那'에 대해서는 당대唐代《반야심경》의 음사어 텍스트인《당범번대자음반야다라밀다심경唐梵翻對字音般若多羅蜜多心經》에도 '紇哩那野(心)'으로 '那'를 사용한 사례가 있다. '大正藏 卷8, 851쪽 중.

으로 옮기고, '素怛覽'을 '經'으로 바꾼다.]

　여섯째, '철문'은 문자의 순서를 바꾸어 문장화하고 어구의 의미가 통하도록 한다. [예를 들면, 필수가 '照見五蘊彼自性空見'으로 했을 경우, 이제 여기서 '照見五蘊皆空'으로 수정한다.* 대체로 범어는 많은 경우 동사목적어를 앞에 두고 동사 요소를 뒤에 표기한다.** 예를 들면, (한어의) '염불念佛'을 범어에서는 '불佛-염念'으로, '타종打鐘'을 '종鐘-타打'로 하는 것과 같다. 그 때문에 자구의 어순을 바꾸어 문장화하고 그 지역(중국)의 문장에 맞도록 수정할 필요가 있다.]

　일곱째, '참역'은 각각 (인도와 중국의) 현지 문자를 비교 검토하여 잘못이 없도록 한다.

---

* (저자주) 원문에는 '照見五蘊彼自性空見'으로 되어 있다. '다이쇼장大正藏'의 구두법 '照見五蘊彼自性空見此'는 잘못이다. 종래의 연구도 '此'까지를 위의 구절에 포함시키고 있으나 '此'는 다음 구절의 첫머리 글자로 이해해야 할 것이다.

** (저자주) "대체로 범어는 ……뒤에 표기한다"는 구절의 이 문장의 원문은 "大奉梵語, 多先能後所"인데, 여기서 '先能後所'는 '先所後能'을 잘못 적은 것으로 보아야 한다. '先能後所' 대로라면 의미가 통하지 않는다. 이것은 관견하는 한 종래 연구에서는 아무도 지적하지 않았을 뿐만 아니라, 원문의 어순을 무시하고 "능히(能) 후소後所를 앞(先)에 두는 일이 많다(多)"는 전혀 불가능한 훈독을 하는 등 커다란 오해가 보이므로 정정의 근거가 되는 주요 자료를 다음에 간단히 소개한다. 먼저, 초기의 유사한 사례로 당唐나라 도선道宣의《사분율함주계본소四分律含注戒本疏》에 "서범西梵이 전하는 바는 앞에 그 대상(境)을 늘어놓고 뒤에 마음의 움직임(心緣)을 나타내는 말을 둔다. 종鐘-타打, 불佛-례禮의 유례와 같다"고 기록되어 있는 것은 범어에서는 목적어를 앞에 두고 그 뒤에 동사에 해당하는 표현을 두는 것을 보여주고 있다. 후대에 명明나라 왕긍당王肯堂의《성유식론증의成唯識論證義》권1은 유명한《성유식론成唯識論》이라는 문헌의 제목에 대해 인도의 원어와 한역에서는 어순이 뒤바뀌는 것을 언급하고 "응당 유식성론唯識成論이라 해야 하지만 번역하여 성유식론成唯識論이라 하는 것은 저쪽은 소所를 앞에 두고 능能을 뒤로 돌리고 이쪽은 능能을 앞에 두고 소所를 뒤로 돌린다(彼方先所後能, 此方先能後所). 이 때문에 당과 인도는 어순이 같지 않다"고 한다. 명나라 지욱智旭의 주석에도 거의 같은 내용의 설명이 있다. 이러한 문맥에서 '능能'은 동사 혹은 거기에 준하는 가치를 갖는 어구를, '소所'는 동사목적어 혹은 거기에 준하는 가치를 갖는 어구를 의미한다.

여덟째, '간정'은 장황한 부분을 삭제하고 어구의 의미를 확정한다. [예를 들면, 만약 '無無明無明'으로 되어 있다면 중복된 두 글자를 (삭제하여 '無無明'으로 고치고), '上正遍知'로 되어 있으면 '上'의 직전에 '無'라는 글자가 빠져 있으므로 ('無上正遍知'로 고친다.)]

아홉째, '윤문관'은 승려들의 남측에 자리를 마련하여[*] (역어의 표현이 적절한지를) 꼼꼼하게 조사하고 (필요하면 적당하게) 윤색한다. [예를 들면, 《반야심경》의 경우, 본래 범어 원본에 '度一切苦厄'이라는 구절은 없었고, '是故空中'이라는 구절의 '是故'라는 두 글자도 없었던 것이다.]

이상의 《불조통기》와 내용적으로 일치하는 문헌으로서 청淸나라 서송徐松의 《송회요집고宋會要輯稿》 제200책 도석道釋 2의 6이 있다. 다만 《반야심경》의 사례가 없는 등 내용은 《불조통기》보다 간결하다. 그리고 《불조통기》와 마찬가지로 담당자를 아홉 직책으로 구별하지만 《송회요집고》는 각각을 "첫째 역주……", "둘째 증범의 범승證梵義 梵僧……", "셋째 증범문 범승證梵文梵僧……", "넷째 범학승梵學僧……", "다섯째 범학승 필수梵學僧筆受……", "여섯째 범학승 산철성문梵學僧刪綴成文……", "일곱째 증의승證義僧……", "여덟째 자범학승 간정자字梵學僧刊定字"(字梵學僧은 書字梵學僧의 오류로 보임), "아홉째 윤문관……"으로 표기한다. 이것은 실질적으로 《불조통기》와 거의 같지만 표현이 다르다. 또한 제2의 증의와 제3의 증문을 맡은 담당에게는 '범승'이라고 적혀 있으므로 중국인이 아니라 인도인이 그 역할을

---

* (저자주) "승려들의 남측에 자리를 마련하여"의 원문은 '於僧衆南向設位'이다. 특히 '向'이라는 글자를 어떻게 이해해야 할 것인가에 대해 몇 가지 해석이 있을 수 있는데 《송회요집고宋會要輯稿》 제200책 도석道釋 2의 6의 대응 부분에 "승려들의 남쪽에 별도로 자리를 마련하다"고 기록되어 있는 것과 같은 사항을 가리키는 것으로 이해해야 할 것이다.

담당했다는 이야기가 된다.

《불조통기》와 《송회요집고》가 보여준 번역 과정 가운데 특히 두 가지 점에 주목하고자 한다. 첫 번째는 번역에 즈음해 먼저 범어로 발음한 소리를 그대로 한자로 받아쓰고, 두 번째는 범어를 단어별로 하나하나 한어로 옮긴 다음에 단어의 순서를 바꾸어 문장화한 것이다.

첫 번째 점은 음역 문제와 관련된다. 이것은 현대 일본어로 말하면 외래어를 귀에 들리는 대로 가타카나로 표기하는 것에 대응할 것이다. 다만 이러한 작업이 불전 한역의 오랜 역사를 통해 항시 동일하게 이루어졌는지는 실은 확실치 않다. 아마도 이것을 생략한 경우도 상당히 많았을 것으로 보인다. 예를 들면, 후술하겠지만 구마라집은 "손에 범본을 들고 입으로 범어와 그 한역을 말했다"고 하므로, 이러한 번역의 경우 범어를 한자로 음사하는 일은 있을 수 없다. 한편 인도어 원전을 누군가가 베껴 쓴 복사본으로서가 아니라 암송하여 가져온 경우는 번역의 한 과정으로서 개개 단어를 우선 인도 문자로 필사하거나 혹은 중국 문자를 사용해 필사하여 복사본을 작성한 일도 있었을 것으로 상상할 수 있다. 개인적인 견해지만 이것은 음사어音寫語만으로 이루어진 이른바 다라니의 한역 성립 과정과 무관하지 않다(《불조통기》가 제시한 넷째 서자 범학승이 수행한 작업으로 번역 작업을 끝낸다면 거기에 남는 것은 바로 다라니와 같은 체제의 한어로서는 의미를 알 수 없는 음사어 텍스트가 되는 것이다). 어쨌든 범어를 한자로 표기하는 데는 범자와 그것을 옮겨 적는 한자의 대응에 관해 일반적으로 실담학悉曇學으로 불리는 체계적인 지식이 필요하였다.

다음으로 두 번째 점은 한역이 낱말 단위로 이루어졌음을 보여준다. 문장을 번역하는 것이 아니라 단어를 차례대로 번역하여 그것을 인도어 어순대로 배열한 다음에 중국어로서 의미를 가질 수 있도록 문장 차원에서 단어의 순서를 바꾸는 작업을 했던 것이다. 이 담당을 《불조통기》에서는 '철문'으로 불렀는데, 이보다 더 오래된 문헌에서는 '회철廻綴'이나 '회문廻文'으로 표현하기도 했다. 어느 것이든 "단어에서 문장을 구성하는 일, 그것을 행하는 자"를 의미한다.

이처럼 어순을 바꾸어 문장화를 도모하는 방법은 보기에 따라서는 매우 효율적인 연속 작업처럼 보이기도 하고, 또한 몹시 번거로운 일을 하고 있는 것처럼 보이기도 한다. 만약 이와 똑같은 일을 지금의 학생이 외국어를 번역할 때 시도했다면 어떨까. 어학 실력이 모자란 사람이 괴로운 나머지 어떻게든 해보는 방법과 비슷하지 않은가. 불전의 한역에는 현대인의 상식을 훨씬 뛰어넘는 일면이 있음을 잘 알 수 있다.

그런데 이상의 점들과 관련된 문제로서 《불조통기》가 알려주는 일련의 역경 과정에서 실질적인 번역, 즉 범어에서 한어로의 전환을 누가 하고 있는가라는 점도 생각해보자. 언뜻 보아도 '역주'는 아무것도 번역하고 있지 않음을 알 수 있다. 먼저 '필수'가 범어를 단어 차원에서 한자로 바꾸고, 다음으로 '철문'이 어순을 바꾸어 의미가 통하는 문장으로 만든다. 그러므로 이 역장에서 실제로 번역한 사람은 누구인가라고 묻는다면 '필수'와 '철문'이 되는 것이다. 다만 앞에서 말한 것처럼 《불조통기》의 기술에는 다분히 의례적 성격이 있다. 말하자면 모델케이스인 것이다. 그러니까 불교사를 통해 언제나 이와 똑같은 방법에 따라 불전 한역이 이루어졌다기보다도 번역이 있을 때마다 작업을 일부 간략화했을 가능성이 높다고 보아야 할 것이다. 또한

《불조통기》에는 통역의 존재가 명기되어 있지 않지만 뒤에서 기술하듯이 실제로 통역이 커다란 역할을 한 경우도 있었다고 생각된다. 따라서 《불조통기》의 기술은 어디까지나 모델케이스며, 역경의 실태가 언제나 모두 이것과 별반 다르지 않았다고 생각할 필요는 없다.

역문은 이렇게 만들어졌다

이상에서 소개한 《불조통기》에 번역 담당자 각각의 역할이 명시되어 있는 점이 흥미롭지만 이것만으로는 구체적인 내용을 파악하기 힘들다. 그래서 실제 흐름을 이해하기 위해 이번에는 《불조통기》가 들고 있는 《반야심경》의 사례에 입각해 좀 더 알기 쉽게 역경의 수순을 하나하나 재확인해본다.

먼저, '역주'가 《반야심경》의 일절을 다음과 같이 크게 소리 내어 읽었다고 한다.

> 브야발로카야티·스마
> 판차·스칸다스, 탐슈·차·
> 스바바바슈냔·파슈야티·스마
> vyavalokayati·sma,
> pañca·skandhās, tāṃś·ca·
> svabhāvaśūnyān·paśyati·sma

이 낭송이 정확한지는 '역주' 옆에 있는 둘째 '증의'와 셋째 '증문'

이 점검한다. 다음으로 넷째 '서자 범학승'이 이를 한자로 음사한다.

《불조통기》는 실제로 어떤 한자를 사용하여 음사했는지는 명기하고 있지 않지만, 지금 편의상 원문의 음사어를 기록한, 연대적으로 약간 앞선 것으로 생각되는 사료로서 《당범번대자음반야바라밀다심경唐梵翻對字音般若波羅蜜多心經》을 참조하면 대응하는 한자 표기는 다음과 같다(「スタイン將來敦煌寫本 2464号」 大正藏 卷8, 851쪽 중).

尾也[二合]嚩嚧[引]迦底, 娑麼[二合]. 畔左, 塞建[引](二合의 오류?)馱[引]娑, 怛[引]室左[二合], 娑嚩婆[引]嚩戌儞焰[二合], 跛失也[二合]底, 娑麼[二合].

《불조통기》의 경우도 이것과 같든지, 유사한 음사어를 사용했다고 생각할 수 있다. [ ]안은 원문에서는 2행으로 나뉘어 작은 글자로 협주夾註(할주割註) 처리하여, 그 직전에 나오는 한자의 발음을 어떻게 하는지를 나타낸다(원문의 협주에는 이외에도 일부 의역도 표기되어 있는데 번잡하므로 여기서는 생략한다). '이합二合'이란 한자의 두 글자 XY를 합하라는 의미로, 첫 번째 글자 X는 자음만 남기고 두 번째 글자 Y와 조합하여 한 음절로 읽으라는 지시다(예를 들면, ni+yan → nyan). 한편 '인引'은 음을 끌어 장모음으로 읽으라는 지시다.

여기에 제시된 문자열은 한자를 이용한 단순한 음사어 표기이므로 무슨 말인지 의미가 전혀 통하지 않는 문자의 나열이지만 그 의미를 간단히 설명해두면 다음과 같다.

먼저, 처음의 "尾也[二合]嚩嚧[引]迦底, 娑麼[二合]"는 '브야발로카야티·스마vyavalokayati sma'의 음사이고 '관찰했다'는 의미다. '畔左'는 '판차pañca', 즉 '다섯 가지의'라는 의미다. "塞建[引](二合의 오류?)馱[引]娑"는

'스칸다스skandhās'의 음사로 '집적, 전체'를 나타낸다. "怛[引]室左[二合]"는 '탐슈·차tāṃś ca'이고 '그리고 그것들을'이라는 의미다. "娑嚩婆[引]嚩戌儞焰[二合]"은 '스바바바슈냔svabhāvaśūnyān'에 대응하고 '본성을 공한 것으로 하여'를 의미한다. 그리고 마지막의 "跛失也[二合]底, 娑麽[二合]"는 '파슈야티·스마paśyati sma'고 '보았다'는 의미다. 이상과 같은 대응 관계로 되어 있다.

그런데 이것을 어떻게 처리하는가 하면, 다섯째 '필수'가 위의 음소音素를 다음과 같이 낱말별로 중국어로 번역한다.

照見五蘊彼自性空見

그러나 이것으로는 한어로서 의미가 통하지 않는다. 특히 '彼自性空見'의 부분은 범어의 직역으로 한어로서는 이해할 수 없다. 그래서 여섯째 '철문'이 어순을 바꾸어 다음과 같이 수정한다.

照見五蘊皆空

《불조통기》는 이처럼 '照見五蘊彼自性空見'에서 '照見五蘊皆空'으로 넘어가는 변천 과정을 기술하고 있지만 여기에는 비약이 보인다. 이것은 단순히 어순을 바꾼 것이 아니라 문자가 약간 다르므로, 예를 들면 '照見五蘊彼自性空見' → '照見五蘊見彼自性空' → '照見五蘊見皆空' → '照見五蘊皆空'과 같은 개정의 과정을 거친 것으로 이해하고, 이러한 일에는 여섯째 '철문'뿐만이 아니라 아마도 일곱째 '참역'이나 여덟째 '간정'의 작업도 암묵적으로 반영된 것으로 간주해야 할 것이다.

나아가 이것으로는 아직 한문 표현으로서 안정감이 없으므로 아홉째 '윤문관'이 마감 표현으로 度一切苦厄(모든 고통과 재앙으로부터 중생을 구제했다)'라는 구절을 보충하여 다음과 같이 완성한다.

照見五蘊皆空 度一切苦厄

《반야심경》의 유명한 일절은 이렇게 완성되었다는 것을 소개하는 것이 《불조통기》의 의도이다.

앞에서 언급한 것처럼 《불조통기》와 유사한 번역 공정을 기록한 사료로서 찬녕의 《송고승전》권3 〈역경편〉 해설이 있다. 그 가운데 찬녕도 역할 분담과 관련된 아홉 직책을 들고 있는데, 다만 구체적으로는 '역주', '필수筆受(철문綴文이라고도 함)', '도어度語(역어譯語 또는 전어傳語라고도 함)', '증범문', '윤문', '증의證義', '범패梵唄', '교감校勘', '감호대사監護大使'로 약간 다른 아홉 직책을 소개한다. 이 가운데 '범패'(의례적으로 경문을 낭송하는 담당)와 '감호대사'(재가 감독자, 재정적 지원자의 대표)의 두 직책은 구체적인 번역 작업에 실제로는 관여하지 않는다. 따라서 역경 분담자는 실질적으로 일곱 직책이 된다. 《송고승전》과 《불조통기》를 비교하면, 《불조통기》에서는 각각이던 '필수'와 '철문'이 《송고승전》에서는 하나로 되어 있는 것에 주목해야 한다. 《불조통기》의 '참역'과 '간정'에 해당하는 담당은 《송고승전》에서는 '교감'의 한 직책으로 되어 있다. 또한 《불조통기》에서는 '도어'를 내세우지 않는 것으로 보아 아마도 '필수'는 번역도 겸했다는 의도일 것이다.

또한 《송회요집고》에도 대응하는 표기가 있지만 약간 다르다는 것은 이미 이 장에서 언급하였다.

역문의 각색

'윤문'에 대해서도 약간 보충 설명을 해두고자 한다. '윤문'은 '윤색潤色'이라고도 하는데 번역에서의 가필·삽입의 가부 문제와 관련된다. 이미 살펴본 《불조통기》 역경 의례의 내용에서 알 수 있듯이 《반야심경》의 경우는 원문에 존재하지 않는 '度一切苦厄'을 넣은 것이 '윤문'에 해당하는 사례고, '윤문'을 담당하는 특화된 담당관을 두었다. 현대인의 입장으로서는, '度一切苦厄'의 삽입은 한문으로서 쉽게 읽기 위해서라고는 하나 원문에 없는 의미를 부가하는 것이므로 대담하고 상당히 과감한 윤색으로 보인다. 또한 《반야심경》의 경우 윤문은 재가 관료(潤文官)가 담당했는데, 역사를 거슬러 올라가면 수행승이 담당한 경우도 있었다.

　윤색에 대해서는 또한 구마라집 번역이나 현장 번역을 현존하는 산스크리트어 원문과 비교·대조함으로써 구체적인 양상을 짐작할 수 있는 경우도 있다. 다만 역장에서의 윤색의 구체적인 모습은 현재 연구 상황에서는 그다지 정리된 내용을 결론적으로 제시할 만한 정도까지 와 있지 않다. 예를 들면, 수당 이전 역장의 경우, 《출삼장기집》 권10에 실린 작자 미상의 〈바수밀집경서婆須蜜集經序〉에 전진前秦의 승가발징을 중심으로 하는 역장에서 무위 태수武威太守 조정趙政(자字는 '문업文業')이 "약간 윤색을 가미했다(少多潤色)"고 기록되어 있는 것이, 육조시대 역장에서 윤색에 대해 언급한 거의 유일한 사례다.

이외에 《출삼장기집》에 나오는 '윤색'이라는 말은 권5 승우僧祐의 〈신집안공주경급잡경지록新集安公注經及雜經志錄〉과 권7 축불념竺佛念의 〈왕자법익괴목인연경서王子法益壞目因緣經序〉에 '문장을 멋대로 날조하다', '각색하다'는 좋지 않은 의미로 사용한 예가 보이지만 현재의 논점에서 벗어난 것이다. 불전 번역에서 '윤색'의 문제는 문체의 문질론文質論과 밀접하게 관련되어 있을 가능성이 있지만 현시점에서는 그다지 확실한 것은 알 수 없다.

불교 의례로서의 역장: 수당 이전

앞에서 이야기한 대로 경전 강의를 겸하는 형식의 역장은 구마라집의 경우가 전형적이다. 《출삼장기집》 권8 승예僧叡의 〈대품경서大品經序〉는 구마라집 《마하반야바라밀경摩訶般若波羅蜜經》의 번역 양상을 다음과 같이 전한다.

홍시弘始 5년(403), 세성歲星이 계묘의 위치에 있는 해의 4월 23일, 도읍의 북쪽에 위치한 소요원逍遙園에서 이 경전을 번역했다. 법사는 몸소 손에 오랑캐의 책(범어의 텍스트)을 들고 구두로 후진의 말(한어)을 사용해, (범어와 한어의) 발음 차이를 해설하고 양쪽 문장의 뜻을 설명했다. 진왕秦王(요흥姚興)은 스스로 오래된 역본을 보고 그 장점과 결점을 검토하고 경전의 본의에 대해 자문하여 근본 취지를 해명하고 이전부터 교의에 해박한 석혜공釋慧恭, 승략僧䂮, 승천僧遷, 보도寶度, 혜정慧精, 법흠法欽, 도류道流, 승예僧叡, 도회道恢, 도표道標, 도항道恒, 도종道悰 등 500명 이상의 승려와 함께 경전의 의미를 상세하게 검토하고 문장 구조를 면밀하게 음미한 다음에 (역어를) 기록했다. 동년 12월 15일에 번역을 종료하고 교정하여 전체에 걸친 검토를 가하고 이듬해 4월 23일에 이르러 번역 작업을 끝냈다. 문장은 거의 확정되었지만 《석론釋論》(《대품경大品經》의 주석서《대지도론大智度論》)에 비추어 검토해보면 여전히 불충분한 곳이 있었다. 이리하여 이 주석서를 번역하면서 동시에 경전의 번역을 개정하여 《석론》의 번역이 완료된 시점에 (경전의) 역문도 최종적으로 결정되었다. 그것이 확정되기 전에 벌써 (역문을) 필사하여 다른 곳으로 옮기는 자도 있었다. 또한 자의적으로 경문을 증보하거나 생략하여 멋대로 '반야바라밀般若波羅蜜'이라는 이름을 붙이는 자도 나타났다.[*]

이상의 기술에는 몇 가지 주목할 점이 있다. 먼저 날짜를 살펴보자. 4월 23일 역경이 개시되어 12월 15일 잠정적인 번역이 완성된 다음에, 최종적으로는 꼭 1년 후인 4월 23일 번역 작업이 완료된다. 구마라집 번역의 《마하반야바라밀경》, 통칭 《대품경大品經》은 24권(현재 체재로는 27권)으로 꼭 1년에 걸쳐 교정까지 끝냈다는 것이다. 이 장 첫머리의 '번역에 어느 정도 시간이 걸렸나'에서 언급한 대로 대체로 초역을 작성하는 데 1권당 9~10일, 나아가 교정까지 포함하면 15일 정

---

* (원문주) "以弘始五年, 歲在癸卯, 四月二十三日, 於京城之北逍遙園中出此經. 法師手執胡本, 口宣秦言, 兩釋異音, 交辯文旨. 秦王躬覽舊經, 驗其得失, 諮其通途, 坦其宗致, 與諸宿舊義業沙門釋慧恭·僧碧·僧遷·寶度·慧精·法欽·道流·僧叡·道恢·道標·道恒·道悰等五百餘人, 詳其義旨, 審其文中, 然後書之. 以其年十二月十五日出盡. 校正檢括, 明年四月二十三日乃訖. 文雖粗定, 以釋論檢之, 猶多不盡. 是以隨出其論, 隨而正之. 釋論旣訖, 爾乃文定. 定之未已, 已有寫而傳者, 又有以意增揖, 私以般若波羅密爲題者." 大正藏 卷55, 53쪽 중.

도 필요했다는 계산이 된다. 번역 작업 종료까지 만 1년이 걸렸다는 것은 우연이 아니다. 또한 23일과 15일이라는 날짜도 단순한 우연의 산물이 아니라 의례로서의 의미가 있었다(Suwa 1982, Hureau 2010). 육조·수당시대를 통해 독실한 재야 불자는 육재일六齋日에 팔관재八關齋를 실천하는 것이 통례였다.[*] 이날 재가 불자는 통상의 5계보다도 엄격한 8계(헤아리는 방식에 따라 9계라고도 함)를 지킴으로써 몸과 마음을 공히 깨끗하게 지니게 된다. 이 때문에 육재일은 팔관재 외에도 재가 불자가 절에서 출가자와 함께 다양한 재회齋會(법회法會, 불교의례 집회)를 수행하기 위한 기반으로서도 기능했다. 위의 〈대품경서〉에서 23일과 15일이라는 날짜를 기록한 것은 역경 작업이 경제적 지원자인 재가 불자가 출가자와 함께 수행하는 법회의 일종이었음을 보여준다.

둘째로, 후진 왕인 요흥이 '필수' 역할을 수행한 것이다. 특히 그가 《대품경》의 고역본을 역장에 가지고 와서 구마라집 번역과의 상위相違를 체크하는 점은 흥미롭다. 여기서 언급된 고역본이 구체적으로 무엇이었는지 특정할 수 없지만, 예컨대 축법호竺法護 번역의 《광찬경光讚經》 혹은 무라차無羅叉(혹은 무차라無叉羅) 번역의 《방광반야경放光般若經》 등이 떠오른다. 당시 일반적 경향으로서 경전 한역 때 선행하는 이역본異譯本은 가능한 한 참조하고 활용하는 경우가 많았다.

---

[*] 불교에서 사천왕四天王이 천하를 돌아다니며 중생의 선악을 살피는 날이라고 하여 한 달 가운데 특히 행동을 조심하고 마음을 깨끗이 하여 재계齋戒해야 한다고 믿는 여섯 날(음력 8, 14, 15, 23, 29, 30일). 재가 불자들은 이날 살생하지 않고, 탐욕을 없애며, 음탕한 마음을 없애고, 거짓말하지 않으며, 술을 마시지 않는 통상의 5계五戒에다 좋은 침상을 쓰지 않고, 가무하거나 향수를 쓰지 않으며, 정오가 지나면 음식을 먹지 않는 3계三戒를 더한 팔관재계八關齋戒를 실천해야 하는 것으로 되어 있다.

셋째로, 500명 이상의 승려가 참가했다는 점에도 주목해볼 만하다. 수당 이후의 새로운 역장과 달리 오래된 형태의 역장에서는 수십 명, 때로 수백 명이 참가했다. 물론 500이라는 숫자에는 어림수로서 상징적 의미가 있고 실제 숫자로 간주할 필요는 없지만, 아주 많은 사람이 구마라집의 번역 작업을 지켜본 것은 확실하다.

넷째로, 구마라집 번역인《대품경》한역 작업을 일단 마무리하고 나서《대지도론》과의 비교를 통해 같고 다름을 조사하여 개정한 점이다. 이것은 두 번째로 지적한 사항과 아울러 고려할 때 구마라집의 역경 집단이 역본 작성에 즈음하여 관련 자료를 이중삼중으로 체크하고 있음을 보여준다.

끝으로, 번역 문제는 아니지만 이 경전의 최종판이 성립되기도 전에 유출되었다는 것, 자의적으로 역본에 변경을 가한 자가 있었다는 것도 당시의 실제 상황으로서 흥미롭다. 전자와 관련하여 구마라집 번역의《십송률十誦律》이나《성실론成實論》도 최종판 이전의 미정고未定稿가 세상에 유출되었음을 보여주는 사료가 있다.[*] 또한 역본의 이름을 제멋대로 바꾼 것은 경전의 위작과 관련된다.

역주 ── 역경 집단의 총감독

새로운 유형의 역장에 대해서는 앞에서《불조통기》를 통해 역장 분

---

[*] (저자주)《십송률》에 대해서는《고승전》권2〈비마라차전卑摩羅叉傳〉과 권11〈승업전僧業傳〉을 참조.《성실론》의 초고 유출에 대해서는 일본의 가마쿠라鎌倉 시대의 학승 쵸젠澄禪의《삼륜현의검유집三輪玄義檢幽集》권7에 관련 언급이 있다.

업 체제가 아홉 직책으로 분류되었음을 살펴보았다. 한편 구마라집 번역의 《대품경》으로 대표되는 오래된 유형의 역장의 경우, 역할 분담은 그다지 명확하지 않았다. 육조의 번역 작업은 '역주' 외에는 '필수'나 '역전'의 이름을 써두는 정도였다. 또한 신역의 경우에도 현장 번역의 《유가사지론》에서는 '필수', '증문', '증범어', 《대반야경》에서는 '필수', '철문', '증의', 또한 의정 번역의 《욕상공덕경浴像功德經》에서는 '증범의', '증범문', '증의', '필수'와 같은 명칭이 보인다(Ugai 1916). 따라서 분업 체제는 항상 일정했던 것이 아님을 알 수 있다. 역장을 두 유형으로 크게 나눌 수 있는 것은 확실하지만, 실제로 그 상세한 모습은 천차만별, 각양각색이었다.

다만 불전 한역의 역사 전체를 통해 볼 때 언제나 중요했던 직책은 특히 '역주', '필수', '전역'이었다. 이 가운데 '역주'라는 명칭이 문헌에서 실제로 사용된 시기는 비교적 늦고, 이른 시대에는 단순히 '역譯', '주主', '법사法師' 등으로 불렸을 뿐이다. 이처럼 초기 단계에서는 역할 명칭도 확정되지 않았지만 중요한 것은 역장의 총책임자다. 이와 관련하여 한 가지 유의해야 할 점은 역주가 실은 번역에 참여하지 않은 경우도 있었다는 것이다. 물론 구마라집이나 현장, 의정 등은 실제로 그들이 거의 대부분 번역했다고 생각되지만, 중국어에 뛰어나지 않은 인도인이 도래하여 역장에 참여한 경우는 이와 다르다. 예를 들면 《승만경勝鬘經》은 어느 경록에서도 구나발타라求那跋陀羅 번역이라고 명기하고 있지만, 그 구체적인 작업 상황을 기록한 혜관慧觀의 〈승만경서勝鬘經序〉(《出三藏記集》卷9)는 다음과 같이 말한다.

외국 승려 구나발타라에 의뢰하여 손에 정본(범본梵本)을 들고 구두로 범

어 발음을 말하게 하고 …… 석보운釋寶雲이 송宋나라 말(한어漢語)로 번역
하고, 덕행의 승려 혜엄慧嚴 등 100인 이상이 음성과 의미를 상세히 검토
하여 역문을 확정했다.[*]

　말하자면 문자 그대로의 번역을 하고 있는 것은 보운寶雲이다. 인
도인 구나발타라가 한 일은 범어 경본을 손에 들고 텍스트를 낭랑하
게 음성화한 것에 불과하다. 그러나 경록에서는 그것을 구나발타라
의 번역이라고 했다. 즉, 번역자란 역장의 대표자를 가리키는 데 지
나지 않는다.

　더구나 흥미로운 사실로 구나발타라의 전기에는 그가 중국어를
못하는 것에 번민하고 있었음을 보여주는 기사가 있다. 중국에 도래
한 인도인 승려가 도대체 어느 정도까지 중국어를 말하거나 쓸 수 있
었는지는 매우 중요한 문제지만, 구나발타라만이 아니라 다른 사례
도 아울러 생각해볼 필요가 있으므로 지금은 언급하지 않기로 한다.
자세한 내용은 4장 앞부분을 참고하기 바란다.

필수──역문의 질을 좌우하는 서기장

다음으로 '필수筆受(붓으로 받아 적다라는 의미)'란 번역 작업 중에 우선
음성으로 제시된 역어를 문자로 필사하는 담당이다. '집필執筆'이나

---

[*] (원문주) "請外國沙門求那跋陀羅, 手執正本, 口宣梵音, …… 釋寶雲譯爲宋語, 德行諸僧慧嚴
等一百餘人, 考音詳義, 以定厥文," 『大正藏』 卷55, 67쪽 중.

'수수手受'라는 말로 표현하는 경우도 있다. '전역傳譯'으로 불리는 통역이 따로 있어 단순히 한어로 받아 적는 것만을 가리키는 경우도 있지만 '필수'가 스스로 역어를 제시하는 경우도 있었다. 또한 '필수'의 내력은 오래되어, 초창기의 안세고安世高 번역의 경우 어땠는지 모르지만, 후한後漢의 지루가참支婁迦讖이 《반주삼매경般舟三昧經》을 번역해낸 기록에는 이미 보인다.

《송고승전宋高僧傳》 권3은 '역주'에 이어 '필수'에 대해 다음과 같이 설명하고 있다.

> 다음은 '필수'라는 사람인데, 언어는 필히 중국어와 범어에 정통하고 학문은 '유有'와 '공空'(모든 존재의 본연의 모습)을 숙지(知悉)하여 문제점을 상세히 따져 이해한 다음에 그것을 붓으로 받아 적는다. 서진西晉이나 위진僞秦[*] 이래 이 소임을 맡은 자는 승려로는 도함道含·현색玄賾·요숭姚嵩·섭승원聶承遠 부자(섭승원과 섭도진聶道眞)이고, 제왕으로는 요흥姚興, 양 무제梁武帝, 측천무후則天武后, 중종中宗으로 스스로 붓을 쥐고 필사하는 경우도 있었다. 또한 때로는 '철문'이라고도 했다.[**]

필수는 역장에서 역주 다음으로 중요한 역할이고 언어와 교리에 뛰어난 한인이 이를 담당했다. 그 구체적인 모습은 단순히 상징적인

---

[*] 오호십육국시대의 진秦(前秦, 後秦, 西秦)을 말한다. 당시는 한족 국가인 진晉이 중국의 정통 왕조로 간주되고, 북방의 오랑캐(五胡: 匈奴族, 鮮卑族, 氐族, 羯族, 羌族) 국가인 진秦은 황제를 참칭하고 있는 데 지나지 않는다고 하여 가짜라는 의미의 '위僞'를 붙여 지칭했다.
[**] (원문주) "次則筆受者, 必言通華梵, 學綜有空, 相間委知, 然後下筆. 西晉僞秦已來, 立此員者, 即沙門道含·玄賾·姚嵩·聶承遠父子. 至于帝王, 即姚興·梁武·天后·中宗, 或躬執翰, 又謂爲綴文也." 大正藏 卷50, 724쪽 하.

경우부터 실질적인 역자에 상당하는 경우까지 폭넓고 다양한 상황이 있을 수 있다. 위의 인용문 말미에 필수는 "'철문'이라고도 했다"고 기술되어 있는데, 이것은 필수가 단어 차원의 번역에 관여했을 뿐만 아니라 문장화하는 작업에도 때로 관여했음을 보여주고 있다. 앞에서 언급한 《불조통기》에서 필수와 철문은 다른 사람이지만 철문에 대한 언급이 없는 역장의 사례도 있다. 그런 경우는 철문의 역할을 아마도 필수든, 혹은 다른 사람이 겸하고 있었던 것으로 생각된다.

위의 인용문에는 황제의 이름이 포함되어 있는데, 이것은 황제가 번역 작업에 처음부터 끝까지 참가했음을 의미하는 것이 아니다. 그들은 국가의 지원 사업임을 보여주기 위해 번역 첫날 성대한 의례를 개최하면서 그날 필수로서 입회하고, 의례가 끝난 다음에 다른 사람에게 필수를 맡겼던 것이다. 《속고승전續高僧傳》〈승가바라전僧伽婆羅傳〉이나 〈보리류지전菩提流支傳〉에는 그러한 형태로 황제가 필수로 참가했음을 시사하는 기록이 있다.

이와 관련하여 필수의 의미를 좀 더 보충한다면, 범어를 범자로 베껴 쓰는 것을 예외적으로 필수라고 부르는 경우도 있었다. 양梁나라 승우의 《출삼장기집》 권13 〈승가발징전僧伽跋澄傳〉('大正藏 卷55, 99쪽 상)이나 그것을 이어받은 양나라 혜교의 《고승전》 권1 〈승가발타라전僧伽跋陀羅傳〉('大正藏 卷50, 328쪽 중)에 의하면, 계빈罽賓(간다라 또는 카슈미르) 출신의 승가발징이 기억하고 있던 텍스트를 한역했을 때, 먼저 담마난제曇摩難提가 "필수로서 범문으로 옮기고" 그것을 불도라찰佛圖羅刹이 "구두로 번역宣譯하면" 진秦의 사문沙門 민지敏智가 "필수로서 받아써 한역본(晉本)을 만들었다"고 기록되어 있다. 즉, 인도인 학승이 암송하고 있던 텍스트를 우선 다른 인도인이 그대로 인도의 문자로 기록하고, 그것을 또 다른 인도인이 구두로 번역하여 말하면, 마지막으로 중국인이 붓으로 종이에 받아 적었던 것이다.

또한 필수에 대해서는, 당唐나라 바라파가라밀다라波羅頗伽羅蜜多羅가 번역한《반야등론般若燈論》15권에 관한 귀중한 기록이 있다. 이 논장에는 '다이쇼장' 권30에 수록된《반야등론》에 대한 혜색慧賾의 서문과는 별도로 당唐나라 법림法琳의《변정론辯正論》권4에서 인용한 법림 자신의〈반야등론서般若燈論序〉라는 다른 서문이 실려 있다. 이에 의하면, 전 27품 가운데 제1~16품(권1~9)까지는 '집필'을 혜색이 담당하고, 제17~27품(권10~15)까지는 법림이 담당했다고 한다. 집필이란 필수를 말하며 번역 도중에 필수가 교체되었다는 것을 의미한다. 실제로 전반과 후반의 게구偈句 도입 방식 등의 표기를 조사하면 조금 다르다. 이에 대해서는 4장에서 다시 설명하겠다.

전역—역경 작업의 열쇠를 쥔 통역자

이제 통역의 역할을 살펴본다. 통역은 문헌상에 '전역傳譯', '전어傳語', '전언傳言', '도언度言', '역어譯語', '구전口傳' 등으로 일컫는다.《송고승전》권3에 다음과 같이 해설하고 있다.

다음으로 '도어度語'란, 정확하게는 역어譯語라고 한다. 말을 전하여 이해할 수 있도록 하기 때문에 전어傳語라고 부르기도 한다. 예를 들면, 당唐의 지바하라地婆訶羅가《대승현식론大乘顯識論》을 번역했을 때 승려 전타戰陀

가 통역한 것이 그 예다.[*]

전타戰陀가 역어를 담당한 것은 《개원석교록》 권9나 《송고승전》 권2의 〈지바하라전地婆訶羅傳〉에도 보인다. 불전의 한역에서 역주가 인도인이고 한어에 뛰어나지 않는 경우 통역의 역할이 중요하게 된다. 예를 들면, 불경의 내용에 문제가 생겼을 때 교리적인 사항이나 전체의 연결 등을 인도인에게 물어볼 필요가 있기 때문이다. 그리고 인도인이 이야기한 사항을 최종적으로 문자화하는 것은 '필수筆受'였다고 해도 그가 인도어를 이해하지 못하는 경우 인도어에서 중국어로 전환하는 것은 실제로는 통역자였기 때문이다. 앞에서 《승만경》의 번역에서 보운이 실제적인 번역을 해냈다고 언급했는데, 특히 남조의 번역 작업에서 보운의 역할에 주목할 만한 가치가 있다. 《고승전》 권3의 '역경편'에 수록된 〈보운전寶雲傳〉에서는 다음과 같이 말한다.

먼저 관중關中^{**}의 승려 축불념竺佛念은 번역을 구술하는 것이 뛰어나 부씨苻氏와 요씨姚氏의 2대(前秦·後秦)에 걸쳐 많은 경전을 번역했는데, 강남에서 범어를 옮긴 자는 보운보다 나은 사람이 없었다.^{***}

---

* (원문주) "次則度語者, 正云譯語也. 傳度轉令生解, 亦名傳語, 如翻攝頭識論沙門戰陀譯語是也." '大正藏' 卷50, 724쪽 하.
** 당대까지 중국 문명의 중심지였던 장안 등 현재의 산시성陝西省 위수渭水 분지 지역을 가리키는 옛 명칭. 동으로 함곡관函谷關, 서로 대산관大散關, 남으로 무관武關, 북으로 소관蕭關에 둘러싸여 있었기 때문에 그렇게 불렸다.
*** (원문주) "初, 關中沙門竺佛念善於宣譯, 於苻姚二代, 顯出衆經. 江左譯梵, 莫踰於雲." 大正藏 卷50, 340쪽 상.

이처럼 혜교는 역경승으로서의 보운의 역할을 높게 평가했다. 그러나 여러 경록을 훑어보는 한 그의 이름을 역자로 기록하고 있는 사례는 실은 매우 드물다. 《출삼장기집》 권2에 의하면, 《신무량수경新無量壽經》 2권과 《불소행찬佛所行讚》 5권 등 2부 총 7권에 지나지 않는다. 이것은 무슨 이유 때문일까. 보운은 역자로서 이름이 올라가는 일은 얼마 되지 않았고, 실은 전역傳譯으로서 역경을 뒤에서 떠받치는 경우가 많았던 것이다. 보운이 전역으로 역장에 참여한 사례로 법현·불타발타라 공역의 《대반니원경》 6권, 구나발타라 번역의 《승만경》 1권과 《능가경楞伽經》 4권, 승가발마僧伽跋摩 번역의 《잡아비담심론雜阿毘曇心論》 14권 등이 있었음을 《출삼장기집》에 수록된 각각의 경서經序에서 알 수 있다. 이들 문헌의 역자가 실제로는 보운이었을 가능성은 결코 적지 않다.

이상에서 전역은 통역의 의미지만, 이외에 전역을 통역에 한정하지 않고 넓게 번역과 같은 의미로 사용하고 있는 사례가 《고승전》 등에도 실려 있다는 것을 부언해둔다.

게다가 역사를 거슬러 올라가면 흥미로운 인물이 하나 있다. 바로 후한시대 안세고安世高의 다음 세대로서 낙양에서 활약한 서역 월지국 출신 지루가참支婁迦讖이다. 특히 [후한 영제靈帝] 광화光和 2년(179) 10월 8일 《반주삼매경般舟三昧經》을 번역하기 시작했을 때의 장면에 주목할 필요가 있다. 그때의 모습을 《출삼장기집》 권7의 작자 미상 〈반주삼매경기般舟三昧經記〉는 "그때 전언傳言의 역할을 한 사람은 월지국 보살 지참이었다"고 하고, 《고승전》 권1의 본전本傳은 "참讖, 전언을 했다"(大正藏 卷50, 324쪽 중)고 했으며, 《역대삼보기歷代三寶紀》의 대응 부분에서는 "참, 전어傳語를 했다"(大正藏 卷49, 53쪽 하)고 기술하고 있다. 이들은 동일한 상황을 조금씩 다른 말로 표현한 데 지나지 않으므로 여기서 지루가참이 통역을 했음을 알 수 있다. 또한 통상적으로 경록에서는 《반주삼매경》을 지루가참이 번역한 것으로 기록한다. 한편 위의 기록에서는 그가 실제 역자였다고 해도 역주의 역할은 축불삭竺佛朔이라는 다른 승려에게 돌아가 있다. 이상의 내용은 지루가참이 통역이기도 하고 동시에 실제 역자이기도 했음을 알려 주고 있다.

그리고 《출삼장기집》 권7의 작자 미상 〈도행경후기道行經後記〉에 의하면, 같은 날 시작된 《도행반야경道行般若經》의 번역에서도 지루가참은 '전언역자傳言譯者'였다고 한다('大正藏' 卷55, 47쪽 하. 다만 '다이쇼장'에는 '전언자역傳言者譯'으로 되어 있는데, 이것은 저본인 '고려팔만대장경'의 표기 혼란으로 보인다). 일반적으로 경록에서 《도행반야경》의 역자는 지루가참으로 되어 있으므로 이 경전 역시 지루가참이 통역이면서 동시에 실제 역자이기도 했다는 것을 알 수 있다.

철문──어순의 전환

앞에서 거론한 《불조통기》에서는 《반야심경》을 사례로 들어 낱말 단위로 번역한 '照見五蘊彼自性空見'을 의미가 통하는 한문이 되도록 어순을 바꾸어 '照見五蘊皆空'으로 수정했음을 설명하고, 이처럼 어순을 바꾸는 담당을 '철문綴文'이라고 일컬었음을 살펴보았다. 다만 철문이 독립된 담당으로 지정되어 있지 않은 경우는 필수筆受라든가 다른 사람이 그 작업에 종사했다. 그러면 이러한 어순의 전환은 도대체 언제부터 이루어지게 된 것일까. 이 점은 매우 흥미로운 문제지만 사료적인 제약도 있어 개시 연도를 특정하는 것은 어렵다. 다만 상당히 이른 시기부터, 아마 바로 초창기의 후한시대부터, 먼저 단어 차원에서 번역하고 다음에 그 어순을 바꾸는 작업을 했을 가능성도 완전히 배제할 수 없다.

흥미로운 자료는 수隋나라 급다笈多 번역의 《금강능단반야바라밀경金剛能斷般若波羅蜜經》이다. 이 번역에 관해서는 초기 한역 경전의 탁월한 연구자인 이탈리아인 스테파노 자케티Stefano Zacchetti와 반야경 전문가인 와나나베 쇼고渡辺章悟의 연구가 있다(Zacchetti 1996, Watanabe Shogo 2009). 번역자인 '급다'는 달마급다達摩笈多, 즉 다르마구프타(619 입적)이다. 이 경전은 구마라집이 번역하여 많은 사람에게 읽힌 《금강반야경金剛般若經》의 다른 번역본이다. 다만 당초는 경전 이름이 약간 달라 《금강능단반야바라밀경》이 아니라 《금강단할반야바라밀경金剛斷割般若波羅蜜經》이었다는 기록도 있다. 어쨌든 급다가 번역한 이 경전의 최대의 특징은 어순을 바꾸기 이전의 미완성 상태로 현존한다는 점이다.

예를 들면, '눈에 보이는 대상의 색깔이나 형체(色形)에 완전히 의존한 채 무엇을 하고자 하는 마음을 가져서는 안 된다'를 의미하는 원문(na rūpa-pratiṣṭhitaṃ cittam utpādayitavyam)을 구마라집은 "不應住色生心(마땅히 색에 의지하여 마음을 일으켜서는 안 된다)"이라 옮기고 있지만, 급다는 범어 원문의 어순 그대로 "不色住心生應"이라 번역하고 있다. 이를테면 '일으켜야-한다'를 '發生-應'이라고 하는 것은 한문으로서는 성립되지 않는 어순이다. 이것은 일례에 지나지 않지만, 급다 번역의 《금강반야경》은 시종 이와 같이 의미를 알 수 없는 어순의 문장으로 이루어져 있다. 모든 어순이 범어 원문대로 되어 있어 한어로

서는 이해할 수 없다. 이러한 미완의 번역이 잔존하는 사실은, 쿠마라지바(구마라집)
가 활동한 시대에 통상의 한역에서는 철문에 해당하는 작업, 즉 어순
을 바꾸는 작업은 하지 않았음을 뒷받침한다.

번역에서의 가필

어떤 한역 문헌이 좋은 번역이 되기 위해서는 그 번역에 정확함과 명
료함이 갖춰져 있어야 한다. 정확함이란 다름 아니라 인도어 원전 내
용에 충실한 것이다. 그러나 한편으로 아무리 원전에 충실했다 해도
알기 어렵게 번역되는 경우도 있을 수 있다고 생각된다. 다음에서는
한역에 있어서 가필과 생략의 가부 문제에 입각해 살펴보도록 하겠다.
　한역의 경우, 번역자의 자의적인 가필을 인정하지 않은 것은 물론
이지만, 독자의 이해를 돕기 위해서라면 주해적인 요소가 삽입되는
일이 있었다. 그 단적인 예로, 번역문에 인명이나 지명 등을 음역으
로 표기할 때 동시에 한어로 의미를 해설했다. 예를 들면 불제자 샤
리푸트라Śāriputra를 본문 중에 '사리불舍利弗'로 음역할 때 그 의미를
'신자身子'로 해설하는 경우이다('śāri'는 본래 어머니의 이름 샤리에서 유
래하지만 여기서는 신체를 의미하는 'śarīra'의 뜻으로 '身'이라 옮기고 'putra'
는 아들의 의미로 '子'로 번역했다). 이러한 의역은 종종 협주夾註(할주割
註)로 처리되지만 본문에 들어 있는 경우도 있다. 이렇게 번역이 원문
과 일치되지 않은 것은 단순히 전승 과정에서 생긴 혼란의 결과일 수
도 있지만 처음부터 일치되지 않았을 가능성도 없지 않다.
　또한 한역 문헌 중에는 이런 단순한 단어 해설의 범위를 넘어 내용

에 관한 주해를 덧붙이는 경우도 있다. 예를 들면, 남제南齊 시대에 광주廣州에서 번역된 《선견율비바사善見律毘婆沙》 권18에는 "아마륵阿摩勒(아말라카āmalaka)[*]이란 여기(중국)에서는 여감자餘甘子라는 것이다. 광주에서 난다"거나, "파리파파婆梨婆婆(정확하게는 娑利娑婆, sarṣapa, 머스터드)란 겨자다. 이거膩渠란 외국의 약이다. 해독 작용이 있고 중국 땅에서는 나지 않는다"와 같은 해설이 본문 중에 들어 있다. 또한 진제 번역의 《섭대승론攝大乘論》과 《불성론佛性論》 등에도 이와 유사한 주해적 요소가 있다. 이러한 해설이 역문 가운데 들어가는 배경적 상황으로는, 특히 수당隋唐 이전 오래된 유형의 역장에서 비교적 이른 시기부터 경전 번역과 동시에 그 내용을 해설하는 강의를 같이하고 있었던 사정이 있다(Ocho 1958b, Zürcher 1959).

가필로 볼 수 있는 또 다른 경우는 역문의 윤색, 각색이다. 윤문 담당자에 의해 《반야심경般若心經》에 '度一切苦厄'이라는 구절이 추가되었음은 이미 언급한 바와 같다. 이들 가필의 사례는 번역문의 이해를 돕는 역할을 한다는 점에서 어느 것이나 공통된다.

번역어의 생략

한편 번역에서 생략의 가부 문제는 어떠한가. 원전에 대한 충실성을

---

[*] 인도 전역에서 자생·재배되는 중소형 낙엽교목으로 그 열매, 잎, 씨앗, 뿌리, 껍질, 꽃 등은 모두 약용으로 사용된다. 불교에서는 수미산 동쪽의 천하(弗于逮)에서 제일가는 성스러운 과일로 간주된다. 떫은맛 때문에 날것으로 먹지 못하고 얇게 저며 소금에 절여서 말린 상태로 먹는데, 처음에는 떫지만 나중에는 달다고 하여 중국에서는 여감자餘甘子라고 부른다.

감안하여 자의적인 생략을 인정하지 않는 것이 당연하다고 할 것이다. 다만 조건부로 역어의 생략을 인정하는 경우도 있었다. 예를 들면, 《출삼장기집》 권2는 서진西晉의 섭승원聶承遠 번역 《초일월삼매경超日月三昧經》 2권의 성립 사정을 다음과 같이 말하고 있다.

《초일명경超日明經》 2권[구록에는 《초일명삼매경》이라고 함]. 앞의 1부, 전소 2권은 서진 무제武帝 때 승려 축법호竺法護가 먼저 범문을 번역했는데, 표현과 의미가 번잡하고 장황하여 우바새優婆塞(재가 신자) 섭승원이 문장과 게구를 깔끔하게 정리하고 2권으로 축약했다.[*]

여기서 주목해야 할 것은, 위의 인용문을 기록한 편자 승우僧祐가 생략에 대해 아무런 비판도 가하고 있지 않은 점이다. 또한 석도안釋道安(312~385)도 번역을 부분적으로 간소화하는 것을 용인했다. 〈마하발라야바라밀경초서摩訶鉢羅若波羅蜜經抄序〉(《出三藏記集》 卷8)에는 그의 번역이론 '오실본삼불역/이五失本三不易'설이 기록되어 있는 것으로 유명하다. '오실본', 즉 원문을 번역하다 보면 아무래도 잃고 말거나 혹은 어쩔 수 없이 잃게 되는 다섯 항목 가운데 제3, 제4, 제5 항목은 번역에서 생략 문제와 관련되고, 특히 제3 항목이 지금의 논의와 직접 관련되지만 그 소개는 다음 장에서 다루고자 한다. 요컨대, 인도와 중국의 언어적·문화적 차이를 고려했을 때 충실하게 글자 하나하나의 뜻을 새겨 옮기면 너무 번잡해지는데 이런 경우는 원문을

---

[*] (원문주) "超日明經二卷[舊錄云超日月三昧經]. 右一部, 凡二卷, 晉武帝時, 沙門竺法護先譯梵文, 而辭義煩重, 優婆塞聶承遠整理文偈, 刪爲二卷." 大正藏 卷55, 9쪽 하.

일부 생략하여 번역하는 것을 인정한다는 것이다.

생략을 인정한 사례를 하나 더 소개한다. 구마라집이 번역한《대지도론大智度論》100권이 그것이다. 구마라집의 직계 제자인 승예가 집필한 〈대지석론서大智釋論序〉(《出三藏記集》卷10)에 의하면, 《대지도론》(육조시대에는 '대지론大智論' 또는 '석론釋論', '대론大論'으로 불림)을 번역하면서 원본을 크게 생략하여 100권으로 만들었다. 그 이유는 "호하胡夏*가 이미 등을 돌리고 또한 번거로움과 간소함의 차이가 있기" 때문이며, 그리고 "진인秦人은 간소한 것을 좋아하므로 잘라내 이를 간결하게 한다"고도 기록하고 있다. 즉, 유구한 나라 인도의 한없이 담담한 표현을 중국인은 너무 장황하고 번잡한 것으로 간주하여 꺼린다는 까닭이다. 중국인은 오히려 간결한 문장을 좋아하기 때문에 그 성격에 맞추어 원전에 생략을 가했다는 것이다. 덧붙여 이 서문에서 승예는 서품序品,** 즉 현존본 권1~34까지는 인도어 원전의 글자 하나하나의 뜻을 새겨 번역하고 제2품 이하는 크게 잘라냈음을 명기했다. 중국인의 감각에 비추어 너무 번잡한 경우는 싹둑 잘라낸 경우도 있었음을 알 수 있다.

---

* 오호십육국시대에 흉노족 철불부鐵弗部 유발발劉勃勃(나중에 혁련발발赫連勃勃로 개명)이 자신의 부족에다 선비족 부족을 규합하여 후진에서 떨어져나가 세운 왕조 대하大夏(407~431)의 다른 이름.
** 불전에서 경전의 내용을 요약한 개론 부분을 서품序品이라 하며 그 뒤에 2품, 3품 등 각론이 이어진다.

선행하는 번역본의 활용

마지막으로 제시하는 한역의 특징은, 요즘 말로 표현하면 표절 문제
와 관련된다. 다만 그것이 반드시 나쁜 행위가 아니었던 점을 고려하
여 여기서는 '표절'이 아니라 잠정적으로 '전용' 또는 '유용'이라는 말
을 사용하고자 한다. '차용'이라 표현해도 좋을 것이다. 기존 번역을
적극적으로 참조하여 비판하고 문제가 없으면 전용했던 것이다. 예
를 들면, 구마라집 번역을 보면 기존 역본을 참조하여 번역한 경향이
있다. 그 단적인 예는《유마경》을 들 수 있다.

《유마경》에 관한 구마라집과 그 제자들의 견해를 기록한 것으로
《주유마힐경注維摩詰經》이라는 집해集解 형식의 주석이 있다. 구마라
집, 승조僧肇, 축도생竺道生 등의 주석을 종합했을 뿐만 아니라 때로는
당시 존재했지만 지금은 소실되어 존재하지 않는 '별본別本'(구마라집
번역《유마경》의 다른 역본)과 대조하여 자구의 상위를 지적한 경우도
있다. 이 별본을 조사한 기무라 센쇼木村宣彰에 따르면, 별본이란 구
마라집이 초벌로 번역한《비마라힐경毘摩羅詰經》(소실)을 가리킨다. 그
리고 자세한 번역문 표기에 관해 보면, 오吳나라 지겸支謙 번역의《유
마힐경維摩詰經》을 정정하는 형태로 먼저 구마라집 초고 역 별본《비
마라힐경》이 성립되고 그 후 이를 다시 개정한 최종판으로 현존 구마
라집 번역의《유마힐소설경維摩詰所說經》이 성립되었음을 추적할 수
있다고 한다(Kimura 1985). 즉, 구마라집 번역이 지겸 번역을 바탕으
로 하여 수정되었다는 사실과 그 구체적인 과정을 알 수 있다.

마찬가지로 구마라집은《묘법연화경妙法蓮華經》을 번역할 때도 이
미 존재하고 있던 축법호 번역의《정법화경正法華經》을 참조하였고,

축법호가 '授五百弟子決品'이라고 번역한 표현('大正藏 卷9, 95쪽 하)에 대해 구마라집의 제자 승예가 '人天交接, 兩得相見'('大正藏 卷9, 27쪽 하)이라고 정정한 것을 구마라집이 받아들였다는 유명한 일화가《고승전》권6 〈승예전僧叡傳〉에 나온다(이 일화의 표현에 약간 문제가 있음은 Huijiao 2009b, 284쪽 주2를 참조).

선행 역본을 참조한 것은 구마라집만이 아니라 다른 역자에게도 해당된다. 예를 들면, 불타발타라 번역의《화엄경》60권 중 〈십지품十地品〉은 구마라집 번역의《십주경十住經》을 참조하여 가능한 한 손질을 가하지 않고 그대로 사용했다. 아래에서 그 대표적인 부분을 첫머리의 비교를 통해 제시해보겠다.

● 구마라집 번역의《십주경》권1 첫머리

如是我聞. 一時佛在他化自在天王宮摩尼寶殿上, 與大菩薩衆俱. 皆於阿耨多羅三藐三菩提不退轉, 從他方界, 俱來集會. 此諸菩薩, 一切菩薩, 智慧行處, 悉得自在. 諸如來智慧入處, 悉皆得入, 善能敎化一切世間, 隨時普示神通等事. 於念念中, 皆能成辦具足一切菩薩所願. 於一切世界一切劫一切國土, 常修諸菩薩行, 具足一切菩薩所有福德智慧, 而無窮盡, 能爲一切而作饒益, 能到一切菩薩智慧方便彼岸, 能示衆生生死及涅槃門, 不斷一切菩薩所行, 善遊一切菩薩禪定解脫三昧, 神通明慧, 諸所施爲, 善能示現一切菩薩無作神足, 皆悉已得, 於一念頃, 能至十方諸佛大會, 勸發諮請, 受持法輪, 常以大心, 供養諸佛, 常能修習諸大菩薩所行事業. …… ('大正藏 卷10, 497쪽 하)

● 불타발타라 번역의《화엄경》권23 〈십지품〉첫머리

爾時世尊, 在他化自在天王宮摩尼寶殿上, 與大菩薩衆俱. 於阿耨多羅三藐三菩提皆

不退轉, 從他方世界, 俱來集會. 此諸菩薩, 一切菩薩, 智慧行處, 悉得自在. 諸佛如來智慧入處, 悉皆得入, 善能教化一切世間, 於念念中, 普能示神通等事, 具足一切菩薩所願. 於一切世界一切劫一切國土, 常修一切諸菩薩行, 具足菩薩福德智慧, 而無窮盡, 能爲一切而作饒益, 能到一切菩薩智慧方便彼岸, 能令衆生背生死道, 向涅槃門, 不斷一切菩薩所行, 善遊一切菩薩禪定解脫三昧, 神通明慧, 諸所施爲, 善能示現一切菩薩無作神足, 皆悉已得, 於一念頃, 能至十方諸佛大會, 勸發諮請, 受持法輪, 常以大心, 供養諸佛, 常能修習諸大菩薩所行事業. …… ('大正藏' 卷9, 542쪽 상)

위의 두 인용문에서 밑줄 그은 부분은 글자 하나하나가 일치한다. 이것은 불타발타라 번역 팀이 의도적으로 구마라집 번역을 바탕으로 삼았다는 것을 보여준다. 《화엄경》〈십지품〉은 《십주경》과 같은 계열의 텍스트이고 공통되는 부분이 많지만, 원문이 다른 부분도 있으므로 불타발타라 번역은 구마라집 번역을 최대한 활용하면서 최소한의 개정을 시도하는 형태로 스스로의 역문을 작성했던 것이다. 예를 들면, 첫머리가 구마라집 번역에서는 "如是我聞. 一時佛 ……(이와 같이 나는 들었노라. 어느 날 부처님께서는……)"인 데 대해, 불타발타라 번역이 "爾時世尊……(그때 세존께서는……)"으로 된 것은 의도적인 수정이다. 이것은, 구마라집 번역이 이 부분부터 시작하는 독립된 하나의 경전인 데 대해, 불타발타라의 해당 번역은 텍스트의 도중에 나오는 1장인 데 기인한다.

이처럼 같은 계열의 다른 판본은 번역문을 작성할 때 적극적으로 활용하고 전용했다. 여기서 가장 중요한 것은 전용하는 텍스트와 전용되는 텍스트가 같은 계통이라는 점이다. 그것도 그럴 것이, 번역이 아니라 위작 경전(이른바 위경僞經 또는 의경疑經)의 경우에도 해당 경전과 다른 경전에 완전히 동일한 문언이 존재하고, 바로 그것이 해당 경전의 위작성을 입증하는 논거가 되는 경우가 많기 때문이다. 예를 들면, 동아시아의 대승계율 사상 실천에 커다란 영향을 미친《범망경梵網經》은 구마라집 번역으로 지금까지 전해져 이용되고 있지만, 순전한 한역이 아니라 한역을 포함한 복수의 문헌을 바탕으로 중국에서 편찬된 경전이라는 견해가 유력하다. 이《범망경》의 경문을 자세히 조사해보면, 담무참曇無讖 번역의《대반열반경大般涅槃經》과《보살지지경菩薩地持經》, 구마라집 번역의《중론中論》, 구나발마求那跋摩 번역의《보살선계경菩薩善戒經》, 위작 경전인《인왕호국반야바라밀경仁王護國般若波羅蜜經》 등과 동일한 문언이 있다(Mochizuki 1946, Ōno 1954 등). 그리고 이들 동일 문언의 존재가 이 경전이 위작 경전임을 뒷받침하고 있다.

《범망경》처럼 문제되는 경전의 문언과 글자 하나하나가 동일한 문언이 다른 복수의 경전에 보이는 것이 위작성을 논증한다고 하면, 앞에서 살펴본《화엄경》〈십지품〉도 위작으로 간주해야 하는 것일까. 대답은 '아니오'다. 실제로 〈십지품〉을 위작 경전으로 간주하는 사람은 없고 역사적으로도 그러한 주장은 없었다. 그러면《범망경》의 경우와 어디가 다른 것일까. 핵심은 동일한 문언을 가진 복수의 문헌이 성립사상 동일한 계통에 속하는가라는 문제다.《화엄경》〈십지품〉과《십주경》의 원전은 인도 불교 역사에서 같은 계통에 속한다. 그러나《범망경》,《대반열반경》,《중론》은 전혀 다른 계통이다. 즉, 동일 계통에 속하는 문헌들 사이에 동일 문언이 인정되는 경우에는 그것은 번역 기술, 즉 선행하는 다른 번역을 가능한 한 적극적으로 활용하여 문언을 전용한 것으로 해석할 수 있다. 한편 위작 경전의 경우는 본래 아무 인연도 관계도 없는 다른 경전의 문언을 전용하고 있는 사실 그 자체가 위작 경전의 본색을 드러내는 것이다.

　위작 경전이란 어떤 것이고 거기에는 어떤 특징이 있는지에 대해서는 5장에서 다시 상세히 논하기로 한다.

4

외국 승려의 어학력과 구마라집·현장의 번역론

::::::::::

앞장에서 '역주譯主'에 대해 설명하면서 《승만경勝鬘經》의 번역 작업에서 역주 구나발타라求那跋陀羅(구나바드라, 394~468)가 한 일이라고는 원문을 낭송한 것뿐이고 실제로 번역 작업을 수행한 사람은 보운寶雲이었음을 소개했다. 이것은 우리에게 소박한 질문을 던진다. 구나발타라와 같은 인도인 번역자는 도대체 어느 정도 중국어를 알고 있던 것일까. 4장에서는 우선 이 점에 대해서 역주를 맡은 외국 승려들의 중국어 능력 유무를 보여주는 몇몇 사료를 토대로 그들이 중국어 구사 능력을 갖추었는지 혹은 그렇지 못했는지를 각각 사례를 들어 알 수 있는 범위 내에서 구체적으로 소개한다. 그런 다음에 인도와 중국 쌍방의 언어에 정통한 역자들의 번역이론을 소개하고 아울러 번역 가능성 및 불가능성과 관련된 사항을 다룬다.

중국어 회화에 어려움을 겪은 구나바드라(구나발타라)

먼저 구나발타라의 경우를 보자. 《고승전》 권3의 본전本傳은 인도 중천축中天竺(갠지스강 유역)에서 사자국師子國(스리랑카)을 거쳐 바닷길로 건너와 역경에 종사한 구나발타라의 중국어 능력에 관한 흥미로운 일화를 싣고 있다. [유송劉宋[*]의] 도읍지 건강建康(현재의 난징南京)이 아니라 장강長江의 중간 유역 형주荊州에서의 일인데, 어느 날 초왕譙王(남초왕南譙王) 유의선劉義宣으로부터 경전 강의를 부탁받은 데서 이야기가 시작된다.

초왕이 《화엄경》 등의 강의를 부탁하려 했으나, 발타跋陀가 스스로 생각하기로 아직 중국어에 익숙지 않았기 때문에 참괴慚愧의 마음을 가누지 못했다. 그래서 아침저녁으로 예참禮懺하면서 관세음보살에게 신묘한 감응을 보여주시길 청하였다. 드디어 꿈에 흰옷 입은 어떤 사람이 검을 손에 쥐고 사람 머리 하나를 받쳐 들고 그의 앞에 다가와 이르기를 "무엇 때문에 걱정을 하는가"라고 했다. 발타가 자세하게 사정을 말하자 "크게 걱정할 것 없다"고 대답하고 곧바로 검으로 머리를 바꿔치기 하여 새로운 머리를 얹어주었다. 그러고는 머리를 돌려보라고 하며 "아프지 않은가"라고 물었다. 발타가 "아프지 않다"고 대답하는 데에서 번뜩 꿈에서 깨어나니 마음과 정신이 기쁘고 즐거웠다. 아침에 일어나 주요 내용을 입 밖에 내자 모두가 완전히 중국말의 의미를 이해했으므로 그제야 강의를 시작할 수 있었다(Huijiao 2009a, 335쪽).^{**}

---

* 중국 남조의 송나라(420~479).
** (원문주) "譙王欲請講華嚴等經, 而跋陀自忖未善宋言, 有懷愧歎, 即旦夕禮懺, 請觀世音, 乞求

토마스 만Thomas Mann의 《뒤바뀐 몸과 머리》를 연상시키는 줄거리지만, 구나발타라가 중국어 회화에 뭔가 문제를 안고 있었음을 알수 있다. 또한 이 일화가 이야기해주는 것은 그의 회화 능력이다. 문장어를 쓰는 능력이 아니다.

구나발타라가 광주에 도착한 것은 435년으로 그의 나이 마흔이 넘었을 때다. 430년대 후반 건강에서 형주로 옮겨 440년대에서 450년대 초에 걸쳐 역경 작업에 종사했다. 453년 효무제孝武帝가 즉위하여 건강에 중흥사中興寺를 건립하자 그곳으로 돌아가 468년 75세의 나이로 입적했다.

구나발타라가 중국에 와서 10년이 지난 50세 무렵에는 중국어 회화에 지장이 없었다고 가정할 수도 있지만, 중국 도착 후 얼마 되지 않아 역경에 종사했을 즈음에는 아직 중국말을 거의 할 줄 몰랐기에 불편을 느끼고 있었다고 해도 이상하지 않다. 하물며 문장어 구술에 능숙했을 가능성은 적다. 오히려 죽을 때까지 문장어와는 인연이 없었을지도 모른다. 구나발타라의 역경 일람을 기록한 《출삼장기집》 권2에 의하면, 구나발타라의 번역 작업장에는 독립된 역자로서도 이름을 남긴 보운이나 법용法勇, 보제菩提와 같은 두 제자가 '전역傳譯'으로 참여했다고 한다. 그러므로 《승만경》에 국한되지 않고 구나발타라의 번역 작업에는 아마도 모두 한인의 통역을 개입시켰을 가능성이 있다.

冥應. 遂夢有人白服持劍, 擎一人首, 來至其前, 日, 何故憂也. 跋陀具以事對, 答曰, 無所多憂, 即以劍易首, 更安新頭, 語令廻轉, 日, 得無痛耶. 答曰, 不痛, 豁然便覺, 心神悅懌, 旦起, 道義, 皆備領末言, 於是就講." 大正藏 卷50, 344쪽 중.

통역을 필요로 했던 구나바르만(구나발마)

구나발타라보다 조금 일찍 건강에서 활약한 구나발마求那跋摩(구나바르만)의 경우는 어땠을까. 그가 건강에 체류한 기간은 [유송 문제文帝] 원가元嘉 8년(431) 정월부터 9월 28일 급서할 때까지 불과 10개월 정도였다(이 해는 6월 다음에 윤 6월이 있다). 그동안 구나발마는 경론 몇 편 정도를 번역했다.

《고승전》 권3의 본전에 의하면, 그는 《보살선계경菩薩善戒經》 10권의 번역을 생전에 끝내지 못하고 사후에 그의 제자가 나머지 두 장을 번역해냈다고 한다. 이것은 구나발마가 없어도 번역은 속행할 수 있었음을 보여준다. 그는 역장 총책임자의 소임을 맡아 범어를 낭독하고 때로 해석이 막히면 어떻게 해야 할지 의견을 구했을 것이다. 그러나 특별히 문제가 없으면 역경 작업은 그가 없어도 가능한 체제가 이미 갖추어져 있었다고 생각된다.

〈구나발마전求那跋摩傳〉은, 구나발마가 건강에 도착한 지 얼마 안 되어 역경에 종사하기 이전 시기에 《법화경》과 《화엄경》을 강의했던 사실을 언급하고 있다. 당시 그는 이미 65세였고, 강의는 "때때로 통역에 의존하기는 했지만(或時假譯人)" 청중과의 문답은 완벽했다고 적고 있다. 승전의 이러한 기술은 오로지 업적을 칭찬하는 데 주안을 두고 단점을 가능한 한 드러나지 않게 하는 방식으로 집필하는 것이 보통임을 생각하면, 실은 구나발마에게는 언제나 통역이 필요했던 것은 아닌가라는 억측조차 가능하게 한다.

중국어를 전혀 하지 못했던 슈리미트라(백시리밀다라)

중국어를 하지 못했던 것이 분명한 번역자는 구나발마보다 더 이전에 동진東晉에서 이름을 떨친 백시리밀다라帛尸梨蜜多羅이다. 서역 출신으로 '고좌高座'라는 별명으로 불린 그는 위진魏晉 명사들의 일화를 기록한 《세설신어世說新語》(남조 송의 유의경劉義慶 편찬) 〈언어편〉에 "고좌 도인은 한어를 하지 못 한다"고 적혀 있는 인물로 알려져 있다. 고좌란 설법이나 경전 강의 때 올라가는 높은 위치에 마련된 법사의 좌석을 말한다. 《고승전》 권1에 그의 전기가 실려 있는데, 청담淸談* 사상이 유행하는 풍조 가운데 중국어를 하지 못하고 제공諸公과의 대화는 항상 중간에 '전역傳譯(통역)'을 세웠지만 예리한 통찰력으로 상대가 입을 열기 전에 의도를 헤아려 아는 달인이었다고 한다.

파라마르타(진제)의 중국어 능력

여러 각도에서 이해하기 위해 다른 한 사람의 사례를 살펴본다. 유가행파의 난해한 논서를 번역한 것으로 저명한 진제眞諦(499~569)에게는 번역 작업을 보좌한 혜개慧愷라는 한인 제자가 있었다. 혜개는 지개智愷라고도 했다. 그가 저술한 〈아비달마구사석론서阿毘達磨俱舍釋論序〉에 의하면, "법사는 오랫동안 각지를 두루 유람하여 한자의 발음

---

* 중국 위진魏晉 시대에 크게 성행하고 남조南朝의 제양齊梁 시대까지 영향을 미친 것으로 노장 사상을 기초로 세속적 가치를 초월한 형이상학적인 사유와 정신적 자유를 중시한 지식인 사회의 철학적 담론을 말한다.

과 의미를 소상히 알고 있고 무엇을 번역한다고 해도 전혀 통역이 필요 없었다"고 한다('大正藏' 卷29, 161쪽 중). 그러나 이처럼 제자가 스승을 절찬하는 언사가 꼭 실태를 그대로 반영한다고 할 수 없다. 진제가 역경 활동을 한 나이가 50~70세 무렵의 고령이었다는 점도 아울러 고려해야 한다.

만년에 진제가 통역 없이 회화가 가능했다는 것은 아마도 사실이었을 것이다. 그러나 그것과, 난해한 유식교리론의 용어를 통역 없이 처리할 수 있었는가, 나아가 구어가 아니라 고전 한어의 정규 문어체로 스스로 표현할 수 있었는가의 문제는 구별해야 한다. 사실대로 말하자면, 진제는 의사소통이 가능할 정도의 어설픈 중국어를 구사하고 그것을 들은 한인 제자들이 정규 문장어로 바로잡아 적었을 가능성이 크다.

회화가 가능한 것과 한역이 가능한 것의 차이

회화 능력과 한역 문장 작성 능력은 별개의 것이다. 앞장에서 언급했듯이 불전 한역은 먼저 이루어진 여러 번역 작업을 가능한 한 참조한 다음에 행하는 경우가 많았다. 특히 교리학*의 용어는 전문성이 높으면 높을수록 역어의 선례를 가능한 한 모두 조사한 다음에 각각의 장점과 결점을 알 필요가 있었을 것이다. 그것은 인도인이 할 수 있

---

* 그리스어 도그마dogma에 상당하는 것으로 메이지 이후 일본의 불교학자가 특정 종교·종파의 공인된 진리 체계를 의미하는 개념으로 만들어낸 용어다. 불교 용어로서는 말로 설명하는 교설(敎)과 그 교설에 의해 제시된 진리(理)로 나누어진다.

는 일이 아니라 한인 승려의 임무였을 것이다.

이상에서 몇 명의 외국인 승려에 관해 그들의 중국어 숙련 정도와 통역의 필요성 여부에 관한 기록을 살펴보았다. 그 밖에도 많은 역장에서의 서열이나 경록(Ugai 1916, Wang Yarong 1999)에 의하면, 수隋의 비니다류지毘尼多流支, 나련제야사那連提耶舍, 당唐의 바라파가라밀다라波羅頗迦羅蜜多羅, 보리류지菩提流志,[*] 반라밀제般刺密帝, 반야般若 등의 각 역장에서 '전역傳譯', '도어度語', '역어譯語' 혹은 '역범문譯梵文'의 담당자가 '역주'와는 별도로 명기되어 있는 것으로 보아, 이들 역주는 총책임자이고 실질적인 번역자가 아니었던 것으로 추측된다.

주지하는 바와 같이 현재 문헌에 남아 있는 중국 중세의 말은 문장어이며 당시 사람들이 사용한 구어와는 이질적인 것이었다. 문장어는 한인의 경우라도 그냥 자연히 몸에 배는 것이 아니라 학습을 통해 습득하는 지식이었다. 물론 한역의 문체는 당시 일반적인 문장어와는 다소 느낌을 달리하고 극단적인 수사 표현이나 전거가 되는 고사를 바탕으로 한 구절이 있었던 것이 아니기 때문에 학습 내용은 달랐을 것이다. 그러나 그래도 회화가 가능한 것만으로 한역에 필요한 지식이 자연히 몸에 배는 일은 있을 수 없었다. 따라서 중국에 도래한 외국 승려의 경우, 특히 체재 기간이 짧은 경우에 한역 문장을 스스로

---

[*] 중국에서 보리류지로 불리는 인도승은 두 사람이다. 한 사람의 보리류지菩提流支(527 입적)는 북천축北天竺 사람으로 508년 남북조시대 북위의 수도 낙양에 와서 《십지경론十地經論》, 《입능가경入楞伽經》 등 인도불교의 새로운 동향을 소개하는 유식계 대승경론 30여 부의 번역 작업에 종사했다. 다른 한 사람의 보리류지菩提流志(572~727)는 남천축南天竺 브라만 출신으로 본명은 달마류지達磨流志였으나 693년 당나라시대 중국에 와서 측천무후가 보리류지라는 이름을 그에게 하사하여 그렇게 불리게 되었고 《대보적경大寶積經》 등을 번역했다.

작성할 수 있었을 가능성은 낮다. 다만 외국인이 모두 그랬다고 일반화하는 것은 위험하다. 동서고금을 불문하고 어학 능력은 개인차가 크다. 외국어를 그 자리에서 습득하는 천재 기질의 사람이 있는가 하면, 아무리 지나도 현지의 말을 제대로 사용하지 못하는 사람도 있다.

그런데 만약 역주의 인도승에게 문어 능력이 없었을 경우, 역어는 도대체 누가 결정했던 것일까. 역장의 조직을 감안하건대 아마도 그것은 한인 승려의 우두머리로서 역장 전체를 총괄하는 '필수筆受'였음에 틀림없다. 이것을 보여주는 사례를 다음에 소개하겠다.

《반야등론》 한역에서의 '필수'의 교체

초당初唐*의 바라파가라밀다라가 《반야등론般若燈論》이라는 논서를 번역했을 때 자신에게 '역어(통역)'가 필요했음이 역장의 기록에 분명히 나와 있고, 그 역장에서 '집필執筆', 즉 '필수'가 도중에 교체된 것을 알려주는 기록이 있다는 것을 3장에서 언급했다. 그 기록이란 법림法琳의 〈반야등론서般若燈論序〉이다(法琳, 《辯正論》 卷4). 특히 다음의 1절에 주목하기 바란다.

---

* 일반적으로 중국문학사에서 당대唐代를 네 시기로 나누어 설명하는데, 그 첫 번째 시기에 해당한다. 명대 고병高棅(1350~1423)이 그의 저서 《당시품휘唐詩品彙》에서 처음으로 이 시대 구분을 도입했다. 고조高祖 무덕武德(618)에서 예종睿宗 태극太極(712)까지의 약 95년간을 초당初唐, 현종玄宗 개원開元(713)에서 대종代宗 영태永泰(765)까지의 약 50년간을 성당盛唐, 대종 대력大曆(766)에서 경종敬宗 보력寶曆(820)까지의 약 60년간을 중당中唐, 문종文宗 태화太和(827)에서 소선제昭宣帝 천우天祐(906)까지의 약 80년간을 만당晚唐으로 구분한다.

이 논론論에는 모두 27품品[*]이 있고 15권으로 구성되어 있다. …… 박해품縛解品까지의 제품諸品은 혜색慧賾이 집필(=필수)을 담당하고, 관업품觀業品 이하는 법림이 집필을 담당했다. (정관貞觀 4년(629) 여름에 시작하여 6년(631) 겨울에 완료했다.^{**}

이것은 요컨대 전 15권 가운데 박해품이 끝나는 9권 말까지는 혜색이 '필수'를 담당하고, 이어지는 관업품 이하의 후반 6권은 법림이 '필수'를 담당했음을 이야기하고 있다. 아울러《반야등론》의 '필수'는 한 사람이 아니라 복수였다는 것을 다른 자료가 뒷받침하고 있으므로 위의 기술은 '필수'의 총책임자가 혜색에서 법림으로 교체되었음을 뜻한다. 재미있는 것은 이 기술을 바탕으로 전반 9권과 후반 6권을 비교해보면 문장 표현의 체제에 약간 차이가 있음을 알게 된다.

예를 들면, 산문 형식의 주석서인 이《반야등론》이 본문 중에 '게偈'로 불리는 운문(시절)을 인용할 때 전반 9권에서는 '여게왈如偈曰', '논자게왈論者偈曰' 등으로 '왈曰(이르기를)'을 사용하여 인용임을 보여주는 데 비해, 후반 6권에서는 '고론게언故論偈言', '여론게설如論偈說' 등으로 '언言(말하기로)', '설說(강설하기로)'을 사용해 인용임을 보여주고 '왈'을 사용하지 않는다.

사상과 관계없는 개인의 취향이나 습관과 유사한 이런 차이는 '필

----

* 불전의 '품品'에는 두 가지 의미가 있다. 하나는 범어 varga(동류의 결집, 단락) 혹은 parivatra(일순, 편, 장절)의 번역으로 일반 문헌의 '장章'이나 '편篇'에 해당하는 의미이고, 다른 하나는 범어 prakāra(종류)나 kalāpa(통합)의 번역(때로는 '품류품類'로도 한역)으로 '사물의 종류' 또는 "같은 종류의 사물을 모아놓은 것"을 의미한다.
** (원문주) "論凡二十七品, 爲十五卷. 縛解品已前, 慧賾執筆, 觀業品已後, 法琳執筆. 於是起四年夏, 訖六年冬."《大正藏》卷52, 513쪽 하.

수'의 교체에 기인한다고 보는 것 외에 달리 해석할 길이 없다. 즉, '필수'가 한역 표현을 선택했음을 뒷받침한다.

스스로 번역할 수 있었던 외국인

이 장에서 지금까지 다룬 사례는 외국인의 중국어 능력에 대한 부정적인 측면이 중심이었다. 그러나 한편으로 외국인이면서 통역에 의지하지 않고 역경에 종사한 사례도 실제로 존재했다. 그 대표적인 존재가 구마라집인데, 그에 대해서는 이 장의 뒷부분에서 언급한다. 또한 구마라집 외에도, 예를 들면 《속고승전續高僧傳》 권2에 전기가 수록된 수隋나라의 사나굴다闍那崛多는 중국어에 능통했다. 그는 간다라 지방의 푸르샤푸라(현재의 페샤와르) 출신으로 [수 문제文帝] 개황開皇 5년(585) 이후 대흥선사大興善寺에서 역경에 종사했을 때 "전도傳度에게 수고를 끼치지 않았다"('大正藏 卷50, 434쪽 상)고 기록되어 있는 것으로 보아 스스로 마음대로 번역어를 구사할 수 있어 통역이 필요 없었던 것 같다. 인도 승려였던 그가 중국어에 능통했던 이유는 그의 어학적 소질도 크게 기여했겠지만 체재 기간이 길었다는 것과 무관하지 않을 것이다. 그는 북주北周의 [명제明帝] 무성武成 연간(559~560)에 장안에 왔다. 따라서 그 후 20년 이상 지났을 무렵 스스로 한역이 가능했다고 해도 놀랄 일이 아니다.

또한 같은 시기에 활약한 재가의 법지法智(별명 달마반야達磨般若, 구담법지瞿曇法智, 담법지曇法智)도 중천축 출신의 바라문이면서 역경에 탁월한 능력을 발휘했다. 《속고승전》 권2 〈사나굴다전闍那崛多傳〉에 첨부된 〈법지전法智傳〉은 "방언方言(현지어=중국어)에 가히 뛰어나 책을 잡고 스스로 의미를 전달하고 도어에게 수고를 끼치지 않고《업보차별경業報差別經》등을 옮겼다"고 기술하고 있다. 법지의 부친은 북위北魏와 동위 시대에 역경에 종사했던 인도인 반야류지였다. 또한 〈법지전〉에서 법지는 본래 중천축 사람이지만 중국에 체재한 지 오래되어서 중화의 풍습에 동화되었다고 기술하고 있으므로 완전한 외국인으로 다루어서는 안 될지도 모른다. 나아가《역대삼보기歷代三寶紀》권12에 따르면, "반야류지의 둘째 아들", 즉 법지의 동생 담피曇皮는 비니다류지毘尼多流支와 나련제야사那連提耶舍의 역장에서 각각 '전역'이나 '도어'로 참여하였다('大正藏' 卷49, 102쪽 하, 103쪽 상). 따라서 담피도 또한 중국어에 능통했음을 알 수 있다. 비슷한 사례로 재가의 역경자이던 오吳의 지겸支謙이나 서진西晉의 축숙란竺叔蘭이 있는데, 그들은 외국인이었지만 부모 또는 조부 세대부터 중국에 이주했고 그들 자신은 중국에서 태어나 자랐기 때문에 중국어에 숙달해 있었다. 또한 서진시대에 많은 대승불전을 번역해낸 돈황의 축법호竺法護가 중국어에 뛰어났음은 말할 나위도 없다.

좀 더 역사를 거슬러 올라갈 때, 매우 흥미로운 인물은 후한시대에 활약한 월지月氏 출신 지루가참支婁迦讖이다. 앞장의 '전역─역경 작업의 열쇠를 쥔 통역자'라는 항목에서 우리는《반주삼매경》과《도행반야경》을 번역할 때 지루가참이 통역을 맡고 실제 번역 문장도 작성했음을 살펴보았다. 그는 월지 출신이었지만 중국어에 충분히 통하고 있었다는 것을 알 수 있다.

덧붙여 말하면, 안세고의 전기에서도 그는 중국에 와서 "금방 중국어에 능숙해졌다(卽通習華言)"고 기록되어 있다. 그러나 이 한 구절만으로 안세고가 번역한 경전을 모두 그 혼자서 번역했다고 볼 수는 없을 것이다. 다만 안세고 번역에 대해서는 그의 번역 작업을 보좌한 인물의 기록은 어디에도 남아 있지 않다.

범어를 자유자재로 구사한 한인들

각종 승전의 〈역경편〉에 이름이 나열되어 있는 사람들은 대부분 외국인이다. 그러나 수는 얼마 되지 않지만 한인 중에서도 '역주' 역할을 맡은 사람은 있었다. 구마라집과 같은 시기에 장안에서 활약한 양주涼州 출신의 축불념竺佛念이나 남조 송에서 다양한 역경에 종사한 보운은 순수한 한인 토박이든가 서역의 피가 섞여 있었는지는 모르지만, 당대唐代의 역경을 대표하는 현장玄奘과 의정義淨, 그리고 북송의 역경승 유정惟淨은 한인이었다. 이 가운데 역장에서의 의정의 역할은 "신역新譯 및 철문綴文, 정자正字"라고 기록되어 있다. '역주'로서 전체를 총괄하면서 범어의 번역을 차례대로 구술하고, 그 순서를 바꾸어 한어의 문장으로 만들며, 표준자 이외의 속자 등(異體字)을 포함한 한자 정서법도 담당하는 1인 3역을 수행했음을 알 수 있다. 통역이 필요 없던 현장이나 의정의 역장에는 그들 외에 '역어'라는 담당은 포함되어 있지 않았다.

구마라집의 역경관

지금까지 언급한 내용은 다음 두 가지로 정리된다. 첫째로, 인도 등의 외국에서 중국으로 건너와 이른바 '역주'로서 이름을 남긴 외국 승려의 경우 중국어에 충분히 통하는 사람이 많지 않았다. 하물며 한역 표현을 스스로 선택하고 결정할 수 있는 사람은 손꼽을 정도였다. 그러나 둘째로, 중국어에 통하고 있던 외국인도 수는 얼마 되지 않지만 존재했다. 이것은 어떤 의미에서 예상한 대로이고 당연한 결론이라고도 할 수 있지만, 단순한 억측이 아니라 제대로 사료에 입각한 형태로 확인해두는 것은 결코 헛되지 않다.

  스스로 한역 문장을 작성한 외국 승려의 대표적인 존재는 구마라집이다. 2장에서 언급한 것처럼 그의 아버지는 인도인, 어머니는 구자국龜玆國 사람이므로 순수한 토박이 인도계는 아니지만 중국어를 모국어로 하지 않았던 것은 확실하다. 3장에서 《마하반야바라밀경》의 번역 양상에 입각해 소개했듯이 구마라집은 "몸소 손에 오랑캐의 책(범어의 텍스트)을 들고 구두로 후진의 말(한어)을 사용해 설명했다"고 기록되어 있다. 이처럼 그는 통역을 개입시키지 않고 한역 문장을 스스로 이야기할 수 있었다. 그 배경에는 장안長安에 오기 전에 양주 고장姑臧(현재의 간쑤성甘肅省 우웨이武威)에서 15년 이상 생활했다는 사실이 있을 것이다. 그의 번역 능력은 탁월했다. 그랬기 때문에 한역의 한계도 잘 알고 있었다. 그에 의하면, 번역이란 "다른 사람이 씹어 토해낸 음식 같은 것"이며 원전과 번역 사이에 어떻게 해볼 수 없는 차이가 있음을 인정하였다. 요컨대, 궁극적으로는 번역은 불가능하다는 입장이었다.

《고승전》권2의 본전에 따르면, 구마라집은 항상 수제자 승예僧叡를 위해 인도의 문체에 대해 논하고 중국과의 차이를 다음과 같이 설명했다고 한다.

천축은 국가의 풍속상 문학 작품을 매우 중히 여긴다. 그 성조의 가락은 궁상각치우宮商角緻羽 오선보五線譜에 맞추는 것을 좋아한다. 대개 국왕을 알현하면 반드시 덕을 찬미하고 견불見佛의 의례에서도 시가로 찬탄하는 것을 존중한다. 경전 중에 나오는 게송은 모두 그 형식에 의한 것이다. 다만 범문을 중국어로 바꾸면 그 아름다운 문장의 멋(文藻)은 사라지고 대략적인 뜻은 파악해도 완전히 문체는 어긋나고 만다. 마치 밥을 씹어 남에게 주면 맛이 없어질 뿐만 아니라 구토를 불러일으키게 되는 것과 같다* (Huijiao 2009a, 172~173쪽).

이것은 문맥상 번역을 일반화하여 이야기한 것이 아니라 운문의 번역을 주로 염두에 둔 발언임을 알 수 있다. 주지하는 바와 같이 중국에서 운문이라고 하면 오래된 것은 《시경詩經》 등의 고전에서, 후대의 것은 당唐의 이백李白이나 두보杜甫의 절구絶句나 율시律詩에서 잘 알 수 있듯이, 종종 다섯 자나 일곱 자 등 일정한 자수로 된 구가 연속된 것이고 그때 각 구의 끝부분을 같은 운으로 하는 압운押韻에 특징이 있다. 당대唐代의 압운은 중고음中古音으로 불리는 음운 체계

---

* (원문주) "天竺國俗, 甚重文製. 其宮商體韻, 以入絃爲善. 凡覲國王, 必有贊德, 見佛之義, 以歌歎爲貴, 經中偈頌, 皆其式也. 但改梵爲秦, 失其藻蔚, 雖得大意, 殊隔文體. 有似嚼飯與人, 非徒失味, 乃令嘔噦也."『大正藏』卷50, 332쪽 중.

에 입각하는데 북송北宋 시대에 편찬된 《광운廣韻》 등으로부터 그 음운 체계를 알 수 있다. 수세기 거슬러 올라간 육조六朝 시대의 압운은 당대의 그것과 대체로 일치하지만 세세한 부분에서 약간 달랐다.*

이에 대해 범어의 경우는 한어의 압운과는 완전히 다르다. 단모음과 장모음의 조합이 운율 규칙의 기본이고 장음·단음의 다양한 조합이 형식적으로 정해져 있다.**

범어의 운문 형태는 다양한데 그 대표적인 것은 슈로카śloka다. 한역에서는 이것을 '수로가首盧迦'로 음역한다. 다른 범어인 가타gāthā의 음역인 '게偈'나 그 의역인 '송頌'이 실제는 슈로카를 의미하는 경우도 많다. 1구 8음절을 4구 연결하여 1슈로카라고 한다. 상세한 설명은 생략하지만, 슈로카는 각 구 특정 위치의 음절이 장음인가 단음인가의 조합으로 운율의 규칙이 정해진다.

이처럼 인도와 중국의 음율법이 다르기 때문에 대략적인 내용은 번역할 수 있어도 범어의 음율 그 자체는 한어로 바꿀 수 없다. 범어 원문이 운문이라는 것을 보이려면, 예컨대 다섯 자나 일곱 자로 글자

---

* 말을 구성하는 발음 요소를 음운音韻이라고 하는데 3,000년에 걸친 한어의 음운은 그 변천에 따라 상고음上古音(周·秦·漢), 중고음中古音(隋·唐), 중세음中世音(宋·元·明), 근세음近世音(淸)의 네 단계로 나눈다. 육조시대는 상고음에서 중고음으로 넘어가는 과도기에 해당한다. 전체적으로 보면 상고음은 복잡한 음운 체계를 가지고 있었지만 중고음 → 중세음 → 근세음으로 내려가면서 간소화된다.

** 범어에서 음운을 'gāthā'라고 하는데 이를 한어로 음사音寫하여 '게타偈陀' 혹은 '가타伽陀'라고 하거나 의역意譯하여 '게송偈頌'이라 하기도 한다. 범어 특유의 시구 형식에는 여러 종류가 있는데, 주로 불전에서 부처의 가르침이나 덕을 칭송할 때 사용되는 것은 16음절(8음절 2구) 2행으로 구성된 슈로카śloka(首盧迦), 22~24음절 2행으로 구성된 트리슈투브triṣṭubh, 음절 제한 없이 8구 2행으로 구성된 아랴āryā 등이다. 한역에서는 운문의 내용을 다섯 자 또는 일곱 자, 네 자 등 자수를 맞추어 산문(장문)과 구분하지만 압운은 하지 않는다.

수를 맞추고 짝수 구 끝부분에서 운을 맞추는 것이 필요하다. 그러나 자수를 맞추는 것은 가능해도 압운까지 실행하는 것은 매우 어렵다. 이 때문에 일부 예외를 제외하고 한역 불전의 경우 게송은 압운하지 않는 것이 일반적이었다.

나아가 범어의 운문에서는 동음어를 이용한 말장난(일종의 익살)도 빈번히 이루어졌다. 뛰어난 시인이 지은 시절詩節에는 표면적인 의미와는 별도로 이면의 의미가 이중, 삼중으로 내포되어 하나의 시문이 몇 가지로도 해석 가능한 경우도 있었다. 또한 문학 작품뿐만이 아니라 철학 논서에서도 하나의 슈로카를 두 가지로 해석 가능한 경우도 드물지 않다. 그러나 한역에서는 그렇게 복잡하게 얽힌 운문을 번역하기 위한 수법은 전혀 확립되어 있지 않았다.

《고승전》 권2의 본전은, 구마라집의 경우, 멋진 한시를 지어내는 능력을 갖고 있음을 전해준다. 그의 비관적인 번역관은 그가 역사상 가장 뛰어난 외국인 한역자였기 때문에 범어 운문의 뉘앙스는 한어로 절대 전할 수 없음을 깊이 자각한 데 연유한 것이리라.

구마라집은 범어와 한어 사이의 번역 불가능성을 강하게 의식하고 있었다. 이것은 직접적으로는 운문에 대해 이야기한 것이지만 산문을 포함하는 역경관으로서 일반화하여 받아들일 수도 있을 것이다.

간결하고 알기 쉬운 한역을 지향한 구마라집

그런데 구마라집이 번역한 주요 문헌의 하나로 《대지도론大智度論》이라는 반야경의 주석서가 있다. 이 논서는 100권에 달하는 대전집이지만 실은 원전의 전역이 아니라, 개론인 서품序品을 전역한 것을 제외하면 제2장 이하는 대폭 생략하고 필요한 부분만을 뽑아 번역한 것이다. 이것은 중국의 경전 편집 작업과 밀접하게 관련되기 때문에 6장에서 자세히 다루기로 하고, 여기서는 구마라집과 그의 역경 그룹이 "중국인은 간결성을 좋아한다"는 인식하에 역경에 종사했다는 것만을 지적해두고자 한다.

구마라집의 수제자인 승예는 〈대지석론서大智釋論序〉(《出三藏記集》 卷 10)에서 《대지도론》의 한역에서 원문을 생략한 이유를 "(구마라집) 법사는 중국인이 간결성을 좋아하기 때문에 (서품 이외는) 생략하여 간결하게 했다(法師以秦好簡, 故裁而略之)"고 언급했다. 원문에 충실했어도 장황하고 이해하기 힘든 표현보다는 아주 간결하고 알기 쉬운 문장을 지향한 것이 구마라집 번역의 일반적인 경향이다.

이것은 또 다른 하나의 중요한 번역의 성격과 관련된다. 구마라집은 번역이면서도 한편으로 중국어로서 알기 쉬운 문장을 지향했기 때문에 때로는 글자 하나하나의 뜻을 충실히 새기는 축어역逐語譯에서 벗어나 일부를 생략하거나 말을 덧붙여 알기 쉽게 하는 조작도 했다. 근년 《금강반야경金剛般若經》의 각종 한역본(구마라집·담마류지·진제·현장·의정의 번역본) 및 범어 원전의 광본廣本과 약본略本에 대해 상세한 비교 검토를 시도한 스탠포드대학 폴 해리슨Paul Harrison 교수는 구마라집 번역이 갖는 특징의 하나를 "마치 현대 연구자가 번역할 때 괄호를 사용하여 그 가운데 말을 덧붙여 자신의 해석을 드러내는 것과 같은 방식으로 작업을 했는데, 다만 구마라집은 그것을 본문 가운데 괄호를 사용하지 않고 했다"고 표현한다(Harrison 2010).

만약 한역을 직역파와 의역파로 나눈다면 구마라집은 뜻이 잘 통하는 의역파인 것이다. 그리고 바로 이 점이 구마라집 번역의 《법화경》, 《유마경》, 《금강반야경》이 중국 불교사를 통해 후대에 이르기까지 오랫동안 계속 읽혀온 이유다.

음역을 좋아한 구마라집

이처럼 구마라집은 의역파이기 때문에 대체적으로 일반 중국인이 알기 어려운 원어의 음역을 이용하거나 우직하게 직역하거나 하는 경향은 적었을 것으로 생각하는 경향이 있지만 실은 그렇지도 않다. 여기가 구마라집 번역의 재미있는 부분이기도 하다. 그의 작업에는 의미 전달을 중시하는 의역을 선호하는 면과 아울러 원어를 음역으로 남기거나 원문의 어순을 반영한 번역을 추구하는 면도 있었다. 번역의 장점과 단점도 번역의 한계도 잘 알고 있는, 역사상 보기 드문 위대한 한역자가 아니고서는 할 수 없는 시도였다고 할 것이다.

예를 들면, 《법화경》의 경우, 서진의 축법호 번역 《정법화경正法華經》 총지품總持品은 다라니陀羅尼를 의역한 것인데, 구마라집 번역의 《묘법연화경妙法蓮華經》에서는 그것을 의도적으로 음역으로 바꾸었다.

또한 인도 북동부 보드가야에 지금도 현존하는 금강좌金剛座의 보리수菩提樹는 석가모니가 깨달음을 이룬 자리인데, 원래 '보리수'란 '깨달음의 나무'를 의미하는 범어 '보디 브리크샤bodhi-vṛkṣa' 또는 '보디 드루마bodhi-druma'에 대응하는 번역어로 구마라집이 살았던 시대에 처음으로 확립되었다. 말할 필요도 없이 '보리'는 음역이다. 4세기 말까지 성립된 한역에서는 '불수佛樹'(예를 들면, 후한의 지루가참 번역의《도행반야경》과《문수사리문보살서경文殊師利問菩薩署經》, 오뭊나라 지겸 번역의《유마힐경》, 서진의 축법호 번역 경전), '도수道樹'(오나라 지겸 번역의《태자서응본기경太子瑞應本起經》,《유마힐경》, 서진의 축법호 번역의《보요경普曜經》), '각수覺樹'(동진 승가제바僧伽提婆 번역의《중아함경中阿含經》) 등의 번역 사례가 있다. '불수'는 'bodhi'의 애매한 음역*이든가 혹은 부처가 그 밑에 앉아 있던 나무라는 뜻을 가진 일종의 의역일 테지만, '도수'와 '각수'는 'bodhi'에서 유래하는 의역이다. 구마라집 이 번역한 여러 경전에서는 원어 'bodhi'의 충실한 음역에 입각한 '보 리수'를 표준 번역으로 삼는 것이 통례다(다만《대지도론》에서는 예외 적으로 '불수'도 사용하고 있다). 한편 구마라집의 동시대 인물인 축불 념의 경우는 번역어가 일정하지 않다.《보살영락경菩薩瓔珞經》과《비 나야鼻奈耶》에서는 '도수'를,《보살종도솔천강신모태설광보경菩薩從兜 術天降神母胎說廣普經》과《십주단결경十住斷結經》에서는 '도수'와 '불수' 를 사용하고, 구마라집 이후의 번역이 확실한《사분율四分律》(불타야 사와 공역)에서는 '보리수'를 사용하고 있다. 즉, '보리수'는 구마라집 의 창안이고 그 음역은 구마라집 이전에 없었을 가능성이 있다.

또한 많은 경전이 '여시아문如是我聞(이와 같이 나는 들었노라)'으로 시작하는 것은 널리 알려져 있는 바와 같지만, 이 경전 첫머리의 정 형적인 문구는 이전 시대에는 '문여시聞如是'라는 형태였다. 그것을 '如是我聞'으로 바꾼 것은 구마라집이었을 가능성이 높다(동시대의 축 불념이었을 가능성도 일단 남아 있음). 구마라집 번역은 '聞如是'라는 표

* 한어 '佛樹'의 상고음과 중고음은 각각 'biuət-dhiug', 'biuət-ʒiu'인데 범어 'bodhi'의 발음과 유사한 부분이 있어 그 음역으로 볼 수 있다는 것이다.

현을 사용하지 않는다. '如是我聞'은 범어 '에밤 마야 슈루탐evaṃ mayā śrutam(이와 같이 나에게 들렸노라)'를 어순 그대로 직역한 것이고 한어로서 매우 부자연스러운 어순이다. 이 배경에는 '如是', '我', '聞'을 어순 그대로 차례로 해설하는 《대지도론》과 같은 주석을 구마라집이 한역한 것, 바꾸어 말하면 경전 본문에 구래의 '聞如是'를 사용하면 그 주석 문헌이 '如是', '我', '聞'을 차례로 해설한 것과 모순을 일으키고 만다는 것이 강하게 영향을 미친 것으로 생각된다.

수나라 언종의 '팔비'설

번역이란 타인이 씹다가 내뱉은 음식물 같은 것으로 보는 구마라집의 생각을 파고들면, 결국 타인의 한역을 읽기보다 범어를 배워 원전을 읽으라는 이야기가 될 것이다. 사실 그렇게 생각한 사람은 중국에도 존재했다. 시대는 내려오지만 수대隋代의 역장에 빈번히 참여한 언종彦琮(557~610)이 그중 한 사람이다. 그는 범어 원전을 직접 배울 것을 주장했다. 또한 부득이 번역을 해야 하는 경우, 역자는 '팔비八備'로 불리는 마음가짐을 가져야 한다고 했다(《續高僧傳》卷2〈彦琮傳〉, Wang Wen-yan 1984, Saitō 2012). '팔비'란 (1) 불법을 사랑하고 중생에게 석가의 가르침을 전해 행복을 얻어 열반의 언덕에 이르게(利益濟度)하기를 게을리 하지 않을 것, (2) 계율을 엄수하고 악업에 물들지 않을 것, (3) 삼장三藏을 통달하고 대승·소승을 모두 이해하여 뜻에 막힘이 없도록 할 것에서 시작하여, (7) 필히 범어를 이해하여 올바르게 번역하도록 유의하지만 범학에 얽매이지 않게 할 것, (8) 중국의 사서

辭書나 전서篆書·예서隸書의 서법*을 숙지하여 올바른 중국어의 표기를 익힐 것에 이르는 여덟 가지 항목이다. 요컨대 이것은 엄밀한 번역론이라기보다 역자의 마음가짐을 열거한 것이다.

현장의 구역 비판

다음으로 중국 불교사상 가장 위대한 역자인 현장은 어떠한 번역관을 가지고 있었을까. 《대자은사삼장법사전大慈恩寺三藏法師傳》 권7에 나오는 다음의 1절은, 당나라로 귀환한 현장이 《금강반야경》에 관해 질문한 태종 황제에게 대답한 것이다. 그 내용은 《금강반야경》의 구역舊譯인, 후진의 구마라집이 번역한 《금강반야바라밀경》과 북위北魏의 보리류지가 번역한 동명 경전의 제목 및 내용을 비판한 것이다.

(현장) 법사가 대답하기로, 이 경전의 공덕은 실로 폐하께서 말씀하신 대로입니다. 서역 사람들도 모두 이 경전을 경애하고 있습니다. 지금 이 경전의 구역舊譯을 보면 약간 누락된 것이 있습니다. 범어 원본에 의하면, 자

---

* 기원전 3세기 진시황이 처음으로 중국 대륙을 통일하여 통치의 효율성을 위해 종래 호족들이 점거한 도시 국가별로 다소간 형태를 달리하던 글자체(과두문자蝌蚪文字, 대전大篆, 고문古文 등)를 통일하여 '소전小篆' 또는 '전서篆書'라는 한자 서체를 제정한다. '전篆'이란 글자의 양끝이 축 늘어진 글자체라는 의미이다. 그러나 관료 조직의 정비에 따라 호적 관리나 조세 징수가 한층 엄격해지고 중앙 관리에 예속된 행정 말단의 하급 관리(예리隸吏)도 일상적으로 문자를 사용하여 호적을 기록하고 물품의 출납을 기록하게 되면서 너무 장식적이고 쓰기 힘든 전서체를 직선 모양으로 간략화한 하급 관리의 글자체인 '예서隸書'가 파생하게 된다.

세하게는 '능단금강반야能斷金剛般若'로 되어 있는데 구역에서는 '금강반야金剛般若'라고 하고 있을 뿐입니다. 보살은 분별分別을 번뇌로 간주하고 분별의 망집이 견고함은 마치 금강(석)과 같은 것이며 유일하게 이 경전에 명료하게 설명되는 무분별無分別의 지혜* 만이 그것을 차단하고 제거할 수 있음을 밝히기 위해, 그것 때문에 (금강석 같은 견고한 번뇌를 끊어낼 수 있는 반야라는 의미에서) '능단금강반야'라고 한 것입니다. 그런데 구역에는 처음 두 글자(能斷)가 빠져 있음을 알 수 있습니다. 게다가 본문을 살펴보면 대화는 세 개 가운데 하나가 빠져 있고 게송은 두 개 가운데 하나가 없으며, 비유는 아홉 개 있으면 그중에 세 개는 결락되어 있습니다. 이처럼 (제대로 원문을 번역하지 않는 등 문제가 많으며, 슈라바스티Śrāvastī에 대한) 구마라집의 음역 '사위국舍衛國'이나 (바가반Bhagavān에 대한) 보리류지의 음역 '바가바婆伽婆'는 정확하지 않지만 그런대로 넘어갈 만합니다.**

이상의 내용에 대해 간단하게 보충 설명을 해두자. 경전의 제목 '바즈락체디카·프라즈냐파라미타*Vajracchedikā Prajñāpāramitā*'는 '금강(석)을 분쇄하는 반야바라밀'이라는 의미라고 한다. '금강(석)', 즉 다

---

* 분별分別이란 범어 vikalpa의 번역어로 대상을 사유하고 식별하는 마음의 작용, 즉 일반적인 인식 판단 능력을 말한다. 범부의 분별은 개인의 경험 등에 지배된 주관과, 대상으로서의 사물이라는 차별적인 주객 관계 위에 성립하는 인식 판단이므로, 사물을 있는 그대로 파악하는 것이 아니라 허구의 인식(허망분별abhūtaparikalpa)에 지나지 않는다. 이에 대해 주객의 대립을 넘어 올바르게 진리를 바라보는 지혜를 '무분별의 지혜(무분별지無分別智 또는 근본지根本智nirvikalpa)'라고 한다.
** (원문주) "法師對日, 此經功德, 實如聖旨. 西方之人, 咸同愛敬. 今觀舊經, 亦微有遺漏. 據梵本, 具云能斷金剛般若, 舊經直云金剛般若, 欲明菩薩以分別爲煩惱, 而分別之惑堅類金剛, 唯此經所詮無分別慧, 乃能除斷, 故曰能斷金剛般若. 故知舊經失上二字. 又如下文, 三問闕一, 二頌闕一, 九喻闕三. 如是等, 什法師所翻舍衛國也, 留支所翻婆伽婆者少可." 大正藏 卷50, 259쪽 상.

이아몬드는 굳게 뭉친 번뇌를 가리키는데 그것조차 '분쇄한다'는 의미의 한역 '능단能斷'이 구역에는 빠져 있다고 비판한다. 덧붙여 '금강'이란 번뇌라고 하는 해석 외에, 반야의 지혜라는 의미로 받아들여 '금강(석)vajra처럼 무엇이든 분쇄하는 반야바라밀'이라고 하는 해석도 있는데, 여기서 현장은 번뇌의 뜻으로 이해하고 있다.

또한 현장은 구역에 누락된 부분이 있다고 지적했는데, 여기에는 약간 문제가 있다. 왜냐하면 이 경전의 범어 원본은 하나만 있는 것이 아니라 복수의 종류가 있음이 현재 확인되고 있으며, 이들은 크게 광본廣本과 약본略本으로 나눌 수 있기 때문이다. 현장은 광본 계통을 보았던 것이고, 구마라집 번역은 약본 계통의 한 권을 저본으로 삼았을 가능성도 있다. 그렇다면, 현장이 말하는 구역의 누락은 역자의 문제는 물론이거니와 원전의 상위相違도 반영하게 된 것 같다. 어쨌든 현장 이전에 광본 계통의 한역이 없었다고 한다면 현장이 구역은 누락투성이라고 비판하는 것도 일단 수긍이 간다.

위의 인용문에서 현장이 마지막에 언급한 음역 문제는 현장 번역의 특색 가운데 하나인 음역의 혁신성과 관련된다. 그러한 특징은, 예를 들면 《대당서역기》에 나오는 지명·인명 등의 표기에서 단적으로 알 수 있지만, 현장의 지적은 구마라집 번역의 '사위국舍衛國'이나 보리류지 번역의 '바가바婆伽婆'는 완전히 틀린 것은 아니지만 정확하게는 각각 '실나벌室羅筏'과 '박가범薄伽梵'이어야 한다고 생각했음을 시사한다.

다만 중국 불교사에서 여기에 하나의 아이러니한 결과가 발생했다. 완성판이라고 할 수 있는 현장 번역은 학술적인 가치는 인정받았다고 할지언정 그 후에도 사람들이 즐겨 읽은 것은 다름 아닌 구마라집 번역이었던 것이다. 이것은 방산석경房山石經[*] 등 돌에 새긴《금강반야경》이, 일부 예외는 있다고 하나, 거의 대부분 구마라집 번역이고, 당 현종玄宗《어주금강반야경御注金剛般若經》을 비롯한 많은 주석이 명·청대에 이르기까지 구마라집 번역에 대한 주석이었던 점을 볼 때 분명하다. 현장 번역은 중국인의 금강경 이해와 관련하여 결국 아무 영향도 미치지 못했던 것이다.

당나라 현장의 '오종불번'설

이상과 같은 구역에 대한 비판과는 별도로, 현장에게는 '오종불번五種不翻'으로 불리는 번역이론이 있었다는 이야기가 전해 내려온다. '오종불번'이란 의역해서는 안 되는 다섯 가지가 있다는 주장이다. 바꾸어 말하면, 의역하지 않고 음역에 그치는 편이 좋은 다섯 가지 장르를 열거한 것이다. 이에 대해서는 통상 남송南宋의 법운法雲《번역명의집翻譯名義集》(1143)에 보이는 일절을 이용하여 소개하는 경우가 많다. 그러나 그것은 현장보다 상당히 후대의 일이고 처음 나온

---

* 중국 북경 방산현房山縣 백대산白帶山(현재의 스징산石經山) 정상 부근의 뇌음동雷音洞을 비롯한 9개 석굴에 보관된 석경石經 및 계곡을 사이에 두고 맞은편 산등성이에 위치한 운거사雲居寺에 소장된 석경을 총괄해서 말한다. 7세기 초 수양제隋煬帝의 대업大業 연간(605~618)에 북주北周의 폐불 운동과 이에 따른 말법 사상의 유행에 위기를 느낀 유주幽州 지천사智泉寺 사문 정완靜琬이 불교경전을 후대에 전하기 위해 겁화劫火에도 불타지 않도록 돌에 경전을 새기는 석경 사업을 발원한 것을 시작으로 요遼·금金·원대元代까지 500년간 계속되며 명·청대에 보수 작업이 이루어진다. 여기에 보관된 석경은 법화경, 화엄경, 열반경, 대집경, 대반야경을 비롯하여 1천여 권, 경판 수는 대소 1만 5,000여 판에 달한다.

이야기도 아니기 때문에, 다음에서는 보다 이른 기록으로서 경소景霄의 《사분율행사초간정기四分律行事鈔簡正記》(이하 《간정기》) 권2에 언급하고 있는 현장설을 소개하고자 한다.

이 문헌은 어떠한 내용이고 언제쯤 나온 것인가라고 하면, 현장과 동시대 사람인 도선道宣 율사의 《사분율행사초四分律行事鈔》에 대한 주석이다. 작자 경소는 경록 등에서 후당後唐(923~936)의 사람으로 나오지만 정확하지는 않다. 왜냐하면 간행 연차에 대해 《간정기》 권1에서는 "지금은 [당唐 소종昭宗] 건녕乾寧 2년(895) 을묘"라고 언급하고, 권9에서는 "지금은 [당 소종] 천복天復 3년(903) 계해"라고 말하고 있기 때문이다. 따라서 이 책은 당나라 말기인 9세기 말에서 10세기 초의 수년에 걸쳐 찬술된 것임을 알 수 있다.

이처럼 이 책의 성립은 남송의 법운보다 앞선다. 그러나 그래도 현장 입적부터 헤아려 200년 이상의 간격이 있다. 따라서 정말로 현장 자신의 주장인지 의심할 수는 있다. 다만 나중에 이야기하는 용어법적인 문제점을 제외하면 적극적으로 의심해야 할 강력한 이유가 있는 것이 아니고 현장 계통의 주장이라고 해서 결정적인 모순이 생기는 것도 아니다. 또한 현장이 아니라 그 후의 의정, 불공, 반야 등의 주장이라고 인정할 만한 이유도 없다. 다음의 인용에서 알 수 있듯이, 경소의 논술은 '오종불번'설이 이전부터 전해 내려옴을 보여주므로 경소보다 이전에 성립된 것은 확실하다. 따라서 이 '오종불번'설을 현장의 주장 그 자체로 단정할 수 없다고 해도 현장의 영향 아래 있던 당대의 학승들이 정리한 현장설이라고 보는 것에 특히 큰 문제는 없다고 생각된다. 아무튼 《간정기》 권2에 소개된 '오종불번'설은 다음과 같다.

제가諸家의 전승에서는, 당삼장唐三藏(현장)의 역경에는 옮기는 것과 옮기지 않는 것이 있다는 주장을 인용한다. 먼저, 옮기지 않는 것에는 다섯 종류가 있다.

첫째, (음역 그대로 놓아두는 쪽이) 선업善業을 낳게 하므로 옮기지 않는 경우가 있다. 예를 들면, '불타佛陀 buddha'는 깨달음이라는 의미이고, '보리살타菩提薩埵 bodhisattva'는 깨달음으로 향하는 유정有情(=중생)이라는 의미인데, 지금 이들은 모두 범어 그대로 남겨둔다(음역에 그친다). 사람들의 선업을 낳게 하는 데 의도를 두고 있기 때문이다.

둘째, 비밀로 하기 때문에 옮기지 않는 경우가 있다. 예를 들면, 다라니 등과 같은 주문의 가르침은 범어 그대로 암송하여 부처의 가호를 빌면 즉각 효과가 나타나지만, 중국어로 번역하면 조금도 영험스럽지 않기 때문이다.

셋째, 복수의 의미를 내포하므로 옮기지 않는 경우가 있다. 예를 들면, '박가범薄伽梵 bhagavān'은 한 단어에 다음과 같은 여섯 가지 의미가 들어 있다. (1) 자재로운 모습[이종생사二種生死(번뇌 세계)*에 속박되는 일이 전혀 없으므로], (2) 기세 왕성한 모습[지혜의 불꽃이 활활 타올라 번뇌의 땔나무를 남김없이 태우다], (3) 단정하고 위엄 있는 모습[부처의 뛰어난 용모를 구체적으로 보여주는) 32상 80종호

---

* 불교에서 '생사生死(jāti-maraṇa)'는 생명체가 태어나고 죽는 것을 반복하는 것으로 '윤회輪廻'와 동의어로 사용된다. 인간이 생사의 무한한 반복에서 해방(해탈)되지 못하는 것은 인간의 번뇌에 기인하며 이 번뇌를 없앰으로써 그 고통에서 벗어나 열반에 도달할 수 있다고 보았다. 《승만경勝鬘經》 등 대승불전에서는 인간의 생사를 '분단생사分段生死'와 '변역생사變易生死'라는 '이종생사二種生死'로 나누어 설명하는데, 전자는 번뇌 세계에 사는 보통사람의 생사로 육체의 크고 작음이나 수명의 길고 짧음 등 엄연한 한계(=분단)를 가지고 윤회하는 것을 말하고, 후자는 '분단생사'를 초월하여 신체와 그 수명의 길고 짧음을 마음대로 변화시킬 수 있는 성자의 (변역)생사로 속박 없는 자유로운 몸으로 윤회하지만 그 초월한 경지를 현실에서 실증하는 임무가 남아 있다.

 를 모두 갖추어 잘 단장하고 있으므로], (4) 명예로운 모습[위대한 명성이 널리 시방세계十方世界에 알려져 있으므로], (5) 길상吉祥스러운 모습[언제든 늘 상서롭고 중생에게 이익을 가져다주므로. 예를 들면, (석가가 이 세상에 태어났을 때) 용 두 마리가 목욕물을 올리고 일곱 걸음 나아가자 발밑의 땅에서 연꽃이 피어난 것처럼], (6) 존귀한 모습[출세간出世間^{**}에 사는 천인天人에게도 존경받기 때문]이다. 지금 만약 어느 것인가 하나의 의미로 옮기면 나머지 다섯 가지 의미가 모두 사라지고 말기 때문에 범어를 음역 그대로 남기는 것이다.

넷째, 예로부터 써내려온 관습에 따르므로 옮기지 않는 경우가 있다. 예를 들면, 아뇩보리阿耨菩提(즉, 아뇩다라삼먁삼보리阿耨多羅三藐三菩提)는 한대漢代에서 당대唐代에 이르기까지 옮기지 않은 것이 관례이다.

다섯째, 중국에 없는 사물이므로 옮기지 않는 경우가 있다. 예를 들면, 염부수閻浮樹(jambu, 신화에 나오는 큰 나무)는 그림자가 달에까지 드리워져 달의 모양을 만들고, 8곡斛(800되)들이 항아리만 한 크기의 열매가 열리는데, 이 나무는 중국에 없으므로 번역할 수 없다.

---

* 부처가 갖추고 있는 뛰어난 신체적 특징을 32상相이라고 한다. 경전에 따라 명칭과 내용에 다소 차이가 있지만 《대지도론大智度論》 권4에서는 '발바닥이 편평한 모습(足下安平立相)', '발바닥에 수레바퀴 자국이 있는 모습(足下二輪相)', '손가락 발가락 사이에 물갈퀴가 있는 모습(手足指縵網相)', '팔을 늘어뜨리면 손이 무릎 아래까지 내려오는 모습(正立手摩膝相)' 등을 들고 있다. 이러한 부처의 신체적 특징을 세분하거나 성격, 음성, 행동 등의 특징을 더한 것을 80종호種好라고 하는데, 이를테면 '귓바퀴가 둥글고 길게 처져 있는 모습(耳輪成)', '나아가고 물러남이 코끼리와 같이 여유로운 모습(進止如象王)', '모공에서 향기가 나는 모습(毛孔出香氣)' 등이 그것이다.

** 불교에서 세간世間이라는 말은 삼라만상이 생겨나고 소멸하는 공간을 가리키는 범어 'loka'의 의역으로 사용된다. 부파불교의 교리에서는 망집의 존재인 유정有情(=중생)이 공허한 생사를 반복하는 공간을 별도로 '기세간器世間bhājana-loka'으로 부르고, 《대지도론》 등 대승불전에서는 '오온세간五蘊世間', '중생세간衆生世間', '국토세간國土世間'의 '삼종세간三種世間'으로 나누어 설명한다. 그리고 이러한 '속세간俗世間'의 망집이나 번뇌에서 벗어난 불도의 세계를 '출세간出世間'이라고 한다.

이상의 다섯 가지를 제외하고 나머지는 모두 번역한다.*

여기서 '옮기지 않는다(不翻)'란 의역하지 않고 음역 상태로 두는 것을 말한다. 첫 번째 설명 중에서 '선업을 낳게 한다'고 한 것은, 음역 쪽이 고귀한 느낌을 주고 수행이나 신앙 등의 선행으로 이어짐을 말한다. 불타를 '각자覺者, 깨달음을 얻은 사람'으로 의역할 수도 있지만 그러면 너무 일반적이고 고귀함이 묻어나지 않으므로 굳이 옮기지 않고 불타로 음역하는 데 그친다. 이러는 편이 무게감 있고 특별한 존재임을 보여줄 수 있으므로 마음을 담아 예배하는 등의 종교적 선행으로 사람들을 이끌게 하는 효과가 있다는 것이다.

두 번째 이하는 각각 당대唐代 이전에도 비슷한 생각이 있었다. 우선, 두 번째의 다라니 문제는 의미를 번역하지 않으므로 주술적 효과가 생기는 것을 말한다. 일반인에게는 의미는 모르지만, 아니 그렇기 때문에 오히려 뛰어난 효과를 가져다준다는 것이다. 같은 내용은 수대隋代에 선례가 있다. 즉, 혜원慧遠의 《대반열반경의기大般涅槃經義記》 권1('大正藏 卷37, 626쪽 하)에도 간략하게 기록되어 있으나, 보다 알기 쉬운 내용은 길장吉藏의 《법화의소法華義疏》 권12에 나오는 다음과 같은 일절이다.

* (원문주) "諸家相承, 引唐三藏譯經有翻者, 有不翻者. 且不翻有五. 一生善故不翻, 如佛陀云覺, 菩提薩埵, 此云道有情等, 今皆梵名, 意在生善故. 二秘密不翻, 如陀羅尼等總持之敎, 若依梵語諷念加持, 即有感微. 若翻此土之言, 全無靈驗故. 三含多義故不翻, 如薄伽梵, 一名具含六義, 一自在[不永(永不)繫屬二種生死故], 二熾盛[智火猛焰, 燒煩惱薪], 三端嚴[相好具足所莊嚴故], 四名稱[有大名聞編十方故], 五吉祥[一切時中常吉利故. 如二龍主水, 七步生蓮也], 六尊貴[出世間所尊重故]. 今若翻一, 便失餘五, 故存梵名. 四順古不翻, 如阿耨菩提, 從漢至唐, 例皆不譯. 五無故不翻, 如閻浮樹, 影透月中, 生子八斛瓮大, 此間旣無, 不可翻也. 除玆已外, 並皆翻譯."

묻노니, 왜 여러 경전에서는 주문呪文을 번역하지 않는가. 대답컨대, 주문
의 언어는 다양한 의미를 내포해서 중국에서는 거기에 꼭 맞게 대응하는
사물이 없기 때문이다. 만약 굳이 번역하려 들면 의미가 불충분하게 되고
효력까지 잃고 만다. 그것은 꼭 중국의 주술과 같은 것이다. 주문의 독특한
말투에 따라 이를 (원어로) 낭송할 필요가 있고 그렇게 하면 영험의 효과가
현저하게 된다. 중국어로 정확하게 번역해서 설명할 수는 없는 것이다.[*]

다음은 세 번째 지적에 대해서인데, 이것은 번역에서의 다의어多義
語 처리 방법과 관련되는 내용으로 '박가범'의 여섯 가지 의미를 실례
로 들어 논증하고 있다. 이것은 현장 번역의 《불지경론佛地經論》 권1
에서 상세히 설명하고 있는 주장이다(大正藏 卷26, 292쪽, 상~중). '박
가범'의 원어는 'bhagavān'이고 '세존'으로 의역하는 것이 통례다. 실
제로 현장은 그가 번역한 여러 경론에서 '세존'을 사용한 경우도 많
다. 그러나 위에서 소개한 오종불번설에서는 의역해서는 안 된다고
한다. 이것은 술어의 다의성이 문제되는 문맥에서는 음역대로 두는
것이 좋다는 의도임에 틀림없다.

다만 이 생각은 현장만의 특유한 것이 아니었다. 육조시대의 주석
문헌에도 보이는 주장이다. 예를 들면, 구마라집 번역의 《대지도론》
권1은 부처에게는 열 가지 존칭(십호十號)이 있음을 언급하고 그중 하
나인 '아라가阿羅呵'의 의미를 다음과 같이 해설한다. '아라가'는 '아라

---

* (원문주) "問, 諸經中何故不翻呪耶. 答, 呪語多含, 此間無物以擬之. 若欲翻之, 於義不盡, 又失
其勢用, 如此間禁呪之法, 要須依呪語法而誦之, 則有神驗, 不得作正語而說." 大正藏 卷34, 629
쪽 하.

4장_외국 승려의 어학력과 구마라집·현장의 번역론

한阿羅漢과 같은 것으로 범어 '아르하트arhat'(주격형은 arhan)에 대응하는 음역이다.

왜 '아라가'라고 이름하는가. '아라'는 적(ari)을 말하고 '가'는 '죽이다'(동사, 어근은 han)라는 뜻이므로 (아라가는) '(번뇌의) 적을 죽인 자'라는 의미다. …… 또한 '아(a)'는 아니라는 부정사이고 '라가'는 생긴다(동사, 어근은 ruh)는 뜻이므로 (아라가는) '불생不生─(번뇌의 속세간에) 태어나지 않는 자'라는 의미다. 불심이라는 씨앗이 후세의 논밭에서 싹을 틔우는 일은 없다. 번뇌의 근원(無明)을 이루는 찌꺼기가 없기 때문이다. 또한 '아라가'는 공양을 받을 만하다(동사, 어근은 arh)라는 의미다. 부처는 온갖 번뇌에서 완전히 벗어나 모든 것을 널리 꿰뚫어 보는 지혜를 획득하고 있으므로 천지의 모든 중생으로부터 응당 공양을 받을 만하다. 이러한 이유로 부처를 '아라가'라고 이름한다.[*]

'아라가阿羅呵'의 말뜻이 세 가지로 해석될 수 있음을 이야기하고 있다. 아라한은 '응공應供(공양을 받을 만한 가치가 있는 사람)'이라고 의역하는 일이 많지만, 위에서 제시한 어의 해석으로 볼 때 한 마디 말로 옮기는 것은 불가능하다. 음역 그대로 두지 않으면 문장의 뜻이 통하지 않게 되고 만다. 이처럼 다의성을 배경으로 하는 음역은 위의 《대지도론》 인용 구절과 같은 주석 문헌의 번역과 관계된다.

---

[*] (원문주) "云何名阿羅呵. 阿羅名賊, 阿名殺, 是名殺賊. …… 復次, 阿名不, 羅呵名生, 是名不生. 佛心種子後世田中不生, 無明糠脫故. 復次, 阿羅呵名應受供養. 佛諸結使餘盡, 得一切智慧故, 應受一切天地衆生供養, 以是故, 佛名阿羅呵." 大正藏 卷25, 71쪽 중~하.

같은 주장은 중국인이 저술한 주석에도 채택되었다. 이른 시기의 예로서 남북조시대 양梁나라 법운法雲의 《법화의기法華義記》 권1에 '나한羅漢'에 '불생不生', '살적殺賊', '응공應供'의 세 가지 뜻이 있다는 이야기가 나온다('大正藏 卷33, 578쪽 상). 또한 그보다 좀 더 거슬러 올라가면 유송劉宋(420~479)의 승량僧亮(도량道亮, 광주대량법사廣州大亮法師)은 '열반涅槃'이라는 말은 다의적이기 때문에 하나의 중국어로 옮길 수 없고, 따라서 음역되어야 하는 것이라는 해석을 제시하여 후대의 여러 주석에 영향을 미쳤다(《大般涅槃經集解》 첫머리, '大正藏 卷37, 377쪽 중).

네 번째는, 요컨대 예전부터 음역이 통용되어온 경우는 거기에 따르고 굳이 의역으로 바꿀 필요가 없음을 말한다. 다만 예로 든 '아뇩보리阿耨菩提'라는 말은 역어로서 사용된 사례는 드물고 '아뇩다라삼먁삼보리阿耨多羅三藐三菩提'의 약어로 생각해야 하지만 현장 역으로서는 문제가 있다. 왜냐하면 현장은 여러 경전의 번역에서 '아뇩다라삼먁삼보리'를 사용하면서 한편으로 '무상정등각無上正等覺'이나 '무상정등보리無上正等菩提*' 등의 의역도 사용하고 있기 때문이다. 마찬가지로 그보다 앞선 시대에도 음역과 의역을 번갈아 사용하는 경우도 있었다. 따라서 네 번째 사례는 현장 번역에 입각해도, 그리고 그보다 훨씬 이전 시대라 해도 한역의 실태를 정확하게 설명하고 있다고 보기 어렵다.

마지막으로 다섯 번째는, 현장의 개인적 주장을 그대로 제시했다는 문제를 안고 있다. 왜냐하면, '염부수閻浮樹'라는 말은 현장 이전에

---

* 부처의 깨달음은 그 위에 더할 수 없이(無上) 올바르고(正) 평등한(等) 깨달음(覺) 내지 지혜(菩提)라는 의미.

도 용례가 보이지만 현장이 사용한 음역은 '섬부贍部'이지 '염부'가 아니기 때문이다. 다만 '염부'를 선호하는 인용자가 바꾸었을 가능성도 있다. 또한 번역의 가능성·불가능성이라는 관점에서 말하면, 세 번째와 다섯 번째 문제는 번역이 불가능한 상황을 보여준다. 이에 대해 다른 세 가지 문제는 번역은 가능하지만 번역하지 않은 쪽이 좋은 경우를 가리킨다.

구마라집설과 현장설

이상에서 실제 한역에 종사한 인물의 번역론으로 구역을 대표하는 구마라집과 신역을 대표하는 현장의 역경관譯經觀을 소개했다. 구마라집은 번역 불가능성을 의식하면서 옮기는 이상은 문장의 뜻이 명료하고 읽기 쉬워야 한다는 관점을 추구하여 의미가 잘 통하는 의역을 실현했다. 그 한편으로 의역하지 않고 음역에 그쳐야 하는 경우도 있다는 판단 아래 특정 문맥에서는 굳이 음역하는 것을 중시했다.

이에 대해 현장은 구마라집 번역을 비롯한 구역에는 부정확한 점이 많다고 비판하고 보다 정확한 축어역逐語譯을 추구했으며, 나아가 범어 발음과 당대 발음의 대응을 의식한 새로운 음역어를 적지 않게 만들어냈다. 또한 아마 현장 계통의 주장이라고 생각해도 지장이 없을 '오종불번'설이 등장하여 음역 그대로 두어야 하는 다섯 가지가 명확하게 제시되었다. 이것은 규정된 다섯 가지 항목 외에는 정확하게 의역되어야 하는 것을 함의한다. 예를 들면 '오종불번'에 저촉되지 않는 인명의 경우 현장은 의역했다. 대승 경전《비말라키르티의 가르침*Vimalakīrti-nirdeśa*》으로 저명한 재가 불자 비말라키르티 거사居士에 대해서 구역의 지겸과 구마라집은 공히 '유마힐維摩詰'로 음역했지만, 현장은 '무구칭無垢稱'으로 의역했다. 《반야경》에 등장하고 구역에서는 '수보리須菩提'로 음역한 불제자 '스부티Subhūti'를 현장은 '선현善現'으로 의역했다. 다만 불제자 샤리푸트라Śāriputra에 대해서는 현장은 음역에 의거한 '사리자舍利子'라는 표현을 사용한다. 이것은 굳이 설명하자면 '오종불번'의 네 번째 항목에 따른 것이다.

문체의 '문'과 '질'을 둘러싼 전통과 논쟁

그러면 시대를 좀 더 거슬러 올라가 구마라집 이전 사람들의 역경관은 어떠했을까. 이 장의 마지막 부분에서는 이 점에 대해 언급해두고자 한다. 여기에서는 '문文'과 '질質'이 키워드가 된다. '문'이란 문아文雅, 즉 중국어로서 우아하고 품격 있으며 사대부가 읽기 쉬운 문체를 말한다. 글을 아름답게 꾸미는 한편 원문에 불필요한 중언부언이 있으면 그것을 삭제하여 문장의 뜻을 간결하고 알기 쉽게 바꿔야 한다는 입장이다. 이에 대해 '질'이란 꾸밈없이 진지하고 수수함, 즉 허식을 배제한 성실하고 축어적·직역적인 문체를 의미한다. 이것은 중국어로서 상당히 읽기 어려운 문체이며 원문에 번잡한 중복이 있어도 삭제하지 않고 그대로 옮기는 것이 좋다는 입장이다. 인도 불전을 중국어로 번역할 때 읽기 어려운 중국어라도 정확한 쪽이 좋은가(質), 번역인 이상은 읽기 쉬운 문체와 명료성을 갖추어야 하는가(文)를 둘러싸고 오吳에서 동진東晉 말에 걸쳐 다양한 주장이 등장했다.

'문'과 '질'은 전통적인 표현이다. 《논어》〈옹야편雍也篇〉에 "'질'이 '문'을 넘어서면 곧 조야粗野해지고, '문'이 '질'을 넘어서면 곧 지나치게 화려하게 된다. 문질 빈빈彬彬해야 군자라 할 것이다(質勝文則野, 文勝質則史. 文質彬彬, 然後君子)"라는 문장이 나오듯이, 본래는 문과 질 어느 한쪽으로 치우치는 것은 바람직하지 않다는 생각이 있었다. 원문 '문질 빈빈文質彬彬'은 '문질 상반文質相半(문질이 반반씩 엇비슷하다)'이라는 의미로 문과 질이 잘 조화를 이루고 있는 모습, 균형을 이루고 있는 모습을 나타낸다. 요컨대, '문'과 '질'의 한쪽으로 편향하지 않는 중용을 좋다고 생각한다. 위진魏晉의 중국 불교도 이 전통을 바탕으로 했다. 다만 '문'과 '질'의 완전한 조화를 실현하는 것은 결코 용이하지 않으며, 특히 번역에서 그것을 실현하는 것은 극히 어려운 일이다. 그래서 만약 '문'과 '질' 어느 한쪽을 선택하지 않을 수 없다면 어느 쪽이 좋은가라는 일종의 궁극적인 선택을 둘러싸고 활발하게 논의가 전개되었다. 구체적으로는 오吳나라의 지겸支謙이 유기난維祇難과 주고받은 논의나, 전진前秦의 석도안釋道安이 혜상慧常·조정趙政과 전개한 논쟁이 유명하다.

　이러한 '문'과 '질'을 둘러싼 논의 과정에서 기존 번역에 대해서도 누구의 번역이 '문'이고 누구의 번역이 '질'인가 하는 판정이 이루어졌다. 이를테면, '문'을 중시하는 대표적 인물은 오나라의 지겸, 서진西晉의 축숙란竺叔蘭, 전진에서 후진까지의 축불념竺佛念이고, '질'을 대표하는 역자는 후한後漢의 지루가참, 서진의 축법호이었다(Okayama 1980, 1983). 이 두 파는, 각각 직역直譯인가 자유역自由譯인가라는 점에서 구별한다면, '문'파는 자유역파, '질'파는 직역파라고 바꾸어 말할 수 있다. 또한 '번繁(繁多)'이 좋은가 '간簡(簡潔·簡略)'이 좋은가라는 관점에서 분류한다면, '문'파는 '간'이 좋다고 하는 사람들이고 '질'파는 '번', 즉 원문이 번잡하면 번잡한 대로 옮기는 것이 좋다는 원문 직역주의를 내세우는 사람들이다.

이 구분은 한어로 옮기기 어려운 용어는 음역할 것인가, 의역(의미를 한역)할 것인가라는 구별과도 어느 정도까지 대응한다. 이것을 각각 음역 중시파와 의역 중시파라고 잠정적으로 일컫는다면 예컨대 《도행반야경》의 지루가참은 음역 중시파이고, 지겸은 전형적인 의역 중시파이다. 그러나 한편 '문'과 '질'로 구별했을 때, '질'파에 속하는 축법호의 경우 그가 번역한 《정법화경》은 대체로 인명 등의 고유 명사에 이르기까지 의미를 한어로 옮기는 의역을 한 반면에 음역은 극단적으로 적게 했다. 앞에서 이야기한 대로, 구마라집이 나중에 음역하는 다라니도 축법호는 모두 의역했다. 이것은 '질'파가 곧 음역 중시파가 아님을 보여준다.

이상에서 개략적으로 설명한 내용에서 이미 알아차린 독자도 많겠지만 '문'과 '질'의 논쟁은 중국 불교사 초기의 역사적 한 장면이면서, 한편으로 널리 번역이론 일반의 입장에서 바라보면 우직할 정도로 직역하는 것이 좋은가, 아니면 역어를 읽어서 알 수 없으면 의미가 없다고 생각하는가의 문제이기도 하다. 물론 원전에 충실하고 동시에 명료 간결하며 자연스럽게 술술 머리에 들어오는 번역(文質彬彬)이 이상적이겠지만 그러한 번역을 실현하는 것은 극히 어렵다. 가까운 관계에 있는 두 언어 사이의 번역이라면 양 조건을 충족하는 것도 가능하겠지만 범어에서 고전 한어로의 번역과 같이 언어적으로 동떨어져 있는 경우 특히 양 조건을 갖춘 번역은 곤란하다. 그 경우 굳이 선택한다면 읽기 힘들어도 어쨌든 직역 쪽이 좋은가, 다소 원전에서 괴리되어도 전체적 의미를 알 수 있는 읽기 쉬운 번역 쪽이 좋은가가 이 논쟁의 요점이다. 또한 문질 논쟁에서는 '문'한 것은 '간'한 것으로 간주되었는데, '문'인 것과 '간'인 것은 별개일 수도 있기 때문에 "단어 수가 많은 자유역('번'하면서도 '문'한 것)"도 이론적으로는 있을 수 있지만 실제 논쟁에서 그러한 선택지는 상정되지 않았던 것 같다.

동진 석도안의 '오실본삼불역/이' 설

문질文質 논쟁에서 다룬 내용은 말하자면 영원한 테마이지만, 여기에 일단의 매듭을 지으려 한 인물은 동진시대 양양襄陽과 전진시대 장안에서 활약한 석도안이었다. 그는 많은 점에서 불교사의 중요 인물이다. 승려는 세속의 인연을 끊고 출가한 이상 석가의 아들이 된 것이고 그 때문에 출가자는 모두 '석釋'이라는 성씨를 사용해야 한다고 주장했으며, 이 전통은 현재까지 계속되고 있다. 또한 그는 중국 불교 학술사에 큰 의미가 있는 《종리중경목록綜理衆經目錄》(일부 소실)이라는 경록의 지은이로서도 유명하다. 그러한 석도안이 불교 번역론에 관해 남긴 이론이 '오실본삼불역/이五失本三不易'(으)로 불리는 것이었다.

인도어 원전을 중국어로 번역함으로써 잃게 되는 것을 다섯 항목으로 열거한 '오실본'의 주장에 대해 석도안은 〈마하발라야바라밀경초서摩訶鉢羅若波羅蜜經抄序〉(《出三藏記集》 卷8)의 한 절에서 대략 다음과 같은 내용을 이야기하고 있다.

호어胡語(서역의 말)를 한어로 옮길 경우에 원형을 잃게 되는 다섯 가지가 있다.

첫째, 호어는 어순이 다르므로 한역으로 하면 본래 어순이 없어진다.

둘째, 호어의 경전은 질박한 것(質)을 존중하고 한인은 문아文雅('文')를 선호하므로 중생의 마음에 딱 맞는 것을 전달하는 데는 문아여야 하고 그러면 본래의 질박성은 없어진다.

셋째, 호어의 경전은 매우 상세하게 설명하고 부처나 보살을 영탄하는 부분에서는 세 번이고 네 번이고 번거로움을 마다않고 같은 표현을 공손하게 반복하지만, 한역에서는 그것을 생략한다.

넷째, 호어의 원문에는 '의설義說*'이 있고 상당한 분량에 달하지만 한역에서는 그것을 전부 제거한다.

다섯째, 호어의 원전은 뭔가 어떤 사안의 설명이 모두 끝난 다음에 다시 그것을 언급할 때 앞에 나온 말을 반복해서 거론한 뒤 새로운 설명으로 옮겨가지만, 한역에서는 반복을 생략한다(大正藏 卷55, 52쪽 중~하).

이상이 대강의 줄거리지만 구체적인 내용에는 분명하지 않은 점도 있다(특히 넷째). 다음에서는 다섯 항목 각각에 대해 약간의 해설을 덧붙이도록 하겠다. 먼저, 첫째는 어순의 차이인데 이것은 한어로 번역하는 이상 어쩔 수 없는 변경이다. 둘째는 위진 무렵 활발하게 논의된 문체에 관한 논쟁을 배경으로 한다. 이른바 '문文'과 '질質'을 둘러싼 논쟁인데, 이에 대해서는 바로 앞부분에서 이미 언급했다. 또한 같은 문제는 셋째~다섯째에도 해당되며 둘째 이하 네 항목은 모두

---

* 중국에서 난해한 한자의 자형, 발음, 의미 등을 해설·주석하거나 그것을 집성한 전적典籍을 음의音義라고 하는데 처음에는 중국의 사서·경서에 대해 이루어지다가 남북조시대 이후 한역 불전에도 널리 적용되었다. 발음에 관한 해설을 음설音說, 의미에 관한 주석을 의설義說이라고 한다.

원문의 생략과 관련된다. 실제로 범어 경전에서는 같은 어구의 반복이 빈번하다. 팔리어 성전도 마찬가지다. 예를 들면, 한역《장아함경長阿含經》권2의〈유행경遊行經〉에 다음과 같은 대화가 있다.

> 부처님은 아난阿難에게 말했다. "너는 밧지국 사람들이 종종 집회를 열어 국사를 토의한다는 말을 들었는가." (아난은) "들었습니다"라고 대답했다.[*]

여기에서 아난의 대답은 "들었습니다(聞之)"뿐이다. 이에 대해 팔리어 성전의 대응 부분은 다음과 같이 부처의 질문을 아난이 그대로 반복하는 표현으로 되어 있다.

> 아난다여, 너는 들었느냐, 밧지국 사람들이 종종 집회를 열어 많은 사람이 모인다는 것을. 저는 그것을 들었습니다, 스승님. 밧지국 사람들이 종종 집회를 열어 많은 사람이 모인다는 것을.[**]

한역이 "들었습니다(聞之)"로 간단히 끝나는 것은 의도적인 생략이다. '오실본'의 셋째 항목이 의도하는 것은 바로 이렇게 생략해야 한다는 것이다. 실제 이와 같은 생략이 한역에는 많다(Okayama et al. 1995, 462~463쪽 주28 참조).

석도안이 지적한 네 번째 문제는 어떠한가. 이것은 본문 중에 나오

---

[*] (원문주) "佛告阿難, 汝聞跋祇國人數相集會, 講義正事不. 答曰, 聞之." 大正藏 卷1, 11쪽 상.
[**] (원문주) "Kin ti te Ānanda sutaṃ, Vajjī abhiṇhaṃ sannipātā sannipāta-bahulā ti?' Sutaṃ me taṃ bhante Vajjī abhiṇhaṃ sannipātā sannipāta-bahulā ti.'" Mahā-Parinibbāna-Suttanta, *Dīgha Nikāya* II, PTS, p. 73.

는 주해와 같은 종류를 이야기하고 있는 것처럼 생각되지만 애석하게도 구체적으로 무엇을 가리키는지 정확하게 이해되지 않는다.

'오실본五失本'이라는 표기는 '원형本'을 잃어버리지 않을 수 없는 것인지, 잃어버려도 좋은 것인지, 잃어버려야 하는 것인지가 명시되어 있지 않기 때문에 알기 어렵지만 전체적으로 외국어를 중국어로 바꿀 때 허용해야 하는 다섯 가지 항목을 가리키는 것임에 틀림없다. 첫째가 불가피한 사태임에 대해, 둘째 이하는 모두 원문 생략이라는 점에서 공통되고 '번繁'과 '간簡'의 구별로 말하면 '간'을 취해야 하는 것을 주장한다.

석도안은 또한 같은 〈마하발라야바라밀경초서〉 가운데 '오실본'과 내용적으로 관련되는 '삼불역/이三不易'설도 주장한다. 그러나 이에 대해서는 원문이 극히 난해한 것과 관련하여 '易'을/를 '용이하다'는 의미로 받아들여 '불이不易'로 읽어야 할지, 그렇지 않으면 '고쳐 바꾸다'의 의미로 받아들여 '불역不易'으로 읽어야 할지 전문가 사이에서도 해석이 엇갈리고 '三不易'에 대한 해석도 나누어진다. 전통적인 이해 및 중국학자는 '용이하지 않다'는 의미로 받아들이는 것이 보통이지만, 한편으로 석도안 번역론의 연구자로 저명한 오쵸 에니치橫超慧日는 '고쳐 바꾸어서는 안 된다'는 의미로 해석해야 한다는 의견을 처음으로 제창했다(Ōchō 1958a). 이후 일본의 연구자는 오쵸 에니치의 주장을 따르든지, 아니면 최종적인 판단을 유보하는 사람이 많다.

지금 만약 오쵸 에니치의 주장에 따라 '고쳐 바꾸어서는 안 된다'는 의미로 해석하면 석도안의 주장은 이렇게 요약할 수 있다.

첫째, 반야경은 부처님이 말씀하신 것이고, 성자는 필히 자신이 살았던 때를 고려하여 말하고 있으므로 시대에 따라 습속이 바뀌었다고 하더라도 옛날의 고아한 세상(雅古)에서 말씀하신 가르침을 지금 방식으로 바꿔서는 안 된다. 둘째로, 성인과 범인은 도저히 미칠 수 없는 간격을 가지므로 상고의 미묘한 가르침을 말세의 지금에 맞추는 어설픈 일은 허용되지 않는다. 셋째, 석존과 매우 가까운 거리에 있었던 불제자 아난阿難이나 가섭迦葉조차 결집結集[*]에 즈음해 조금의 실수도 없도록 긍긍하며 근신 중에 작업에 임했다. 그런데도 부처가 떠난 지 천 년이 되는 지금 생사의 연속에서 벗어나지 못한 보통 사람들이 태연하게 경전의 내용을 쓰고 버리고 하는 것은 무법무례 언어도단이라는 것이다(Ōchō 1983).

이상은 오쵸 에니치에 의한 해석이지만, 한편 만약 '용이하지 않다'는 의미로 이해한다면, 예컨대, 첫째는 반야경은 부처가 말씀하신 것이고, 성자는 필히 자신이 살았던 때를 고려하여 말하고 있으므로 시대에 따라 습속이 바뀌는 것에 맞추어 옛날의 고아한 세상에서 말씀하신 가르침을 지금 방식에 맞추는 것은 용이하지 않다는 의미가 된다. '不易'을 '용이하지 않다', '고쳐 바꾸어서는 안 된다'의 어느 쪽 의미로 이해해야 할지 지금 여기서 결론을 내리지 않지만, '三不易'의 핵심은 인도의 원전을 가능한 한 충실하게 지켜 재현해야 한다는 점에

---

* 범어 상기티saṃgīti의 의역어. 부처의 입적 후 비구들이 모여 부처의 가르침이 흩어져 사라지는 것을 막고 교단의 통일을 기하기 위해 부처의 말씀을 암송하고 서로의 기억을 확인하면서 합의 아래 성전을 편찬했던 작업으로 '합송合誦'이라고도 한다. 전승에 의하면, 부처의 입적 후 라자그리하Rājagṛha王舍城 교외에 500명의 비구들이 모인 최초의 결집이 열렸다. 이때 불제자 가섭迦葉(Mahākāśyapa)이 좌장이 되고 아난阿難(Ānanda)과 우바리優婆離(Ubari)가 각각 경(교법)과 율(계율)의 편집 주임을 담당했다. 그 후 수백 년에 걸쳐 계율상의 차이가 발생하는 문제 등을 계기로 몇 차례의 결집이 이루어졌다고 한다.

있는 것만은 확실하다. 이에 대해 앞에서 이야기한 '오실본五失本'이 '문'으로 통하는 중국적 변용과 관련해 번역론으로서는 오히려 석도 안 주장의 특징을 잘 보여주고 있다고 할 수 있다. '五失本三不易' 설의 형성에 앞서 석도안에게는 당시 실제로 '필수筆受'를 담당한 경험이 있는 승려 혜상慧常이라는 논쟁 대상자가 있었고 혜상이 극단적인 직 역주의자였다는 것과 관련하여 석도안의 주장에는 지나친 직역에 대 한 강한 반성이 내포되어 있었다. 요컨대 석도안은 무턱대고 원전주 의를 고수할 것이 아니라 원문의 뜻을 충분히 살리면서도 중국어로서 필요 없는 부분은 삭제하여 의미의 명료화에 노력해야 한다는 주장을 제기하고 있는 것으로 이해해도 좋을 것이다. 다만 석도안은 한역 사 업을 지원했지만 그 자신은 역자가 아니었다는 점에도 유의할 필요가 있다. 의미적으로 필요 없는 부분을 생략하는 것을 석도안은 인정했 지만, 그렇게 함으로써 잃게 될 원전의 뉘앙스나 울림, 인도 원전에 보이는 반복의 효과에 이르기까지 이해가 미쳤는지는 확실하지 않다.

어쨌든 석도안이나 구마라집의 번역관은 현대적 시점에서 보아도 매우 흥미롭고, 유럽의 번역 전통과 비교함으로써 새롭게 드러나는 사실도 있을 것임에 틀림없다. 이 점은 한역 불전의 특징은 결국 무 엇인가라는 물음과 직결되기 때문에 마지막 장에서 다시 다루기로 한다.

위작
경전의
출현

∷∷∷∷∷

경전의 위작

지금까지 불전 한역의 역사와 실태를 살펴보았다. 그런데 한역의 실태를 다각적으로 알기 위해서는 한역 경전이 아닌 다른 경전과 대비해보는 것도 도움이 될 것이다.

중국에서 불교 경전이라 하면 보통은 한어로 번역된 경전을 말한다. 경전, 즉 수트라sūtra는 '여시아문如是我聞(이와 같이 나는 들었노라)'이라는 유명한 정형구定型句로 시작한다. 그런데 인도 불교의 경우 수트라에는 석존 직후부터 연면히 전승되어온 내용을 보존한 아함경전阿含經典āgama*과 대승 경전의 두 가지가 있었다. 대승은 기원 1세기 또는 그 직전 무렵에 성립된 것으로 추정되며, 그 정확한 성립 연대야 어쨌든

---

* '아함阿含'이란 범어·팔리어 āgama를 음사한 것으로 전승되어온 교설, 또는 그것을 집성한 원시불교 경전을 의미한다. 곧 아함경전은 석존이 직접 이야기한 것으로 간주되는 경전을 다수 포함한 경장經藏sutta-piṭaka을 말한다.

대승이 석존보다 수세기 후에 생긴 것만은 틀림없다. 또한 그 대승도 《법화경法華經》, 《반야경般若經》, 《유마경維摩經》 등 수많은 수트라를 내놓게 되었던 것이다. 따라서 역사적 사실의 관점에서 말하면, 인도 대승 불교의 수트라는 역사적 인물로서 석가모니의 가르침을 기록한 것이 아니지만 그러한 대승 불전을 포함한 많은 경전이 중국에 전래되어 한역되자 중국인은 인도의 경전을 모두 하나같이 '금구金口(황금에 빛나는 석존의 입)에서 나온 가르침'으로 받아들였다. 그리고 당연한 귀결로서 한역된 경전을 모두 진짜 석가의 가르침으로 간주했다.

중국 불교에는 이러한 경전 번역의 오랜 역사가 있음을 2장에서 살펴보았다. 한편 번역된 것보다 숫자는 적지만 중국의 불교도 중에는 자신의 손으로 경전을 작성한 사람도 있었다. 그리고 스스로 작성한 경전을, 마치 석존이 직접 말한 내용에 아무런 가공도 하지 않고 번역해낸 것인 양 꾸며 세상에 내놓고 보급시켰다. 이처럼 중국에서 위조하여 만든 경전을 '위경僞經'이라고 한다.

이 장에서는 위경이란 무엇인지, 어떤 특징이 있는지를 개관하고 번역과 위작의 차이점을 부각시킴으로써 지금까지와는 다른 각도에서 번역 경전이 갖는 특색을 조명해보고자 한다.

진경과 위경

석가가 말한 내용을 충실히 기록한 경전을 '진경眞經'이라 부르는 데 대해 진경이 아닌 경전을 '위경僞經'이라 한다. '의경疑經'이라 표기하는 경우도 있다. 즉, '위경'이란 중국에서 만들어진 가짜 경전이지만 다르게 말하면 한역 경전 이외의 경전을 가리킨다. 위경은 상당히 많이 작성되었던 것 같다. 예를 들면, 1장에서 언급했듯이, 당唐나라 지승智昇의 《개원석교록開元釋教錄》(730)은 당시 실제 존재했던 경전의 수를 1,067부로 파악하고 있으며 한편으로 위경의 수도 약 400부 정도 들고 있다. 그 목록에는 수량이 중복 계산된 것이 다소 있을 수 있기 때문에 엄밀하게 액면 그대로 믿을 수 없지만 어쨌든 상당수의 위경이 작성되었던 것만은 확실한 것 같다.

또한 한역 이외는 위경으로 보는 생각에는 인도 원전에서 번역한 경전과 석가모니의 육성을 동일시한다는 함의가 있다. 거기에는 석존 이후의 인도인이 경전을 작성했을 가능성이 전혀 상정되지 않은 점에 큰 문제가 있지만, 그것에 대해서는 6장과 9장에서 다루기로 한다. 이처럼 위경이란 범어 등의 외국어에서 번역한 것이 아니라 처음부터 한어로 작성한 경전인데도 마치 번역된 것과 같은 체제를 갖춘 경전이다. 거기에는 중국적인 사고나 한어로 이미 성립된 문장을 소재로 하여 편찬하는 경우가 많다. 한어를 기반으로 작성된 경전이다. 혹은 이것을 '한화 경전漢化經典' 또는 '중국화된 경전Sinicized Sutra'이라고 하는 것도 가능할 것이다.

또한 불교에서 '경經'이라 하는 경우는 경·율律·논論 삼장三藏 중의 '경', 즉 '여시아문如是我聞'이라는 정형구로 시작하여 석존의 교설을 이야기하는 수트라를 가리키는 것이 일반적이다. 수트라에 대한 위작이 있었고, 마찬가지로 숫자는 얼마 되지 않지만 '논(샤스트라śāstra, 아비다르마abhidharma)', 즉 석존의 교설이 아니라 그것을 바탕으로 후대의 인도인이 편찬하거나 저술한 것에 관해서도, 말하자면 '위론僞論'이라고 해야 할 것이 중국에서 작성된 일도 있었다. 즉, '위경'이란 좁은 의미로 수트라를 가리키지만 삼장 전체에 관해서 널리 '위경'이라고 총칭하는 경우도 있다.

덧붙여 '위경'과 구별하는 의미에서 위작으로 의심되는 경전을 '의경疑經'이라 불러 다르게 나누거나 '위경'과 '의경'을 합쳐 '의위경疑僞經'이라 칭하는 경우도 있다. 다만 일본에서는 중국어 'wěijīng위경'이나 'yíjīng의경'도 일본어로는 '기쿄'로 발음이 같고, 나중에 보듯이 위경이라 단정해 부정해버리기에는 너무나 매력적이고 잘 만들어진 것이 많은 점을 고려하여 '위'라는 말을 쓰지 않고 일부러 애매하게 '의경'이라 표현하는 사람도 있다. 실제로 '의경'을 '의위경' 일반의 의미로 사용한 예는 옛날부터 있다(僧祐,《出三藏記集》卷5,〈新集安公疑經錄〉,〈新集疑經僞撰雜錄〉). 마찬가지로 '위'가 주는 부정적 이미지를 피하기 위해 '중국 찬술 경전中國撰述經典'이라 부르는 사람도 있다. 영어로는 'Chinese Buddhist apocrypha'로 총칭하는 것이 일반적이다. apocrypha란 《구약성경》의 성전으로 채택되지 않은 문헌인 외전外典을 가리키는 말이고, 그것을 중국 불교 성전에서 제외된 위전僞典의 뜻으로 전의적으로 사용한 것이다.

실역과 위경

'위경'은 석존의 금구金口에서 나온 설법을 그대로 한역했다는 체재를 취하기 때문에 당연히 스스로 '위경'이라 말하지 않는다. 그리고 갑자기 출현한 위경을 정당화하고 권위를 부여하기 위해, 예를 들면 '후진後秦의 구마라집 역' 등과 같이 유명한 역자 명을 차용하는 일도 있었지만 역자 명이 없는 '실역失譯'으로 세상에 나도는 경우도 많았다. 한역 중에는 오랜 세월이 흐르면서 역자가 누군지 모르게 되고 그 결과 실역으로 전해 내려오는 경전이 적지 않다. 그 때문에 위경 작자는 때때로 구태여 역자 명을 붙이지 않고 위작을 세상에 내놓았던 것이다. 그러한 경우 후대의 경록(경전 목록)이나 대장경에서는 실역으로 다뤄지게 된다.

혹은 처음에는 '실역'이었지만 수세기가 흐르는 가운데 유명한 역자의 것으로 간주되어, 예를 들면 '후한의 안세고 역' 등과 같이 목록에 기재되는 경우도 있었다. 실제로 안세고 번역으로 분류되는 경전 중에는 용어법이나 내용에서 보아 한대漢代에 만들어진 것이라고 볼수 없는 문헌도 포함되어 있다.

이처럼 '위경'은 '실역' 또는 유명한 역자 이름을 차용하여 세상에 등장하는 것이 대부분이지만, 극히 예외적으로 작자가 분명한 '위경'도 있다. 그 구체적인 예는 나중에 소개하겠다.

대장경에서 배제된 위경

현재는 많은 '위경'의 존재가 알려져 있고, 이들 '위경'은 불교 경전을 체계적으로 정리한 총서인 대장경에 수록되어 있지 않은 경우도 있다. 불교사를 통해 진지한 한인 승려들은 위작 경전을 배제하고 제대로 된 것만을 수록하려 부심했기 때문에, 그런데도 잘못 섞여 들어간 일부 예외를 제외하면 '위경'은 대장경에 수록되지 않은 채 이른바 '장외 문헌藏外文獻'으로서 단독으로 세상에 유포된 경우가 많은 것이다. 특히 1900년 돈황敎煌의 막고굴莫高窟 벽 속에서 우연히 발견된 돈황 사본에는 그때까지 존재가 확인되지 않은 '위경'이 많이 들어 있었다. 마찬가지로 일본에 잔존하는 오래된 사경寫經 중에도 중국 전래의 '위경'이 남아 있는 것이 최근의 연구에서 밝혀지고 있다.

'위경'은 인도 불교의 시점에서 보면 짝퉁 이외에 아무것도 아니다. 그래서 중국의 학승이 편찬한 경록에서 '위경'은 배제되어야 할 사악한 존재로서 오로지 부정적으로 다루어졌다. 전통적 불교사관에 입각하는 한 위경에서는 조금도 얻을 것이 없다는 것이다. 그러나 교조주의적인 판단에서 벗어나 중국 불교사의 현실이 어땠는가를 알려고 하는 경우, 위경은 그것을 보여주는 귀중한 문헌군으로 평가해야 하며, 중국의 불교도가 인도에서 전래된 한역 불전의 어떤 면에 불만을 느끼고 있었는지를 뚜렷이 알려주는 것이다.

중국의 오행설에 입각한 《제위파리경》

그러면 위경에는 구체적으로 무슨 내용이 기록되어 있는 것일까. 그 전형적인 예로 《제위파리경提謂波利經》이라는 경전을 소개한다. 경록 등에 의하면, 이 경전은 북위北魏 시대 460년 무렵 수도 평성平城(현재의 산시성山西省 다퉁大同)에서 담정曇靖이라는 승려가 작성한 것임을 알 수 있다. 북위에서는 446년부터 태무제太武帝가 도교의 편을 들어 '폐불廢佛', 즉 불교 탄압 활동을 전개했다. 그 후 452년에 문성제文成帝가 즉위하여 불교를 부흥시켰지만 폐불로 많은 경전이 소실되고 말았다. 그래서 불교 융성을 위해서는 일반 서민이 의존할 만한 경전이 필요하게 되었다. 그러한 수요를 충족시키기 위해 편찬한 것이 이 경전이고, 불교 부흥기의 북위에서 서민 경전으로 크게 유행했다. 나아가 그 직후에는 이 경전의 존재가 남조의 양梁에도 알려져 승우는 《출삼장기집》에서 "미득본未得本(원본은 입수하지 못함)"이라고 전제하면서도 이 경전을 언급한다.

석가모니는 보드가야(현재의 인도 북동부 비하르 주 가야)의 보리수 밑에서 좌선하여 깨달음을 얻은 뒤 7일 동안 음식을 들지 못했다. 그러던 부처에게 성도成道 후 처음으로 음식 공양을 하려 한 인물이 제위提謂(트라푸샤Trapuṣa)와 파리波利(발리카Bhallika)라는 두 상인이었다. 부처에게 공양하고 싶어 하는 그들의 마음이 인연이 되어 천상에서 사천왕四天王이 각각 음식을 담을 그릇을 하나씩 부처에게 바치고 이 네 개의 그릇을 하나로 합체한 전설적인 발우鉢盂*로 성도 후 첫 식사를 들었다. 오래전부터 전해 내려오는 이 이야기를 바탕으로 《제위(와) 파리(의) 경》은 최초의 음식 공양 때 부처가 그 두 사람에게 재가 불교도로서 실천해야 하는 사항을 설명했다는 형식으로 작성되었다. 역사적 사실 관계에서 보면 성도 후 녹야원鹿野園(현재의 비하르 주 바라나시Varanasi 근교의 사르나트Sarnath)에서 다섯 비구에게 '초전법륜初轉法輪'을 행하기까지 아무런 설법도 하지 않았지만 《제위파리경》은

---

* 한역 불전 가운데 부처의 발우鉢盂 설화를 전해주는 최초의 문헌은 오吳나라 지겸 번역의 《태자서응본기경太子瑞応本起経》으로 알려져 있다. 이에 의하면 "부처님이 생각하시기로, 그릇 하나만 받으면 나머지 셋은 마음이 좋지 않을 것이다. 그래서 네 개 모두를 받아 포개어 왼쪽 손바닥에 올려놓고 오른손으로 눌러 하나로 합체하였다. 네 줄의 테두리가 나타났다(仏念, 取一鉢不快余三意。便悉受四鉢, 累置左手中。右手按之, 合成一鉢, 令四際現)"고 한다. 실제로 간다라 지방에 그릇 네 개를 포개 네 줄의 테두리가 생긴 모양의 바리때 부조가 몇 점인가 출토되었다.

실은 그전에 부처가 두 재가 상인에게 불법을 설파했다는 장면을 가상으로 설정한 것이다.

작자 담정의 전기는 당나라 도선道宣의 《속고승전續高僧傳》 권1 〈담정전曇靖傳〉에 첨부되어 있는데, 여기서 폐불 후 민중을 인도하기 위한 규범으로 이 경전이 만들어졌음을 이야기하고 있다. 다만 학승 도선은 "널리 일반인을 깨달음으로 인도하는 것을 의도하는데, 그러나 내용은 오류투성이(意在通悟, 而言多妄習)"라고 준엄하게 평가했다.

다음에서는 《제위파리경》이 중국 문화 특유의 오행설五行說에 관해 언급한 사실을 소개한다. 이 경전은 대장경에 포함되지 않고 몇 점의 돈황 사본이 확인되고 있지만 완본完本은 존재하지 않는다. 수隋나라 지의智顗의 《인왕호국반야경소仁王護國般若經疏》 권2는 이 경전에서 소실된 한 구절을 다음과 같이 인용하고 있다(Tsukamoto 1942).

제위와 파리 등이 부처님에게 물었다. "어찌하여 재가의 우리에게 (오계五戒만을 이야기하고) 계율의 숫자를 네 개나 여섯 개로 설법하지 않는 것입니까." 부처님이 대답하시기를, "다섯이라는 것은 천하의 큰 숫자다. 하늘에서는 오성五星이 되고 땅에서는 오악五岳이 되며, 사람에게는 오장五臟이 되고 음양의 경우 오행五行이 되며, 왕의 경우는 오제五帝가 되고 세상에서는 오덕五德이 되며, 색의 경우 오색五色이 되고 불법에서는 오계五戒가 된다."*

---

* (원문주) "提謂波利等問佛, 何不爲我說四六戒. 佛答, 五者天下之大數, 在天爲五星, 在地爲五岳, 在人爲五臟, 在陰陽爲五行, 在王爲五帝, 在世爲五德, 在色爲五色, 在法爲五戒." 大正藏 卷 33, 260쪽 하.

부처가 재가 불교도에게 오계를 설법한 이유는 다섯이라는 숫자의 깊은 의미와 관련 있다는 것이다. 이것은 중국의 오행설에 기초를 두고 있다. 오행설은 목木, 화火, 토土, 금金, 수水의 5원소를 들어 그 순화 생성의 양상을 설명하고 각각에 대응하는 방위와 색깔 등의 여러 사상事象을 다섯이라는 숫자를 단위로 분류하여 규정한다. 중국만의 특유한 것이고 인도에는 없는 생각이다. 다만 오행설을 이용하여 오계의 의의를 설명하면 일반인으로서는 알기 쉽지만 불교 교리로서 올바른 것이 아니다.

노자나 공자를 언급한 《청정법행경》

여기에 하나 더 전형적인 위경으로서 《청정법행경淸淨法行經》을 소개한다. 이 경전의 정확한 성립 연대는 분명치 않다. 하지만 이 경전에는 유儒·불佛·도道 3교의 어느 쪽이 수준이 높거나 낮다는 시점이 전제로 깔려 있고, 부처가 중국에 파견한 제자로서 마하가섭摩訶迦葉은 중국에서는 노자老子가 되고, 광정동자光淨童子*는 공자孔子가 되며, 월명보살月明菩薩은 안연顏淵이 되었다고 언급하는 아래 구절이 특히 유명하다.

------

* 《유마경維摩經》에 등장하는 불제자. 석가는 중천축 바이샬리성Vaiśālī(毘舍離城)의 대부호이자 대승불교의 본의를 꿰뚫고 있던 재가 불제자 비말라키르티(維摩詰)가 병석에 누워 있을 때 제자들에게 병문안을 가도록 요청했으나 불법을 둘러싼 논쟁에서 밀린 적이 있어 아무도 가려 하지 않았다. 그때 두 번째로 병문안을 가도록 요청받은 불제자가 바로 '빛으로 장식된 자', 즉 프라바뷰하Prabhavyuha, 한역으로는 '광엄동자光嚴童子' 또는 '광정동자光淨童子' 였다. 그 어느 쪽에도 보살이라는 명칭이 붙어 있지 않지만 보살의 한 사람으로 보인다.

아난阿難은 부처님이 이토록 간절하게 이 세상 사람들에게 가르침을 남기시려는 이야기를 듣고 슬피 울면서 부처님에게 나아가 머리를 조아려 예배하고 앞으로 다가가 "인간 세계 염부리閻浮利의 땅에서는 어느 나라가 교화하기 힘들고 인민人民이 죄 많게 악업에 얽매여 있나이까"라고 물었다. 부처님이 아난에게 대답하시기를, "모든 나라가 교화하기 쉬우나 다만 천축의 동북에 있는 진단眞丹은 변두리 나라이고 인민은 비뚤어져 죄업을 믿지 않는다. 알면서도 고의로 법을 어겨 죄를 범하고 완강하여 교화하기 힘들다. 천계에서 태어나는 자는 적고 지옥에 떨어지는 자가 많아 심히 가련한 사람들이다. 나는 지금 우선 먼저 세 사람의 성자를 거기에 보내려고 생각한다. 모두 보살이고 근사한 방편을 통해 (그 모습을) 사람들에게 보이게 될 것이다. 마하가섭은 그 땅에서는 노자라는 이름이 될 것이다. 광정보살은 그 땅에서 중니仲尼(공자)로 불리게 될 것이다. 월명유동月明儒童은 그 땅에서 안연顏淵이라 불리고 (이 세 사람이) 나의 불법을 선교할 것이다. 노자의 《도덕경道德經》과 공자의 《효경孝經》은 각각 5천 자의 분량이고 공자와 안연 두 현자는 스승이 되어 서로 떨쳐 일어나 오경五經을 강설하고 《시詩》, 《전傳》(춘추), 《역易》, 《예禮》 (등의 다양한) 행동 작법이나 규칙에 의해 사람들을 서서히 교화하여 그 땅의 사람들이 널리 불법의 맛을 섭취하도록 바꿀 것이다. 그렇게 된 다음에 부처의 경전은 진단국眞丹國에 두루 미치게 될 것이다."*

---

* (원문주) "阿難聞佛遺教屬界, 懇至如此, 悲泣詣佛, 頭腦(面)作禮, 前白佛言, 閻浮利地, 阿(何)國難他(化), 人民罪惡. 佛告阿難, 諸國皆易, 天竺東北, 眞丹偏國, 人民攏振, 多不信罪. 知而故犯, 剛强難化. 生天者少, 地獄者多, 甚可慈愍. 吾今先遺弟子三聖, 悉是菩薩, 善權示現. 摩訶迦葉, 彼稱孝(老)子. 光淨童子, 彼名仲尼. 月明儒童, 彼號顏淵, 宣吾法化. 孝(老)子道德, 孔子孝經, 文各五千, 孔顏二賢, 以爲師諮, 共相發起, 講論五住(經), 詩傳易禮, 威儀法則, 以漸誘化, 令彼人民普

여기에서 분명히 알 수 있듯이 이 경전은 노자, 중니, 안연이라는 중국의 유교와 도교를 대표하는 세 사람을 말하고 있다. 노자는 말할 것도 없이 전설적인 노담老聃이며, 중니는 공자, 그리고 안연은 공자의 수제자 안회顏回다. 물론 이들 중국 인물이나 《도덕경道德經》, 《역易》 등에 대한 언급은 인도어 문헌을 축어적으로 옮긴 번역 문헌일 수 없는 중국적 요소다. 요컨대 위에 든 구절의 의도는, 석가의 가르침이 중국인에게 수준이 너무 높으므로 석가가 우선 먼저 유교와 도교를 통해 교화하여 그 수준을 어느 정도 높인 다음 거기에 심오한 가르침으로 불교를 포교한다는 것이다. 물론 이것은 중국에서 성립된 주장으로, 이러한 공자와 노자에 대한 언급은 인도 본래의 불교 문헌에는 있을 수 없다.

'진단眞丹'은 치나-스타나Cīnasthāna(치나의 땅)에 대응하는 음역이다. '차이나China'를 말하는 것으로 '震旦', '振旦'이라고도 한다. 원래는 인도 문화권에서 중국을 부르는 호칭이고 '진단'에 대한 언급은 범어 문헌에도 보인다. 이에 대해 노자·공자·안회에 대한 언급은, 앞에서 이야기한 대로 범어 문헌에는 통상 있을 수 없는 현상이므로 여기서 중국에서 성립된 것이라는 사실이 분명하게 된다. 중요한 것은 이 언급이 경전의 전체 줄거리와 관계를 갖기 때문에 범어 원전을 한역했을 때 역자가 문장 중에 삽입한 주석적인 보충이나 윤색으로 간주할 수 없다는 점이다.

이처럼 이 경전은 그 근간에 관련된 내용에서 인도에는 있을 수 없는 정보를 포함하고 있다. 여기에 더해 여러 경록을 검토해보면

服法味, 然彼(後)佛經當往眞丹." Makita & Ochiai 1996, 13~14쪽을 일부 수정.

이 경전은 종종 '의경疑經' 또는 '위경僞經'으로 분류되고 있음도 알수 있다. 즉, 이 경전은 내용과 역사적 평가 양면에서 위경이라고 할수 있다.

무엇 때문에 위작을 했나

위경 연구의 선구자로 획기적인 연구의 단서를 연 마키타 다이료牧田諦亮는 위작 경전의 동기·목적으로 여섯 항목을 들고 있다. 마키타의 표현을 그대로 써서 소개하면 다음과 같다(Makita 1976, 40~84쪽).

첫째, "최고 권력자의 요구에 따르려는 것"이 있다. 예를 들면, 《대운경大雲經》이라는 경전은 당唐의 측천무후則天武后 시기에 작성되고 측천무후를 미륵불이 천상계로부터 하계下界로 태어난 것(下生)으로 보는 것이다.

둘째, "최고 권력자의 시정을 비판한 것"이 있다. 예를 들면, 구마라집 번역으로 전해오는 《인왕호국반야바라밀경仁王護國般若波羅蜜經》은 여기에 해당한다.

셋째, "중국 전통 사상과의 조화나 우열을 고려한 것"이 있다. 예를 들면, 유교 윤리에 뿌리를 둔 부모에 대한 효도에 착목하여 부처야말로 크고 깊은 부모의 은혜라고 설명하는 《부모은중경父母恩重經》이나 앞에서 언급한 《청정법행경》, 《제위파리경》 등은 이 항목으로 분류할수 있다.

넷째, "특정의 교의 신앙을 고취한 것"이 있다. 그 예로서 참회의 공덕으로 전생에 지은 죄를 없앤다는 참회멸죄를 역설한 《대통방광경《大通方廣經》, 중국 관음 신앙의 실태를 반영한 《관세음삼매경觀世音三昧經》과 《구고관세음경救苦觀世音經》, 불멸佛滅/般泥洹(parinirvāṇa) 후 1300년이 되면 불법이 단계적으로 멸하여 없어지는 것을 설명한 단편 《반니원후비구십변경般泥洹後比丘十變經》 등을 들 수 있다.

다섯째, "실제 존재했던 특정 개인의 이름을 내세운 것"이 있다. 북위北魏의 고환高歡(나중의 북제北齊 신무제神武帝)의 이름을 언급하면서 관음의 영험을 설명한 《고왕관세음경高王觀世音經》 등이 여기에 해당한다.

여섯째, "병을 고치거나 복을 불러오기 위한 단순한 미신과 비견되는 것"이 있다. 단적으로는 장수 연명을 주장하는 《연수명경延壽命經》과 《천지팔양신주경天地八陽神呪經》 등이 있고 민간 신앙이나 도교 신앙과도 관련된다.

이처럼 위경은 중국 불교사의 실태와 직결되는 내용을 포함하며 불교의 중국적 변용의 현실을 해명하는 데 더할 나위 없는 자료다. 중국의 불교도가 수세기에 걸쳐 번역 경전을 잇달아 수용하면서 그 어디에 만족하지 못했는지를 위경은 우리에게 알려준다. 요컨대 중국인에게는 경전에서 분명히 말해주었으면 하지만 번역 경전에는 쓰여 있지 않은 사항이 있고, 그 경우에 '여시아문'으로 시작하는 번역 경전의 체제를 빌려 중국인이 필요로 하는 내용을 기록한 문헌을 내밀히 작성한 사람이 있었던 것이다. 이런 사항을 뒷받침하는 경전이 필요했지만 번역 경전에서 그것을 찾을 수 없는 경우 위경이 작성되었던 것이다.

위경은 전통적인 진위관眞僞觀에 따르면 '가짜'로 판정하지 않을 수 없지만 짝퉁으로 배제하거나 부정하기에는 너무 방대하고 더구나 매력적인 내용으로 넘쳐난다. 중국 불교의 실태는 한역으로부터는 알수 없고 오히려 위경으로부터 알 수 있다고 해도 결코 과언이 아니다.

어떻게 위작임을 알 수 있나 1: 역사적 증언

위경이 어떻게 위작임을 알 수 있을까. 즉, 위경을 위경으로 판정하는 근거나 기준은 무엇인가. 이에 대해서는 크게 나누어 두 가지가 있다.

첫째, 위경 성립 후 얼마 되지 않아 동시대나 그 직후 시대의 사람들에 의해 위경으로 판정된 경우다. 위경의 역사적 증언이라고 해도 좋은데, 이에 대해서는 먼저 경록 등에서 '진경'으로 분류되었는지, '위경'으로 분류되었는지가 유력한 정보가 된다. 예를 들면, 왕에게·불교적 통치의 마음가짐을 설명하는 호국 경전으로 알려진 《인왕호국반야바라밀경仁王護國般若波羅蜜經》(통칭 '인왕경')은 현재 구마라집 번역으로 대장경에 수록되어 있지만, 역자 미상의 경전명을 열거한 《출삼장기집》 권4 승우 〈신집속찬실역잡경록新集續撰失譯雜經錄〉 가운데 '인왕호국반야바라밀경 1권'이라는 기록이 보인다(大正藏 卷5, 29쪽 하). 즉, 이 경전은 당시 구마라집 번역이 아니라 역자 미상으로 다루어졌음을 알 수 있다. 나아가 《출삼장기집》 권8에 나오는 양梁나라 무제武帝의 〈주해대품서注解大品序〉는 《인왕경》에만 나오는 반야의 '오시五時'라는 주장에 언급하여 "세상에서는 이 경전을 의경으로 보고 있으므로 지금은 더 이상 논하지 않기로 한다"고 기술하고 있다(大正藏 卷55, 54쪽 중). 이 문헌은 경록이 아니라 무제가 저술한 반야경 주석서의 서문이지만 중요한 역사적 증언으로서 주목할 만한 가치가 있다. 다른 사료와 비교해보면 무제가 이 서문을 쓴 것은 천감天監 16년(517)으로 추정된다. 그러니까 이 무렵의 건강建康 사람들이 《인왕경》을 '의경', 즉 '위경'의 혐의가 농후한 경전으로 판단하고 있었음을 알 수 있다.

다만 경록 정보가 언제나 꼭 맞는다고 할 수는 없다. 따라서 어떤 경전이 위경인지 아닌지는 경록뿐만 아니라 후술하는 내용 등 다른 증거도 아울러 종합적으로 음미해야 할 것이다.

역사적 증언에는 제작 장소에 관한 것도 있다. 예를 들면, 당나라 도선의 《속고승전》 권29 〈흥복편興福篇〉의 '논論'에서 도선은 위경 《대통방광경大通方廣經》에 대해 "양초梁初의 《방광》, 그 기원은 형양荊襄에 있다"고 말한다('大正藏 卷50, 699쪽 하). 이것은 도선이 살았던 당대唐代 초기 무렵에 이 경전의 제작 장소를 장강 중류 지역의 형주荊州나 그 북쪽의 양주襄州(현재의 후베이성湖北省 샹양襄陽) 주변으로 지목하는 전승이 있었음을 가리킨다.

작자나 제작 장소가 분명한 경우

위경의 명칭을 그 작자 이름과 함께 명시하는 사료도 드물게 존재한다. 예를 들면, 《출삼장기집》 권5 승우의 〈신집의경위찬잡록新集疑經僞撰雜錄〉은 당시 작자가 분명한 위경으로 알려진 경전을 몇 점 열거한다. 그중에는 앞에서 언급한 《제위파리경》 2권이 "송宋의 효무제孝武帝 때 북국(北魏)의 담정曇靖이라는 비구가 저술한 것"으로 되어 있고, 그 밖에 마찬가지로 화북華北의 위작으로《보차경寶車經》1권에 대해서는 "북국(北魏) 회주淮州의 비구 담변曇辯이 편찬하고, 청주靑州의 비구 도시道侍가 개정했다"고 기록되어 있다. 이 경전은《묘호보차경妙好寶車經》,《묘호보차보살경妙好寶車菩薩經》이라고도 하며, 현재 사본 몇 점이 남아 있는 것으로 확인되고 있다(Lin Min 2005, Cao Ling 2011). 한편 남조에서 성립한 위경으로는《보리복장법화삼매경菩提福藏法化三昧經》1권이 있고 그 작자에 대해 승우는 "제齊의 무제武帝 때 도비道備라는 비구가 편찬한 것(도비는 도환道歡으로 개명)"이라고 한다. 다만 이 경전은 현존하지 않기 때문에 상세한 것은 알지 못한다.

나아가 같은 승우의 〈신집의경위찬잡록〉은《관정경灌頂經》에 대해 다음과 같이 해설한다.

《관정경》1권(《약사유리광경藥師琉璃光經》또는《관정발제과죄생사득도경灌頂拔除過罪生死得度經》이라고도 함)
위의 경전 일부는 송宋의 효무제孝武帝 대명大明 원년(457)에 말릉현秣陵縣 녹야사鹿野寺의 혜간慧簡이라는 비구가 여러 경전에 의지하여 필요한 부분만 뽑아 편찬했다(이 경전의 뒷부분에 연명법延命法이 실려 있고 그 때문에 널리 세상에 유행했다)('大正藏 卷55, 39쪽 상. 원문 생략).

여기에서는 작자와 소속, 그리고 성립 연도까지 명기하고 있다. 덧붙여 이 경전은 대장경에 수록된 동진東晉 백시리밀다라 번역의《불설관정경佛說灌頂經》12권 가운데 마지막 권인《불설관정발제과죄생사득도경권제십이佛說灌頂拔除過罪生死得度經卷第十二》와 동일한 것으로 판정할 수 있다고 한다. 즉, 대장경에서는 동진의 백시리밀다라 번역으로 되어 있으나 실제로는 혜간이 작성한 위경이었다는 것이다.

승우의 위경관——전통적인 위경관과 그 문제

현대 시점에서 보면 위경은 중국 불교의 실태를 아는 데 주목할 만한 것이지만 불교사에서는 이름 그대로 허위 경전으로 비판과 배제 대상으로 다루어졌다. 경록의 지은이는 위경이 대장경에 포함되지 않도록 주의를 게을리 하지 않았다. 위경 배제의 논리는 명료하다. 위경은 석가가 이야기한 것이 아니기 때문에 그냥 내버려두면 올바른 가르침과 잘못된 가르침을 구별할 수 없게 된다는 이유로 배제하는 것이다. 《출삼장기집》을 편찬한 양梁의 승우는 위경을 배척한 전형적인 인물이었다. 그는 위경을 방치하면 후대 사람들을 속이게 된다고 하여 위경뿐만 아니라, 다음과 같이 위경과는 본래 다른 것까지 경계하는 주도면밀함을 보였다.

《불법유육의제일응지佛法有六義第一應知》1권(원본은 미입수)
《육통무애육근정업의문六通無礙六根淨業義門》1권(원본은 미입수)
위의 2부는 제齊나라 무제武帝 때 석법원釋法願이라는 비구가 여러 경전의 의미 내용을 발췌하여 모아 펴낸 것이다. 경전의 의미 내용을 널리 알리는 점에서 위작과 다르지만 이름을 붙여 독립된 1부로 펴낸 이상 후대에 의문이나 혼란이 발생하는 것은 아닐지 우려된다. 이 때문에 본 목록에 분명하게 주기해둔다.
《불소제명수경佛所制名數經》5권

위의 1부는 제나라 무제武帝 때 비구 석왕종釋王宗이 편찬한 것이다. 많은 경전을 발췌하여 모은 것으로 《수림數林》(미상, 송나라 담종曇宗의 《수림數林》을 말하는가?)과 유사한 데가 있지만 제목에 '불제──佛制(부처가 제정했다)'라고 되어 있으므로 이름과 실제 내용에 혼란을 주지 않을지 걱정스럽다. 이 때문에 본 목록에 주기해둔다.*

어떻게 위작임을 알 수 있나 2: 경전 내용의 분석

위경의 판정 기준으로 또 하나 들어야 할 것은 그 경전의 내용 자체가 위경성을 여실히 보여주는 경우다. 단적으로는 인도어 원전의 직역이라고 생각하면 설명이 안 되는 중국적 요소가 존재하는 것이다. 구체적인 예는 《제위파리경》과 《청정법행경》에 입각해 앞에서 설명했다.

또한 이밖에도 3장 말미에서 우리는 불전 한역의 기술로서 역문을 작성할 때 이미 번역되어 있는 같은 계열의 판본이 적극적으로 활용되고 전용되었음을 구마라집 번역의 《십주경十住經》과 불타발타라 번역의 《화엄경》〈십지품十地品〉의 비교 등을 통해 구체적으로 살펴보았다. 이와 매우 흡사하지만 다른 사례로서 위작 경전의 경우도 해당 경전과 다른 경전 사이에 단지 내용이 비슷한 데 그치지 않고

---

* (원문주) "佛法有六義第一應知一卷〈未得本〉/六通無礙六根淨業義門一卷〈未得本〉/右二部, 齊武帝時, 比丘釋法願, 抄集經義所出. 雖引ᄼ經義, 異於僞造, 然旣立名號, 則別成一部, 懼後代疑亂, 故明注于錄. /佛所制名數經五卷/右一部, 齊武帝時, 比丘釋王宗所撰. 探集衆經, 有似數林, 但題稱佛制, 懼亂名實, 故注于錄." 大正藏 卷55, 39쪽 중.

한어 표현 차원에서 축어적으로 완전히 일치하는 문언이 확인되는 경우가 있고, 바로 그것이 해당 경전의 위작성을 입증하는 논거가 될 수 있다.

번역과 위경을 나누는 핵심은, 동일 문언이 확인되는 복수 문헌이 그 성립사에 있어 같은 계열에 속하는 문헌인가 아닌가 하는 것이다. 즉, 같은 계열에 속하는 여러 문헌 사이에 동일 문언이 인정되는 경우에는 그것은 역문 작성을 위해 이미 번역되어 있는 다른 판본을 가능한 한 적극적으로 활용하여 문언을 전용한 결과라고 해석할 수 있는 데 대해, 위작 경전에서는 본래 아무 관계도 없는 다른 계열의 다른 경전으로부터 문언을 전용하고 있음이 위작의 마각을 드러낸다.

《범망경》의 경우

이 역시 3장 말미에서 언급한 내용인데, 동아시아의 대승적 계율의 기반이 된 '범망계梵網戒' 또는 '범망십중사십팔경계梵網十重四十八輕戒'[*]로 불리는 특수한 대승계를 설명한 《범망경梵網經》(구체적으로는 《범망경노사나불설보살심지계품제십梵網經盧舍那佛說菩薩心地戒品第十》)에는 담무참曇無讖 번역의 《대반열반경大般涅槃經》과 《보살지지경菩薩地持經》,

---

[*] 《범망경》에서 말하는, 대승불교 수행자가 해서는 안 되는 계율의 내용으로 10종의 무거운 죄(十重戒)에 대한 금지 사항(살생, 도적질, 음행, 거짓말 등)과 48종의 가벼운 죄(四十八輕戒)에 대한 금지 사항(불경不敬, 육식, 음주, 방화 등)으로 이루어져 있다. 그중 10종의 무거운 죄는 어길 경우 보살 자격이 상실되는 기본적인 계율이므로 '십중대계十重大戒'라고도 한다.

구마라집 번역의 《중론中論》, 구나발마求那跋摩 번역의 《보살선계경菩薩善戒經》, 위경인 《인왕경》 등과 동일한 문언이 들어 있는 것으로 알려져 있다(Mochizuki 1946, 441~471쪽, Ōno 1954, 252~287쪽 등). 이 가운데 《인왕경》과의 관계에서 어느 쪽이 먼저고 나중이냐를 결정하는 것은 미묘한 문제이고 동시에 성립되었을 가능성도 남아 있지만, 만약 위경 《인왕경》에 입각하여 《범망경》이 작성되었다고 한다면 그것 또한 위경이고 번역일 수 없음은 당연하다. 《범망경》이 역설하는 '십중사십팔경계'의 체계는 인도 경전에서는 거슬러 올라가 찾아볼 수 없는 중국 불교 특유의 교설임은 잘 알려져 있다.

이외에 《인왕경》이나 《범망경》에 입각하여 직후의 시대에 성립된 경전으로 《보살영락본업경菩薩瓔珞本業經》이 있다. 이것도 당연히 위경이다. 이처럼 위경은 당시의 중국 불교도가 필요로 하는 내용을 반영하고 있었기 때문에 다른 위경을 낳는 소재가 될 수도 있었다. 《보살영락본업경》은 일반적으로 알려져 있는 '십지十地'라고 하는 '보살이 거치는 열 가지 수행 단계'보다 먼저 '십주심十住心', '십행심十行心', '십회향심十迴向心'이라는 '삼십심三十心(30의 예비 단계)'*을 실천해야 한다고 하지만, 이것은 중국 불교 특유의 주장이지 인도 불교에서는 찾아볼 수 없다. 마찬가지로 《범망경》 상권에는 《보살영락본업경》과 의미는 유사하지만 다른 용어로서 '십발취심十發趣心', '십장양심十

---

* '십주심十住心'은 본래 사람이 가지고 있는 보살의 심성이 점차 전개되어 진리에 안착하는 단계를 가리키고, '십행심十行心'은 보살이 스스로 진리에 안착한 다음에 다른 중생들도 진리에 안착하도록 남을 위해 수행하는 단계를 의미하며, '십회향심十迴向心'은 십주·십행을 통해 발현된 선한 힘을 모든 중생에게 돌려 그들의 고통을 구제하고 보호하는 것을 말한다.

長養心', '십금강심十金剛心'이라는 30개의 예비적 수행 단계가 설명되는데, 이것 역시 중국 특유의 용어다. 또한 《범망경》 상권에는 '사심捨心'이라는 말을 사용하여 수행자의 실천 행위를 설명하는 한 단락이 있는데 관계없는 두 가지 범어를 혼동해 한자 '捨'의 의미를 설명하는 것으로부터 중국에서 성립된 교설임을 알 수 있다(Funayama 2011a).

이처럼 《범망경》은 계통이 다른 여러 경전의 문장을 짜깁기하여 작성된 점, 중국 불교 특유의 교리를 역설하고 있는 점, 범어로는 설명이 불가능한 한어 차원의 교설을 포함하는 점에서 번역 경전으로 볼 수 없다. 그렇다고 이 경전은 특별히 잘못된 교설을 설명하는 것이 아니라 매우 잘 정리된 체계적인 가르침을 제공한다. 이 경전을 수행의 실천 기반으로 삼는 사람이 동아시아에 지금도 여전히 많이 존재하는 것은 이 경전이 훌륭한 편찬임을 여실히 뒷받침한다.

《대방편불보은경》의 경우

《부모은중경父母恩重經》과 나란히 '부처님의 은혜(佛恩)'라는 가르침을 제시한 경전으로 유명한 《대방편불보은경大方便佛報恩經》도 종합적으로 보아 위경으로 판단해야 할 것이다. 이 경전은 '다이쇼장'에서는 후한의 안세고 역으로 되어 있으나 용어 사용법을 감안하면 후한시대의 번역일 가능성은 없다. 실제로 오래된 시대의 경록에는 '역자 미상'으로 전해오는 일이 많다. 이하 자세히 설명하겠지만, 이 경전 중에 구나발마 번역의 《보살선계경》이나 역자 미상의 《살바다비니비바

사薩婆多毘尼毘婆沙》에서 전용한 문언이 사용되고 있음이 알려져 있다
(Naitō 1955). 구체적으로는 권6 〈우바리품優婆離品〉은 첫머리를 제외한
모두가 《살바다비니비바사》에서 그대로 옮겨 실은 것이다. 권7 〈친근
품親近品〉에는 구나발마 번역 《보살선계경》의 여기저기서 엄청난 분
량을 잘라 붙인 흔적이 보인다. 권2 〈발보리심품發菩提心品〉도 절반가
량은 《보살선계경》에서 그대로 옮겨 실은 것이다.

그뿐만이 아니다. 지금까지 지적하지 않았지만, 예를 들면 이 경전
권1 〈효양품孝養品〉에도 《살바다비니비바사》 권5에서 차용한 일절이
있다. 권2 〈대치품大治品〉에는 극히 짧은 구절이지만 서진西晉 법거法
炬·법립法立 공역의 《법구비유경法句譬喩經》 권1과 동일한 게송이 있
다. 권3 〈논의품論議品〉에는 서진西秦 성견聖堅 번역의 《태자수대나경
太子須大拏經》과 같은 문장이 있다. 권5 〈자품慈品〉 제7의 게송 부분에
는 오吳나라 강승회康僧會 번역의 《육도집경六度集經》, 서진西晉의 축법
호 번역의 《정법화경正法華經》, 앞에서 이야기한 《법구비유경》, 후진後
秦 구마라집 번역의 《대지도론大智度論》, 담무참 번역의 《대반열반경》
과 축어적으로 일치하는 게송이 있다('大正藏' 卷3, 148쪽 하~149쪽 상의
6게송 및 151쪽 상의 1게송, 151쪽 중의 1게송). 특히 〈자품〉의 경우, 산
문 중에는 다른 경전과 명확하게 동일한 문언을 확인할 수 없지만 게
송 부분은 계통이 다른 기존 한역 경전과 축어적으로 동일한 구절이
있으므로 게송의 일부만을 기존 한역 경전에서 차용했다고 생각하는
것이 자연스럽다.

이 중에서 특히 문제되는 것은 권6 〈우바리품〉으로 앞에서 언급한
《살바다비니비바사》의 〈서품序品〉과 90퍼센트 이상 같은 문장이다.
그것은 《살바다비니비바사》의 문맥에서는 《십송률十誦律》 첫머리를

해설하는 부분이고 흥미롭게도《십송률》의 본문인 '비야리毘耶離', '가란타취락迦蘭陀聚落', '부귀富貴'라는 어구를 특별히 인용하여 해설하는 부분을 포함한다. 완전히 동일한 문언은《살바다비니비바사》에도 보이지만 그것은《십송률》의 주석서이므로《십송률》의 내용을 해설하는 것은 당연하며 전혀 이상할 것이 없다. 그러나《대방편불보은경》은 부처가 이야기한 수트라이므로 도중에 갑자기《십송률》첫머리를 해설하다가 금방 중지하는 것은 부처가《십송률》첫머리 구절만을 즉흥적으로 주석한 체제가 되고 말아 의미를 알 수 없다. 따라서 〈우바리품〉은《살바다비니비바사》의 내용을 깊이 생각지 않고 어설프게 편집한 결과물로 중국 특유의 문화나 교리가 명확하게 인정되는 것은 아니지만 구조가 파탄되어 있다는 점에서 위작으로 판단된다.

밀교와 위경

당대唐代에는 불공不空이나 선무외善無畏 등에 의해 많은 대승 밀교 경전이 한역되었고, 밀교의 이름 아래 중국의 민간 신앙이나 문화 요소를 포함하는 경전이 작성되기도 했다고 한다. 다만 방대한 수량의 밀교 경전 가운데 구체적으로 어떤 것이, 또한 경전 가운데 도대체 어느 부분이 중국에서 개변된 것인지 하나하나 구체적으로 지적하는 것은 실제로 매우 어렵다. 그 전모는 앞으로의 연구에서 밝혀지겠지만 여기서는 전형적인 사례 두세 가지만 소개한다.

예를 들면, 불공의 번역으로 대장경에 수록된《대승유가금강성해

만수실리천비천발대교왕경大乘瑜伽金剛性海曼殊室利千臂千鉢大教王經》10
권이라는 경전은 그 첫머리의 서문도 본문도 모두 위작이다(Ono
1920, Osabe 1971). 이 경전의 권1에는 비로차나毘盧遮那를 법신法身,
노사나盧舍那를 보신報身으로 구별하는 불신론佛身論*을 제기하지만
비로차나와 노사나를 구별하는 것은 인도 원어로는 불가능하다. 권7
에는 견분見分, 상분相分, 자증분自證分, 증자증분證自證分이라는 표현
이 나오는데, 이것(특히 증자증분)은 인도 유가행파 논사論師 다르마팔
라Dhrmapāla(護法)의 주장에 근거한 현장玄奘 계열의 교리학 용어로 부
처가 말했다는 경전에 이들 용어가 튀어나오는 것은 위경의 증거다
(Gonda 1925). 그 밖에도 이 경전은 도처에《범망경》에 나오는 특징적
인 표현으로 짜깁기되어 있다. 특히 권5는《범망경》하권의 유명한
십중계설十重戒說에 입각한 '대승십계大乘十戒'의 대계大戒를 반복해서
설명한다. 권7~9에서는《범망경》상권의 '삼십심설三十心說(十發趣心,
十長養心, 十金剛心)이 축어적으로 사용된다. 또한 이 경전의 위경성에
주목한 모치즈키 신코望月信亨는 권1~3, 권6, 권7의 문장을 구체적인
예로 들면서 이 경전은 "다른 일반 경전과 그 형식을 달리하고 완전
히 주해注解 양식으로 작성되어 있다"고 지적한다(Mochizuki 1946).

---

* 대승불교에서 말하는 깨달음을 얻은 존재로서의 부처의 신체에 관한 관념으로 '법신法
身', '응신應身', '보신保身'의 삼신三身을 말한다. 부처가 80세에 입멸한 후에도 제자들의
마음속에 여전히 살아 있었기 때문에 제자들은 부처의 입멸은 단지 부처가 자기들 눈앞에
서 모습을 감춘 데 불과할 뿐 영원불멸한 진리를 체현한 '법신dharma-kāya'이라고 생각했
다. 따라서 부처의 살아생전의 모습은 임시로 이 세상에 인간의 모습으로 변하여 중생을
구제하기 위해 응현應現한 '응신nirmāṇa-kāya'에 지나지 않았던 것이다. 또한 업보윤회설
에 의해 무한한 과거로부터 보살로서 수행을 쌓아 완전한 공덕을 갖춘 화신으로 이 세상에
부처로 태어날 수 있었다는 의미의 '보신sambhoga-kāya'이라는 관념도 형성되었다.

밀교의 경전에는 보리류지菩提流志 번역으로 되어 있는 《문수사리법보장다라니경文殊師利法寶藏陀羅尼經》 등 그 밖의 위경도 있다(Osabe 1971). 또한 《북두칠성연명경北斗七星延命經》처럼 생년이나 십이지의 관계나 도교적 부적을 수반한 민간 종교적인 내용을 포함하는 것도 있다.

나중에 위경으로 변형된 예

위경 중에는 위경이 아닌 소재를 훗사람이 가공·성형함으로써 작성된 위경도 있다. 예를 들면, 일반에게는 전혀 이름이 알려져 있지 않은 경전이지만 역자 미상의 《목련문계율중오백경중사目連問戒律中五百輕重事》는 그 좋은 예다. 이 경전에는 소재가 된 선행 문헌이 있고, 초창기에는 현존본의 체제로 말하면 제2장에서 시작하는 부분이 《오백문사五百問事》라는 별명으로 존재했던 사실이 경록이나 일본의 고사경古寫經, 돈황 사본 등으로 판명되었다. 원래 《오백문사》는 형식으로 보나 내용으로 보나 경전이 아니었다. 당唐을 대표하는 율사인 도선道宣과 도세道世의 증언에 의하면, 《오백문사》는 후진의 구마라집이 고국 구자龜玆에서 스승으로 모셨던 비마라차卑摩羅叉(비말라크샤 Vimalākṣa, 338경~414경)가 중국에 도래하여 말년에 장강 중류 지방에 위치한 형주의 신사辛寺에 머물렀을 때 행한 《십송률》의 강의를 한인 승려가 필사한 것이었다. 《오백문사》는 《십송률》의 본문을 읽는 것만으로 이해하기 어려운 내용에 대해 한인 승려가 묻고 비마라차가 답하는 문답 형식의 강의록이었다. 이것을 바탕으로 하여 거기에 수세기가 지난 시대의 누군가가 '서품序品'과 '유통분流通分'*을 추가하여 전체를 마치 부처가 말한 경전인 것처럼 꾸며낸 결과《목련문계율중오백경중사》가 만들어졌다. 덧붙여서 말하면, 새로이 서품으로 추가된 〈오편사품五篇事品〉은 '여시아문如是我聞'으로 시작하고 제자 목련目連이 계율에 대해 부처에게 묻는다는 형식을 취하고 있다. 또한 거의 같은 문장이《범계죄보경중경犯戒罪報輕重經》이라는 단독 경전에도 보인다. 요컨대《목련문계율중오백경중사》는 인도인의 강의 기록을 바탕으로 후대에 누군가가 그것을 부처가 말하는 경전으로 개찬한 위경이다(Funayama 1998, 2006).

계시와 위경

현대의 말로 이야기하면 계시와 같은 형태로 만들어진 위경도 있었다. 승우는《출삼장기집》권5 〈신집안공주경급잡경지록新集安公注經及雜經志錄〉 중에 양초梁初 [무제武帝] 천감天監 4년(505)에 16세로 요절한 승법僧法이라는 비구가 출가 이전부터 때때로 눈을 감고 조용히 앉은 자세로 특별한 심리 상태에 들어가, 말하자면 하늘의 계시를 받은 것 같은 상태로 무심결에 술술 입 밖으로 흘러나온 말을 다른 사람에게 필사하게 한 결과 만들어진 경전이 있었다고 기록하고 있다. 비구 승법은 경전 21부, 합해서 35권을 펴냈다. 그중에는 일부 유명한 경전

---

* 경전을 세 부분으로 나누었을 때 서론의 '서품序品', 본론의 '정종분正宗分'에 이어 결론에 해당하는 마지막 부분을 '유통분流通分'이라고 한다. 교법教法을 후세에 널리 전하도록 제자에게 전하는 말로 이루어져 있다.

도 있지만 대부분은 전혀 알려지지 않은 경전이었다. 승우는 이 이야기를 소개한 다음에 또다시 후한後漢 말에도 어느 날 갑자기 범어를 말할 수 있게 된 한 여성이 이국의 문자로 경전을 베껴 쓴 사건이 있었음을 언급했다. 이러한 일들은 역사를 펼치면 왕왕 발견되지만 석존의 교설이라고는 할 수 없고 신뢰할 수 있는 인물이 번역해낸 것도 아니므로 '의경疑經'으로 기록하는 것이라고 했다.

민중 신앙과 위경

위경 작성의 목적을 앞에서 소개할 때, 위경에는 전통설에 입각한 것이나 현세 이익적인 장수 연명법의 부류가 있다고 했는데, 이와 관련해 민중 신앙을 기반으로 하는 위경은 이밖에도 많이 있다. 사후 지옥에 떨어지는 고통을 피하고 정토淨土에서 태어나기 위해 생전부터 특별한 의례를 수행할 것을 권하는 《염라왕수기사중역수생칠왕생정토경閻羅王授記四衆逆修生七往生淨土經》은 유명한 위경이다. 줄여서 《시왕경十王經*》이라고도 하는데 중국적인 염라대왕이나 지옥의 모습을 묘사하고 있다. 또한 당대唐代에는 민간에서 지장地藏** 신앙이 유행하여 《지장보살본원경地藏菩薩本願經》(당나라 실차난타 번역으로 되어 있으

---

* 시왕十王은 《시왕경》에 나오는 명부冥府에서 죽은 자의 죄업을 심판하는 열 명의 대왕, 곧 진광왕秦廣王, 초강왕初江王, 송제왕宋帝王, 오관왕五官王, 염라대왕閻羅大王, 변성왕變成王, 태산왕泰山王, 평등왕平等王, 도시왕都市王, 오도전륜대왕五道轉輪大王을 말한다.
** 지장地藏은 범어 kṣiti(대지)와 garbha(태·자궁 속의 내포)의 합성어인 Kṣitigarbha를 한어로 의역한 말이다. 대지의 덕을 의인화한 것으로 브라만교의 지신地神 프리디비Pṛthivī가 불교에 수용되어 보살의 하나가 된 것으로 생각된다.

나 위경으로 보임)이나 《지장보살십재일地藏菩薩十齋日》 등이 나왔다. 민중적인 위경은 종종 도교 신앙과도 이어지는 일면을 가지고 있었다.

탄로 난 위경 ── 위작자에 대한 처분

위경은 본래 익명적 성격이 있으나 예외적으로 작자를 알 수 있는 위경이 얼마 되지 않지만 존재했다는 것은 앞에서 이야기했다. 그러면 위경을 작성한 것이 발각된 경우 작자에게는 어떠한 처분이 내려졌을까. 또한 주위 사람, 특히 규칙에 엄격한 승려들은 어떻게 대처했을까. 이에 대해서는 승우가 저술한 《출삼장기집》 권5 〈신집안공주경급잡경지록〉에 매우 흥미로운 실록이 있으므로 그것을 소개한다. 다소 길지만 그 내용은 다음과 같다.

《살바야타권속장엄경薩婆若陀眷屬莊嚴經》 1권(길이 20장 남짓)

위의 1부에 대해. 양梁 [무제武帝] 천감天監 9년(510), 영주郢州(현재의 후베이성湖北省 우한시武漢市 우창武昌) 출신으로 걸식 수행 도인(남루한 차림의 두타행頭陀行 고행자)인 묘광妙光은 당시 구족계具足戒를 받은 지 7년째였는데 그 매력적인 용모와 자태로 사람을 속여 비구니나 부인네들은 모두 그를 '성도聖道(성스러운 도사님)'라고 불렀다. 영주의 승정僧正(승려를 단속하는 승관僧官)이 논의하여 그에게 추방 처분을 내렸으나 결국 그는 수도 건강建康에 잠복하여 보홍사普弘寺에 기거하며 이 경을 작성했다. 게다가 그것을 병풍에 옮겨 쓰자 빨간 사 비단에 덮여 곱게 빛나고 사람들은 향이나 꽃을 바치고 출가자도 재가자도 남자도 여자도 모두 모여들어 재물을 바쳐 향

의 연기로 넘쳐나게 되었다. 사건의 근원이 발각되어 (묘광은 무제의) 칙령
으로 건강현建康縣의 옥사에 갇혔다. 용의를 단죄하는 소장訴狀에 이르기
를, "여러 경전을 발췌 생략하여 종종 자기 멋대로 교설을 날조하고 문필
가 노염路琰을 고용해 교묘하게 문장의 단어를 엮고 화려하게 꾸몄다"고
하였다. 그리고 판결문은 "묘광은 교묘한 말로 사람을 속였으므로 참형이
마땅하고, 노담은 공범이므로 10년의 병역 유형에 처하는 것으로 한다"고
했다. (그래서 무제는) 즉시 동년 4월 21일 승정인 혜초慧超에게 칙령을 내
려, 경전을 강의할 능력이 있는 대법사나 오랜 기간 덕을 쌓아온 승우僧祐
나 담준曇准 등과 같은 승려 스무 명을 불러서 모두 건강현의 옥사로 가게
하여 그 앞에서 묘광의 사건을 (불교 교단의 입장에서) 심판하게 하였다. 혜
초는 분부를 받들어 담준, 승우, 법롱法籠, 혜령慧令, 혜집慧集, 지장智藏,
승민僧旻, 법운法雲 등 20인과 함께 건강현에서 심문하였다. 묘광은 모든
것이 판결문대로라고 죄상을 인정했다. 승려 여럿이 깊이 토론하여 형률
의 규칙에 따라 추방 처분하기로 하여 (이렇게 묘광은) 천자의 은총으로 죽
음은 면했지만 외딴곳에 가서 다시 혹세무민하는 일이 있어서는 안 되므
로 오랫동안 노역감옥(東冶)에 가두어 두기로 했다. 바로 이 경전을 몰수하
자 스무 권이 넘었고, 또한 이것과 함께 병풍도 같은 장소에서 소각 처분
했다. 그래도 아직 어디엔가 이 경전이 남아 있으면 후세 사람들을 혼란에
빠뜨리지 않을까 염려되므로 사건의 개략을 여기에 기록해둔다[경전 중의
'살바야타장자薩婆若陀長子'에게는 묘광의 아버지 이름이 붙어 있다. 묘광의 동생
은 '금강덕체金剛德體'라는 이름으로, 제자는 '사자師子'라는 이름으로 경전 중에

등장한다].*

    이상의 인용문에 묘광妙光은 구족계를 받은 지 7년째가 된다고 쓰여 있다. 구족계는 비구比丘(정식 승려)가 되기 위해 받아야 하는 계율이고, 그것을 받을 수 있는 최저 연령은 20세다. 사미沙彌**는 종종 이 나이에 구족계를 받아 비구가 된다. 따라서 묘광의 경우도 구족계를 받은 지 7년이라는 것은 26~27세이든가, 혹은 그 직후 정도였을 것이다. 부인네들의 인기 표적이 된 미남자 묘광이 《살바야타권속장엄경》을 위작하여 그것을 병풍으로 만들었다. 그러자 크게 인기를 얻어 재물이 들어오고 사람들이 우르르 모여들었다. 그 결과 오히려 위작 경전임이 발각되고 결국 종교재판에 회부되었다는 전말을 이야기하는 것이다. 흥미로운 것은 묘광이 일단은 통상의 처벌법에 따라 참형을 언도받지만 그 후 일종의 종교재판 대상으로 재심의를 받아 최종적으로는 두 번 다시 위작 경전을 작성하여 사람을 속이는 일이 없도록 건강健康에 있는 동야東治에서 노역형을 살게 되었다. 처분 방법의

---

* (원문주) "薩婆若陀眷屬莊嚴經一卷[二十餘紙] 右一部, 梁天監九年, 郢州投陀道人妙光, 戒歲七臘, 矯以勝相, 諸尼嫗人, 僉稱聖達. 彼州僧正議欲驅擯, 遂潛下都, 住普弘寺, 造作此經. 又寫在屏風, 紅紗映覆, 香花供養, 雲集四部, 噉供煙塞. 事源顯發, 勅付建康, 辯覈疑狀云, 抄略諸經, 多有私意妄造, 借書人路琰屬辭潤色. 獄牒, 妙光巧詐, 事應斬刑. 路琰同謀, 十歲謫戈. 卽以其年四月二十一日, 勅僧正慧超, 令喚京師能講大法師宿德如僧祐·曇准等二十人, 共至建康, 前辯妙光事. 超卽奉旨, 與曇准·僧祐·法籠·慧令·慧集·智藏·僧旻·法雲等二十人, 於縣辯問. 妙光伏罪, 事事如牒. 衆僧詳議, 依律擯治, 天恩免死, 恐於偏地復爲惑亂, 長繫東冶, 卽收拾次經, 得二十餘本, 及屏風於縣燒除. 然猶有零散, 恐亂後生, 故復略記[薩婆若陀長子, 是妙光父名. 妙光弟名金剛德體. 弟子名師子].' 大正藏 卷55, 40쪽 중~하.
** 범어 śrāmaṇera를 한어로 음사한 말로 근책남勤策男 등으로 의역하기도 한다. 출가하여 십계十戒는 받았으나 아직 구족계는 받지 못한 14세(특별한 경우는 7세) 이상에서 20세 미만의 남성 예비 승려를 가리킨다. 여성은 사미니沙彌尼 śrāmaṇerī 勤策女라고 한다.

200 | 201

변경은 칙령이 관련되어 있어 아무래도 독실한 불교 신자였던 무제의 재량에 의한 것 같지만 상세한 것은 알 수 없다. 어쨌든 이러한 이야기는 달리 유사한 사례를 찾아볼 수 없으며 매우 귀중한 기록이다.

'동야'는 관영 주물공장이며 감옥으로도 이용되었다. 양梁나라 혜교의 《고승전》 권13 〈법원전法願傳〉에도 동야에서 노역형을 사는 죄인에 대한 언급이 있고, 《자치통감資治通鑑》 양기梁紀 4·무제천감武帝天監 14년(515) 항목에 대한 남송南宋 호삼성胡三省의 주注에 "건강의 동서 두 곳에 주물공장(冶)이 있으며 각각 야령冶令을 두고 이를 관장케 했다"고 기록되어 있다(Huijiao 2010b, 385쪽 주9, Liu 2010, 251쪽).

또한 이 기사를 정리한 승우는, 번역문에서 알 수 있듯이, 후세 사람들을 헷갈리게 하는 일이 없도록 해두기 위해서라고 기록 목적을 말하고 있다.

보론——위작 장소로서의 서역에 대해

앞에서 기술한 대로, 위경의 작성지가 분명히 드러난 경우, 그것은 화북이거나 화남의 어느 쪽이었다. 일반적으로 위경은 대부분 출처를 감추기 위해 성립 장소를 불분명하게 처리했다. 하지만 특별히 장소가 확인되는 경우를 보면 거의 중국 내 어느 곳이다. 이에 대해 위경의 성립을 논할 때에 뭔가 괴이쩍은 것이나 언어적으로 읽기 어려운 문장이 포함된 것을 이유로 그 위경이 서역에서 성립되었을 가능성을 상정하는 사람이 있다. 또한 지금 여기에서 말하는 서역은 인도를 포함하지 않으며 중국에서 볼 때 서쪽 지역, 즉 인도와 중국 사이의 실크로드로 불리는 지역이다. 구체적으로는 쿠차(龜玆)나 코탄(우전于闐), 카슈카르(소륵疏勒, 사륵沙勒) 등이다. 이에 더해 앞에서 언급한 《범망경》의 경우를 예로 들면, 현재는 화북에서 성립된 것으로 보는 견해가 우세하지만 서역 성립을 주창하는 학자도 있다.

위경이 인도도 중국도 아닌 서역에서 작성되었을 가능성을 검토하는 것은 분명 의미 있는 작업이다. 하지만 만약 서역이라는 것을 뭔가 단일 지역인 것인 양 파악한다면 문제다. 이 장의 말미에서 보론으로 위경 문제에 국한하여 서역 성립의 경전에 관한 사견을 간단히 언급해두고자 한다.

어떤 위경의 성립 장소가 서역이라고 의심하는 것은, 그 위경에 한문으로서 읽기 어려운 문장이 많이 들어 있는 경우다. 요컨대 이상한 한문이므로 한어를 모국어로 하지 않은 사람들이 작성한 것은 아닐까 의심하는 것이다. 그러나 이 추정은 근거가 빈약하다. 위경의 경우 한역같이 꾸미기 위해 번역조의 문체를 의도적으로 모방하는 일도 있기 때문이다. 위경 작성자의 한어 능력 차이도 있을 수 있다. 높은 교양이나 문장력을 갖춘 사람이 작성한 위경도 있었겠지만 문장력이 약한 사람이 작성한 위경도 있었을 것이다. 그렇다면 중원의 한인 승려가 작성해도 읽기 어렵게 될 가능성은 있다. 읽기 어려운 것만을 근거로 서역에서 성립되었다고 하면 설득력이 부족하다.

또한 문제가 되는 경전이 번역인지 위작인지, 인도인지 중국인지를 불문하고 불전의 성립 장소를 모두 빠짐없이 체계적으로 분류하려 할 때 분명히 서역을 성립지의 한 후보로 드는 것은 이치에 맞지만 서역만을 주목하는 것은 이상하다. 중국 주변으로 서역을 상정한다면 마찬가지로 해로와 관련된 동남아시아 국가 등 다른 지역에서 경전을 편찬했을 가능성도 고려해야 한다. 나아가 설령 위경 성립지를 서역으로 상정한다고 해도 서역을 단일 지역으로 보는 것은 적절하지 않다. 서역에서 한어를 사용한 지역이나 시대는 어떤지, 범어 등 인도계 언어가 사용된 지역이나 시대는 어떤지, 현지 언어로 불전을 저술한 지역이나 연대는 어떤지를 구별해야 한다. 서역의 언어는 토카라어 A, 토카라어 B, 코탄어, 위구르어, 소그드어, 박트리아어 등으로 복잡하고 한어가 어느 시대에 어느 지역까지 통용되었는지도 현시점에서 밝혀지지 않은 부분이 많다. 예를 들면, 5세기 중엽 코탄에서 불교도는 무슨 말을 사용했는지, 인도의 정통 언어인 범어인지, 현지어인 코탄어인지, 중국 문화권의 언어인지, 그 어느 쪽인지 아니면 전부인지의 실태는 아직 충분히 해명되어 있지 않다(Mair 1993, 2012, Maggi 2009 등 참조). 이런 것들을 구별하지 않고, 말하자면 하나로 뭉뚱그려 서역이라는 딱지를 붙여도 실태를 제대로 설명할 수 없고 유효한 가설을 구축하는 것도 어려울 것이다. 위경의 성립지와 그 소재의 성립지는 구별하여 검토해야 할 것이다.

이 책에서 설명하고자 하는 사항은 불교 전체를 망라하는 분류가 아니라 불전의 한역이란 무엇인가라는 것이다. 한역을 중심 과제로 하는 한, 이 책에서는 사용 언어가 한어인가, 즉 한자를 바탕으로 작성되어 있는가를 중요한 경계선으로 본다. 인도어로부터가 아니라 한역에서 출발하는 한, 어떤 불전의 유래를 검토하는 경우 지역보다도 언어를 시점으로 하여 해당 경전이 한어를 바탕으로 작성된 경전인지 아닌지로 우선 분류하는 것이 자연스럽고 사리에도 맞을 것이다.

위작 경전의 문제를 생각할 때 문헌의 성립지로 인도와 중국에 더해 서역을 고려하는 것은 물론 의미 없는 일은 아니다. 하지만 앞에서 언급한 바와 같이 서역 지방의 상세한 지식이나 규정 없이 서역 성립설을 주장해도 문제 해명으로 연결되지 않을 우려가 있기 때문에 그것은 앞으로의 과제로서는 중요하지만 지금은 굳이 언급하지 않기로 한다. 한역 문헌의 성립을 주제로 하는 이 책이 지역의 구별이 아니라 사용 언어는 무엇인가, 편집은 한자 문화권 밖에서 이루어졌는가, 아니면 한자 문화권의 범위 내에서 한자 자료를 소재로 하여 이루어졌는가 하는 점에 굳이 시점을 집중하는 까닭이다.

6

번역과
위작의
사이

경전을 '편집'하다 : : : : : : : : :

앞장에서 진경(한역 경전)과 위경(중국 위작 경전)의 문제를 다루고 위경의 기본적인 성격을 살펴보았다. 전통적인 위경관에 입각할 경우, 진경은 위경이 아니고 위경은 진경이 아니다. 둘은 서로 다르고 공통되는 것은 아무것도 없으며, 분류는 이 두 종류밖에 없다는 이야기가 된다. 그러나 대장경에 수록된 방대한 수의 경전을 실제로 조사해보면 문제는 그렇게 간단하지 않다. 왜냐하면 한역 중에는 위경이 아니라 어떤 인도어 원전을 바탕으로 번역했는데도 중국에서 일종의 개편 작업이 이루어진 경전이 종종 존재하기 때문이다.

이 장에서는 다른 장보다도 전문적인 세세한 내용에 발을 들여놓게 되겠지만, 중국 불교사에서 한역의 실태에 깊숙이 파고들 때 피할 수 없는 문제를 많이 포함한다. 너무 자세하다고 생각되는 독자는 이 장을 건너뛰어 보다 알기 쉬운 내용을 다루는 7장을 먼저 읽고 한자 문화에서 불교어佛敎語의 의의를 우선 이해해두는 것도 좋을 것 같다.

《성실론》의 원역은 개편되었다

엄밀한 의미에서는 번역이라고도 할 수 없고 그렇다고 위작이라고도 할 수 없는 불교 문헌의 예로 먼저 후진後秦 구마라집 번역의 《성실론成實論》을 살펴본다.

육조 시대에 아비다르마 논서로서 널리 읽힌 《성실론》은 인도어 원전을 번역한 것이고, 경록 등에 '위론僞論'으로 규정한 사례는 전혀 찾아볼 수 없다. 그러나 성립 사정을 자세히 조사해보면, 《성실론》은 본래의 축어적 원역 그대로가 아니라 구마라집의 번역 그룹이 어떠한 변경을 가한 뒤에 완성했음이 분명해진다. 다음에서는 이에 대해 자세히 설명한다.

현존하는 《성실론》은 모두 202장으로 이루어져 있다. 종종 질의응답 형식으로 논술이 진행되고, 그 전체는 서론적인 부분(發聚)과 고苦·집集·멸滅·도道의 사성제四聖諦* 순으로 주제를 설정한 4군四群(苦諦聚, 集諦聚, 滅諦聚, 道諦聚)의 5군五群으로 구성되어 있다. 그러나 인도어 원전에서 직역한 구마라집의 초고는 이것과는 구성이 약간 달랐던 것 같다.

《성실론》 번역의 설립 사정을 기록한 양나라 혜교의 《고승전》 권6 〈담영전曇影傳〉('大正藏 卷50, 364쪽 상)에 의하면, 《성실론》의 원역본은 문답 형식으로 진행되는 논술의 주제가 그때마다 지리멸렬하고 일관

---

* 불교에서 말하는 고苦·집集·멸滅·도道의 네 가지 높은ārya 깨우침satya, 곧 고귀한 진리를 말한다. 즉, 모든 삶이 번뇌라고 하는 고제苦諦, 번뇌는 인간의 쓸데없는 욕망에서 싹튼다고 하는 집제集諦, 욕망을 없애야 한다고 하는 멸제滅諦, 그리고 바른 길을 따라감으로써 비로소 해탈의 길을 얻을 수 있다는 도제道諦가 바로 그것이다.

되지 않은 어수선한 모양새였다. 이에 대해 구마라집의 수제자인 담영曇影이라는 한인 승려가 전체를 크게 묶어 5군으로 구분할 것을 제안하고 이를 구마라집이 승인한 결과 현재본의 체재가 된 것이라고 한다. 담영의 작업은 단순히 전체를 서序·고苦·집集·멸滅·도道로 기계적으로 나눈 것만은 아닐 것이다. 만약 원전에서도 5군이 그 순서대로 정연하게 논술되어 있고 그것을 전혀 바꾸지 않은 채 5군의 이름만을 나중에 덧붙인 것이라고 한다면, 내용을 아는 사람이라면 담영이 아닌 누구라도 용이하게 작업할 수 있었을 것이다. 또한 〈담영전〉에 원역이 "지리멸렬한 것을 안타깝게 생각했다(恨其支離)"고 부정적으로 이야기한 것과도 맞지 않는다. 즉, 담영이 5군으로 정리할 때 논의 주제가 앞뒤로 뒤바뀐 부분은 어느 정도 순서를 바꾸어 전체가 정연하게 사성제 순서로 연결되도록 개편했을 가능성이 점쳐진다(다만 어느 정도 개편된 것인지는 알 수 없다). 게다가 현존본의 일부에는 "나중에 멸제취滅諦聚에서 자세하게 논할 것이다", "이상으로 고제취苦諦聚의 끝", "이상으로 집제취集諦聚의 끝" 등 5군 분류에 대한 언급이 있다. 5군이 원역본에 없었던 만큼 이들 문장은 담영이 가필한 것임에 틀림없다.

그런데 이렇게 성립된 개편본은 진경이라고 할 수 없다. 전체를 다섯 부분으로 나누고 일부라고는 하나 역문을 바꾸어 정리했다고 생각되는 이상, 개편본은 인도어 원전의 충실한 축어역이라고 할 수 없기 때문이다. 그렇지만 한편으로 위작이라고도 할 수 없을 것이다. 앞장에서 살펴본 위경과는 달리 《성실론》은 아무런 중국적 요소를 포함하고 있지 않기 때문이다. 그러면 이렇게 성립된 《성실론》 현존본은 진경일까, 아니면 위경(위론)일까. 우선 엄밀하게 말하면 진경이라 할 수 없을 것이다. 논술 순서를 일부 바꾸고 나아가 크게 다섯 부분으로 나누어 정리한 이상 현존본에 그대로 대응하는 원전은 인도에 존재할 리 없기 때문이다. 그렇지만 한편 이것을 위작이라고도 말할 수 없다. 《성실론》은 앞장에서 살펴본 위경 《청정법행경》, 《제위파리경》 등과 달리 아무런 중국적 요소를 포함하고 있지 않으며 담영이 한 것이라고는 다섯 부분으로 나누고 문장을 바꾸는 정도뿐이었기 때문이다.

요컨대 《성실론》은 엄밀한 의미에서 축어적 한역도 아니고 그렇다고 위작도 아니다. 이 점에 주목하면 실은 똑같은 예가 다른 많은 경전에도 들어맞을 가능성이 있을 것이라는 생각에 미치게 된다. 선행 연구 성과에 의거하면서 그러한 예로 일단 세 가지를 들어본다.

먼저, 서진西晉의 법거法炬·법립法立이 함께 번역한 《법구비유경法句譬喩經》이라는 경전이 있다. 이것은 가장 오래된 인도 초기불교 경전의 하나인 《다르마파다Dharmapada》의 한역이고, 내용 중에는 후한後漢 강맹상康孟詳 번역의 《중본기경中本起經》에서 전용한 것으로 보이는 문언이 있다. 또한 바탕이 된 《중본기경》은 경록에는 후한의 담과曇果와 강맹상康孟詳이 공역한 것으로 되어 있으나 성립은 부분적으로 진대晉代에까지 내려갈 가능성이 있다는 선행 연구의 지적도 있다. 《법구비유경》은 《자애경自愛經》, 《불반니원경佛般泥洹經》, 《출요경出曜經》과도 관계가 있다(Enomoto 1994, Tanabe 2000, Kamitsuka 2001).

다음으로 중국에서 가장 널리 읽힌 불전인 오吳나라 지겸支謙 번역의 《태자서응본기경太子瑞應本起經》을 들 수 있다. 선행 연구에 의하면, 이 석가의 신화적 전기는 《소본기경小本起經》(소실)과 《중본기경》에 의거해 성립되고 이들을 바탕으로 서진의 축법호竺法護가 《보요경普曜

經》을 번역해냈다. 또한《태자서응본기경》과 아주 많은 분량의 동일 문언을 포함한《수행본기경修行本起經》이라는 경전이 있다. 이것은 후한의 축대력竺大力과 강맹상의 공역으로 전해오지만 현존본의 성립 시기는 후한일 수 없고《태자서응본기경》이나《소본기경》을 바탕으로 동진東晉 무렵에 편찬되었을 가능성이 높다고 한다(Kawano 1991).

2장 첫머리에서 언급한 대로, 중국 최초의 한역 경전은 후한의 명제明帝 무렵에 섭마등摂摩騰이 번역한《사십이장경四十二章經》이라고 하는데, 이는 문제가 있으며 적어도 현존본은 후한의 작품일 수 없다. 이 경전에는 오나라 강승회康僧會 번역의《육도집경六度集經》이나 앞에서 말한《법구비유경》, 동진東晉 승가제바僧伽提婆 번역의《증일아함경增一阿含經》, 남조 송宋 구나발타라求那跋陀羅 번역의《잡아함경雜阿含經》등과 유사한 문언이 보이고, 이들이《사십이장경》의 소재가 되었을 가능성이 있다(Okabe 1972).

나아가 최근에 초기 불전의 성립사를 정력적으로 해명하고 있는 가라시마 세이시辛嶋静志는, 후한 지루가참支婁迦讖 번역의《도행반야경道行般若經》을 그 뒤에 나온 지겸支謙 번역의《대명도경大明度經》(Nattier 2010에 의하면 지겸 번역과 그렇지 않은 부분이 있다고 한다)과 축불염竺佛念 번역의《마하반야초경摩訶般若鈔經》에서 어떻게 재이용하고 손질을 가해 활용했는지를 구체적으로 비교하는 연구를 발표했다(Karashima 2011). 이를 통해《대명도경》과《마하반야초경》이《도행반야경》을 바탕으로 편집된 경전임이 분명해졌다. 또한 가라시마는 이 논문에서 이야기한 것과 똑같은 수법으로 편집된 것으로 볼 수 있는 '재탕' 경전은 이밖에도 많다고 한다.

이상에서 간단하게 소개한 여러 경전은 그 성립에 즈음하여 중국에서 얼마간 편집의 손질을 가한 점에서 전통적인 의미에서의 '진경', '위경' 어느 쪽의 정의와도 정확하게 들어맞지 않는다.

중국에서 손질을 가해 만들어진 '편집경전'

지금까지 진경이란 인도어 원전을 그대로 옮긴 순수 번역으로 중국인이 고치거나 바꾼 내용을 포함하지 않는 것이고, 위경이란 인도어 원전이 전혀 존재하지 않는데도 마치 진경처럼 꾸며 중국에서 위작한 경전으로 분류했다. 이러한 이율배반적인 진위관에 서는 한 결코 위경이라고는 부를 수 없는《성실론》,《법구비유경》,《사십이장경》등의 사례는 제대로 설명할 수 없게 된다. 따라서 종래의 '진경'과 '위경' 사이에 있는 제3의 분류 방법으로 '편집경전編輯經典'이라는 시점을 새로이 도입해보고자 한다. 종래의 분류로는 '진경'에 포함된 경전 중에《성실론》,《법구비유경》,《사십이장경》등을 '편집 경전'으로 엄밀한 의미에서의 '진경'과 구별하는 것이다. 그리고 당연히 편집경전은 위경과도 다르다. 또한 '편집編輯'은 '편집編集'과 '편찬編纂'으로 바꾸어 말해도 좋지만, 한·중·일 공동 어휘로서 편의상 '편집編輯'을 사용하기로 한다.

'편집'을 의미하는 한어

한역 연구에서는 어느 경전이 순전한 번역이 아니라 어떠한 형태로

든 중국인이 손질을 가했을 가능성을 지적하는 주장이 상당히 많이 존재한다. 다만 그러한 연구 중에는 편집 흔적이나 중국적 개편의 가능성에 대해 확실한 증거를 제시하지 않고 자신의 인상만을 토로하는 데서 벗어나지 않는 것도 있다. 단순한 개인적 감상 위에는 연구를 축적할 수 없다. 그래서 주관이나 개인적 확신이 아니라 해당 경전이 편집의 산물이라는 것을 확실히 뒷받침하는 객관적 근거를 제시하는 것이 필요하게 된다. 그렇다면 무엇이 논거가 될 수 있을까. 무엇보다 해당 경전의 성립 사정을 설명한 동시대나 직후의 경록 등에 기록된 정보와 경전 자체의 텍스트 내용 분석의 두 가지 점이 중요하다고 생각한다.

경록 등에서 편집을 의미하는 원어는 '찬撰', '찬출撰出', '찬술撰述', '찬집撰集', '초抄', '초집抄集', '초촬抄撮', '촬략撮略', '정리整理' 등이다. '찬撰'이란 고전 한어에서 저작이나 저술, 편집을 가리키는 매우 일반적인 말이다. '초抄'라는 말은 일부를 뽑아 쓰는 발췌를 의미한다. '촬撮'은 한데 합친다는 의미를 나타내며, '출出'은 한어로 문장화하는 것을 가리킨다.

이런 특징적인 말을 사용하여, 예를 들면 서진의 축법호와 같은 시기에 활약한 재가 불제자 섭승원聶承遠이 편찬한 《초일명경超日明經》 2권에 대해, 양梁나라 승우의 《출삼장기집》에서는 다음과 같이 기록하고 있다.

《초일명경》 2권[구록에는 《초일명삼매경超日明三昧經》이라고 한다].
위의 1부, 전수 2권은 서진 무제武帝 때 승려 축법호가 먼저 범문梵文을 번역했는데, 표현과 의미가 번잡하고 장황하여 우바새(재가 신자) 섭승원이

문장과 게구偈句를 깔끔하게 정리하여 2권으로 축약했다.[*]

편집 작업을 보여주는 어구로서 "문장과 게구를 깔끔하게 정리하여(整理文偈)", "축약하다(刪)"는 표현을 사용하고 있지만, 여기에 승우는 아무런 비판적 의미를 담고 있지 않음에 주목하기 바란다. 승우는 이를 단순한 역출譯出 상황에 대한 설명으로 기록하고 있는 것이다. 이것은 경전 편집이 번역과는 다른 한편, 또한 위경의 작성과도 다른 것이라고 인지하고 있었음을 시사한다.

나아가 다른 사례도 들어보자. 《출삼장기집》 권2는 동진의 담무란曇無蘭이 찬撰한 《삼십칠품경三十七品經》과 《현겁천불명경賢劫千佛名經》에 대해 '역출'이라는 말을 사용하여 다음과 같이 설명한다.

《삼십칠품경》 1권[동진東晉 태원太元 21년(396), 세성歲星이 병신丙申의 위치에 있는 해의 6월 출판].
《현겁천불명경》 1권.
위의 2부, 전수 2권은 동진東晉의 효무제孝武帝 때에 천축 사문 축담무란竺曇無蘭이 양주揚州(建康)의 사진서사謝鎭西寺(莊嚴寺)에서 찬출撰出했다.[**]

번역에는 통상 '역' 또는 '역출'이라는 말을 사용하는 데 대해 여기

---

[*] (원문주) "超日明經二卷[舊錄云超日月三昧境]. 右一部, 凡二卷, 晉武帝時, 沙門竺法護先譯梵文, 而辭義煩重, 優婆塞聶承遠整理文偈, 刪爲二卷." 大正藏 卷55, 9쪽 하.

[**] (원문주) "三十七品經一卷[晉太元二十年, 歲在丙申, 六月出] / 賢劫千佛名經一卷. / 右二部, 凡二卷, 晉孝武帝時, 天竺沙門竺曇無蘭在揚州謝鎭西寺撰出." 大正藏 卷55, 10쪽 중. 원문은 '20년'에 만들어지지만, 병신丙申으로 기록되어 있으므로 '21년'이 맞다.

에서는 '찬출撰出'이라고 표현하는 점에 주목하기 바란다. 이《삼십칠품경》에 대해서는 축담무란이 스스로 서문을 붙이고 그 가운데 다음과 같이 말하고 있다(《出三藏記集》卷10).

또한 여러 경전에서 설명하는 삼십칠도품三十七道品은 문장 표현이 제각기 다르다. 나 담무란曇無蘭은 틈나는 대로 여러 경전을 찾아 살펴 결락이 없고 내용이 완비하며 문장 표현이 뛰어난 것을 뽑아내 순서를 매겨 맥락을 맞추고 이들을 있어야 할 자리에 배치하고 경전의 체제를 훼손하지 않도록 유의하면서 설명하는 사항에 서로 다른 것(異同)이 있으면 검토하여 의미가 명확하도록 했다. …… 동진 태원 21년, 세성이 병신의 위치에 있는 해의 6월에 사문 축담무란이 양주의 사진서서에서 찬撰(編輯)했다.[*]

이처럼 '찬/찬출'이라는 말은 '역/역출'과 구별되는 표현으로 경전의 편집을 의미한다. 이러한 말에 주목하여 경록의 내용을 음미하고, 개개 문헌의 내용 분석이라는 점에서 경전의 성립 사정을 점검해보면, 대장경에 수록된 방대한 한역 경전 중에는 편집의 손질이 가해지기 쉬운 문헌군과 그렇지 않은 문헌군이 존재한다. 그리고 편집하기에 용이한 경향이 있는 문헌 장르가 적어도 7종 정도 있음을 알 수 있다. 다음에서는 이들 7종에 대해 순서대로 설명한다.

---

[*] (원문주) "又諸經三十七品, 文辭不同. 余因閑戱, 尋省諸經. 撮采事備辭巧便者, 差次條貫其位, 使經體不毀, 而事有異同者, 得顯于義. …… 晉泰元二十一年, 歲在丙申, 六月, 沙門竺曇無蘭在楊州謝嶺西寺撰." 『大正藏』 卷55, 70쪽 중~하.

편집 경전의 장르 1: 초경(발췌 경전)

'초경抄經'이란 원래 긴 경전의 내용을 간추려놓은 것을 말한다. 경전의 축약판, 발췌 경전이라고 해도 좋을 것이다. 이에 대해서는 《출삼장기집》 권5에 편찬자 승우가 작성한 〈신집초경록新集抄經錄〉이라는 기사가 있는데 여기에 초경의 정의나 기타 관련 정보가 많이 실려 있다. 이 경록은 다음과 같이 시작한다.

초경이란 대저 경전 가운데 문장의 요점이 되는 부분을 뽑아 추려낸 것이다. 옛날에 안세고安世高는 《수행경修行經》을 발췌하여 《대도지경大道地經》이라는 이름으로 번역했는데 그것은 전역全譯이 곤란했기 때문에 문장을 생략하여 설명을 간소하게 한 것이다. 또한 지겸이 번역한 경전에도 《패초誖抄》라는 것이 있는데 이들은 모두 인도의 원전을 줄여 옮긴 것이지 완성된 경전을 나눈 것이 아니다. 그러나 후세 사람들은 깊이 생각지 않고 자의적으로 일부를 잘라내 선택하고, 어떤 사람은 많은 장을 만들어내 (그것을 초경이라고 하고), 또한 어떤 사람은 제대로 된 문장을 분할함으로써 성인 말씀의 근본을 알 수 없게 만들고, 또한 학습자들이 지엽적인 것에 매달리게 했다. 경릉문선왕竟陵文宣王(소자량蕭子良)이 혜안과 깊은 지식을 가지고 있다고 해도 (초경 작성의 폐해는) 면할 수 없었다. 만약 사람들이 서로 다투어 (초경 작성을) 멈추지 않는다면 후대에는 점점 세상에 만연하여 불법의 귀중한 가르침을 혼란시킬 것이다. 얼마나 애석한 일인가. 일단 이름이나 책이 나오면 그것을 삭제하는 것은 어렵다.[*]

---

[*] (원문주) "抄經者, 蓋撮舉義要也. 昔安世高抄出修行爲大道地經, 良以廣譯爲難, 故省文略說,

'초경'이란 경전의 일부를 발췌하는 것을 가리키고, 그 예로서 《수행도지경修行道地經》을 초역抄譯한 후한 안세고의 《대도지경》(현존본의 이름은 승가나찰僧伽羅刹 작 《도지경》 1권)과, 오나라 지겸支謙 번역의 《패초孛抄》(현존본 이름은 《패경초孛經抄》 1권)가 있었음을 이야기하고 있다. 승우에 의하면, 이 두 경전은 전역이 기술적으로 곤란했기 때문에 어쩔 수 없이 이루어진 초역이었던 것이다.

위의 일절에서 승우는 초경을 작성한 남제南齊 소자량蕭子良(경릉문선왕, 460~494)의 이름을 들어 일정한 평가를 내리면서 초경을 규탄한다. 소자량은 남조 제齊의 2대 황제 무제武帝의 둘째 아들이었다. 문혜태자文惠太子[소장무蕭長懋]의 동생으로 제를 대표하는 문인이자 독실한 재가 불교도로 알려져 있었다.

여기서 소자량의 초경 작성은 원전의 번역이라기보다 나중의 편찬 행위임에 유의하기 바란다. 즉, 승우는 안세고나 지겸 등이 불경 번역 때에 작성한 초경에 대해서는 전역이 불가능한 경우의 편의적인 조치로 시인하는 한편, 소자량 같은 후인이 작성한 초경은 부처의 가르침을 혼란시키는 행위로 부정한 것이다.

게다가 승우는 위의 인용문 다음에 소자량이 작성한 초경의 예로 36부의 경전을 열거해 경전 제목 앞머리에 '초抄' 자를 붙인 것은 모두 소자량이 작업한 것이라고 했다. 그중에는, 예를 들면 다음과 같은 흥미로운 제목이 보인다.

及支謙出經, 亦有孛抄. 此並約寫胡本, 非割斷成經也. 而後人弗思, 肆意抄撮, 或棋散衆品, 或瓜剖正文, 旣使聖言難本, 復令學者逐末. 竟陵文宣王慧見明深, 亦不能免. 若相競不已, 則歲代彌繁, 蕪黷法寶, 不其惜歟. 名部一成, 難用刊削." 大正藏 卷55, 37쪽 하.

《초화엄경抄華嚴經》(동진 불타발타라佛陀跋陀羅 번역의《대방광불화엄경大方廣
佛華嚴經》60권에서 발췌)

《초방등대집경抄方等大集經》(북량 담무참曇無讖 번역의《대집경大集經》에서 발췌)

《초앙굴마라경抄央掘魔羅經》(남조 송나라 구나발타라求那跋陀羅 번역의《앙굴
마라경央掘魔羅經》4권에서 발췌)

《초법화약왕품抄法華藥王品》(후진 구마라집鳩摩羅什 번역의《묘법연화경妙法
蓮華經》〈약왕보살본사품藥王菩薩本事品〉에 대응)

《초유마힐소설불국품抄維摩詰所說佛國品》,《초유마힐방편품抄維摩詰方便
品》,《초유마힐문질품抄維摩詰問疾品》(이상 구마라집 번역의《유마힐소설경》
〈불국품佛國品〉,〈방편품方便品〉,〈문질품問疾品〉에 대응)

《초보살본업경抄菩薩本業經》(오나라 지겸 번역의《보살본업경菩薩本業經》1권
에 대응에 대응하는 것으로 보이나 확실치 않음)

《초보현관참회법抄普賢觀懺悔法》(남조 송나라 담마밀다曇摩蜜多 번역의《관보
현보살행법경觀普賢菩薩行法經》1권에 대응)

《초빈녀위국왕부인경抄貧女爲國王夫人經》(내용 미상.《경률이상經律異相》권
23〈빈녀위국왕부인경貧女爲國王夫人經〉과 동일 경전으로 보이나 확실치 않음)

(이상 괄호 안의 설명은 대응하는 현존 경전에 관한 필자의 사견임)

그리고 36부의 경전 전체를 통틀어 협주夾注 형태로 다음과 같은
말로 정리하고 있다.

《화엄경》에서《빈녀위국왕부인경》에 이르는 전 36부는 어느 것이나 제齊
의 경릉문선왕이 발췌했다. 대체로 '초抄'라는 글자가 제목 앞에 붙어 있
는 경전은 모두 문선왕이 발췌한 것이다('大正藏 卷55, 38쪽 상).

여기에 열거된 초경은 그 어느 것도 현재 남아 있지 않고 경전 이름도 오늘날 분명치 않은 점이 많지만 소자량이 어떤 경전을 중요하게 생각했는지는 알 수 있다. 또한 대장경이나 돈황사본敦煌寫本 등에 소자량이 작성한 초경의 실물이라도 찾을 수 있다면 흥미롭겠지만 애석하게도 현재 그러한 사례는 확인되지 않는다.

어쨌든 이 목록에서 초경이라 불리는 것에는 두 종류가 있었음이 분명하게 드러난다. 하나는, 《초법화약왕품》, 《초유마힐소설불국품》, 《초유마힐방편품》, 《초유마힐문질품》 등으로 경전 가운데 1장(품)을 골라 독립시킨 것이다. 후대의 경록에서는 별초경別抄經, 별생경別生經, 별생초경別生抄經이라고도 부른다. 다른 하나는 《초화엄경》, 《초보살지경》 등이다. 이들은 하나의 긴 경전 전체를 간략하게 축약한 유형의 초경이었음에 틀림없다.

승우의 〈신집초경록〉에서 알게 된 사항의 요점은 이상과 같다. 이외에 이 경록 중에 나오는 다른 기록이나 《출삼장기집》 권4의 〈신집속찬실역잡경록新集續撰失譯雜經錄〉도, 예를 들면 《아난혹경阿難惑經》 1권(《인본욕생경人本欲生經》에서 발췌)과 《비구질병경比丘疾病經》(《생경生經》에서 발췌) 등 수많은 초경을 들고 있다.

또한 《반야경》에 대한 주석으로 유명한 구마라집 번역의 《대지도론大智度論》도 편집과 깊은 연관이 있다. 이 논서는 100권에 달하는 대작인데, 《출삼장기집》 권10 승예의 〈대지석론서大智釋論序〉와 〈대지론기大智論記〉에 따르면, 100권의 역본조차 전역이 아니다. 범어 원전의 형태를 그대로 반영한 부분은 서품(한역 권1~34까지)뿐이고 나머지 66권은 원문을 크게 생략한 것이었다. 이에 대해 승예의 〈대지석론서〉에서는 다음과 같이 말하고 있다.

인도와 중국은 (말이) 다르고, 또한 (문장 표현이) 번다하거나 간결한 차이가 있어 원전의 길이 3분의 2를 줄여 이 100권본이 되었다.*

　흥미로운 것은, 혜원慧遠의 〈대지론초서大智論抄序〉(《出三藏記集》 卷10)와 승우의 〈신집초경록〉 등에 따르면, 선관禪觀**의 수행자 및 학승으로서 중국 불교사에 이름을 떨친 여산廬山의 혜원慧遠(334~416)***은 구마라집이 번역한 100권본도 여전히 너무 길기 때문에 그 요점을 한층 더 간추린 축약본 《대지론초大智論抄》 20권을 작성했다. 이 책은 《반야경문논집般若經問論集》이라고도 하는데 편집의 이유를 《대지도론》 100권이 복잡하고 방대하여 학습자가 충분한 이해를 얻는 것이 곤란하기 때문이라고 했다. 요컨대 실천적인 학습 효율을 고려한 결과였다는 것이다.

　거기에다 구마라집이 번역한 《성실론》 16권에 관해 남제시대에 연구 편의를 위해 소자량의 요청으로 승유僧柔, 혜차慧次 등의 저명 논사가 발췌·정리하여 9권본의 《초성실론抄成實論》(별명 《약성실론略成實論》)을 작성한 기록이 있다(《出三藏記集》에 수록된 주옹周顒의 〈抄成實論

---

* (원문주) "胡夏旣乖, 又有煩簡之異, 三分除二, 得此百卷." 大正藏 卷55, 75쪽 상.
** 불교에서는 명상을 정신의 안정과 통일을 의미하는 범어 dhyāna나 그 속어 jhān의 발음을 따서 '선禪' 또는 '선나禪那'라고 하거나, 마음을 한곳에 모아 안정시킨다는 의미를 따서 '정定'으로 번역하고, 그 음과 의미를 합해 '선정禪定'이라고 하기도 했다. 그리고 '선정'의 수행에는 '관觀vipassanā'과 '지止samatha'의 두 가지 방법이 있다고 보았는데, 전자는 자신의 마음이나 외계의 끊임없는 변화를 관찰하고 순간순간 끊임없이 생멸하는 현상을 있는 그대로 파악하는 것이고, '삼매三昧'라고 음역하는 후자는 문자 그대로 '지止', '멸滅'을 의미하는 것으로 마음을 통일하여 '멈추는 것' 또는 멈춘 상태를 유지하는 것을 말한다.
*** 동진시대의 고승으로 현 중국 장시성江西省 주장시九江市에 소재한 여산廬山에 들어가 30년간 《반주삼매경般舟三昧經》에 기초한 선관禪觀의 선종 수행법을 확립하고 계율 정비에 힘썼다고 하여 수대隋代의 동명 승려와 구별하여 '여산의 혜원'이라고 한다.

序〉, 승우의 〈略成實論記〉와 〈新集抄經論〉). 현재 남아 있지 않아 구체적인
내용은 알 수 없지만 《초성실론》이나 《대지론초》와 같은 초론이 복수
작성된 사실은 흥미롭다.

2장의 '5세기 후반에 무슨 일이 일어났는가' 라는 항목에서 5세기
후반에서 6세기 초의 남조에서 역경 사업은 정체되지만 불교는 융성
해지고, 특히 이미 번역된 경전을 바탕으로 한 불서의 정리 편찬 활동
이 왕성하게 이루어졌음을 살펴보았다. 앞에서 소개한 초론의 편찬은
바로 그러한 기존의 지식을 정리하고자 하는 활동의 일환이었다.

편집 경전의 장르 2:
다른 역자의 부분 번역을 연결하여 하나로 묶은 경전

동일 경전의 다른 번역을 합쳐 하나의 책으로 묶은 것도 편집 경전의
일종이다. 현존하는 경전 가운데 예를 들면 《첨품묘법연화경添品妙法
蓮華經》, 《합부금광명경合部金光明經》 등이 있다. 《첨품묘법연화경》은
수나라 사나굴다闍那崛多와 달마급다達摩笈多가 인도에서 입수한 다라
엽多羅葉* 사본의 내용을 바탕으로 후진 구마라집 번역의 《묘법연화
경》에 누락되어 있던 〈제바달다품提婆達多品〉과 〈보문품普門品〉의 게구,

---

* 인도 등 남아시아나 동아시아에 자생하는 감탕나무과의 상록교목으로 높이는 10m에 달
하고 13~17cm 정도의 두꺼운 타원 모양의 잎이 달린다. 잎의 뒷면에 송곳같이 뾰족한 것
으로 글씨를 새기면 새긴 곳만이 검게 변해 뚜렷하게 오래 남기 때문에 인도에서는 종이
대신에 불경을 새기는 데 사용했다. 그리고 잎을 불에 쬐면 열로 조직이 파괴되어 금방 검
게 변색하여 원과 같은 모양이 나타나므로 사찰 등에서는 이를 원문円紋 또는 사환死環이
라고 하여 길흉을 점칠 때에 사용하였다.

〈법사품法師品〉 서두, 〈부루나품富樓那品〉 후반을 구마라집 번역본에 보탠 것이다. 《합부금광명경》은 수나라 석보귀釋寶貴가 북량 담무참曇無讖 번역의 《금광명경》 4권을 바탕으로 거기에 포함되지 않은 품품(章)을 진제眞諦 번역으로 보완하여 통독할 수 있도록 편집한 것이다.

다른 사람이 번역한 경전들을 묶어 하나의 경전으로 정리하는 작업은 이전부터 이루어지고 있었다. 말하자면 《합유마힐경合維摩詰經》과 《합수능엄경合首楞嚴經》의 편찬을 지민도支敏度(支愍度)의 〈합유마힐경서合維摩詰經序〉(《出三藏記集》 卷8)나 〈합수능엄경기合首楞嚴經記〉(《出三藏記集》 卷7)를 통해 알 수 있는 것이 그러하다. 지민도는 동진의 승려다. 서문에 의하면, 이 두 경전의 체제는 모두 오나라 지겸支謙의 번역을 본문으로 제시하고 여기에 대응하는 서진의 축법호 번역과 축숙란 번역을 다른 판본으로 할주割註 형태로 표기함으로써 세 번역본을 별개로 참조하는 수고를 줄여 알기 쉽게 편찬한 것이다.

다음에 남본南本* 《대반열반경大般涅槃經》은 편집 경전은 아니지만 중국에서 경전을 편찬하는 하나의 방식을 보여준다. 이것은 담무참 번역의 《대반열반경》을 바탕으로 혜엄慧嚴, 혜관慧觀, 사령운謝靈運 등이 자구에 일부 수정을 가해 법현法顯 번역의 《대반니원경大般泥洹經》의 장절(品名)에 따라 구성을 바꾼 것으로, 이역異譯 합본合本은 아니지만 그와 유사한 편찬이라고 할 수 있다.

그리고 대장경에 수록되어 있지 않은, 근년에 발견된 흥미로운 석

* 담무참 번역의 《대반열반경》 40권은 오호십육국시대 북량北凉에서 작업이 이루어졌다고 해서 '북본北本'이라고 하고, 《대반열반경》 36권은 남북조시대 남송에서 혜엄, 혜관, 사령운이 위의 북본에다 법현과 불타발타라가 번역한 《대반니원경》 6권을 통합하여 편집한 것이라고 하여 '남본南本'이라고 한다.

각 자료가 있다. 허베이성河北省 [한단시邯鄲市] 서현涉縣의 중황산中皇山 석굴 벽면에 새겨진 《십지경十地經》이다. 중황산 석굴은 570년대 북제시대의 것이다. 석벽에는 《불설우란분경佛說盂蘭盆經》, 구마라집 번역의 《사익범천소문경思益梵天所問經》, 《불수열반략설교계경佛垂涅槃略說敎戒經》(이른바 《유교경遺敎經》) 등 몇 점의 경전과 함께 《십지경》이 새겨져 있다. 그 문면은 천친보살天親菩薩 작·보리류지菩提流志 번역의 《십지경론十地經論》에서 천친보살의 '주석(論)'을 삭제한 경전 본문의 산문 부분(장행長行)과, 동진 불타발타라 번역의 《화엄경》〈십지품十地品〉의 음운 부분(게송偈頌)을 하나로 합친 것이다(Zhang Zong 2009, 2010). 이 특이한 합본을 편집한 이유는 당시 융성하고 있던 지론종地論宗의 근본 경전 《십지경론十地經論》에 경전의 게송 부분이 포함되어 있지 않았기 때문이다. 다루기 편하고 읽기 쉬운 경전을 편집하려던 의도가 분명하다.

편집 경전의 장르 3:
항목 나열형 경전(법수나 부처의 이름 등)

항목 나열형이라는 것은 잠정적인 명칭에 지나지 않는데, 요컨대 불교 교설에서 특별한 의미를 갖는 숫자인 법수法數나 부처의 이름(佛名) 등을 나열하는 형식을 취하는 경전을 가리킨다. 불교에는 오온五蘊, 십이처十二處, 십팔계十八界 등 법수, 이를테면 법法(다르마dharma, 교설)을 숫자로 정리·요약하는 경향이 있고, 이것은 종종 경전에도 이용되어 왔다. 또한 경전 중에는 시방제불十方諸佛[*]의 구체적인 부처의 이름과 불국토명佛國土名(부처님이 계신 나라의 이름)을 수없이 열거하는 유형도 있다.

이러한 법수나 부처의 이름을 열거하는 경전의 단적인 예로 동진의 담무란曇無蘭이 엮은《삼십칠품경三十七品經》과《현겁천불명경賢劫千佛名經》이 있다. 이 두 경전이 담무란에 의해 '찬출撰出'되었다는 것은《출삼장기집》권2에서 알 수 있다. 이에 대해서는 본장의 "편집'을 의미하는 한어'라는 항목에서 이미 언급했다. '삼십칠품'이란 깨달음에 이르는 37개의 수행을 가리킨다. 흥미롭게도 난징南京박물관에는《삼십칠품경》이라는 동진 무렵에 나온 같은 이름의 별본이 소장되어 있다(Fang 2010). 여기서 육조시대에는 '삼십칠품경'이라는 이름으로 복수의 경전이 몇 번이고 편집된 것 같은 사정을 엿볼 수 있다.

마찬가지로 법수에 관련된 편집 경전으로는 후한의 엄불조嚴佛調가 엮어낸《십혜경十慧經》과 석도안釋道安이 엮어낸《십법구의경十法句義經》도 있었다. 전자에 대해《출삼장기집》권2는 다음과 같이 기술한다.

《법경경法鏡經》1권[도안공道安公은 '방등경方等經에서 파생했다'고 한다].
《십혜경十慧經》1권[《사미십혜沙彌十慧》라고도 한다].
위의 2부, 합계 2권은 후한 영제靈帝 때 승려 엄불조와 부마도위 안현安玄

---

[*] 불교의 '우주적 부처관'을 표현하는 말로, 동·서·남·북의 사방四方과 건乾(서북)·곤坤(서남)·간艮(동북)·손巽(동남)의 사유四維, 그리고 여기에 상·하를 더한 시방세계十方世界에 각각 수많은 부처의 정토淨土와 중생이 사는 곳이 있다고 보는 관념이다.

이 공동으로 번역했다. 《십혜경》은 엄불조가 편찬한 것이다.[*]

　이처럼 《십혜경》은 '번역(譯)'이 아니라 '편찬(撰)'이라고 한다. 이것이 기록의 오류가 아님은 《출삼장기집》 권10에 실린 엄불조嚴佛調의 〈사미십혜장구沙彌十慧章句의 서序〉에서 엄불조 자신이 "십혜장구를 지었다"(大正藏 卷55, 70쪽 상)고 '지을 작作' 자를 쓰고 있는 것만 보아도 확실하다. 물론 경전을 축어적으로 번역만 한 것이라면 '작'이라고 하지 않았을 것이다. 게다가 석도안釋道安의 〈십법구의경十法句義經의 서序〉(《出三藏記集》 卷10)에도 이와 관련된 내용이 있는데, 엄불조의 《십혜경》 외에 동진의 석도안이 《십법구의경》을 편집했음을 기록한 것이다.
　이상은 경록을 통해 알 수 있는 것이며, 그 밖에 《사십이장경》도 편집 경전으로 간주할 수 있음은 이미 언급했다. 이 경전에 대해서는 북송의 수수守遂가 선종禪宗 방식으로 개편하여 나중에 '수수본守遂本'이라는 이름으로 보급되는 새로운 판본이 성립되었다. 편집 경전이 또 다른 편집을 낳게 되는 하나의 사례다.

편집 경전의 장르 4: 우화를 모은 경전

비유 경전譬喩經典, 즉 부처의 전세前世에 얽힌 인연담 등을 설명하기

---

[*] (원문주) "法鏡經一卷[安公云出方等經]. / 十慧經一卷[或云沙彌十慧]. / 右二部, 凡二卷, 漢靈帝時, 沙門嚴佛調·都尉安玄共譯出. 十慧是佛調所撰." 大正藏 卷55, 6쪽 하.

위한 짧은 우화를 수많이 모은 경전에도 편집이 적지 않다. 예를 들면, 《출삼장기집》 권12에는 다음과 같이 말한다.

《비유경譬喩經》 10권[구록에서는 《정비유경正譬喩經》 10권이라고 한다].
위의 1부, 전 10권은 동진 성제成帝 때 승려 강법수康法邃가 여러 경전에서 필요한 부분만을 뽑아 모아 이 1부를 편찬했다.[*]

또한 같은 《출삼장기집》 권9에 실린 강법수의 〈비유경서譬喩經序〉는 다음과 같이 말한다.

지금까지 내가 들은 것은 (불교 전체의) 극히 일부에 지나지 않지만, 오랜 기간 베껴놓은 것이 서로 내용적인 중복이 많으므로 주제별로 1편 씩 수집·편찬하여 전체 10권으로 만들었다.[**]

이들 경록 가운데 사용되는 "필요한 부분만을 뽑아 모아(抄集)"나 "수집·편찬하여(撰集)"라는 표현으로부터 강법수의 손을 거친 《비유경》은 편집 경전이었음이 분명해진다. 다만 애석하게도 이 경전도 지금 남아 있지 않다.

《비유경》이 용이하게 편집되는 이유는 그것이 짧고 알기 쉬운 우화를 모아놓은 것이기 때문이다. 우화는 난해한 교리를 모르는 사람도

---

[*] (원문주) "譬喩經十卷[舊錄云, 正譬喩經十卷]. / 右一部, 凡十卷, 晉成帝時, 沙門康法邃抄集衆經, 撰此一部." 大正藏 卷55, 10쪽 상.
[**] (원문주) "如今所聞, 億未載一, 而前後所寫, 互多複重, 今復撰集, 事取一篇, 以爲十卷." 大正藏 卷55, 68쪽 하.

알기 쉽고 정리하기 쉬우며 목적에 따라 다양하게 편집하는 것이 가능하다. 그래서 비유 경전은 좋은 편집의 대상이 되었을 것이다.

편집 경전의 장르 5:
실천 매뉴얼(계율의례나 명상법 등의 안내서)

불교의 실천 안내서, 일종의 매뉴얼에 특히 계율의례(카르마karman, 羯磨)나 명상(선정禪定, 선관禪觀) 등의 구체적 방법을 설명하는 문헌이 있다.

예를 들면, 경록이나 대장경 중에 위나라 강승개康僧鎧의 번역으로 되어 있는 《잡갈마雜羯磨》와, 위나라 담체曇諦의 번역으로 되어 있는 《갈마羯磨》와 같은 계율의례 안내서가 있다. 둘 모두 위대에 번역된 것일 수 없고 5세기 전반에 번역된 《사분율四分律》 문장을 발췌한 것임이 밝혀졌다(Hirakawa 1960).

마찬가지로 명상법에 관한 안내서로서는 구마라집 번역으로 전해지는 《좌선삼매경坐禪三昧經》과 《선법요해禪法要解》가 있는데, 이 경들은 엄밀하게는 번역이 아니라 구마라집 혹은 그의 문하생이 구마라집 번역의 《자재왕보살경自在王菩薩經》 등의 문언을 전용하여 편집했을 가능성이 높다고 한다(Ikeda 1937).

그 밖에도 이들과 비슷한 것은 많이 있을 것이다. 이론이 아니라 실천과 결부된 수계의례受戒儀禮나 좌선 방법 등은 범어 원전을 축어역으로 하기에는 번잡하고 요령부득한 면도 있었을 것이고, 중국의 실태에 입각해 간략하게 제시할 필요도 때로 있었음에 틀림없다. 인도풍의 장황한 텍스트가 아니라 중국인이 사용하기 좋은 형태로 간결 명료하게 정리한 텍스트가 실천 현장에서 요구되었던 것이야말로 실천 안내서가 쉽게 편집으로 이어진 이유일 것이다.

편집 경전의 장르 6: 전기

한역 중에 '전傳'이라고 칭하는 문헌에도 편집 흔적이 많이 발견된다. 이를테면, 북위北魏의 길가야吉迦夜와 담요曇曜가 공역한 것으로 전해오는《부법장인연전付法藏因緣傳》에는 서진 안법흠安法欽 번역의《아육왕전阿育王傳》, 구마라집 번역의《십송률十誦律》과《용수보살전龍樹菩薩傳》등에 나오는 문언과 같은 것이 확인되고 있다(Maspero 1911, Nomura & Ōkawa 1996). 이들 문헌에 나오는 표현을 전용하여 중국에서 편집한 것임을 알 수 있다.

또한 고사본 조사 연구로 유명한 오치아이 도시노리落合俊典의 연구에 따르면, 일반적으로 후진 구마라집 번역으로 전해오는《마명보살전馬鳴菩薩傳》의 성립에도 중국에서 편집된 정황이 발견된다.《마명보살전》이란 고대 인도 아슈바고샤Aśvaghoṣa 보살의 전기인데, 여기에는 간행본刊本 계열과 사본 계열의 두 종류가 있다. 그중 목판 대장경에 수록된 간행본 계열의 전기는 후대 당~북송 무렵에 개편된 것이다. 이보다 시대적으로 앞서 칠사본七寺本 등 일본 고사경古寫經으로 남아 있는 사본 계열의 텍스트가 존재하는데, 사본 계열의 전기도 번역이 아니라 승예가 구마라집의 가르침을 정리하여 편찬했을 가능성이 있다(Ochiai 2000).

게다가 진제 번역으로 전해오는《바수반두법사전婆藪盤豆法師傳》도
인도어 원전의 축어역이 아니라, 진제가 가져온 바수반두婆藪盤豆(바
수반두Vasubandhu, 천친天親)의 전기에 관한 여러 정보를 제자들이 정
리·편찬한 문헌일 가능성이 높다. 본전本傳에는 중국어 기반의 주석
적 문언이 많이 보인다. 특히 다음에 제시하는《바수반두법사전》권
말의 기술은 원래 그것이 번역이 아니었음을 여실히 보여준다.

> (바수반두는) 아요디야Ayodhyā국에서 입적했다. 향년 80세. 그의 구체적인
> 행적은 범부의 경지와 다르지 않았지만 (그가 교설한) 이법理法은 실로 심
> 오했다.
> 여기까지는 바수반두 등 (삼)형제에 관한 기술이고, 이후는 삼장도리三藏
> 闍梨 * (진제 삼장)가 건강健康의 궁성을 떠나 동으로 가고, (나중에) 광주廣州
> 에 도착하여 대승大乘 제론諸論을 재차 번역한 일과 사후의 일을 기록하고
> 그것을 후대에까지 전한다.
> 바수반두 법사의 전기(끝). **

후반 부분의 내용이 암시하고 있는, 중국 도래 후 진제 삼장三藏의
활동을 기록한 전기는 현존하는《바수반두법사전》에는 물론 포함되
어 있지 않다. 그러나 이러한 기술 방식은《바수반두법사전》이 인도

---

* 범어 ācārya를 한어로 음사한 '아도리야阿闍梨耶'의 축약어로 계율을 지키고 제자들의 모
범이 되어 법을 가르치는 스승이나 승려의 존칭으로 사용된다.
** (원문주) "於阿緰闍國捨命, 年終八十. 雖迹居凡地, 理實難思議也. 前來訖此, 記天親等兄弟.
此後記三藏闍梨從臺城出, 立東至廣州, 重譯大乘諸論并遷化後事, 傳於後代. / 婆藪盤豆法師傳"
'大正藏' 卷50, 191쪽 상.

어 원전의 축어역을 의도한 것이 아니었음을 분명히 보여준다. 추측건대 처음부터 한어의 저작으로 집필되었다고 보는 쪽이 자연스러울 것이다.

이처럼 '전'으로 불리는 것 중에는 손질을 가해 중국인이 좋아하는 전기 형식으로 작성한 것이 많다. 인도어 문헌의 경우, 사서史書나 전기가 전혀 없는 것은 아니지만 드물다. 분명히 《아육왕전》처럼 어느 정도 여기에 대응하는 범어 문헌을 상정할 수 있고 번역으로 인정할 만한 '전'도 있다. 그러나 《용수보살전》이나 《바수반두법사전》의 경우는 체재가 다르다. 인도인의 저자명을 명시하지 않고 해당 인물의 이름과 출신부터 설명하기 시작해 시간 순서에 따라 입적에 이르기까지 일생의 자취를 산문으로 이야기한다. 이 형식은 사마천司馬遷의 《사기史記》 이래의 일반적인 전기나 그것을 바탕으로 한 《고승전》 등의 승전과 공통되는 면이 많다. 나의 좁은 식견으로 말하면, 인도어 문헌의 경우 이런 산문 형식의 전기가 존재하는 예를 찾을 수 없다. 한어로 저술된 《바수반두법사전》 등의 경우 그 소재가 된 개개 일화의 기원을 인도로 보는 것은 충분히 가능하겠지만 전체적 체재는 인도어 문헌과는 다르다. 오히려 구마라집이나 진제와 같이 서역에서 온 승려가 전하는 일화를 중국인 제자들이 기록한 것이라고 보는 쪽이 자연스러울 것이다.

편집 경전의 장르 7: 기타(중국에서 편집한 교리학서)

편집 흔적을 찾아낼 수 있는 문헌은 이상에서 소개한 여섯 종류 외에도 존재한다. 예를 들면, 구마라집 번역의 《성실론》도 번역 문헌이면서도 한역판과 완전히 동일한 인도어 원전은 존재하지 않는 것으로 보아야 한다고 앞에서 언급한 바 있다. 《성실론》의 개개의 내용은 모두 인도어를 번역한 것이겠지만 전체 구성은 중국에서 편집된 것이다.

게다가 구마라집 번역의 《대지도론》 100권이 원전의 전역이 아니라 서품을 전역한 것 외에 제2장 이하는 큰 폭으로 생략해 초역했음도 이미 기술한 바와 같다. 승예의 〈대지석론서〉는 원문 생략의 이유를 다음과 같이 설명한다.

> 인도어 원문이 극도로 번잡한 모양새인 것은 모두 초품初品에서 보는 바와 같다. (구마라집) 법사는 중국인이 간결함을 좋아하기 때문에 (서품 이외는) 생략하여 간략화했다. 만약 빠짐없이 모두 번역했다면 1천 권 이상이 되었을 것이다.[*]

다시 말하면, 인도에서는 온갖 번잡한 표현을 다해 장황하게 설명하는 것(繁=煩=廣)을 좋아하지만, 중국에서는 간결한 것(簡=略)에 보다 큰 가치를 두기 때문에, 중국적 기호에 맞게 요약했다는 것이다. 이는 《대지도론》이 중국에서 편집된 논서라는 것을 보여주고 있다. 흥미로운 것은 간략판도 100권이나 되어 여전히 너무 길므로 여산廬山의 혜원慧遠(334~416)은 더욱 간략한 텍스트로 《대지론초》 20권을 편

---

[*] (원문주) "胡文委曲, 皆如初品, 法師以秦人好簡, 故裁而略之. 若備譯其文, 將近千有余卷."'大正藏' 卷55, 75쪽 상~중.

찬한 것도 이미 언급했다(《出三藏記集》卷5, 卷10 慧遠〈大智論抄序〉, 卷2 〈新集撰出經律論錄〉에도 관련 기사가 있다). 혜원은 오로지 교리 학습상의 이유에서 요점을 간결 명료하게 이해할 수 있는 발췌본이 필요했던 것이다.《출삼장기집》권5〈신집초경록新集抄經錄〉에 다음과 같이 말한다.

> 《반야경문논집般若經問論集》20권[《대지론초大智論抄》, 혹은《요론要論》, 혹은 《약론略論》,《석론釋論》이라고도 한다].
> 위의 1부, 전 20권은 여산의 사문 석혜원이 이 논서의 문장이 너무 상세하여 학습자가 알기 어려우므로 요점을 정리하여 발췌했다.[*]

같은 내용이 혜원 자신의 서문인〈대지론초서大智論抄序〉에 좀 더 자세하게 기술되어 있다.

> (구마라집 법사는 원문의 서품 외 나머지 부분에 대해 각각의 내용을 요약하여 한역을 100권으로 단축했지만) 그래도 우아하고 품격 있는 문체(文藻)를 좋아하는 사람들은 여전히 번다繁多하다고 생각하며, 모두 내용의 방대함에 막혀 그 내실을 속속들이 파고들어 밝혀내는 사람이 드물다. …… 성인은 지역의 특성에 맞추어 가르침을 설정하고 강설 방식에 우아하고 품격 있는 문체(文)로 할 것인지 인위적인 손질을 배제한 원문의 직설적인 문체(質)로 할 것인지의 차이를 정한 것으로 안다. …… 나 혜원은 여기에 번잡한 부

---

* (원문주) "般若經問論集二十卷[卽大智論抄. 或云要論, 或云釋論]. / 右一部, 凡二十卷, 廬山沙門釋慧遠以論繁積, 學者難究, 故略要抄出." '大正藏' 卷55, 76쪽 중.

분을 간결하게 하고 복잡한 곳을 말끔하게 함으로써 핵심 부분을 명료하게 하고 문장 표현에 질質과 문文을 각각 갖추게 하여 올바른 의미에서 벗어나지 않도록 했다.*

《대지론초》는 배우는 사람이 이해하기 쉬운 텍스트를 목표로 편집되었음을 알 수 있다.

앞에서 소개한 《성실론》과 《대지도론》은 모두 구마라집의 번역이다. 한편 신역新譯을 대표하는 현장玄奘의 번역에도 편집 경전으로 간주할 만한 것이 전혀 없다고 할 수 없다. 그 단적인 예는 호법보살護法菩薩 작·현장 번역의 《성유식론成唯識論》이다.

《성유식론》은 세친世親의 《유식삼십송唯識三十頌》에 대한 주석서고 그 작자는 호법護法(다르마팔라Dharmapāla)으로 전해오고 있다. 상세한 성립 사정은 복수의 인도어 텍스트를 하나로 통합한 것을 의미하는 '합유合糅' 또는 '유역糅譯'이라는 특수한 용어로 이야기된다. 인도에는 《유식삼십송》에 대해 각기 논사 열 명이 펴낸 주석이 존재했는데, 이들 10종이나 되는 주석서를 개별적·축어적으로 번역해내는 번잡함을 피하기 위해 호법 논사의 주석을 중심으로 10종을 통합한 문헌으로 《성유식론》이 만들어진 것이다. '합유', '유역' 등의 표현은 이러한 경위를 나타내고 있다.

일반적으로 복수의 주석을 한 권의 책으로 펴내는 경우, 중국에서는 '집해集解' 또는 '집주集註'라고 칭하고 각 주석마다 주석자의 이름

---

* (원문주) "而文藻之士, 猶以爲繁, 咸累於博, 罕旣其實, …… 則知聖人依方設訓, 文質殊體. …… 遠於是簡繁理穢, 以詳其中, 令質文有體, 義無所越." 大正藏 卷55, 76쪽 중.

을 차례로 명기하는 것이 통례다. 한편《성유식론》의 경우는 열 사람의 주석자 이름을 명시하지 않은 점에 '유糅((한데 섞다)'라는 특수한 표현을 사용하는 까닭이 있다.

경전을 세 종류로 분류하다

지금까지 중국에서 한역 경전을 편집하여 펴내기 쉬운 문헌의 장르로 일곱 가지를 소개했다. 이들은 모두 전통적인 의미에서 '한역(진경眞經)'과 '위경'의 중간에 위치하는 문헌이다. 다시 말하면, 한역의 일종이기는 하지만 거기에 그대로 대응하는 인도어 원전이 존재하지 않는 점에서 순수한 '한역'과 다르다. 한편 경전을 위작하려는 의도가 없었던 점이나 개개의 구성 요소에는 중국 특유의 문화적 요소가 확인되지 않는다는 점에서 '위경'과도 일선을 긋는다. 게다가 이들 경전은 대개의 경우 전통적인 경록 중에 위경으로서 비판적으로 다루어진 일이 없는 점에도 유의하기 바란다. 이러한 것을 잠정적으로 '편집 경전'이라 부른다고 하면, 한어 경전의 유형은 종래의 2분류에 더해 다음의 세 종류로 분류할 수 있다.

(1) 한역 경전Chinese Buddhist Translations(CBT): 종래 분류의 '진경'에 해당
(2) 편집 경전Chinese Buddhist Compilation Scriptures(CBCS): 전통적인 분류에는 존재하지 않는 새로운 시점. 종래의 '진경' 일부가 여기에 해당
(3) 위작 경전Chinese Buddhist Apocrypha(CBT): 종래 분류의 '위경'에 해당

위의 세 분류에 영어 표기를 추가한 이유는 각각의 의미를 가능한 한 분명히 해두기 위해서다. 그중 편집 경전이란 한역 문헌을 소재로 중국에서 편집한 경전을 의미한다. 재미있게 좀 더 설명한다면, 한역은 Sutras made in India, translated in China(인도제 경전을 중국에서 번역한 것)이고, 위작 경전은 Sutras made in China(중국제 경전) 혹은 Sinicized sutras(한화경전)이다. 이에 대해 편집 경전은 컴퓨터의 제조 과정에 비유하여 Sutras made in India, assembled in China(인도제 경전을 중국에서 조립 생산한 것)라고도 할 수 있을 것이다.

또한 편집이 언제 이루어졌는지에 대해서는, 이미 살펴본 것처럼, 한역 성립과 동시인 경우도 있는가 하면, 한역과는 별도로 나중에 다른 사람이 편집의 손질을 가하는 경우도 있었다. 《대지도론》100권의 경우로 말하면, 구마라집이 인도어 원전에서 필요한 부분만을 뽑아 번역(서품만은 전역)한 것은 한역과 동시에 편집한 것이라고 볼 수 있다. 이에 대해 여산의 혜원이 《대지론초》20권을 작성한 것은 기존의 한역을 이용하여 후대에 다른 사람이 편집을 행한 사례다.

편집 경전이란, 전통적으로 진경으로 불리는 것을 경록 정보나 경전 내용의 분석 등을 통해 재검토하여 편집 흔적을 명확하게 확인하게 된 경우 그것을 편집 경전으로 규정하는 것이다. 따라서 현시점에서 진경으로 다루어져도 편집 경전인 증거가 나중에 발견될 가능성은 항상 존재한다. 편집 경전의 구체적인 수량은 장래 연구의 진전과 함께 더욱 늘어날 것임에 틀림없다.

편집과 위작의 접점

편집의 확실한 증거를 찾아냄으로써 편집 경전임을 확정할 수 있다고 해도 실제로 편집 흔적이 있는지를 최종적으로 결론짓는 일은 좀처럼 용이하지 않다. 그렇다고 편집 흔적이 없다고 단정하는 것에도 특히 신중해지지 않을 수 없다. 그러한 경우 더더욱 골치 아픈 것은 순수한 축어역, 편집 경전, 위경의 세 종류를 구별하여 분류해도 반드시 그 두 개 영역에 걸쳐 있는 문헌이 나올 가능성이다. 위경의 요소를 포함하면서도 경전 전체로서는 편집으로 보아야 하는 사례가 실제로 존재하는 것이다. 예를 들면, 역자 미상의 《사리불문경舍利弗問經》이 그렇다(자세한 내용은 Funayama 2007a 참조). 그러한 사례까지 고려하면 위작과 편집을 구별하는 시점으로서 위경에는 편집적 요소가 전혀 있을 수 없다거나 편집 경전에는 위경적 요소가 전혀 있을 수 없다고 단정하는 것은 오히려 부적절함을 알 수 있다. 오히려 양자의 차이는, 위경적 요소가 해당 경전 가운데 주요한 의의를 갖는 필요불가결한 것인가, 아니면 그것이 없어도 경전의 큰 줄거리는 바뀌지 않는, 대국적으로는 무시할 수 있는 일부에 지나지 않는가이다.

요컨대 이렇게 말할 수 있을 것이다. 편집 경전이란 번역 경전으로서의 요소가 중요하고 문장 단위로 분석하면 그 기원이 인도이지만 순수한 번역이 아니라 중국에서 편집된 경전이다. 다만 일부 극히 예외적으로 위경적 요소가 섞여 들어갈 가능성도 전혀 없지 않다. 이에 대해 위작 경전(위경僞經)이란 중국적 요소가 경전의 골격을 형성하는 경전이고 경전 전체를 인도 기원으로 보는 것은 불가능하다. 편집과 위경의 차이는 경향 또는 정도의 문제로서 이해해야 한다. 순수한 한역과 편집 경전은 어떤 인도어 원전을 상정하는 것이 가능하다는 점에서 공통되고, 한편 편집 경전과 위경은 중국에서 저작의 손질이 가해진 점에 공통된다. 이들 세 가지를 확연히 구분하는 것은 오히려 원리적으로 불가능한 일이라고조차 말할 수 있다.

이렇듯 어떻게 분류하든 완전한 분류가 불가능하다면 새로 세 종류로 분류하는 것이 의미 없다고 생각할지 모르지만 그렇지는 않다. 축어적 한역과도 위작과도 다른 것으로 편집 경전을 구별해두는 것은 중국 불교의 실태를 아는 데 매우 유효하다.

중국인은 간결함을 좋아한다

마지막으로 편집 경전을 작성한 동기나 목적에 대해 언급해두고자 한다. 주지하는 바와 같이, 인도에서는 대승 불전이 기원후 수세기에 걸쳐 작성되고, 또한 《반야경》 경전군에 여실히 보이듯이 같은 계열의 경전조차 확장과 축소를 되풀이해왔다. 이것은 인도에서 불전 편집이 활발하게 이루어졌음을 뒷받침한다. 한편 중국에서는 한역 경전을 중시하면서 때로는 편집 경전이 작성되었다. 그러면 인도와 중국의 편집 경전은 어디가 다른 것인가.

5장에서 본 것처럼, 위작 경전에는 '최고 권력자의 뜻에 따르려는 것', '최고 권력자의 시정을 비판한 것' 등 다양한 찬술 동기가 있었다. 요컨대 인도인과 중국인은 기질, 사고, 문화가 다르기 때문에 중국인의 입맛에 맞는 경전이 꼭 한역 중에 있었다고는 할 수 없고, 그 때문에 중국인이 자신들의 문화에 맞는 경전을 갖고 싶을 때 경전의 위작이 이루어졌던 것이다.

그러면 편집 경전의 경우에는 어떤 의도가 작용했던 것일까. 먼저 지적해두어야 할 것은, 중국의 편집 경전은 알기 쉬움을 추구했다는 것이다. 구마라집이 《대지도론》 100권의 서품에 계속되는 제2품 이하를 크게 생략했을 때 그가 든 이유는 "중국인은 간결함을 좋아한다(秦人好簡)"는 점이었다. 중국인에게 대체로 인도 경전은 너무 길었다. 중국인은 번거로운 불교 교리학보다 간결하고 직설적인 교설을 좋아했다. 나아가 여산의 혜원이 《대지론초》 20권을 작성했음은 이미 소개했는데, 혜원은 100권으로는 깊이 학습하는 것이 곤란하다는 사실(論文繁積, 學者難究)을 이유로 들고 있다.

다른 번역을 하나로 묶는 편집의 경우는 간편성을 추구한 것이다. 여러 가지 다른 경본經本을 속속들이 비교·검토하는 일 없이 이것 1권으로 충분한 것(all-in-one)을 작성하면 편리하다. 수계의례나 좌선의 매뉴얼 작성에도 실용성이라는 관점이 관계한다. 마찬가지로 소자량이 많은 초경抄經을 작성한 동기도 아마도 실천상의 필요성과 무관하지 않을 것이다.

이처럼 중국에서는 간결 명료하고 짧고 다루기 쉬운 경전을 좋아하는 경향이 다양한 국면에서 보인다. 초경 및 기타 편집 경전이 수없이 등장한 실태나 배경은 진경과 위경의 전통적 이분법으로는 보이지 않는 중국 불교의 일면을 보여준다. 중국에서는, 예컨대 장대한 《대반야경》 600권보다 간결한 《금강반야경》을 좋아하는 일반적 경향이 있다. 이것이 편집 경전 작성으로 이어지는 중국적 멘탈리티라고 할 수 있다. 위경의 연구는 중국 불교의 실태를 해명하는 데 매우 중요하고, 한편 편집 경전의 연구는 중국 불교에서의 학술이나 의례의 실태를 해명하는 데 기여할 것이다. 중국에서 편집 경전의 작성은 어떤 의미에서 인도에서 대승 불전 작성과 공통되지만 경전을 장대화하는 방향보다도 내용을 간략화하는 방향으로 편집이 이루어졌다는 점에 중국 불교가 갖는 특징의 일단을 엿볼 수 있다.

般若波羅蜜多心經

色不異空，空不異色，色即是空，空即是色，受想行識，亦復如是。舍利子，是諸法空相，不生不滅，不垢不淨，不增不減。是故空中無色，無受想行識，無眼耳鼻舌身意，無色聲香味觸法，無眼界，乃至無意識界，無無明，亦無無明盡，乃至無老死，亦無老死盡。無苦集滅道，無智亦無得。以無所得故，菩提薩埵，依般若波羅蜜多故，心無罣礙。無罣礙故，無有恐怖，遠離顛倒夢想，究竟涅槃。三世諸佛，依般若波羅蜜多故，得阿耨多羅三藐三菩提。故知般若波羅蜜多，是大神咒，是大明咒，是無上咒，是無等等咒，能除一切苦，真實不虛。故說般若波羅蜜多咒，即說咒曰：揭帝揭帝，波羅揭帝，波羅僧揭帝，菩提薩婆訶。

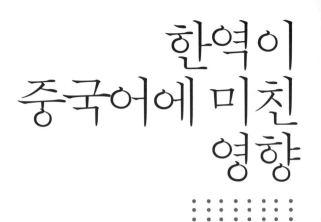

한역이
중국어에 미친
영향

인도에서 들어온 불전이 한어로 번역되었을 때 중국에 전해준 것은 사상 내용뿐만이 아니었다. 한역 불전의 언어 표현 그 자체가 중국인에게 낯설고 신선한 것이었다. 그 결과 불전의 어구는 한어에 적지 않은 충격을 주었다. 이는 후대에 불교어佛教語로 불리는 것이다.

이 장에서는 불전의 한역이 고전 한어에 미친 영향에 대해 고찰해 보고자 한다. 불교의 특징적인 표현에는 몇 종류가 있는데, 우선 다음과 같은 몇 가지를 들 수 있을 것이다.

(A) 불전에서 처음으로 성립한 숙어(불교 전래 이전에는 존재하지 않았던 숙어)

(B) 불전에서 원래와는 다른 의미로 바꾸어 사용하게 된 숙어

(C) 불전에서 원래와는 다른 의미로 바꾸어 사용하게 된 한자

(D) 불전에서 처음으로 성립한 한자(불전 번역용 한자)

(E) 어휘 이외의 어법에 관련된 변화

이 중에서 (A)와 (B)는 숙어, 즉 한자 두 자 이상의 조합에 관한 사항이다. (C)와 (D)는 한자 한 글자와 관련된다. (E)는 단어가 아니라 문법과 관계하고 한어의 어조사 어법에 미친 영향을 가리킨다. 거기에다 문화의 기층에 관심을 돌릴 때 보다 근원적인 시점으로서 (F) 범어나 범자의 존재 그 자체가 한자 문화에 미친 영향에 대해서도 고찰해야 할 것이다. 이 장에서는 이런 점에서 불전의 의의를 생각해본다.

불교어란 무엇인가

알기 쉬운 부분부터 들어가기 위해서 먼저 숙어 차원의 (A)와 (B)에 주목하고자 한다. 일반적으로 널리 알려진 불교어로는 연기緣起, 세계世界, 윤회輪廻, 번뇌煩惱, 나한羅漢, 사고팔고四苦八苦, 언어도단言語道斷, 금륜제金輪際, 억겁億劫, 멸상滅相, 나락奈落, 아귀餓鬼, 토각兎角 등이 머리에 떠오른다. 이들은 대체로 (A)에 속한다. 불교어에는 이러한 유형이 많다.

예컨대 '연기'에 대해 말하면 '緣'도 '起'도 극히 보통으로 사용하는 한자지만, 이들을 합친 '緣起'는 불교 전래 이전의 한어에서 그 용례를 찾아볼 수 없다. 다시 말하면 '緣起'(모든 일은 인연이 있어야 발생한다)는 범어 '프라티트야 사무트파다pratītya-samutpāda'의 직역으로 고안된 새로운 숙어였던 것이다. '프라티트야'는 '어느 것을 조건으로 하여', '사무트파다'는 '발생·생기生起'를 의미한다. 또한 '연기'는 범어 '니다나nidāna'의 번역어로도 사용했다. '니다나'는 인연·유서·경위를 의미하고 '연기'를 그 의미로 사용한 예는 구마라집 번역의 《대지도론大智度論》권33 등에 있다.

'세계'도 마찬가지다. '世'와 '界'를 합해 숙어로 사용한 예는 불전이 처음이고, 범어 '로카 다투loka-dhātu'의 역어로 사용했다.

'윤회'는 '삼사라saṃsāra'의 번역어이며, 이 숙어도 원래 중국에는 존재하지 않았다.

'토각'(토끼의 뿔)은 엄밀하게는 불교 용어는 아니지만 불교 논리학(因明學) 등에서 불전에 '있을 수 없는 것, 세상에 없는 것'의 비유로 사용한다.

다음으로 (B)형의 불교어는 예를 들면 '중생衆生'과 같은 말이다. 이 말은 유교 근본 경전의 하나인《예기禮記》〈제의편祭義篇〉에 "중생은 반드시 죽고, 죽어 반드시 흙으로 돌아간다"고 쓰여 있는 것처럼 불교 이전부터 사용한 말이지만, 불전에서는 범어 '사트바sattva'의 번역어로 사용하고 후대에는 '유정有情'으로 바꾸어 말하게 된다. '사트바'는 '존재하는 것, 살아 있는 것, 생명 있는 것'을 의미하고, 깨닫지 않는 한 윤회전생輪廻轉生 하는 존재를 표현한다.

'정진精進'도 마찬가지다. 이 말은《한서漢書》,《후한서後漢書》등에 용례가 있어 불교 전래 이전부터 사용되었음을 알 수 있지만, 불전에서는 의미가 바뀌어 대승 보살이 수행해야 할 육바라밀六波羅蜜*의 하나인 정진 바라밀로 '결연히 용맹 과감하게 불도를 닦아 게을리하지

---

* 바라밀은 보살의 기본적인 실천덕목을 말하는 것으로 범어 pāramitā를 발음 그대로 옮긴 것이다. 다른 주장도 있지만 언어학적으로 지지를 받고 있는 해석은 pārami(〈parama최고의)+〈tā상태〉)의 의미이다. 여기에는 통상 '육바라밀六波羅蜜' 또는 '십바라밀十波羅蜜' 이라고 하여 6종류 또는 10종류의 실천덕목을 제시하고 있는데, 이 가운데 전자를 보면 '보시布施', '지계持戒', '인욕忍辱', '정진精進', '선정禪定', '지혜智慧'의 바라밀로 이루어져 있다.

않음'을 나타낸다.

마찬가지로 '거사居士'는 원래 학문과 교양을 갖추고 있으면서도 관직에 나가지 않은 사람을 가리키지만, 불교어로는 범어 '그리하 파티 gṛha-pati'(집주인, 주인)의 역어로 사용되고, 나아가 의미가 바뀌어 우바새優婆塞(우파사카upāsaka, 청신사淸信士), 즉 남성 재가 신자의 뜻으로도 널리 사용되었다.

(C)형의 대표적 예로 먼저 불교 사원의 의미로 사용하는 '사寺'를 들 수 있다. '寺'의 사용은 엄밀하게 꼭 역어라고 할 수도 없고 실은 출처조차 확실치 않지만, 범어 '비하라vihāra'의 역어로 많이 사용한다. 원래 한자 '寺'는 불교 사원을 의미하지 않았다. 북송北宋 찬녕贊寧의 《대송승사략大宋僧史略》 등에서 이야기하는 전설에 따르면, 후한後漢 시대에 서역에서 승려들이 들어오면 홍려사鴻臚寺(정부의 외무부에 해당하는 관청으로 외국 손님 접대나 조공 등의 업무를 담당하는 곳)에 체류했고, 나중에 별도로 건물을 지어 불교를 포교하게 했다. 이러한 사정이 있어 그들이 맨 처음 머물었던 홍려사와 연관시켜 앞의 '홍려'는 생략하고 '사寺'만을 남겨 '寺(관공서, 관사)'라고 칭하게 되었다고 한다. 이처럼 '불사佛寺'를 본래 관청의 의미로 처음 사용한 문헌의 출처가 무엇인지 확인되어 있지는 않지만, 《속고승전續高僧傳》 권2 〈달마급다전達摩笈多傳〉에 "사寺는 곧 이 땅(중국)의 국가 기관(公院)의 이름으로, 이른바 관청(司)이고 조정(廷)이다"('大正藏' 卷50, 435쪽 상)라는 일절로 보아, 이 주장은 늦어도 수대隋代에는 있었던 것 같다.

그러나 이 주장에는 문제가 많다. 최근의 연구에서는 본래는 종교 시설로 '사祠'로 불리는 사당이 있었고 그것이 바뀌어 '寺'가 되었다는 주장이나, '치峙'(제사 지내는 곳, 이것은 祠로 통함)가 '寺'로 축약되었다는 등의 주장이 제기되고 있다. 그 어느 것도 정설은 되지 못하지만, 다만 '비하라'의 의미로 '舍'를 사용하는 것이 한자의 본래 뜻이 아니라 무언가의 전용轉用임에는 틀림없다.

'선禪'도 (C)형에 포함된다. 본래 천자의 '선양禪讓'이나 '봉선封禪'과 같이 하늘에 제사 지낸다는 의미로 사용하는 '禪'은 불교에서는 오로지 범어 '드햐나dhyāna', 팔리어의 대응어 '쟈나jhāna'의 음역으로 사용한다. '선정禪定'이라고도 하는데 '禪'은 음역이고 '定'은 '마음을 하나에 집중한다'는 의역意譯이다.

또한 '색色'에 대해 말하면, 불교에서는 '루파rūpa'의 번역어로 사용하고 '물체, 물질' 혹은 시각 대상에만 한정한 '형색'의 의미로 사용하는 것이 특징적이다. 이 역시 불교 특유의 전의적轉義的 용법이라고 할 수 있다.

불교어로 많은 사람이 알고 있는 '업業'도 같은 유형이다. '카르마karma'의 번역어인 '業'은 '행위'를 의미한다. 보다 엄밀하게는 행위를 일으켜 결과가 나타나기까지의 과정 전체를 함의하여 '카르마'라는 말을 사용한다. 불교 전래 이전부터 한어 '業'에는 일, 업무, 생업 등의 의미는 있었기 때문에 번역어 '業'이 종래 의미와 전혀 다르다고 할 수 없다. 그러나 불교어의 '業'을 선업善業, 악업惡業, 신구의身口意의 삼업三業* 등과 같은 용례로 사용할 경우, 거기에는 불교 외의 통

---

* 각각 범어 kāya, vāc, manas의 의역인 '신身', '구口', '의意'는 인간의 모든 행위(=업業)를 포괄하는 신체적 행위(身業), 언어적 행위(口業), 심리적 행위(意業)의 수단을 가리키는 말이다. 일반적으로 불교에서는 '신구의'의 '악업'을 경계하고 '선업'을 장려하는데, '신身의 삼업三業'(살생, 도둑질, 사음), '구口의 사업四業'(망녕된 말, 이간질, 험악한 말, 실속 없는 말), '의意의 삼업三業'(욕심, 분노, 어리석음)을 '십악업十惡業'이라고 한다.

상적인 의미와는 명확히 다른 전문 용어로서의 성격이 내포되게 된다. 인도의 말인 '카르마karma'가 얼마나 특별한 함의를 갖는지는 영어의 경우 이 단어가 그대로 사용되는 것만 보아도 분명해진다.

불전에서 '겁劫'은 원래 뜻대로 '위협하다, 빼앗다'는 의미로 사용되기도 하지만, 대부분의 경우 '칼파kalpa'(천문학적으로 긴 시간의 단위)를 표현하는 음역으로 등장한다. '억겁億劫'이라는 숙어도 따지고 보면 정신이 아득해지는 긴 시간 'kalpa'의 역어 '劫'에다 '億'을 덧붙인 것이다. 참고로 '億'은 오래된 시대의 불전에서는 '10만'의 의미로 사용하는 일이 많으나 나중에는 '1천 만'을 의미하는 경우도 있어 그 의미는 일정하지 않다.

불교는 새로운 한자를 만들어냈다

다음으로 (D)의 불전 번역을 위해 새로 만든 글자(신자新字)로 넘어가보자. 이것은 불전 번역에서의 음역과 깊은 관련이 있다. 불전에서 번역이라고 하는 경우 보통은 의역意譯을 가리키고, 이를 전통적으로는 '의역義譯'이라고 말하지만, 그것과는 별도로 음역이 수행한 의의도 놓칠 수 없다. 음역이란, 예를 들면 부처가 보리수 밑에서 얻은 '더할 나위 없이 올바르고 완전한 깨달음'을 범어로 '아눗타라 사먀크삼보디anuttarā samyak-saṃbodhi'라고 하는데, 그 의미를 취해 '무상정등각無上正等覺'이라고 표현하는 것이 의역, '아뇩다라삼먁삼보리阿耨多羅三藐三菩提'라고 표현하는 것이 음역이다.

인도의 문화는 중국과 크게 다르다. 그러므로 불교의 가르침에도 중국의 언어에 그대로 대응하지 않는 것이 많다. 인도어를 한어로 적절하게 옮기면 더할 나위 없겠지만 아무래도 옮길 수 없는 경우는 어떻게 했을까. 번역 불가능한 것은 차용어借用語로서 의역하지 않고 음역했던 것이다. 예를 들면, 지옥을 의미하는 범어 '나라카naraka'는 의역하여 '지옥'이라고도 표현했지만 '나락奈落'이라는 음역도 사용했다.

그러면 좀 더 깊이 들어가서 음역하려고 해도 적절한 음을 한어로 나타낼 수 없는 경우는 어떻게 했을까. 그 해결 방법의 하나가 새로운 한자의 창작이다. 의외라고 생각될지 모르지만, 예를 들면 '범梵', '탑塔', '마魔', '승僧', '살薩', '발鉢', '가伽', '가사袈裟' 등은 모두 불교 경전의 번역을 위해 만들어진 신자新字로서 불교 전래 이전의 중국에는 존재하지 않았다. 나아가 불교에 의해 만들어진 신자로 '찰刹'이나 '참懺'도 포함시키는 것이 좋을지 모르지만 출처를 포함하여 좀 더 자세한 조사가 필요하다. 불교가 음역을 위해 새로이 만든 한자에 언급한 여러 연구에 따르면, 이외에 '패唄'도 그렇다고 하는데 원어의 동일성 확인 문제도 포함하여 분명하지 않은 점이 남아 있다.

예컨대 '발鉢'이 범어 '파트라pātra'(그릇의 의미)를 ' 발다라鉢多羅'로 음사音寫하기 위해 만들어졌다고 하면 놀라는 사람이 많겠지만, '鉢'은 이른바 유교 경전이나 노장의 서책에도 보이지 않는 신자다. '鉢'은 음을 가리키고, 그 의미를 한어로 번역하면 '盂우'가 되는데 의역과 음역을 합해 '발우鉢盂'로 칭하는 경우도 많다. 이와 관련하여 음역과 의역을 합한 번역 사례를 범한쌍거梵漢雙擧라고 하는데, 이를테면 앞에서 이야기한 '선정禪定'이나 '게송偈頌', '삼매정수三昧正受', '참회懺悔' 등이 그렇고 그 밖에도 많다.

이러한 신자를 한자 사전에서 찾아보면 흥미롭게도 종종 음독만 존재하고 훈독이 없는 것이 있다. 이것은 '峠(도게)', '辻(쓰지)'와 같은 일본에서 만들어진 한자의 경우, 일부 예외를 제외하고 종종 훈독만 존재하고 음독이 없는 것과 대조를 이룬다.[*]

참고로 중국에서 신자를 만든 것은 불교만이 아니다. 7세기 말 측천무후則天武后(무측천武則天)가 주周 왕조를 세우고 일日, 월月, 천天, 지地, 연年 등의 17자 또는 18자의 한자를 다른 글자로 바꾸어 측천문자로 삼았다. 이 문자들을 사용한 비문이 현존하고, 일본의 경우 미토 미쓰쿠니水戸光圀의 '圀국' 자가 '國'을 원자原字로 하는 측천문자임을 아는 독자도 많을 것이다. 불교의 신자新字는 그 성립 연대를 엄밀히 특정할 수 없지만, 측천문자 이전에, 대부분 수당隋唐보다 더 이전부터 존재했다.

신자는 불전 한역 작업의 산물이다. 어떤 한자가 불교가 만들어낸 신자라는 것은 불교의 음의서音義書(불교어의 음운과 의미를 해설한 문헌) 등에 명기되는 일이 있다. 한편 중국에서 가장 오래된 한자 자전인《설문해자說文解字》의 경우 불교와 관련된 신자는 후한의 허신許愼이 편찬한 원본에서가 아니라 나중에 북송의 서현徐鉉이 덧붙인 '신부新附' 부분에 처음으로 등장한다.《설문해자》 원본에 신자가 없는 이유는 불전 번역이 후한에서 시작되고 대부분의 번역 작업이 그 후에 이루어졌기 때문이다.

그러면 음의서에서 신자에 관한 설명을 보도록 하자. 당나라 현응玄應의《일체경음의一切經音義》 권6은 '탑塔'이라는 글자에 대해, 경전에

보이는 '보탑寶塔'이라는 말의 '탑'을 예를 들어 다음과 같이 설명한다.

생각건대, 탑이라는 글자는 여러 정통 서책에서는 보이지 않고, 유일하게 갈홍葛洪의 《자원字苑》에 "탑이란 불당이다"라고 이야기되고 있을 뿐이다.[*]

갈홍은 서진西晉에서 동진東晉에 걸쳐 활약한 인물이다. 도교 신도로 알려져 있으며 《포박자抱朴子》, 《신선전神仙傳》 등을 저술하였다. 《자원》은 《요용자원要用字苑》이라고도 하는데 현재 전해지지 않고 있다. '탑塔'이란 산스크리트 어형의 '스투파stupa' 또는 여기에 대응하는 프라크리트어Prakrit[**]의 '투파thūpa'에서 첫째 음절을 음사한 문자로 생각된다. 현응은 같은 책 다른 곳에서 '탑'을 설명하여 "탑파塔婆, 혹은 의미를 번역하면 사당(廟)이다"라고 했다.

또한 당나라 현억玄嶷의 《견정론甄正論》 상권은 '담曇', '범梵'의 두 글자에 대해 다음과 같이 말한다.

생각건대, '담曇'과 '범梵'의 두 글자는 본래 중국에 없었다. 《옥편玉篇》, 《설문說文》, 《자림字林》, 《자통字統》 그 어디에도 이들 글자는 없다. '담'과 '범'의 두 글자는 원래 불교 경전에서 나온 것이다.[***]

---

[*] (원문주) "按荅字諸書無所, 唯葛洪字苑云, 塔佛堂也." Xu 2008, 129쪽.
[**] 중기 인도·아리아어 가운데 인공적으로 만들어진 '완성되고 세련된' 문장어(문어)인 산스크리트어에 대해 팔리어, 마가디어, 마하라슈트리어 등 '자연스러운prākṛta' 민중의 언어라는 의미인 구어 방언을 총칭하는 표현이다.
[***] (원문주) "竊尋曇梵二字, 此土先無, 玉篇·說文·字林·字統, 竟無此字. 曇梵二字, 本出佛經." 『大正藏』 卷52, 562쪽 상.

《옥편》은 양梁나라 고야왕顧野王이 편찬했고, 《설문》(《설문해자》)은 앞에서 언급한 대로 후한 허신許愼이 편찬했으며, 《자림》은 동진 여침呂忱, 《자통》은 북위 양승경陽承慶이 편찬했다. 이들은 《설문》을 제외하고 현재 전해오지 않는다. 현익은 이들 자전 어디에도 '담曇'과 '범梵' 두 글자는 나오지 않는다고 말한다. '梵'에 대해서는 이론異論은 없다. 하지만 사견을 말하자면 '曇'은 《후한기後漢紀》〈환제기하桓帝期下〉에 보이는 '이담李曇'(또한 《後漢書》 列傳 43 〈徐稚傳〉 '付傳')이나 《동관한기東觀漢記》 권17의 '순담荀曇' 등 불교와 관계없는 곳에서 이 글자를 사용한 이름이 후한시대에 보이므로, 그것이 불전에서 유래한 것인지 아닌지는 좀 더 검토해볼 여지가 있을 것 같다.

덧붙여 앞에서 설명한 부분에 이러이러한 문자는 '정통 서책(불교 이외의 경서나 자서字書)'에 보이지 않는다는 표현이 몇 번인가 나온다. 이 표현을 사용한 가장 오래된 예는 좁은 식견으로는 수대隋代에 편찬된 《야사전耶舍傳》이라는 전기인 것 같다. '속장경續藏經'에 수록된 당나라 도세道世의 《비니토요毘尼討要》 권2에서 이 《야사전》을 인용하여 "서책에 '발鉢'이라는 글자가 없다"고 운운하는 일절이 있었음을 소개하는 데서 알 수 있다. 여기서 《야사전》이란 무엇인가가 문제가 되는데, 이 전기는 현재 전해지지 않으며 당대 및 그 후의 문헌에 단편적인 인용만 남아 있을 뿐이다. 이 인용들을 정리하여 내용을 추정해보면, 《야사전》은 인도 승려 나렌드라야샤스Narendrayaśas (那連提耶舍, 490~589)와 관련된 전기이고, 편찬자는 수나라 언종彦琮(557~610)일 가능성이 높다.

'마'의 수수께끼

'마魔'의 내력에 대해서는 약간 불가사의한 이야기가 있으므로 소개한다. '魔'가 불전의 한역을 통해 새로이 만들어진 글자임에는 틀림없다. 현응의 《일체경음의》 권21에서는 경전 중에 나오는 '천마天魔'라는 말의 '魔' 자를 다음과 같이 해설한다.

> 정통 서책에 이 글자는 사용되지 않으며, 불전 번역자가 의미로부터 만들어 낸 것이다. (마魔는) 범어에서는 '마라māra(魔羅)'라 하고, 중국에서는 '장障'으로 번역한다. 수행하는 데 장애가 되기 때문이다.[*]

이 인용문은 '魔'라는 글자가 유교의 전적典籍이나 자서字書(자전) 등 정통 문헌에는 보이지 않고 불전 번역 과정에서 만들어졌음을 보여 준다. 흥미로운 점은 당대 이후 '魔' 자를 만든 인물이 양梁나라 무제武帝라는 이야기가 나온다는 것이다. 이러한 주장을 한 가장 이른 시기의 문헌은, 수나라 지의智顗 이후 천태종을 부흥시킨 승려로 유명한 당나라 담연湛然(711~782)이 지은 《지관보행전홍결止觀輔行傳弘決》이라는 주석서인데, 거기에 다음과 같이 나와 있다.

> 옛날에 번역된 경전이나 논서에서는 '마魔'라는 글자를 돌 석石 받침으로 표현했지만, 양나라 무제 이후로 '마魔'는 사람의 마음을 어지럽히기 때문

---

[*] (원문주) "書無此字, 譯人義作, 梵言魔羅, 此翻名障, 能爲修道障礙故." Xu 2008, 431쪽.

에 이 글자는 귀신 귀鬼 받침으로 하는 것이 좋다고 생각하게 되었다.[*]

사실을 말하면, 담연이 이 주장의 발안자인지 아닌지를 충분히 논
증할 수 없지만 현재 알려져 있는 바에 따르면 위의 일절이 '魔'와 양
나라 무제를 연결하는 가장 오래된 기록인 것 같다. 그 후 불전의 자
서나 해설에서 '魔' 자를 귀신 귀 받침으로 한 것은 양나라 무제라는
주장이 반복되고 남송 법운法雲의 《번역명의집翻譯名義集》이나 지반志
磐의 《불조통기佛祖統紀》 등의 불교 문헌을 통해 보급되어간다. 특히
주목해야 할 것은 불교라는 범위를 넘어 청대淸代에 나온 자서의 최
고 권위인 《강희자전康熙字典》이 이 주장을 채용한 것이다. 《강희자
전》은 명말明末 장자열張自烈의 《정자통正字通》(소실)을 인용하는 형태
로 양 무제가 '磨'를 '魔'로 바꾸었다고 기술하고 있다.

《강희자전》에 실릴 정도의 주장이라면 그 영향력은 가히 짐작할 수
있을 것이다. 이는 실로 막강했다. 실제로 현대의 학자들 중에도 이
렇게 생각하는 사람이 많고 불전의 신자新字를 다루는 언어학적 연구
가 '魔'를 언급할 때도 양나라 무제 이야기를 하는 것이 통례다. 다만
하나의 큰 문제는 '대장경大藏經'을 펼쳐 보면 양대梁代 이전의 번역이
라도 많은 경전의 현존 판본에서 '魔'를 사용하고 있음을 확인할 수
있다. 그렇다면 이 점을 어떻게 설명해야 하는가. 예컨대 1920년대
중엽부터 1950년대에 걸쳐 폭넓게 활약한 불교학자 우이 하쿠쥬宇井
伯壽는 양대 이전의 문헌에도 '魔'가 나타나는 이유는 번역 당초에는
'魔'를 사용하지 않았지만 무제 이후에 누군가가 '磨'를 '魔'로 바꿔치

---

[*] (원문주) "古譯經論, 魔字從石, 自梁武來, 謂魔能惱人, 字宜從鬼." 大正藏 卷46, 282쪽 상.

기 했기 때문임에 틀림없다고 추측한다(Ui 1949).

그러나 자세히 조사해보면 이 주장을 액면 그대로 수긍할 수는 없을 것 같다. 말하자면 눈썹에 침을 바르면 여우에게 홀리지 않는다고 하는 것과 같은 미심쩍은 주장일 뿐이다. 그도 그럴 것이 '魔'를 사용하는 사본 중에는 양대 이전에 성립된 것으로 보아야 할 것이 존재하기 때문이다. 말할 나위 없이 사본에서 실제로 사용되는 문자는 사본이 가짜가 아닌 이상 유력한 증거가 된다. 예를 들면, 스타인Mark Aurel Stein이 가져간 후한 지루가참支婁迦讖 번역의 《도행반야경道行般若經》 권9의 필사본(「スタイン將來敦煌寫本 * 4367號」)에는 현존본과 마찬가지로 '魔'를 수차례 사용한다. 돈황학敦煌學의 전문가로 유명한 후지에다 아키라藤枝晃에 따르면, 이 사본의 필사 연대는 문자나 필법, 서식으로 판단하면 "5세기 중반을 기준으로 그 뒤로는 내려가지 않는다"고 한다(Fujieda 1960). 마찬가지로 펠리오Paul Pelliot가 가져간 오나라 지겸支謙 번역의 《유마힐경維摩詰經》에 대한 주석서 필사본(「ペリオ將來敦煌寫本 3006號」)도 '魔'를 사용하고 있다. 그 필사 연대는 4세기 후반~5세기 초 사이로 추정된다(Guopu 1998). 그 밖의 예도 있지만 어

----

* 1900년 중국의 돈황 막고굴莫高窟 제17굴 장경동藏經洞에서 발견된 경전, 사본, 문헌 등 대량의 문서군의 총칭. 청조淸朝 정부의 관리 소홀을 틈타 1906년 영국의 탐험가 스타인 Mark Aurel Stein(1862~1943)이 수천여 점의 문서를 헐값에 매입하여 대영박물관으로 가져 가고, 이듬해에는 프랑스의 동양학자 펠리오Paul Pelliot(1878~1945)가 나타나 산적한 문서 가운데 특히 귀중한 자료 수천여 점을 골라 파리로 빼돌리며, 그 후 일본의 종교 연구가 오타니大谷 탐험대(1912), 러시아의 동양학자 올덴부르크F. Oldenburg(1863~1934) 탐험대(1914), 미국의 미술사가 워너Langdon Warner(1881~1955) 탐험대(1924)가 차례로 자료 약탈에 가세하여 돈황사본은 영국, 프랑스, 일본, 러시아, 미국, 중국 등지에 흩어지게 되었다. 당대唐代 이전의 중요한 자료가 대량 포함되어 학술적 가치가 매우 높으며, 이를 연구하는 '돈황학敦煌學'이라는 학문 분야가 생겨나게 되었다.

쨌든 양 무제가 등장하는 6세기 전반보다 앞선 시기에 '魔'를 사용하는 사본이 존재하는 이상 무제가 '魔'라는 문자를 창안했다고 하는 전설은 속설이라고밖에 할 수 없다. 그러면 '魔'는 왜 무제에게 귀착된 것일까. 그의 행적에 뭔가 힌트가 감춰져 있는 것은 아닌가. 이 점에 대해 흥미는 끝이 없으나, 그 대답은 현재 분명하지 않다는 것이다. 앞으로의 연구를 기다릴 수밖에 없다.

음역을 위해 사용한 기존의 한자

이밖에도 문자는 불전 전래 이전부터 존재했지만, 불전에서는 오로지 음역어로만 사용한 문자가 있다. 예를 들면, '불佛', '타陀', '니尼', '가迦', '보菩', '게偈', '야耶', '라羅' 등이 그렇다. '불佛'은 불교 전래 이전부터 존재했고 원래 보일 듯 말 듯 흐릿한 모양을 뜻하는 글자지만, 불전에서는 그런 의미를 표현하기 위해 사용하는 일은 거의 없고 오로지 음사어音寫語로만 사용한다. 마찬가지로 '타陀'는 험한 모양이나 무너진 모양을 나타내는 말이지만 불전에서는 그런 의미를 내포하지 않고 오로지 인도어를 음사하기 위한 기호로 사용한다. 그리고 이들 문자를 합성한 '불타佛陀'나 '다라니陀羅尼'는 음역 특유의 문자만으로 구성된 음사어의 전형이다.

L과 R의 구별

나아가 한자의 음운 체계에는 본래 존재하지 않는 L[엘]과 R[아르]의 대립적 구별을 위한 궁리를 때로는 확인할 수 있다. L과 R는 범어에서는 완전히 다른 문자지만 중국어에서는 그것을 구별하지도 않고 할 수도 없다. 그래서 음역할 때는 필요에 따라 양자를 구별하기 위해 매우 흥미로운 궁리를 시도하기도 했다. 예를 들면, 당대唐代에는 '라羅'가 다양한 음을 표현하는 데 대해, 의정義淨의 《남해기귀내법전南海寄歸內法傳》에서처럼 '라羅'를 오로지 L로 시작하는 la음에만 사용하는 경우도 있었다. 다만 구별 방법은 문헌마다 다양하고 최종적으로 통일된 표기가 확립된 것은 아니다.

더욱이 그보다 이전의 시대에 R음을 음사하기 위해 단순한 '라羅'가 아니라 '아라阿羅', '하라何羅', '갈라曷羅'로 표시하는 등의 사례가 있는 것은 매우 흥미롭다. 예컨대 양대梁代의 음운 체계를 기록하는 《번범어翻梵語》 권3에 "하라사何羅闍(rāja)는 번역하여 왕이라고 한다"('大正藏 卷54, 1005쪽 상)고 쓰여 있다. 또한 진晉나라 진제眞諦 번역의 《수상론隨相論》에 산스크리트어 '라자스rajas'(팔리어 '라자raja'에 대응)의 음사어로 '아라사阿羅社'를 쓰고 있다('大正藏 卷32, 167쪽 중). 게다가 수나라 달마급다 번역의 《기세인본경起世因本經》 권10은 '갈라사曷羅闍'라는 말에 대해 "갈라사란 수나라에서 왕이라고 하는 것이다"라고 협주를 달았다('大正藏 卷1, 418쪽 상). '曷羅闍'는 'rāja'의 음가를 가짐을 알 수 있다. 또한 당나라 자은대사慈恩大師 규기窺基(기基, 대승기大乘基, 632~682)는 주석서 《유식이십론술기唯識二十論述記》 중에서 번역자 보디루치Bodhiruci의 이름을 '보리골로지菩提鶻露支'로 음사하고 있다('大

正藏』卷43, 979쪽 하). '鸕露'는 'ru'를 음사한 것임을 알 수 있다. 이들은 모두 R음을 표시하기 위한 음역상의 궁리를 보여준다. 그 배경에는 R음을 단적으로 표시하는 한자가 존재하지 않는 것에 대한 자각과 궁리가 있었다고 보아도 좋을 것이다.

참고로 '하呵' 또는 '아阿' 등을 덧붙여 권설음을 표시하는 현상은, 직감적인 예를 들면 조금 오래된 말로 러시아를 '아라사俄羅斯'로 표기하는 경우와 비슷하다.

주목해야 할 《출요율의》

바로 위에서 《번범어翻梵語》라는 문헌에 대해 언급했는데, 이는 양대 불교의 음의학音義學을 후세에 전하는 문헌이다. 이 문헌의 중요성에 처음으로 주목한 사람이 오노 겐묘小野玄妙이고(Ono 1931), 그 후 몇몇 연구자가 매우 흥미로운 연구를 발표했다. 다만 이 장에서는 이들 선행 연구에서 충분히 해명되지 않은 사실로서, 《번범어》 권3에 〈가치나의법迦絺那衣法〉이라는 제목을 붙인 장의 전부가 같은 양대에 시기적으로 조금 앞서 성립한 《출요율의出要律儀》(소실)를 그대로 옮겨 실은 것임에 주목하고자 한다(《번범어》 가운데 이 부분만이 서식의 체제가 확실히 다르다). 《출요율의》는 율律(비나야vinaya, 출가자의 생활규범집)의 중요 사항을 정리한 책이고, 사료에 의하면 보창寶唱의 편찬이라고도 하고 무제의 칙찬勅撰이라고도 한다. 난해한 술어에는 '음의音義[음과 뜻]'가 붙어 있기 때문에 나중에 당대唐代의 율사들은 그것을 중시하여 "《출요율의》에서 말하기를"이라는 형태로 종종 인용하고 있다.

그런데 〈가치나의법〉에 관한 《출요율의》의 음의에는 '성론자聲論者'로 불리는 범어 문법 전문가(아마 양대梁代의 한인 승려)의 식견이 소개되고 있다. 다음 일절은 《출요율의》 권9에서 그대로 옮겨 실은 것이라고 명기한 내용의 일부분이다.

> '나열성羅閱城'에 대하여. 범어 문법 전문가가 말하기를, 정확한 외국 발음으로는 '하라사나가라何羅閣那迦羅'로 표기해야 한다. '아라사나阿羅閣那'는 번역하면 왕이고 '가라迦羅'는 번역하면 성으로 왕성王城을 말한다.[*]

다만 이에 대해서는 약간의 정정을 필요로 한다. '대정장大正藏'이 전거로 삼은 사본에 문자의 혼란이 있다. 지금의 경우 '라ra/rā'에 대응하는 음이 두 번 나오는데, 처음은 '하라何羅'로, 두 번째는 '아라阿羅'로 되어 있다. '何'와 '阿'는 비슷한 글자체이기 때문에 어느 쪽인가가 잘못 베껴 쓴 것이고 본래는 어느 한 쪽으로 통일되어 있었음에 틀림없다. 위의 인용 부분 조금 앞('大正藏 卷54, 1005쪽 상)에 '하라何羅'가 '라ra/rā'를 나타내는 예가 있음은 이미 언급했다. 단정하기는 어렵지만 만약 여기에 따른다면 지금의 경우는 '하라何羅' 쪽이 맞는다고 할 수 있을지 모른다.

나아가 위의 인용은 어구의 단락 구분도 정정할 필요가 있다. 본래 '하라사나가라何羅閣那迦羅'는 '하(아)라사何(阿)羅閣(라자rāja, 왕)'와 '那迦羅(나가라nagara, 거리)'였음이 틀림없다.

---

* (원문주) "羅閱城, 聲論者云, 正外國音, 應云何羅閣那迦羅, 阿羅閣那飜耓爲王, 迦羅飜耓爲城, 謂王城." 大正藏 卷54, 1006쪽 상.

또한 위의 범어 문법 전문가의 설명에서 '何(阿)羅'와 '邏'를 구별하는 것은 매우 흥미롭다. '何(阿)羅'는 장모음 'rā'를, '邏'는 단모음 'ra'를 표기하는 기호로 언어학의 입장에서 의도적으로 구별하여 사용하였음을 알 수 있다.《번범어》는 이처럼 '羅'와 '邏'의 대립으로 장단음을 표기하지만, 후대 문헌에서는 다른 글자나 방법으로 같은 구별을 보여주는 경우도 있다.

이처럼《출요율의》는, 이른바 '일체경음의一切經音義'[*]로 불리는 불경 사전 부류의 출판에 앞서 나온 불경 용어의 음과 뜻을 해설한 텍스트로 '일체경음의'라는 장르의 성립에 영향을 미친 주목할 만한 문헌이다.

구마라집과 음역

음역의 구체적 상황에 대해서는 여전히 분명치 않은 점이 극히 많지만 하나 주의해두어야 할 점은 음역 중시의 경향이 구마라집의 활동에 의해 강화되었다는 것이다. 말할 나위도 없이 구마라집은 역사상 아주 보기 드문 위대한 한역자였다. 아니 바로 그 때문에 번역의 장단점도 한계도 모두 잘 알고 때로는 굳이 음역을 고집하였다. 그 경

---

[*] '일체경一切經'은 '대장경大藏經'의 다른 이름이고 음의音義는 음과 뜻을 의미하는 것으로, 말하자면 여러 경전에 등장하는 어려운 글자나 어구를 설명한 일종의 불경 사전이다. 649년 현응玄應이 대승·소승경전 459부에서 추려낸 불교 용어에 주석을 가해 만든 총 25권의《대당중경음의大唐衆經音義》(일명 '현응음의玄應音義')와 807년 혜림慧琳이 경經·율律·논論 삼장 1,225부에서 가려 뽑은 어구를 주석한 총 100권의《일체경음의》(일명 '혜림음의慧琳音義')가 대표적이다.

향을 엿볼 수 있는 사례가 바로 구마라집 번역의 《묘법연화경妙法蓮華經》〈다라니품陀羅尼品〉이다. 여기서 구마라집은 그보다 앞선 축법호竺法護 번역에서 의역한 다라니를 의도적으로 음역으로 바꾸었다. 또한 석존이 깨달음을 얻은 곳의 보리수를 '菩提樹'라고 음역을 사용하여 표기한 것은 구마라집의 창안이고 그 전에는 의역했을 가능성이 높다. 이상은 4장에서 살펴본 바와 같다.

또한 마찬가지로 4장에서 현장玄奘의 '오종불번五種不翻' 설과 관련하여, 현장 이전에도 구마라집 번역의 《대지도론大智度論》에서 '아라하(아라한)阿羅訶(阿羅漢)'를 '살적殺賊'·'불생不生'·'응수공양應受供養'이라는 세 가지 뜻을 가지고 있기 때문에 어느 하나로 의역하기보다 굳이 음역 그대로 두었다고 언급했다. 이것은 고도로 발달된 학술 불교에서 음역이 갖는 적극적 의의와 효용을 보여주는 것이다. 나아가 또한 구마라집은 번역을 씹어서 다른 사람에게 주는 음식과 같은 것이라고 비유한 것도 확인했다. 이러한 것들을 아울러 감안하면 구마라집의 경우 음역의 의의는 두 가지 뜻으로 해석해야 할지 모르겠다.

음역은 의미도 전달하는가

불전에 나오는 음사어音寫語의 기본적 특징으로 음사어에 사용되는 한자는 의미를 갖지 않는다는 것을 들 수 있다. 예컨대 현대 중국어의 경우 모든 것이 물론 그런 것은 아니지만 때때로 음역이면서 그 한자가 음과 함께 절묘한 의미를 전달하는 경우가 있다. 가장 유명한 예가 '可口可樂가구가락(kekou kele, 맛있고 즐거움을 준다, 코카콜라

Coca-Cola)'일 것이다. 이런 예로 다음과 같은 단어들이 있다. '幽浮유부(youfu, 불가사의하게 이리저리 떠다니는 것, UFO)', '俱樂部구락부(julebu, 함께 즐기는 모임, 클럽club)', '維他命유타명(weitaming, 다른 사람의 생명을 유지한다, 비타민vitamin)', '披頭四피두사(potousi, 머리를 마구 흩뜨린 네 사람, 비틀즈Beatles)', '引得인득(yinde, 끌어와서 얻다, 인덱스·색인index)', '基因기인(jiyin, 기본 인자, 진·유전자gene)' 등. 이것들은 표의적表意的 음역이라고 해도 좋을 것이다. 현대어의 음역이 모두 이와 같은 부류는 아니지만(의미를 전혀 동반하지 않는 단순한 음역도 있다), 어쨌든 앞에서 예시한 표의성을 갖춘 현대의 음역과 비교할 때 불전에 나오는 음사어의 경우는 한자 본래의 의미와는 관계가 없다는 특징이 눈에 띈다.

불전의 음역어에도 표의적이라고 볼 수 있는 음역이 하나도 없는 것은 아니다. 예컨대 석존의 이름은 범어로 표기하면 싯다르타Siddhārtha, 속어 표기로는 싯닷타Siddhattha이고 둘 다 목적을 달성한 사람이라는 의미인데, 한역에서는 그것을 '실달悉達'이라든지 '실달다悉達多'로 음역한다. '실달悉達'은 '전부 도달하다, 모든 것에 도달하다'는 의미를 가지며 'Siddhārtha'라는 인도어의 의미와 부합한다. 그러나 이 경우도 '悉', '達', '多'가 다른 음역에서도 일반적으로 사용되고, 더구나 여기서는 아무 의미도 갖지 않은 채 음역 기호로만 사용되는 것이 보통이었음을 생각하면, '실달悉達'이나 '실달다悉達多'는 의미보다도 우선 음을 표시하는 기호였다고 이해해야 할 것이다.

또한 앞에서 소개한 불전 음역을 위해 만들어 낸 새로운 한자 가운데 '마魔'나 '가사袈裟' 등의 경우에 '귀신 귀鬼 받침'이나 '옷 의衣 변'을 붙인 점에서 표의성을 찾아볼 수 있지만, 이들 음역을 위한 문자와

'可口可樂'과 같은 현대어의 예를 같은 차원에서 다룰 수 없음은 대번에 보아도 분명하다. 다시 말하면, 불전의 경우 표의적인 음역임을 보여주는 확실한 예는 거의 없다고 해도 좋을 것이다.

'아라한阿羅漢'이든 '비구니比丘尼'든 '다라니陀羅尼'든 일반적으로 한역의 경우 음사에 사용하는 한자 그 자체의 의미는 없어진다. 거기에 그치지 않고 의미적으로는 바람직하지 않은 글자를 사용하는 경우조차 있다. 예를 들면 '붓다buddha'의 오래된 음역으로는 '불佛' 외에 '부도浮屠'나 '불도佛圖' 등이 있었다. 그중 浮屠는 《후한기後漢紀》〈효명황제기孝明皇帝紀〉나 《후한서後漢書》〈촉왕영전蜀王英傳〉에 보인다. 특히 '죽일 도屠' 자의 사용은 불살생不殺生의 가르침을 역설한 붓다에게는 극히 부적절하며 모종의 빈정거림조차 느끼지 않을 수 없다. 너무 부정적인 인상을 피하기 위해서인지 결국 역사 속에서 음역은 '불佛'이나 '불타佛陀'로 정착되었다. 그러면 '佛陀'에는 무엇인가 의미가 내포되어 있는 것일까. 이미 말한 것처럼 '佛'은 원래 아련한 모양, 보일 듯 말 듯 흐릿한 모양을 나타내고, '陀'는 험한 모양, 무너진 모양을 나타낸다. 이런 한자의 사용에 오랑캐의 가르침이라고 불교를 경멸하는 뉘앙스가 내포되어 있다고 보는 것이 불가능하지는 않지만, 한편으로 한인 불교도 스스로 자신들의 개조開祖를 '佛陀'라는 두 글자로 표현하는 데 아무 저항감을 보이지 않는 사실을 감안하면 '佛'이나 '陀'는 원래의 문자와는 관계없이 단순한 기호로 사용되었다고 보는 것이 적절하다.

예를 들면, 현대 일본어라면 외래어를 가타카나(片假名)로 표기함으로써 한자로 쓰인 어구와 외래어를 쉽게 구별할 수 있지만, 한어의 경우 물론 가타카나가 없기 때문에 양쪽 모두 한자로 표기해야 한다.

그래서 한자 중에서 음역 부분과 의역 부분을 쉽게 식별해내기 위해 음역에는 의미를 알 수 없는 문자 배열을 의도적으로 선택했다고 보아도 좋을 것이다.

문체에 대한 영향— '고故'의 용법

지금까지 이 장의 첫머리에서 제시한 (A)~(D)에 대해 차례로 해설했다. 이제 (E)의 어법에 대해 살펴보겠다. 한자의 어조사 용법과 관련하여 불전에는 어떠한 특징이 있는지가 중심 과제가 된다.

먼저 한역 불전에서 보이는 특징적인 것으로 구절 끝에 두는 '고故'가 있다. 전통적인 한어 표현에서 이유를 나타내는 '故'는 구절의 첫머리에 두는 것이 보통이고, 구절 끝이나 문장 끝에 두는 일은 없다. 그런데 불전의 경우는 구절 끝이나 문장 끝에 '故'를 빈번하게 사용한다. 그 배경에는 범어나 기타 인도어의 직역이라는 문제가 있다. 인도어의 경우, 평서문에서 어떤 단정을 한 다음에 그 이유를 직후에 탈격奪格(ablative, '~으로부터', '~때문에' 등과 같이 어떤 것으로부터의 이동이나 원인을 나타내는 조사)을 사용하여 나타내는 형태가 극히 일반적이다.

예를 들면, 범어의 문장 'anityaḥ śabdaḥ, kṛtakatvāt(목소리는 항상 듣던 대로가 아니다. 꾸며낸 것이므로)'는 추리 형식을 취해, A(목소리)는 B(꾸며낸 것)이고, B는 반드시 C(항상 듣던 대로가 아니다)라는 명제를 'A는 C이다. B이므로'라는 형식으로 표현한다. 여기에 대응하는 한역은 다음과 같은 것이다. '聲無常, 所作性故[목소리(聲)는 무상無常하다. 소작성

所作性 때문에[故].' 이 표현은 예를 들면 현장 번역의《인명입정이론[因明入正理論》에 보인다. 이처럼 이유를 나타내는 구절이 뒤에서 앞으로 걸리는 것은 원래의 고전 한어의 문체에서는 전혀 찾아볼 수 없는 부자연스러운 표현방식이지만, 이런 기묘한 표현이 불전에 보이는 것은 범어를 직역했기 때문이다.

또한 '고故'는 종종 '이以'와 호응하여 '以~故'가 하나의 구절을 구성하는 경우가 있다. 예를 들면, '以惡業故(악업이라는 이유로써)', '以大願故(대원大願이라는 이유로 해서)' 등과 같은 구절을 만든다. 이와 같은 문체의 예로는《사기史記》〈고조본기高祖本紀〉에 "以義帝死故, 漢王聞之祖而大哭[의제義帝가 죽었다는 이유로 해서 한왕漢王이 그것을 듣고 웃통을 벗고 대성통곡했다]"(Kim 2010) 등과 같은 용례도 있으므로, 한문 본래의 용례로부터 완전히 일탈했다고는 할 수 없다. 하지만 '以~故(이유로써, 이유로 해서)'라는 호응 관계의 형식을 많이 쓰는 것 역시 한어로 번역된 불전이 갖는 특징의 하나라고 말할 수 있다.

마찬가지로 '爲~故'('爲憐愍衆生故', '爲不住涅槃故' 등)라는 표현도 불전에 기인한다. 이 형식에는 목적을 나타내는 경우와 이유를 나타내는 경우의 두 가지가 있다. 범어 문법에 입각해서 말하면 여격與格(dative, '~에게', '~을 위해)의 경우와 탈격의 경우 두 가지가 있다.* 그리고 이러한 '故'를 포함한 구절은 통상의 한어와 마찬가지로 직후에 이어지는 구절의 이유·목적을 나타내는 경우도 있지만, 거꾸로 직역으로서 뒤로부터 직전의 구절을 보충 설명하는 경우도 있다. 일반적으로

---

* (저자주) '故'가 붙지 않는 '爲~'라는 구절도 한역에서는 범어의 여격 번역어로서 한어의 본래 의미 '~을 위해서'가 아니라 '~에게'의 의미로만 사용되는 경우가 있다.

말해 '故'를 포함한 구절이 앞에 걸리는가, 뒤에 걸리는가가 형식 면만으로는 헷갈려 문맥상의 의미로부터 판단할 수밖에 없는 경우도 있다. 나아가 생경한 한역의 경우 거의 의미를 갖지 않는 '故'를 문장 끝에 붙이는 일조차 드물게 있는데, 이 역시 한역이 갖는 특징의 하나로 볼 수 있다.

불교 산문의 기본은 4박자

그리고 예외는 있으나 불전의 산문이 종종 네 글자를 하나의 단위로 하고 네 글자마다 단락을 짓는 것도 특징적이다. 물론 불전 말고도 4언구四言句는 많지만 불전의 경우에는 그것이 끝없이 이어진다는 것이다. 이 점에 대해 유교의 고전《상서정의尙書正義》와 두보杜甫 등의 문학 작품 연구로 유명한 석학 요시카와 고지로吉川幸次郎는《무량수경無量壽經》에 의거해 4언구로 일관하는 문체는 불교 전래 이전의 문헌에는 드문 새로운 현상임을 지적하며 다음과 같이 말했다.

> 요컨대 '무량수경'의 문체가 4언구로 통일되어 있는 것은 그때까지의 중국의 문장에 이미 유력하게 내재된 성질, 그리고 또한 점점 농후하게 되어 갔다고 판단되는 성질을 극단적으로 발전시켰다고 할 수 있을 것이다. 그러나 '무량수경'처럼 거의 전부를 4언구로 끝까지 밀고 나간 것은 그 밖에 따로 짐작 가는 사례가 없다. 다시 말해 그것은 문체의 역사에 따르면서 하나의 극단적인 유형을 만든 것이다(Yoshikawa Kōjirō 1958).

이 지적은 직접적으로는 《무량수경》만을 대상으로 하는 것이지만, 4언 1구의 산문 양식은 실제로 매우 높은 빈도로 다양한 한역 불전에 나타난다. 예컨대 구마라집 번역의 《묘법연화경妙法蓮華經》의 경우, 산문은 4언 1구를 원칙으로 하고, 운문은 5언 1구 또는 4언 1구로 구성된다. 육조수당六朝隋唐을 거치면서 산문에 4언구를 사용하는 한역 양식이 정착되어간다. 예를 들면, 많은 사람이 알고 있는 당나라 현장 번역의 《반야심경般若心經》에 나오는 "색불이공色不異空, 공불이색空不異色, 색즉시공色卽是空, 공즉시색空卽是色. 수상행식受想行識, 역부여시亦復如是"라는 구절은 목어木魚 두드리는 소리와 매우 잘 어울리는 독특한 리듬이다.

이러한 네 글자를 단위로 하는 산문 리듬의 초기 사례는 후한 강맹상康孟詳이 번역한 《중본기경中本起經》에 있다. 그 원류는 후한 반고班固의 《한서漢書》〈평제기平帝紀〉의 찬贊,* 후한 왕충王充《논형論衡》〈대작편對作篇〉, 《후한서後漢書》〈환제기桓帝紀〉에 수록된 조령詔令(146~159) 등에 보인다. 당시 유행한 4언 1구의 형식으로 연결된다는 지적이 있다(Yu 1993, 27~29쪽). 흥미로운 것은 초창기 한역 불전인 후한의 안세고安世高 번역본과 지루가참支婁迦讖 번역본은 네 글자마다 단락 짓는 산문을 사용하지 않는다. 그 뒤 후한 지요支曜 번역의 《성구광명정의경成具光明定意經》일부에 4언구가 등장하고, 강맹상 번

---

* 한문에서 인물이나 문장·서화 등 사물을 찬미할 때 사용하는 압운하지 않는 산문 문체의 하나. 1구 5~7언 또는 8~9언 등의 장구가 없는 것은 아니지만 네 글자로 구를 나누고 운韻을 다는 것이 상례다. 내용에 따라 인물이나 문장 그리고 서화 등을 찬미하는 잡찬雜贊, 사람의 죽음을 애도하여 그의 덕을 기리는 애찬哀贊, 인물의 잘잘못에 포폄을 가하여 논평하는 사찬史贊 등으로 나누어진다.

역의 《중본기경》에서 4언구가 한층 명확해진다. 다만 강맹상을 경계로 하여 그 후의 한역이 모두 정연하게 4언구만으로 이루어진 것은 아니다. 후대에도 4언구가 그다지 드러나지 않는 번역은 많이 있다. 그러나 전체적인 경향으로 4언구가 불교 산문의 주류가 되었다고 보는 데는 문제가 없을 것이다. 4언구의 연속은 통상이라면 필요한 어조사를 의도적으로 생략하는 방식으로 문자를 채워 넣은 인공적인 조작의 결과인 경우도 있다(Zhu Qingzhi & Zhu Guanming 2006).

또한 인도어 원전의 한역에서 운문은 종종 5언 1구나 7언 1구가 연속되는 게偈의 형식으로 옮겼다. 게는 게송偈頌이라고도 한다(참고로 게송과는 다른 산문체 문장을 전통 용어로 장행長行이라 부른다). 이밖에도 빈도는 낮으나 4언 1구나 그 외의 글자 수로 게를 표현하는 경우도 있었다. 다만 한역 게송은 대부분의 경우 중국적 음운에 필요한 압운押韻(시가의 짝수 시구 끝에 같은 운을 규칙적으로 다는 것)을 하지 않는 특징이 있다. 일부에 압운을 하는 게송도 보이지만 역본 전체를 통해 완전하게 압운하는 일은 없었다(Saitō 2011). 인도의 음운을 중국의 음운으로 옮기기 위해서는 현실적으로 글자 수를 맞추어 운문풍으로 하는 것까지는 가능해도 압운 규칙까지 철저히 적용하는 것은 상당히 곤란했을 것이다.

번역조의 문체를 좋아한 학승들

4언구가 끝없이 이어지는 특수하고 인공적인 문체가 한역 불전에 자주 보이는 것은, 언어 체계가 다른 인도어의 번역이라는 사실과 밀접한 관계를 갖고 있다고 해도, 그보다 더욱 흥미로운 점은 번역 문체가 한인 스스로의 문체에도 영향을 미쳤다는 것이다. 예를 들면, 남악혜사南岳慧思(515~577)의《제법무쟁삼매법문諸法無諍三昧法門》권하卷下〈사념처관四念處觀〉에 나오는 다음의 한 구절은 얼핏 보아 알 수 있듯이 완전한 4언 1구의 연속을 보여주는 한인 저작의 일례다.

次觀心心相. 若先觀色, 麁利難解, 沈重難輕. 若先觀心, 微細難見, 心空無體, 託緣妄念, 無有實主. 氣息處中, 輕空易解. 先觀入息從何方來, 都無所從, 亦無生處, 入至何處, 都無歸趣, 不見滅相, 無有處所. 入息旣無, 復觀出息從何處生. 審諦觀察, 都無生處, 至何處滅, 不見去相, 亦無滅處. 旣無入出, 復觀中間相貌何似. 如是觀時, 如空微風, 都無相貌('大正藏 卷46, 633쪽 상).

네 글자마다 단락 짓는 구문은 명료하지만, 중국어의 리듬으로서는 단조롭고 부자연스럽기까지 하다고 할 수 있다. 한어를 모국어로 하는 사람이 굳이 즐겨 선택할 만한 리듬은 아닐 것이다. 그러나 한역 불전이 다수 출간되어 보급되자 불전의 일반적 리듬으로서 4언 1구가 정통으로 인식되었고, 중국에서 태어나서 자란 현지인들 또한 그 리듬으로 자신의 저작 활동을 하게 되었다. 범어 번역조의 한문이라고 해도 좋을 것이다. 마치 현대의 우리가 번역소설만 읽고 있으면 자신이 쓴 모국어까지도 어딘가 번역조가 되는 것처럼, 한인 학승의 주석서 등의 경우도 자기 나라의 문장과 한역 경전의 어조가 극히 가까워졌기에 인용하는 한역 경전의 문체와 자기 자신의 문체가 혼연일체가 되어 종종 구별할 수 없게 되기도 한다. 그래서 한역 인용의 끝이 어딘지조차 알기 어려운 일도 있다.

직역으로 많이 사용되는 '어於'와 '유由'

여기서 다시 한역의 이야기로 돌아가면, 인도어의 처격處格(locative)을 직역한 '어於~'라는 글자나, 이유나 기점을 나타내는 탈격을 직역한 '유由~'라는 글자가 빈번히 사용되는 것도 한역 경전의 특징이다.

'於'는 '우于'라고도 표기한다. 일반적 한어의 용례에 부합하는 '~에서'라는 장소를 나타내는 경우 외에, '~때에'라는 시간이나 '~의 경우에'라는 조건을 의미하는 경우, 나아가 '~에 대해', '~에 관해'라는 동작 등이 관여하는 영역·범위를 나타내는 경우도 있다. 어느 것이나 인도어의 처격으로는 자연스럽지만 한어의 '於'는 본래 이러한 용례로 사용하지 않는다. 요컨대 한역 '於'의 의미를 이해하기 위해서는 한어가 아니라 범어의 어법에 되돌아가지 않으면 이해할 수 없는 경우도 있는 것이다.

또한 '於'는 '~을'을 의미하는 대격對格(목적격, accusative)에 붙는 경우도 있다. 범어에 정통한 역사학자 저우이량周一良에 따르면, 예컨대 '得於聖道[성도聖道를 얻다(得)]', '護於法音[법음法音을 지키다(護)]' 등의 예가 있고, 이러한 동사와 목적어 사이에 '於'를 끼워 넣는 사례는 진시황의 중국 통일 이전(先秦)에서 후한後漢까지의 시기에는 없고 육조시대六朝時代의 한역에서 뚜렷이 드러나게 된다(Zhou 1944).

다음으로 '유由~'에 대해 살펴보면, 이 글자는 범어 탈격의 직역으로서 '~으로부터'라는 기점을 나타내는 것 외에 '~ 때문에', '~에 의거하여'라는 이유·근거를 나타내는 경우도 많다. 또한 '유차업고由此業故(이 업業에 기인하기 때문에)', '유유무명고由有無明故(무명無明이 있음에 연유하므로)'와 같이 종종 '由~故'라는 형태로 사용한다. 이것 역시 범어 탈격의 직역적 표현이다.

한역 불전은 언어의 보고

누차 지적해왔듯이 한역된 불전, 특히 이야기나 설화 등의 문학적 내용을 포함한 불전은 한역 당시의 생생한 구어나 경어 표현 등을 사용했다. 불전 중의 특이한 어휘나 어법은 이 장의 첫머리에서 든 분류 (A), (B), (E)에 해당하는 구어사口語史 연구에 좋은 소재를 제공해준다. 예컨대 오나라 강승회康僧會 번역의《육도집경六度集經》이나 북위 혜각慧覺 등이 번역한《현우경賢愚經》등에 대해서는 이미 엄청난 수의 연구 축적이 있다(주목할 만한 연구 성과로는 Morino 1983, Ōta 1988, Zhu 1992, Yu 1993, Zhu Qingzhi & Zhu Guanming 2006 등이 있다).

또한 한역에서 의미를 파악하기 힘든 어구는 범어나 간다라어(북서인도의 지역어), 팔리어(남방 전래 상좌부上座部 불교에서 사용하는 성전어聖典語) 등과 면밀히 대조함으로써 의미를 확정지을 수 있는 경우가 있다. 이 분야에서 획기적인 성과를 지속적으로 내고 있는 가라시마 세이시辛嶋静志의 연구(Karashima 1996, 2010 등)는 중국어의 내부 분석만으로 해명할 수 없는 정보를 많이 제공해주고 있어 귀중하다고 할 수 있다.

중국은 정말로 중국인가

끝으로 이 장의 첫머리에 언급된 (F), 다시 말하면 중국인이 불전의 한역을 통해 알게 된 범어나 범자의 존재 그 자체가 중국어의 역사에 미친 영향에 대해 이야기해보겠다. 이에 관해서는 몇 가지 시점을 설정하는 것이 가능하지만, 다음에서는 특히 한자의 의의나 특성이 인도어와의 비교·대조를 통해 상대화하게 된 점에 주목하고자 한다.

말할 것도 없이 '중국中國'이란 중앙에 있는 나라라는 뜻이고, 사방이 오랑캐로 둘러싸인 문화의 중심지, 중원의 땅을 가리키며, 중국이야말로 세상의 중심이라는 의식이 드러나 있다. 중국은 전통적으로는 '적현赤縣', '신주神州' 등으로 불리기도 한다.

육조시대에 불전의 전래와 함께 이러한 중화사상中華思想을 뒤흔드는 인식의 대전환을 강요하는 것으로 '중토中土'와 '변토邊土'라는 개념이 생겨났다. '중토'란 세계의 중앙에 위치한 땅, '변토'란 변지邊地, 변경의 의미다. 이것이 한자 문화권에 미친 충격은 정말로 심대했다.

중국인의 인도 순례기로 유명한 《법현전法顯傳》(일명 '불국기佛國記')에 따르면, 399년 장안을 출발하여 육로를 통해 인도로 향한 법현은 도중에 타력陀歷[다렐Darel 계곡의 푸구치Pouguch 지방]이라는 지역을 통과했다. 타력은 현재의 파키스탄 북부 지역에 속한다. 여기에서 법현은 인더스강 상류의 깎아 세운 듯한 낭떠러지 절벽 양쪽 기슭을 연결하여 당장에라도 부서질 것 같은 사다리 모양의 다리가 걸려 있는 모습을 눈앞에서 직접 보고 "구역九譯이 끊어지는 곳으로 한漢나라의 장건張騫, 감영甘英도 모두 여기까지는 찾아오지 못했다"라며 감개 어린 목소리를 토해냈다(Zhang Xun 1985, 26쪽). 타력은 "구역이 끊어지는 곳", 다시 말하면 통역에 통역을 몇 번이고 되풀이해도 말이 통하지 않을 정도로 머나먼, 마치 '땅끝' 같은 이국異國이고, 법현 일행이 향한 인도는 거기서 한층 더 가야 하는 곳에 있었던 것이다.

그러나 한편 이 시기를 전후해 '수미산須彌山 세계관'*이 알려지게 되면서 수미산(수메루Sumeru)이나 염부제閻浮提(잠부 드비파Jambu-dvīpa)의 위치 관계가 어렴풋하게나마 지식으로 다루어지게 되고, 경전의 여기저기에 석존이 불법을 강설한 갠지스강 중류 지역을 '중국(마디야 데샤Madhya-deśa)'으로 부르는 예가 있음을 자각하게 된다. 불전에서 '중국'이란 불교적 세계의 중심이지 중화 세계라는 의미가 아니었다. 다시 말하면, '中國'이라는 한어는 한인이 사는 중국 외에 인도의 총칭, 혹은 인도 중에서도 특히 중앙부를 가리키는 경우가 있음이 한인 불교도 사이에서 분명해지게 되었다. 이렇게 인도야말로 세계의 중심이고, 특히 석존이 설법한 지역이 '중국' 또는 '중토'이며, 그것과 비교했을 때 한인의 중화는 '변토'라는 인식이 불교도 사이에 확대되어갔다. 무엇을 세계의 중심으로 보고 무엇을 땅의 끝으로 볼 것인지가 완전히 역전된 것이다.

덧붙여 이러한 변경의식과 함께 한인 승려는 자기 나라를 중국으로 부르지 않고 무엇이라 불렀을까. 《법현전》에서 법현은 인도의 중부 중천축中天竺을 가리켜 "이곳(마투라Mathurā) 이남을 중국으로 부른다"고 하는 한편, 자기 나라는 '진秦'이라 부르거나 '한漢'으로 부르

---

* 불교의 독자적인 세계관에서는 수미산이 세계 중심에 있고 주변에 동심원상으로 일곱 겹의 산이 에워싸고 그 바깥의 동서남북에 인간이 사는 섬부주贍部洲를 포함한 4대주가 펼쳐진다. 그 섬부주 남쪽에 삼각형 대륙이 있고 거기에 있는 커다란 숲에 염부라는 상록 거목이 자란다고 하여 '염부제'로 불렸다. 인도의 땅을 상징하는 표현으로 사용되었다.

고 혹은 '변지邊地'라고 하기도 했다. 또한 당나라 현장은 《자은전慈恩傳》에서 자기 나라를 '지나국支那國'으로 부르고 있다. 더욱이 '지나' 혹은 '진'에 대응하는 표현은 인도에 전해져 범어 속에 들어가고 범어로 중국을 '치나Cīna' 또는 '치나스타나Cīnasthāna(지나의 땅)'로 부르게 되었다. 그리고 그것이 다시 중국에 수입되자 '치나스타나'의 음역으로 '진단震旦'이나 '진단眞丹' 등이 사용되게 되었다. 즉, 육조 수당의 사람들은 자신의 지역을 부르는 데 '중국' 외에 '진秦', '한漢', '지나支那', '진단', '진단眞丹', '신주神州', '적현赤縣' 등으로 칭하고, 또한 인도와 비교할 때에는 '변지邊地', '변토邊土'라고 했다.

세계관은 언어의 문제와 결부된다. 중국을 '변토'라고 하는 한, 한어는 '국제 공용어lingua franca'일 수 없고 인도의 언어야말로 세계의 중심 언어로서 무시할 수 없는 존재가 되기 때문이다.

창힐 전설

새삼스럽게 말할 필요도 없이, 한자의 성립은 중국 문명을 이야기하는 데 있어 결코 무시할 수 없는 것이다. 고래 중국에서는 한자는 아주 먼 옛날에 창힐蒼頡이라는 사람이 만들었다고 한다. 전설적인 오제五帝 가운데 첫 번째 황제黃帝를 모시는 관리였던 창힐이 새와 짐승의 발자국을 보고 상형문자를 만들었다고 많은 사람이 믿고 있다(Takeda 1994). 한편 불교에서 이 창힐의 전설은 어떻게 다루어지고 있는가. 이에 대해서는 양나라 승우僧祐가 매우 흥미로운 기사를 남겼다. 그는 《출삼장기집》 권1 가운데 몸소 〈호한역경음의동이기胡漢譯經

音義同異記(역경에 있어서의 서역어와 한어의 발음 및 의미의 차이에 대해)》라는 기사를 작성하여 인류 사회의 문자 발생에 대해 논하고 있다. 그 첫머리에 다음과 같이 말한다.

원래 심오한 마음의 이법理法에는 음성이 없으므로 말로써 그 의미를 그려내고 말에는 흔적이 없으므로 문자에 의거하여 그 소리를 그려내는 것이다. 그런고로 문자는 말을 포착하는 '발굽(蹄)'과 같은 것이고, 말은 이법을 파악하는 '통발(筌)'('발굽'과 '통발'은 모두《장자》〈외물편外物篇〉에 나오는 표현으로 '수단'이라는 의미)과 같은 것으로, 음성과 의의意義가 딱 맞아떨어지면 편향되거나 유실될 여지가 없다. 이렇게 문자는 그것을 통해 이 세상 전체를 두루 가로지르게 되는 것이다. 구체적인 현상은 붓과 먹에 연결되지만 이법은 마음(말이 표현하는 개념)과 꼭 합치한다. 그 중심인물, 서체를 창조한 사람으로 모두 세 사람이 있었다. 연장자는 범梵(브라흐마Brahmā신, 범천梵天)이라 이름하고 그 글자(브라흐미Brāhmī, 범자梵字)는 왼쪽에서 오른쪽으로 쓴다. 두 번째 사람은 거루佉樓(카로슈타Kharoṣṭha)라 이름하고 그 글자(카로슈티Kharoṣṭhī)는 오른쪽에서 왼쪽으로 쓴다. 연소자는 창힐蒼頡, 그 글자(한자)는 위에서 아래로 쓴다. 범천과 거루는 인도에 거주하고 황제의 관리 창힐은 중화에 있다. 범천과 거루는 그 서법을 청정한 천계天界에서 획득하고 창힐은 그 문자 모양을 새의 발자국에서 착안하여 만들었다. 각각 문자의 모습은 실로 다르지만 전달하는 이법은 완전히 같다.*

---

* (원문주) "夫神理無聲, 因言辭以寫意, 言辭無跡, 緣文字以圖音, 故字爲言蹄, 言爲理筌, 音義合符, 不可偏失. 是以文字應用彌綸宇宙. 雖亦繫於翰墨, 而理契乎神. 昔造書之主, 凡有三人. 長名曰梵, 其書右行, 次曰佉樓, 其書左行. 少者蒼頡, 其書下行. 梵及佉樓居于天竺. 黃史蒼頡在於中夏. 梵佉取法於淨天, 蒼頡因華於鳥跡. 文畫誠異, 傳理則同矣." 《大正藏》卷55, 4쪽 중.

여기서는 전설상 한자를 창시했다고 하는 창힐이 인도 문자를 만든 두 사람과 함께 언급되고 있다. 인도 문자는 천계에서 얻은 것이라고 되어 있다. 덧붙여 말하면 인도 문자를 '천서天書'(하늘의 문자)로 표현하는 문헌은 그 밖에도 또 있다. 예를 들면, 같은 양대의 혜교가 편찬한 《고승전》 권1의 안청安淸, 즉 〈안세고전安世高傳〉에 "천축국에서는 문자를 천서天書, 언어를 천어天語라고 칭한다"고 쓰여 있다.

여기서 위에 소개한 승우의 설명 중에 창힐이 세 사람 가운데 최연소자로 등장하는 것에 주의하고자 한다. 이 전승을 기록하는 승우에게 한자는 이미 절대적 가치를 가지고 있지 않다. 창힐은 오직 하나뿐인 절대적인 문자의 창설자가 아니라, 세 사람의 창설자 중에 한 사람으로 상대화되어 있는 것이다.

승우가 무엇을 근거로 이 세 사람을 하나로 묶게 되었는지는 분명치 않지만, 제말양초齊末梁初* 학승들 사이에 널리 읽힌 《아비담비바사론阿毘曇毘婆沙論》 권51(북량의 도태道泰 등이 번역)에 나오는 다음과 같은 일절은 승우도 필시 잘 알고 있었음에 틀림없다.

그때 전타라旃陀羅** 왕이 바라문婆羅門brāhmaṇa[의 푸슈카라샤리]에게 말했다. "······ 그대는 범서梵書를 누가 만들었는지 들은 적이 있는가." 바라문이 대답하기를, "제가 들은 바로는 구빈타라瞿頻陀羅(고빈다Govinda?)라는

---

* 5세기 말~6세기 초 중국에서 선비족鮮卑族을 중심으로 하는 북조와 한민족의 남조가 대립하던 시대에 남조 제齊(479~502)의 옹주자사 소연蕭衍(훗날 무제武帝)이 폭정을 일삼는 동혼후東婚侯(소보권蕭寶卷)를 살해한 뒤 화제和帝를 옹립하고 화제의 선양을 받아 양梁(502~557)을 건국하는 시기를 가리킨다.
** 인도 사회에서 최하층 신분을 가리키는 범어 caṇḍāla를 한어로 음사한 말로 '집악執惡', '험악인險惡人', '주살인主殺人', '도자屠者' 등으로 의역하기도 한다.

바라문이 만들었습니다." 재차 묻기를, "거로타서佉盧吒書(카로슈티 Kharoṣṭhī 문자)*를 만든 것은 누구인가." 바라문이 대답하기를, "제가 들은 바로는 거로타佉盧吒(카로슈타Kharoṣṭha)라는 선인이 만든 것입니다."**

여기에서 브라흐미 문자의 창설자는 범천이 아니라 바라문으로 되어 있어 승우가 전하는 전승과 다르지만 인도의 문자 창설자 두 사람을 병기하고 있는 점은 같다.

사성과 인도 문화

이상에서 한어의 문자, 어휘, 어법을 통해 한역 불전의 특징을 다각적으로 살펴보았다. 그런데 여기서 다시 문화 기반과의 관계로 되돌아가 앞에서 이야기한 내용 가운데 빠진 두 가지 사항을 지적해두고자 한다.

그 하나는 사성四聲의 성립이다. 여기서 말하는 사성이란 현대 중국어의 사성이 아니라, 중세의 평성平聲, 상성上聲, 거성去聲, 입성入聲의 사성(《南齊書》 卷52 〈陸厥傳〉)을 가리킨다. 어조의 차이 그 자체는 한

---

* '거로(슬)타佉盧(虱)吒'는 산스크리트어 카로슈티kharoṣṭhī의 음사. 카로슈티 문자는 고대의 남아시아 서북부 및 중앙아시아에서 사용된 문자다. 현재 알려진 불교와 관계되는 가장 오래된 문헌은 이 문자로 쓰였으나 다른 문자 체계에 영향을 주지 않고 사멸했다. 브라흐미 문자가 남아시아 전역에 영향을 준 반면, 카로슈티 문자가 사용되는 지역은 남아시아 서북부 현재의 파키스탄 북부와 아프가니스탄 동부에 한정되어 프라크리트어의 일종인 간다리어를 표기하는 데 사용되었다.
** (원문주) '時旃陀羅王語婆羅門言, …… 汝頻曾聞誰造梵書耶. 婆羅門答言, 我聞是瞿頻陀羅婆羅門所造. 復聞, 誰造佉盧吒書耶. 婆羅門答言, 我聞是佉盧吒仙人所造.' 大正藏 卷28, 378쪽 상.

어에 내재된 속성이지만, 그것을 자각하고 발견하여 이름을 붙이는 계기를 제공한 것은 당시 유행하던 인도어의 지식이었다고 생각된다. 다음에서 이 점에 대해 설명한다.

사성의 성립과 관련 있는 인물은 제말양초에 배출된 심약沈約(441~513)과 주옹周顒(생몰 연대 불명)이 특히 중요하다. 심약은《사성보四聲譜》를 저술했다(《사성四聲》이라고도 한다.《梁書》卷13 本傳). 주옹은《사성절운四聲切韻》을 저술했다. 나아가 양대 3대 법사의 한 사람인 승민僧旻(467~527)은《사성지귀四聲指歸》라는 책을 펴냈다(《續高僧傳》卷5 本傳).

사성의 내력에 대해서는, 인도 및 서역의 여러 언어에도 정통한 중국학의 거장 천인커陳寅恪가 심약의 사성론의 원류를 인도 베다(吠陀, Veda)의 가창歌唱 전통에서 일반적으로 사용하는 3종의 어조에서 찾을 수 있다는 학설을 주장했다(Chen 1934). 베다 경전의 가창법은 남제南齊의 [무제武帝] 영명永明 연간, 특히 영명 7년(489)에 성립된 새로운 전독轉讀(경전 낭송,《高僧傳》卷13〈僧辯傳〉)의 방법과 관계가 있다고 논했던 것이다. 베다 경전의 3종의 어조란 '스바리타svarita(고음에서 저음으로 내리는 어조, 거성에 상당)', '우닷타udātta(고음, 평성에 상당)', '아누닷타anudātta(저음)'를 말한다. 베다나 그 파생 문헌인 브라흐마나brāhmaṇa 문서 등을 낭송할 때는 이들 3종의 어조를 구별한다. 인도의 바라문은 전통적으로 이들 어조의 차이를 목의 움직임과 함께 어린 시절부터 몸으로 익힌다. 천인커는 이것이 사성 확립의 원천임에 틀림없다고 주장했다.

이처럼 천인커는 사성 발견의 계기를 전독에 두고 그 원인遠因에 베다의 낭송법을 상정했다. 그러나 당시의 중국에 불교는 전래되었지만 베다가 직접적인 영향을 미쳤다는 것을 보여주는 증거는 아무 것도 없다. 이러한 이유로 그 후 천인커의 주장에 반대하는 사람도 나타났다. 예를 들면, 라오쫑이饒宗頤는 사성 성립의 배경이 된 것은 인도 실담悉曇 문자에 대한 학식의 축적이라고 주장한다(Rao 1985, 1987). 사성의 성립은 중국어의 근간에 관련된 문제인 만큼 중요하다. 찬반양론의 논의는 현재도 활발하게 계속되고 있고 관련 논문도 엄청난 수에 달한다. 나아가 천인커의 주장에 대한 반론이 아니라 찬동의 입장인데, 미국 펜실베니아 대학 중국학 연구자 빅터 메어Victor H. Mair는 메이쭈린梅祖麟과 공동 집필 논문을 발표하여 천인커의 학설을 일부 수정한 다음에, 당대唐代에 확립된 근체시近體詩의 음운 자체에도 범어의 영향이 있다고 논했다(Mair & Mei 1991).

천인커의 학설과 라오쫑이의 학설 어느 쪽을 채용하든 사성의 '발견'이 외래 문화에서 유래한다면, 여기에도 불전이 고전 한어의 형성에 미친 영향이 있게 된다. 앞에서 언급한 창힐 전설과 마찬가지로 범어의 존재 그 자체가 한자 문화의 상대화를 가져온 사례다.

불교적인 인명의 유행

이 장의 마지막에서 불교가 인명人名에도 영향을 미쳤음을 언급해두고자 한다. 남북조시대에 정사正史의 열전列傳에 포함된 인물에는 범어나 불교어가 이름 가운데 포함된 자가 적지 않게 있다. '승僧'이나 '범梵' 등 불전 번역을 위해 새로 만든 한자를 이름의 일부로 하는 사람들이나, '보살菩薩', '나한羅漢', '사문沙門', '유마維摩' 등 불교 어구를 이름으로 하는 사람들이 실제로 있었다. 예를 들면, 서진西晉 회제懷帝의 어릴 때 이름은 '사문沙門'이었다(《晉書》卷53). 또한 동진 왕담수王曇首와, 송나라 왕승작王僧綽·왕승건王僧虔 형제의 이름에는 '담曇'과 '승僧'이라는 문자가 사용된다. 이 정도가 불교적 인명의 가장 이른 사례일 것이다. 《송서宋書》(남조 송의 사서)에 따르면, 고조高祖 무제武帝의 아들 남군왕 유의선은 그의 아들에게 '실달悉達(싯다르타)', '법도法導', '승희僧喜', '혜정慧正', '혜지慧知', '묘각妙覺' 등의 이름을 붙였다. 《송서》에는 이밖에도 '왕나한王羅漢'이나 '최일련崔日連' 등 불교에 바탕을 둔 실명이 여기저기 보인다.

그러한 이국적인 울림, 특히 불교어를 이름으로 삼는 것이 뚜렷한 트렌드가 되었음을 보여주는 문헌은 《남제서南齊書》 무렵까지 거슬러 올라가며, 불교어 이름이 가장 빈번하게 나오는 문헌은 《위서魏書》(북위와 동위의 사서)인 것 같다. 북량국의 군주 저거몽선沮渠蒙遜의 아들 이름이 '보제菩提'였던 것은 초기의 한 사례일 것이다. 불교적인 실명이나 자字는 이후 시대에도 계속되지만 그 경향이 가장 강한 시기는 육조 시대였다. 중국사 가운데 육조는 '종교의 시대'라고 하는데 종교 영향은 인명에도 나타났던 것이다.

이 장에서는 불전이 고전 중국어에 미친 영향을 다양한 각도에서 살펴보았는데, 전체적으로 불전이 미친 영향은 실로 폭넓은 것이었음을 알 수 있다. '마魔'의 내력으로 대표되는 신자新字의 문제 등도 무시할 수 없지만, 무엇보다 범어나 범자의 존재 그 자체가 창힐 전설과 결부되어 한자에 대한 일종의 상대화를 실현한 것이나, 중세 중국인이 사성을 자각하는 계기가 된 것은 불교와 한자 문화와의 깊은 관계로서 특히 유의해야 할 것이다.

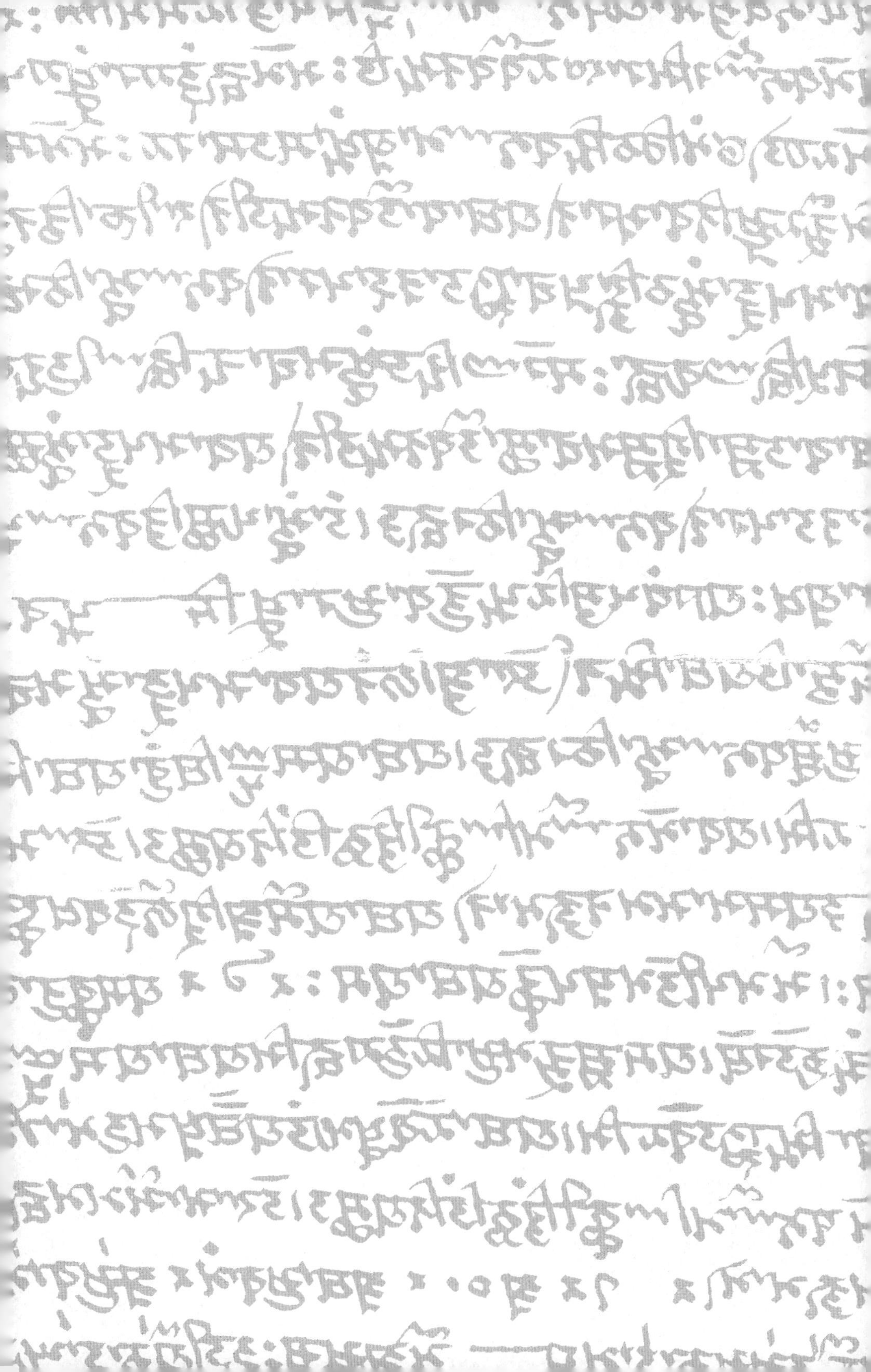

8

번역할 수 없는 근원적인 것

::::::::::

인도어 불전을 고전 한어로 번역하는 경우, 인도어 원문을 그대로 백 퍼센트 충실하게 중국어로 옮기는 것은 실제로 불가능하다. 인도의 어휘나 개념을 중국어로 알기 쉽게 표현하려면 이전부터 존재하던 중국 특유의 문화적 요소를 이용하지 않을 수 없는 경우도 많다. 그러나 그것이 오해의 원인이 되기도 한다.

이것은 이문화異文化의 유입 시에 필히 발생하는 보편적 사상事象이 지만, 종교 문헌의 번역에서 특히 현저하게 나타난다. 어떤 문화라도 많든 적든 간에 고유의 종교적 요소를 가지고 있고, 종교에 관한 개념 이나 술어는 따로 설명할 도리가 없을 정도로 기본적인 것이 많다. 이 장에서는 문화의 밑바탕과 밀접한 관계를 갖기 때문에 번역이 곤란 하게 되는 기본어의 문제를 종교와 관련하여 다루어 본다.

대일을 경배하라

먼저 16세기 일본의 크리스트교에 관한 일화 하나를 소개한다. 일본
의 사례인 만큼 이 책의 주제인 중국 불교사와는 다른 점도 있지만,
종교 용어를 다른 말로 바꿀 때의 곤란함을 상징적으로 보여준다는
점에서 참고해야 할 부분이 많다.

　《성경》을 일본어로 번역할 때 이른바 '신神(God, 라틴어로 Deus)'을
어떻게 표현하면 좋을지에 대해 매우 흥미로운 다양한 주장과 논쟁
이 있었다. 그 전형적인 사례의 하나가 16세기 예수회 선교사 프란시
스코 하비에르Francisco de Xavier(1506~1552)의 경우다. 하비에르는 야
마구치山口에서 신을 경배하라고 포교했을 때 "대일大日을 경배하라
(大日を拝みあれ)"고 설교했다고 한다. 대일大日이란 불교, 특히 밀교에
서 우주의 근원으로 존재하는 대일여래大日如來를 가리킨다. 위대한
태양 같은 것을 의미하는 범어 '바이로차나'의 한역이고 '비로차나불
毘盧遮那佛'이라고도 한다. 하비에르는 그것을 신神에 해당하는 말로
사용했던 것이다. 이것은 하비에르의 통역을 맡은 안지로(야지로)가
진언종眞言宗의 가르침을 어느 정도 알고 있어 하비에르가 말하는 신
은 대일이라고 생각한 데서 유래한다. 선교 당초부터 하비에르의 가
르침을 진언종 승려들이 수용하게 되는데, 그 이유는 사실인즉 '대
일'을 내세우고 있어 인도에서 전래된 천축종天竺宗이라는 불교의 일
파로 오인했기 때문이다.

　흥미롭게도 이 이야기에는 후속편이 있다. 그 후 하비에르는 '대일'

이 여성의 성적인 부분을 표현하는 은어[*]이기도 하다는 사실을 알게 되었다. 그러자 이번에는 "대일을 경배하지 마라"고 하여 대일은 예배 대상이 아니라고 비판하고 대신에 '데우스Deus'를 사용하게 되었다. 즉, 원어를 그대로 사용하기로 한 것이다. 그러나 이에 대해 그때까지 하비에르와 우호 관계에 있던 불교 승려들은 '데우스'는 '다이우소(大嘘=대사기극)'라고 비방하고 반발했던 것이다(Doi 1982, Kōno 1988, Kishino 1998, 2001).

일본이나 이보다 시기적으로 앞선 중국에서 크리스트교의 여러 개념을 현지어로 어떻게 표현했는지를 보여주는 이 에피소드는 사소한 역사의 한 토막에 지나지 않는다. 그 밖에도 중국의 경우에는 예수회 선교사 마테오 리치Matteo Ricci(이마두利瑪竇, 1552~1610)가 17세기 초 북경北京에서 《천주실의天主實義》를 출판했을 때 신을 표현하는 데 '천주天主'라는 말을 사용하고 그것을 한어에서 말하는 '상제上帝(天帝, 하늘의 신)'라고 설명한 것은 잘 알려진 사실이다. 또한 그 후 가톨릭과 프로테스탄트의 《성경》 번역에서의 용어 문제도 중국어역의 특징을 아는 데 중요하다. 그 일단은 야나부 아키라柳父章의 《'God'은 신인가 상제인가「ゴッド」は神か上帝か》(2001)와 같은 저작에서 알 수 있다. 그러나 지금은 이러한 문제에 파고들지 않기로 한다.

앞에서 소개한 하비에르의 일화에서 지금 특히 주목해야 할 것은 두 가지다. 첫째로, 기점 언어의 해당 어구(위의 경우에서는 데우스)가 가리키는 개념에 어느 정도까지 대응하는 말이 목표 언어에 존재하

---

[*] 대일여래의 법계정인法界定印이 여성, 지권인智拳印이 남성의 심벌을 의미한다는 데에서 유래한 은어.

는 경우는 그것(大日)을 사용하는 것이 가능하지만, 동시에 그 말을 적용함으로써 의미의 왜곡이나 일탈이 발생할 위험이 있다는 것이다. 둘째로, 기점 언어의 해당 어구 개념이 목표 언어의 기존 어휘에서 적확한 대응을 찾아낼 수 없다고 판단될 경우는 기점 언어의 어휘(데우스)를 그대로 음역함으로써 새로운 어휘임을 보여주는 것이 가능하지만, 새로운 말이기 때문에 목표 언어를 사용하는 사람들이 기점 언어의 본래 의미를 반드시 이해한다고는 할 수 없는 것이다. 다시 말하면 새로운 조어는 전혀 이해되지 않거나 예기할 수 없는 오해를 불러일으킬 가능성을 내포하고 있다.

옮기기 힘든 말을 어떻게 할 것인가

한역을 이문화異文化와의 접촉으로 파악할 때 번역이 용이하지 않는 경우의 대처법은 문화 접촉의 구체적인 양상을 생생하게 반영한다. 사실대로 말하면, 꼭 맞는 역어를 찾지 못할 경우 어떻게 하는가, 옮길 수 없는 사물이 있다면 어떻게 하는가라는 문제가 된다.

이에 대해 불전의 한역에서 실제로 이루어진 대처법에는 대략 세 가지가 있었다.

(1) 원어를 그대로 남기려는 경우는 음역이라는 대처법을 취했다.

(2) 그와 반대되는 대처법으로서 새로운 어구를 개발한 경우도 있었다.

(3) (오해의 여지가 있음을 알면서도) 굳이 비슷한 개념을 찾아 역어로서 사용하는 경우도 있었다.

먼저, ⑴의 음역에 대해 간단히 설명한다. 이것은 현대 일본어라면 가타카나를 이용하여 외국어를 표기하는 것에 해당한다. 일본어의 경우, 가타카나는 외국어를 눈에 띄게 하기 위해 시각적으로 매우 유효한데, 그러면 가타카나와 같은 것이 없는 한어는 어떻게 대처했던 것일까.

그 대답은 이미 7장에서 이야기한 것과 연결된다. 다시 말하면, 불전의 음역(음사어音寫語)이 그것이다. 음역에서는 의미를 갖는 문자열文字列로 오해하지 않도록 구별하기 위해 거의 음역으로밖에 사용하지 않는 한자를 사용하든지, 음역을 위해 새로운 한자를 만들어 사용했다. 그런데 음역은 의역을 함에 따라 발생하는 의미의 왜곡을 피하는 데는 유용하지만, 외국어이기 때문에 원어 지식이 없는 독자에게는 의미를 전혀 알 수 없는 데다 짐작조차 할 수 없는 것이 커다란 결점이다. 새로운 음역이 사회에 정착하기 위해서는 그것을 반복적으로 사용하여 실제 용례가 축적됨으로써 많은 용례나 문맥적인 뉘앙스로부터 의미가 귀납법적으로 이해될 수 있게 되기를 기다려야 한다.

⑵의 새로운 어구의 개발이란, 이것 또한 7장에서 이야기한 대로, 기존 한자를 사용하여 새로운 조합의 어휘를 창출하든지, 기존 숙어를 다른 의미로 바꾸어 사용하든지 하는 것에 다름이 아니다. 그때까지 중국에 존재하지 않은 새로운 개념을 표현하기 위해서는 그 나름의 새로운 어구가 필요하다는 것이다. 한역에는 '연기緣起', '윤회輪廻', '세계世界' 등 불교 이전의 시대에 존재하지 않았던 숙어가 극히 많다. 이러한 경우, 음역과 달리 새로운 용어의 의미는 개개의 한자로부터 어느 정도 이해가 가능하므로 완전히 의미를 알 수 없게 되는 일은 적지만, 그래도 정확한 의미가 사회에 인지되어 정착하는 데는

상당한 시간을 필요로 한다.

이문화 간의 대응과 어긋남

그러면 (3)의 기존 개념 중에 굳이 비슷한 개념을 찾아 인도어의 역어로서 채용하는 경우는 어떤 것일까. 이것은 인도 불교 등 다른 문화 체계의 용어·개념 A에 대해 그 전부터 존재하고 있던 중국 고유의 용어·개념 B를 들이맞춤으로써 이해하는 것이다. 말하자면 'A는 B다'로 등치等値하는 것이 아니라 'A는 B와 같은 것이다. 우리에게 이미 익숙한 용어나 개념으로 말하면 B에 상당하는 것이다'고 파악하는 것이다. 앞에서 언급한 하비에르의 경우, 크리스트교의 신을 '대일'이라고 한 것은 바로 이것이다.

　물론 이 경우 A와 B 각각이 함의하는 의미 내용에 완전한 동일성은 있을 수 없다. 양자 사이에는 많든 적든 얼마간의 어긋남이 발생한다. 그리고 이 어긋남이야말로 오해를 불러일으켜 문제가 생기게 한다. 하비에르의 경우, '대일'이라고 하여 불교의 일파로 오해받든지 이상한 의미로 곡해당하든지 한 것은 바로 이런 점이었던 것이다.

니르바나와 무위—노장 사상의 언어를 사용한 불전의 한역

구체적인 예를 들어보자. 초기 한역 경전에서는 범어 '니르바나nirvāṇa'(팔리어 닛바나nibbāna)를 '무위無爲'로 번역하는 경우가 있다. '니르바나'란 마치 연료가 떨어져 등불이 꺼지듯 완전히 바닥난 상태를 가리킨다. 한편 '무위'란 《노자老子》 37장에 "도는 항상 아무것도 하지 않는 것이며, 그렇다고 하지 않는 것이 없다(道常無爲, 而無不爲)"라는 표현이 나오듯이, 인공적인 작위를 하지 않는 것이나 그 상태를 가리킨다. 지금의 경우, 범어의 접두사 'nir-'는 결여·없어지는 것을 나타내는 경우도 있으므로 그것과 '무無'는 어느 정도 대응하지만, '무위'가 범어 '니르바나'의 의미를 직역한 말은 아니다.

후대 한역의 어휘가 체계적으로 갖추어지면서 '니르바나'를 '열반涅槃'으로 음역하게 되지만, 그 전의 시대에는 다양한 시행착오가 있어 '니르바나'를 '니왈泥曰', '니원泥洹'으로 음역하거나 《노자》에 따라 '무위'로 의역하기도 했다. 역어로서 '무위'를 사용한 예는 후한 안세고 번역의 《음지입경陰持入經》에 있다(Zacchetti 2002).

문화대응형 역어로서의 무위와 본무

불전 한역어로서의 '무위'는 '니르바나'가 무엇인지를 모르는 중국인에게 '니르바나'는 말하자면 《노자》에서 이야기하는 '무위와 같은 것'이라는 사실을, '~와 같은 것'을 생략하고 '니르바나'란 '무위'라고 단정한 것이다. 인도 불교에서 말하는 '니르바나'에 상당하는 근본적이고 중요한 역할을 하는 사상의 어구를 중국 문화 가운데 찾는다면 굳이 말해 '무위'에 해당한다고 한 것이다. 다른 표현을 사용한다면, 인도와 중국이라는 다른 문화 간 개념의 대응 관계를 은유적으로 가리키는 것이 다름 아닌 역어 '무위'인 것이다. 이러한 유형의 역어를 '문화대응형 역어'로 잠정적으로 불러두기로 한다. '무위'가 음역이 아님은 말할 나위도 없지만 그렇다고 '니르바나'의 의역도 아니다. 의역의 한 변종이라고 하는 것도 불가능하지는 않는데, '니르바나'와 '무위'의 내포內包(의미)가 같지 않은 이상 엄밀하게 말해 의미를 번역하고 있는 것이 아니기 때문이다. 그것은 의역도 음역도 아닌 제3의 선택이다.[*]

또한 미혹에서 벗어난 사물의 진실한 모습을 나타내는 불교어로 범어 '타타타tathatā'가 있고 종종 '진여眞如'로 번역되는데, 초기의《반야경》한역에서는 그것을 '본무本無'로 옮겼다. 예를 들면, 후한 지루가참支婁迦讖 번역의《도행반야경道行般若經》, 오吳나라 지겸支謙 번역의《대명도경大明度經》, 축불념竺佛念 번역의《마하반야초경摩訶般若鈔經》에 보인다(Tang Yongtong 1938, Kaginushi 1968, Karashima 2010). '본무(본래적인 무無)'라는 용어 그 자체는 노장의 문헌에 나오는 말은 아니지만 '무無'가 노장의 학문에 바탕을 둔 것임은 확실하다.

이처럼 '무위'와 '본무'를 불전의 역어로 사용한 것은 인도 불교에 대한 특별한 지식을 지니지 않고 역어 시스템이 확립되어 있지 않았던 시대에는 하는 수 없는 조치였다. 그러나 이것은 동시에 축어역이 아니라는 것을 모르는 독자에게 불교는 노장 사상으로 이해할 수 있다(또는 이해해야 한다)는 오해를 심어주기도 하였다. 이러한 문화대응

---

[*] (저자주)이 책에서 '문화융합형 역어'로서 거론하는 사례를 '격의格義'라는 말을 사용하여 설명하는 해설서도 있지만, 최신 연구에 의하면 본래 '격의'가 의미하는 내용은 연대기적으로 상당히 한정되어 있고, 또한 '격의불교格義佛敎'라는 표현도 큰 문제를 안고 있기 때문에 사용해서는 안 된다. 이 책에서 '문화융합형 역어'로 부르는 것은 '격의적인 역어'라고는 할 수 있지만 '격의' 그 자체는 아니다('격의'의 의미와 문제에 대해서는 Mair 2010, Kobayashi 1997을 참조할 것).

형 역어는 인도의 가르침인 불교를 불교 그 자체로 보여주는 것이 아니라 중국의 가르침인 《노자》를 사용하여 해석하는 것이기 때문에, 문제나 오해의 소지가 있는 것은 어떤 의미에서는 당연하다. 범어 '니르바나'를 '니왈'로 음역해본들 범어의 지식이 없으면 그 의미를 파악할 수 없다. 한편 그것을 '무위'로 옮기면 지식인은 의미를 잘 알 수 있다. 그러나 그것은 오해의 시작이 되기도 한다. 알기 쉬운 것과 오해란 동전의 양면과 같은 것이다.

인도와 중국의 개념 조합의 대응

역어로서 '무위'의 경우 더욱 흥미로운 것이 있다. 안세고 번역의 《대안반수의경大安般守意經》 상권의 첫머리 부분에서 '안반수의安般守意'라는 인도의 개념이 하나의 세트로서 '청정무위淸淨無爲'라는 중국의 노장적 개념에 대응한다는 것을 "안安은 청淸이요 반般은 정淨이다. 수守는 무無이요 의意는 위爲이다(安爲淸, 般爲淨, 守爲無, 意名爲)"('大正藏 卷15, 164쪽 상)라고 억지스럽게 나누어 해설한다. 이것은 번역 문헌 중에 나오는 문장이지만 엄밀하게 말해 번역이라기보다 주해의 일종이라고 할 수 있을 것이다. 이 대응 관계는 실은 근거가 박약한 것이기는 해도 비할 데 없는 모종의 흥미를 자아내는 것도 사실이다.

이와 비슷한 사고방식은 번역 문헌은 아니지만 중국 불교사에서 후대까지 계속되었음을 엿볼 수 있다. 예컨대 유명한 안지추顔之推 (531~602경)가 펴낸 자손에 대한 훈계서 《안씨가훈顔氏家訓》의 〈귀심편歸心篇〉(종교에 관한 장)에 보이는 다음과 같은 내용은 놓칠 수 없다.

원래 불교와 유교란 본래 일체를 이루는 것이다. 다만 양자 사이에는 점漸(점차적 도달)과 극極(순간적 도달), 천淺(표면적인 것)과 심深(내면적인 것)의 상이차별相異差別이 존재할 뿐이다. 불전의 첫걸음에는 오계五戒의 설명이 있는데, 유학 경전에 나오는 인의예지신仁義禮智信의 오상五常은 모두 이와 완전히 일치하는 것이다. 다시 말해, 인仁은 살생하지 말라는 계율과 일치하고, 의義는 도둑질하지 말라는 계율과 일치하며, 예禮는 음행을 저지르지 말라는 계율과 일치하고, 지智는 술을 마시지 말라는 계율과 일치하며, 신信은 거짓말을 하지 말라는 계율과 일치한다. …… 어쨌든 주공周公과 공자의 가르침에만 귀의하여 석가의 교의에 등을 돌리는 것은 사리에 어둡기로 이만저만이 아니라고 아니할 수 없다.[*]

불교의 '오계'(불살생不殺生, 불투도不偸盜, 불사음不邪婬, 불망어不妄語, 불음주不飮酒)를 유교의 '오상'(인, 의, 예, 지, 신)과 대비시켜 양자는 궁극적으로 같은 것이라고 이야기한다. 또한 나아가 같은 '오계'와 '오상'의 대응 관계는, 북위 시대 중국에서 비구 담정曇靖이 위작한 서민 경전 《제위파리경》(5장 참조)에도 대응 관계는 약간 다르지만, "살생하지 말라는 인仁이다. 도둑질 하지 말라는 지智다. …… 술을 마시지 말라는 예禮다"라고 쓰여 있다(Tsukamoto 1942). 따라서 이러한 대응 관계의 발상은 상당히 광범하게 보급되어 있었음을 알 수 있다.

또한 《안씨가훈》과 같은 대응 관계는 북위와 동위의 역사를 기록한

---

* (원문주) "內外兩敎, 本爲一體, 漸積爲異, 深淺不同. 內典初門, 設五種禁, 外典仁義禮智信, 皆與之符. 仁者, 不殺之禁也. 義者, 不盜之禁也. 禮者, 不邪之禁也. 智者, 不酒之禁也. 信者, 不忘之禁也. …… 歸周·孔而背釋宗, 何其迷也." 宇都宮淸吉 訳注, 《顔氏家訓 2》平凡社, 東洋文庫, 46쪽.

사서 《위서魏書》 권104 〈석노지釋老志〉(불교와 도교의 기록)에도 "그 위에 오계라는 것이 있는데 살생·도둑질·음행·거짓말·음주로부터 벗어나는 것이다. 그 대의는 인·의·예·지·신과 같고 명칭이 다를 뿐이다"라고 기록되어 있다. 흥미롭게도 거기에서는 불교의 '삼귀三歸'(귀의불歸依佛, 귀의법歸依法, 귀의승歸依僧)를 유교의 '삼외三畏'(천명天命, 성인聖人, 대인大人, 《論語》〈季氏篇〉)에 대응시키는 주장이 '오계'와 '오상'의 대응 관계와 나란히 등장한다. 덧붙여 말하면 이들 두 종류의 대응 관계는 당나라 도선道宣의 《석가방지釋迦方志》에도 보인다('大正藏' 卷51, 970쪽 하).

이상은 《대안반수의경》 상권의 첫머리 부분을 제외하고 번역 문헌과 관계없지만, 인도 사상과 중국 사상 사이에 술어 개념의 대응 관계를 설정하는 점에서 앞서 이야기한 문화대응형 역어와 동일한 발상을 한층 부연한 것이라고 할 수 있다.

나가와 용

문화대응형 역어는 추상적인 사상의 개념에만 관련되는 것이 아니다. 단순하고 알기 쉬운 사례를 예로 들면, '나가nāga'를 '용龍'으로 번역한 경우다. 인도에서 '나가'는 실제 존재하는 생물로 뱀(코브라)을 말하고 여기에 더해 신화적 존재라는 의미도 있지만, 불전에서는 이것을 '용'으로 번역하는 경우가 압도적으로 많다. 또한 때로는 '상象'(코끼리)으로 번역하는 일도 있고('나가'가 코끼리를 의미하는 예는 범어 문헌에 있다), 이들을 합성한 '용상龍象'이라는 역어도 있다.

그러나 엄밀하게는 '나가'와 용은 비슷하지만 다른 것이다. 예를 들면, 도교 문헌에 종종 신선이 용을 타고서 하늘을 날아다니는 묘사가 있다. 또한 용에는 발톱이 있고 후대에는 발톱 수와 황제 이하 귀족 등의 사회 신분의 대응이 정해져 있기도 했다.[*] 용에는 수염도 있다. 그러나 인도의 '나가'에는 발톱이나 수염은 없고 하늘도 날지 않는다. 그러나 각 문화에서 수행하는 역할을 감안하여 말하면 범어 '나가'의 가장 적절한 한역어는 '용'을 제외하고 따로 없다. 그 문화적 배경에는 '나가'의 신화적 뉘앙스나 신비적 힘을 표출하기 위해서 한어로는 '용'이 가장 적절하다는 생각이 든다.

흥미롭게도 한역에서 '나가'를 '사蛇'(뱀)로 옮긴 예는 전무에 가깝다. 전무하다고 판정을 내릴 자신은 없지만 '나가'를 '蛇'로 옮긴 경우가 설령 있다고 해도 극히 예외적임에는 틀림없다. 한역에서 '蛇'를 사용한 경우 원어는 '나가' 이외의 뭔가 다른 말이다.

데바와 하늘

유사한 번역 사례는 그 밖에도 있는데 대부분의 경우 극히 기본적인 개념과 관련된다. 예를 들면, 범어 '데바deva'의 본뜻은 편의상 영어

---

[*] 전통 중국 및 인접 국가에서 사회적 신분의 차이나 국제적 위상에 따라 사용할 수 있는 용의 발톱 수나 색깔이 달랐다. 이를테면 황제의 상징인 용의 경우 5개, 귀족과 고급 관리는 4개, 하급 관리와 서민은 3개였다. 또한 용의 발톱 수는 중국을 중심으로 하는 전통적인 국제 관계에 확장하여 조선은 4개, 일본은 3개 등으로 정해져 있었다. 적절한 발톱 수나 색깔을 사용하지 않았을 경우 일족은 반역죄로 처벌받으며, 특히 황제를 제외하고 황금색 발톱이 5개 달린 용을 사용하면 사형에 처해졌다.

를 사용하면 'heavenly(천국의, 신神의)' 또는 'divine(신神의, 신에 의한)'이라는 의미고 남성 명사로서는 'God(신)'을 의미한다(Mayrhofer 1963). 현대 일본어에서는 '신神' 또는 '제신諸神'으로 번역하는 경우가 많은데 한역의 표준적인 번역은 '천天(하늘)'이다.

'데바'와 '天'은 대응하지만 차이도 있다. 범어의 '데바'는 종종 복수형을 취한다. 한편 한어의 '天'의 이미지와 연결되는 것은 단수형이다. 복수로 존재하는 '天'은 한자 본래 의미에서 보면 이상야릇할 것이다. 한어에서는 명사와 형용사 사이에 본질적인 차이는 없지만 역어 '天'은 '天' 그 자체가 아니라 '하늘에 관한(사람/사물)', '하늘에 있는 (사람/사물)'이라는 의미로 해석하면 '天'을 복수형으로 사용하는 것도 이해는 가능하다. 어쨌든 불교의 문맥에서 사용하는 '天'은 천상에 사는 구체적인 신들을 가리키는 것이고, '천天·지地·인人', '천명天命', '천의天意' 등과 같이 단수를 전제로 하는 한어 '天'의 전통적 함의와는 다르다.

이처럼 (3)의 사례에서는 이문화異文化 사이에 유사한 기능을 수행하는 사물이나 개념의 대응 관계가 형성된다. 이것은 이문화 접촉으로 한역을 파악하는 데 있어 주목해야 할 점이다. 외래의 불전을 번역하여 보급하려는 경우 일반적으로 이러한 다른 문화 사이의 사물이나 개념의 대응 관계없이 번역은 성립될 수 없다. 만약 거기서 완전히 벗어나려면 그전에 전통이나 배경을 갖지 않는 새로운 말을 만들어내고 선입관이 들어 있지 않은 아주 새로운 말만을 사용하여 번역하는 수밖에 없을 것이다. 그러나 그것은 이론적으로 가능할지 몰라도 현실적으로 거의 불가능하다. 주변의 누구도 전혀 모르는 신어는 커뮤니케이션 수단으로 의미를 가질 수 없기 때문이다. 억지로 그

것을 사용하려 한다면 전혀 이해되지 못하거나 완전히 오해받는 것
도 각오해야 할 것이다.

아므리타와 감로

인도에는 태고의 베다veda 시대*부터 '아므리타amṛta'를 신들이 마시
는 음료라고 생각하는 신화나 전승이 있다. '아므리타'란 '죽지 않는
것'이라는 의미다. 이 말은 불전에 들어갔고 중국에서 '감로甘露(달콤
한 이슬)'로 한역되었다. 그 용례는 이미 후한 지루가참支婁迦讖 번역의
《도행반야경道行般若經》에 나온다(Karashima 2010, 179쪽). 이 말은 불법
을 칭송하는 문맥 등에서 널리 나타난다. 그러나 '감로'는 '아므리타'
의 축어역이 아니다.

원래 '감로'는 《노자》 32장에 보이듯 하늘에서 내리는 달콤한 이슬
을 의미하고 천자의 덕이 퍼져나가 그 결과 나라를 골고루 윤택하게
하는 것으로 믿었다. 한편 범어에는 '아므리타의 비'라는 표현이 있
고 '아므리타'와 '감로'는 똑같이 하늘에서 내리는 이미지를 가지는
근사한 액체로 보았던 것이다. 그러므로 '아므리타'의 의의나 기능에

---

* 아리아인이 인도아대륙의 북서 지방에 들어온 기원전 1500년 무렵부터 갠지스강 유역으
로 영역을 확장한 기원전 500년 무렵까지의 시대를 가리킨다. 갠지스강 유역으로 이동하
기 시작하는 기원전 1000년을 경계로 '전기 베다시대'와 '후기 베다시대'로 나누기도 한
다. 이 시대에 아리아인들이 자연 현상의 신비로운 힘을 경외하는 신앙을 가지고 하늘, 땅,
불, 태양, 풍우, 풍우, 강 등을 신으로 숭배하는 내용의 구전 전승을 문자로 기록하여 베다
라는 일련의 종교 문서를 편찬한다. 이것은 브라만교의 성전이 되며 브라만교를 기원으로
하여 후세에 성립하는 이른바 베다 종교군에 지대한 영향을 미친다.

대응하는 중국 문화에 보이는 말은 바로 '감로'라는 것이 된다. 이 점에서 '감로'는 절묘한 번역이지만 양 문화의 대응을 보여주는 번역이지 축어적인 의미의 번역은 아니다.

보디와 도

이상에서 인도와 중국의 문화적 대응에 관해 불교와 노장 사상의 대응에서 시작하여 구체적인 사물로 시점을 확대해왔는데, 여기서 다시 사상적·종교적 역어의 논의로 되돌아가고자 한다.

　범어 '보디bodhi'는 '보리/보제菩提'로 음역되기도 하지만 그 의역은 '각覺'(깨달음)이나 '도道'다. 이 가운데 '각'은 원어에 충실한 번역이지만 '도'는 문화대응형 번역이라고 할 수 있다('도'에 대응하는 범어에는 길, 진로, 짐승이 다니는 길 등을 의미하는 '마르가mārga'도 있는데 여기서는 '보디'와의 대응에 주목한다). 불교에서는 이 말을 '성도成道' 등의 표현으로 널리 사용한다. '성도'란 깨닫는다는 의미다. 또한 '보리수菩提樹'를 오나라 지겸이 '도수道樹'로 번역한 것은 4장에서 살펴보았다. 범어 '보디'는 '각覺'으로 의역되는 것처럼 '눈을 뜨는 것'이 본뜻이며, 여기서 깨달음도 의미하게 되었다. 그것을 '도道'로 옮기는 것은 다름 아닌 《노자》의 영향이다.

　앞에서 우리는 후한 안세고가 '무위'를 '니르바나'의 역어로 사용한 예를 보았다. '무위'는 초기 한역사의 현실을 보여주는 점에서 중요하지만 그 후 계속해서 그 말을 사용하는 일은 없었다. 이에 대해 '무위'보다 한층 깊은 곳에서 중국 불교에 영향을 미친 노장의 말이 '도'

다. '도'는 중국 불교사 전체를 통해 사용된 기본어였다.

아르하트와 진인, 리시와 선인

유교적 성인에 대해, 도교에서는 '진인眞人'이나 '선인仙人'을 이상적인 모습으로 한 것은 나중에 언급하겠지만, 이들 언어가 불전에도 사용되었음을 먼저 이야기해두고자 한다. 다시 말해 '진인'은 범어 '아르하트arhat'의 역어로, '선인'은 '리시ṛṣi'(현대 일본에서는 성선聖仙, 시성詩聖, 현자賢者 등으로 번역한다)의 역어로서 빈번히 사용되었다.

원래 '진眞'이라는 글자는 유교 경전에서는 전혀 사용하지 않으며 장자의 키워드다(顧炎武, 《日知錄》卷18 〈破題用莊子〉, Yoshikawa Tadao 1990). '아르하트'의 역어로서 음역 '아라한阿羅漢'을 사용하는 사례는 후한 지루가참 번역의 《도행반야경》 외에도 보이므로 이 음역이 오래전부터 성립되어 있었음은 틀림없다. 하지만, 한편으로 오나라 지겸이나 유기난維祇難의 번역 및 이후 시대의 번역에도 '아르하트'의 역어로 '진인'을 사용한 사례가 다수 보인다.

이들은 불교 수행자의 모습을 도교 수행자의 이미지와 겹쳐 보이게 하는 것임에 틀림없다. 중국에서 유교의 안티테제로서의 불교와 도교에는 여러 가지 점에서 서로 겹치는 부분이 있는 것이다. 바로 앞에서 살펴본 '보디와 도'의 내용과 직접 관계되는 사항이지만 수행자를 의미하는 '도인道人'이 그 전형적인 예다. '도인'은 불교 수행자에게도 도교 수행자에게도 사용하고, 말만으로는 도대체 어느 쪽 종교를 실천하는 사람인지 모른다.

수트라와 경

'수트라sūtra'의 역어인 '경經'은 극히 중국적인 문화 배경을 갖는다. 원래 중국에서는 유교의 근본 경전을 '경'이라고 칭했다. '經'이라는 글자의 본래 의미는 직물의 날줄이다. 한편 범어의 '수트라'는 원래 재봉실이나 띠를 의미하고, 거기서 파생된 의미로 중요한 것을 하나로 묶어 진수를 정리한 것을 비유적으로 나타내기도 한다(Mayrhofer 1963). 그러한 '수트라'를 한어로 번역할 때에 한역자들은 아마 역사 초창기부터 유사한 의미를 갖는 '경'을 사용한 것 같다('경'보다 오래된 번역 사례는 현재 알려져 있지 않다).

  '수트라'를 '경'으로 옮기는 것은 확실히 매우 잘된 번역이다. 중국 문화 속에 불교의 가르침을 뿌리내리게 하기 위해서 개조 석존이 말한 것을 '경'으로 규정하는 것 말고는 중국 문화권 사람들에게 그 이상 알기 쉽고 임팩트 있는 역어는 없었을 것이다.

이중 잣대로서의 성격

불전 한역에서 문화대응형 역어의 구체적 사례는 일단 이상으로 충분할 것이다. 지금 여기서 강조해두고자 하는 것은, 요컨대 앞에서 언급한 (3)의 비슷한 개념을 찾아 역어로 사용하는 경우에 속하는 중국 불교의 기본어는 문화적 대응어로서의 성격에서 벗어나지 못하며, 그것은 엄밀한 의미에서 의역과는 다르다는 점이다. 이런 경우의 역어는 이중 잣대의 성격을 갖고 인도적인 의미와 중국적인 의미를 항상 동시에 내포하면서 인도적인 것과 중국적인 것 사이에서 끊임 없이 동요하는 양의성을 면할 수 없다. 더구나 흥미롭게도 독자가 누 군가에 따라 의미가 동요하는 양상이 바뀐다. 같은 말이라도 인도 원 어를 생각하는 사람과 한자 의미만을 이해하는 사람에게 의미 차이 가 발생하기 때문에 오독의 가능성조차 전혀 없다고 할 수 없다.

번역어 '성聖'의 의미

문화대응형 역어는 이중 잣대로서의 성격을 지니고 있기 때문에 다 양하게 진화할 가능성을 내포하고 있다. 이러한 사항을 한국어나 일 본어로 종교를 생각할 때 기본 중의 기본이라고 할 수 있는 '성聖'이 라는 말에 입각해 지적하고, 역어의 역사성과 심화의 문제에 대해 이 야기해보고자 한다.

한자 문화권의 종교 문화에서 '성聖'의 개념은 다른 말로 바꿀 수 없 을 만큼 기본적이다. '성'은 '성'이라고 하는 외에 뭐라고 달리 표현할 수 없는 경우가 많다. 그러나 한편으로 이 말의 의미를 역사적으로 훑어보면 몇 가지 커다란 변화가 생긴 것도 확인할 수 있다.

앞으로 이야기할 내용을 먼저 요약해두기로 한다. 한자 문화에서 '성'의 말뜻에는 오랜 역사와 변천이 있었다. 그 한편으로 사상사적 으로 보았을 때 '성'은 종교의 근본 개념과 관련된다. 그렇기 때문에 실제 용례에서는 의미에 진폭과 동요가 생기는 일도 있다. 불교의 '성 聖'은 그전의 인도적 함의와 중국적 함의를 동시에 가지면서, 엄밀하 게 말하면 그 어느 쪽과도 다른 뉘앙스를 동반한 채 사용되었다. 그 후 불교에서 확립된 '성'의 새로운 함의는, 크리스트교가 중국에 전래되었을 때 영어로 말하면 holy, sacred, saint, sainthood, saintliness 등과 같은 의미로 '성聖'을 사용하는 것을 가능하게 했다. '성'에는 원래의 의미, 불교의 문화대응형 역어로서의 의미, 크리스트교를 매개하여 현대에까지도 이어지는 새로운 의미의 삼층 구조가 존재하고, 거기에 역사적 전개 양상을 간파할 수 있다.

유교의 성인

'성聖'이라는 말의 의미는 중국 문명의 장구한 시간을 통해 일정불변했던 것은 아니다. 불교 도입 이전 단계에 '성'은 이미 변천의 역사가 있었다. 그 최초 시기의 의미에 대해서는 학자에 따라 얼마간 이해의 차이가 있는데 현재 시라카와 시즈카白川静의 《자통字統》에 따르면 다음과 같다.

> '성聖'이라는 글자는 '이耳'와 '정工'과 '구口'로 구성된다. '耳'와 '工'의 조합은 귀를 강조한 사람의 형상이고 '工'은 사람이 발돋움한 형상이다. 이러한 '성'은 축도祝禱를 올려 기원하고 귀 기울여 신의 응답과 계시를 듣는 것을 가리킨다. '성'이라는 글자의 맨 처음 의미는 신의 계시를 듣는 능력이며 그 덕은 '총聰'이라 하고 그 사람은 '성聖'이라 한다(Shirakawa 1994).

원래 '성'이란 총명한 사람에게 부여하는 일반적인 호칭이고 뛰어난 지혜가 있는 사람이나 선견지명 또는 예지 능력이 있는 사람을 가리키는 말이었다.

　이러한 '성'은 그 후 어떤 의미로 사용되었을까. 성인聖人의 의미 변천을 개관한 요시카와 타다오吉川忠夫의 연구에 의하면, 먼저 대략 춘추시대 말에서 전국시대 무렵에 변화가 생겼다고 한다. 다시 말해 이즈음에 '성'이란 전지전능한 천하의 구제자, 인륜을 최고로 완전하게 구현한 자를 가리키게 되었다(《論語》〈雍也篇〉, 《墨子》〈兼愛上篇〉, 《韓非子》〈姦劫弑臣篇〉, 《孟子》〈離婁上篇〉, 〈盡心下篇〉). 또한 여기에서 나아가 치세자治世者로서의 성인聖人·성왕聖王, 훌륭한 덕의 군주를 성인으로 부르게 된다(《荀子》〈解蔽篇〉 등).

　이렇게 유교 전통에서 후대에 성인이라고 하면 요제堯帝, 순제舜帝, 우왕禹王, 탕왕湯王, 문왕文王, 무왕武王, 주공단周公旦, 공자孔子의 여덟 사람을 가리킨다는 생각이 확립된다. 그때 맹자孟子는 성인에 포함하지 않는 것이 일반적이다. 그리고 《예기禮記》〈악기편樂記篇〉에 "작자作者를 일러 성聖이라 하고 술자述者를 일러 명明이라 한다(作者之謂聖, 術者之謂明)"고 쓰여 있듯이 성인이란 작자의 성인, 다시 말해 제도를 새로이 만든 사람, 즉 중화 문명을 만든 사람을 의미하는 것으로 이해되었다. 더구나 시대를 내려오면서 역대의 황제를 성聖, 성왕聖王, 성제聖帝로 부르게 된다. 그것의 가장 이른 사례는 《후한서後漢書》〈광무제기하光武帝紀下〉 건무建武 7년(31)의 조목에 있다(Yoshikawa Tadao 1990).

'성'의 노장적 의미

이와 같은 유교의 흐름과는 달리, 도가道家의 전통에서는 '성인'보다 오히려 '선인仙人'을 이상적인 모습으로 내세운다. '선仙'이란 장생長生 또는 불로불사不老不死를 의미하고 '선인'은 '진인眞人'으로 불리기도 한다. '선인'의 전형은 《장자》〈소요유편逍遙遊篇〉에 나오는 '막고야산藐姑射山의 선인'이다. 거기서는 "오곡을 먹지 않고, 바람을 들이마시고 이슬을 마시며, 구름을 타고 비룡을 부리며 사해 바깥에서 논다(不食五穀, 吸風飮露, 乘雲氣, 禦飛龍, 而遊乎四海之外)"고 선인의 모습을 묘사하고 있다.

또한 그러한 흐름 가운데 성인을 절대시하지 않는 생각도 생겨났다. 성인의 상대화라고 해도 좋을 것이다. 유교 전통에서는 한 세대에 딱 한 사람만 성인을 내세우고 성인을 절대시했지만, 도가는 그것을 부정하고 성인은 '문명의 작자作者'에 국한하지 않고 동시에 복수로 존재해도 좋다는 관념을 제공했다. 그러한 주장은 《노자》 2장이나 19장, 진晉의 갈홍葛洪(282~343)《포박자抱朴子》 내편內篇의 〈대속편對俗篇〉이나 〈변문편辯問篇〉에 보인다. 특히 〈변문편〉의 다음과 같은 일절은 갈홍의 성인관을 잘 보여준다.

> 게다가 세상에서 말하는 성인은 세상을 다스리는 성인이지 도를 깨달은 성인이 아니다. 도를 깨달은 성인이란 황제黃帝·노자가 그렇고, 세상을 다스리는 성인이란 주공周公·공자가 그렇다.[*]

---

* (원문주) "且夫俗所謂聖人者, 皆治世之聖人, 非得道之聖人. 得道之聖人, 則黃老是也. 治世之

이처럼 갈홍은 유교적인 문명 제작자로서의 성인을 '치세의 성인'으로 부르고, 그것과 구별하여 '득도의 성인'인 선인이야말로 중요하다고 주장했던 것이다. 갈홍은 나아가 "사람들은 배움으로써 신선神仙이 될 수 있다"는 매우 흥미로운 생각도 제시했다.

'성'의 의미를 확장한 불교

이러한 유교와 노장 사상의 흐름 위에 기원 전후 무렵 불교가 서역에서 전래하여 급속히 사람의 마음을 사로잡게 되었다. 그때 깨달음을 얻은 사람인 불타Buddha는 '성인'으로 간주되었고, 특히 개조開祖 석가모니는 종종 '대성大聖'으로 표현되었다. 또한 불타라는 최고 경지에는 도달하지 않았지만 어느 일정 이상의 깨달음을 얻은 '아라한'이나 '보살'도 또한 성聖, 성인聖人, 성자聖者로 불리고 성스러운 존재로 간주되었다. 다시 말해 '성'이란 종교적인 경지, 즉 불교에 입각하여 말하면 일종의 깨달음을 체득한 사람을 의미한다. 이에 대해 다음에서 조금 자세히 설명하도록 하겠다.

유교에서 '성' 또는 '성인'이라고 하는 경우 그것은 성스러운holy 존재가 아니다. 유교의 성인은 특별한 능력을 갖춘 일종의 초인을 가리키는 것이지 신성한holy/divine 존재를 의미하는 것이 아니다. 유교의 성인을 예컨대 영어로 옮긴다면 'sage'라는 표현이 일반적일 것이다(Taylor 1988). 다시 말해 유교의 성인은 그 본래 뜻에 있어서 'Saint'와

聖人, 則周孔是也." 本田済訳注,《抱朴子內篇》平凡社, 東洋文庫, 246쪽.

다르다. 종교적인 의미에서의 성자가 아니라 지식이나 능력, 인덕을 갖춘 뛰어난 인격이다.

한편 불교에서 사용하는 '성'이라는 말은 범어 '아리야arya'(팔리어 ariya)의 번역인 경우가 대부분이다. 다만 원래 '아리야'는 '고귀하다', '고상하다'와 같은 의미고 영어로는 'noble(고귀한)'로 번역하는 것이 통례다(Harvey 2009). 특히 인도 초기 불교에서는 '성'을 '훌륭한 사람'이라는 의미로 사용했다고 한다(Enomoto 2009). 다시 말해 원래 범어 '아리야'와 한어 '성'의 의미는 겹치는 부분도 있지만 다르다.

이러한 전통 불교의 기반에 서서 그것을 계승하면서 대승 불교는 새로운 전개를 보였다. 그것은 '성'의 개념 변화에도 꼭 들어맞는다. 범어 '아리야'나 초기 불교의 '성'은 'noble'의 의미고 유교의 성인은 'sage'의 의미였다. 한편 보살의 십지十地* 수행 단계에 보이는 후대의 발전된 대승 불교의 '성' 개념은 전통 불교의 '아리야'의 의미를 계승하면서도 그 위에 종교적인 숭고함을 더한 개념으로 바뀌어간다. 어떤 의미에서 그것은 영어로 말하면 'holy one'이나 'saint'에 근접하고 연결되는 측면을 겸비하게 된다.

이렇게 생각되는 이유는 다음과 같다. 대승 불교에서는 부처와 나란히 보살을 중시하는 사상이 있다. 보살이란 '깨달음으로 다가가는 커다란 존재'를 의미하는데, 대승 불교의 여러 경전에서는 보살에 십지로 불리는 지위가 있다고 설명한다. 일체의 중생(생명체)에게 공덕을 베풀어 깨달음으로 이끈다는 대서원大誓願을 세우고 우선 보살이

---

* 보살 사상의 발전과 함께 대승 불교에서 강조된 수행론의 하나로 범어 daśa-bhūmi의 역어다. 깨달음을 추구하는 보살이 수행을 통해 얻을 수 있는 10단계의 수행이다. 즉, 초지初地(환희지歡喜地)에서 십지十地(법운지法雲地)까지의 10단계를 말한다.

되어 수행을 시작한다. 그 후 윤회전생을 몇 번이고 반복하면서 보살의 지위를 높이고 드디어 초지初地로 불리는 경지에 달한다. 그다음에 이지二地, 삼지三地로 단계를 밟고 올라가 최종적으로 십지에 도달하여 부처가 된다. 이 원대한 단계 가운데 마지막 10단계인 초지에서 십지에 있는 보살을 '성인'으로 간주하고, 거기에 도달하기까지 오랜 수행 기간을 보내고 있는 사람을 '범부凡夫'라고 하여 구별한다. 초지 이상의 보살은 이미 통상의 인간과는 비교되지 않을 정도로 높고 심오한 경지를 체득하고 어떤 의미에서 초인적인 성격을 갖추고 번뇌를 벗어나 부처와 같은 깨달음의 경지를 일부 공유하는 존재가 된다. 기원후 수세기 무렵 인도나 중국의 전승에 따르면, 이 세상에서 초지나 그 이상에 도달할 수 있는 인간은 상당히 제한되어 있었다. 중관파中觀派나 유식파唯識派의 창시자로 알려진 용수龍樹나 무착無著과 같은 보살이 도달한 지위도 초지였다는 전승이 있을 정도다(Funayama 2003, 2005). 하물며 일반 수행자의 경우에 초지는 도달할 수 없는 높은 경지로 인식되었을 것이다. 또한 대승 경전에 등장하는 관음觀音 등의 성스러운 보살은, 한편으로 본래 의미인 인격을 갖춘 수행자로서의 성격을 가지면서도, 다른 한편으로 현대의 학자가 종종 '성스러운 천상의 보살celestial bodhisattva'로 부르듯이 모종의 신성을 갖춘 특별한 존재이기도 하다. 신통력을 발휘하여 자유롭게 사라지거나 형체를 바꾸면서 중생을 구제하는 모습은 아리한 등의 성자와는 분명히 구분되는 무언가가 있다. 대승 불교의 성인인 보살은 인간이면서 인간을 넘어선 영역과 접촉하고 어떤 의미에서는 신성성神聖性을 공유하며 수많은 기적을 행하는 크리스트교 성자와 비슷한 존재라고 할 수도 있다. 그 때문에 구미 학자 중에는 범어 '아리야'나 거기에 상당하는 티베트어역 '파크파'Phags pa를 영어로 옮길 때 'saint(성자)'를 사용하는 사람도 많다(반면에 크리스트교적 색채가 농후한 'saint'를 불교 문맥에서 사용하는 것을 싫어하는 학자도 많다).

인도와 중국의 정신·종교 문화 구조를 토대로 인도 문화의 '아리야'에 대응하는 한자의 개념은 무엇인가라고 묻는다면 그것은 바로 '성'이고 그보다 더 적절한 말은 없다. '아리야'와 '성'의 의미는 같지 않지만 인도 문화에서 '아리야'라는 말이 가리키는 의미의 폭이나 무게를 한자로 표현한다면 바로 '성'이 거기에 대응한다. '성'은 의역이 아니라 매우 적확한 문화대응형 역어로 간주해야 함을 알 수 있을 것이다.

그러면 이러한 불교적 '성'의 용법은 도대체 언제부터 시작되었을까. 실은 이 점은 또 다른 큰 문제이지만 현재로는 역어 '성'이 처음 나오는 문헌을 엄밀하게 확정하는 것은 곤란하다. 구마라집과 현장이 사용하는 '聖'은 상당할 정도로 '아리야'의 역어로 규정할 수 있음은 확실하다. 그러면 한역 초창기의 상황은 어떠했는가. 이 점은 아쉽지만 아직 충분히 해명되어 있지 않다. 물론 원전의 어휘가 뭔가를 반영하는 것이기는 하겠지만, 후한 안세고 번역이나 지루가참 번역 중에는 '聖'을 전혀 사용하지 않는 것이 있다. 예컨대 안세고 번역의 《사제경四諦經》은 후대의 한역이 '(사)성제(四)聖諦'로 표현하는 것을 '현자제賢者諦'로 번역했다는 지적이 있다(Enomoto 2009). 다시 말해 '聖'이 아니라 '賢者'를 사용하고 있음을 알 수 있다. 한편 간단하게 결론만 정리하면, 안세고 직후에 후한에서 활약한 지루가참 번역의《반주삼매경般舟三昧經》(삼권본의 첫머리), 지요支曜 번역의《성구광명정의경成具光明定意經》, 엄불조嚴佛調·안현安玄 공역의《법경경法鏡經》, 강맹상康孟詳 번역의《중본기경中本起經》등에는 역어로 '聖'을 사용한 예가 분명히 있다. 다만 그것들이 확실히 '아리야'의 번역이고 다른 원어의 번역이 아닌지에 대해서는, 원어에 대응하지 않는 윤색과 같은 결과일 가능성도 포함하여 좀 더 검토할 필요가 있다.

시대는 약간 내려오지만 현존하는 인도어 원전과의 대응 관계를 확인할 수 있는 예로는 오나라 유기난維祇難 등 번역의《법구경法句經》이 있다. 미즈노 고겐水野弘元의《법구경 연구法句経の研究》(1982)의 '법구경 대조표'를 참조하면, 이 경전에서 '성인聖人'이 팔리어 'ariya'(범어 'arya'에 대응)의 번역임을 보여주는 예가 적어도 두 군데 있다. 또한 오나라 지겸 번역의《유마힐경維摩詰經》에는 '아리야'를 '賢聖'으로 옮긴 예를 확인할 수 있는 한편, '聖'을 다른 원어에 대응하는 경우나 원어에 명확한 대응이 없는 경우도 적지 않다. 이런 상황으로 추측건대 역어 '성'을 한역의 초창기부터 사용했는지 어떤지는 모르지만 복수의 역자가 상당히 이른 시기, 아마도 후한시대부터 한어 '聖'을 'ariya' 나 그 외의 역어로 불전 번역에 응용하기 시작했다고 보아도 큰 잘못이 아닐 것이다.

사족이지만, 불교어로서의 '聖'은 후대의 일본 불교사에서 더욱 특수한 전개를 보인다. '아리야'가 한어 '성聖', '성인聖人'으로 대체되었을 때 중국적 뉘앙스를 지니게 되는 것과 마찬가지로, 성인이 '히지리(聖)'로 불리게 되고 '고야히지리(高野聖)'* 등 일본 특유의 양상을 보

---

* 일본에서 원래 '히지리'는 민간 신앙의 사제자司祭者를 가리키는 말로 사용되었으나 불교 전래와 함께 여기에 '성聖'이라는 한자를 차자借字하면서 학덕이 높은 고승의 의미에 더해 일본 특유의 세상을 등지고 깊은 산속의 초암에 기거하며 수행에 힘쓰고 각지를 편력하면서 염불을 통해 민중에게 정토 신앙을 보급하는 염불승을 가리키는 말로 사용하게 되

이게 되자 일본 불교에 있어서의 '히지리'는 인도·중국의 규정과는 다른 일본적인 성자관을 가리키는 것으로 변모했다. 그때까지 인도나 중국에서 성인 기준으로 삼고 있던 보살의 십지를 바탕으로 하는 수행 단계설은 '히지리'인지 아닌지를 가늠하는 척도가 되지 않게 되었다. 그리고 많은 승려들이 '히지리'로서 존경받게 되었다. 물론 중국에서도 규정하기 막연한 경칭으로 '성인聖人'을 사용하는 경우는 있었지만, 일본 불교의 '히지리'는 중국적 용례만으로는 설명할 수 없고 보살의 십지설+地說을 기반으로 하는 중국 불교의 '성'과는 크게 다른 면을 가지게 되었다.

현대로 이어지는 '성'

여기서 이야기가 비약하지만, '聖'이라는 한어가 중국에서 후대에 이른바 성스러운holy 성격을 의미하는 말로 바뀌어가는 것을 언급해두고자 한다. 예컨대 현재 중국어의 표준적인 소형 사전《신화자전新華字典》의 2개국어판《한영쌍해신화자전漢英雙解新華字典》에 의하면, 현대 중국어의 '聖'에는 ① 가장 숭고한 'holy', 'sacred'의 뜻, 또한 '聖人sage'은 옛날에 최고의 지혜와 도덕을 갖춘 사람, ② 학문·기술에 탁월한 업적을 남긴 사람, ③ 봉건시대의 제왕이라는 세 가지의 주요한 의미가 있다고 한다. 이 가운데 ①의 후반에 나오는 '성인'과 ② 학

었다. 이들은 사원에 정주하지 않고 별소別所로 불리는 장소에 모여 살며 활동 거점으로 삼았는데, 그 유명한 거점의 하나가 고야산高野山이었고 여기에 모여 사는 염불승을 '고야히지리高野聖'라고 했다.

문·기술에 탁월한 업적을 남긴 사람은 전통적인 의미를 계승하는 것이고, ③은 '성왕聖王', '성제聖帝'를 가리키고 이 또한 전통적인 용법에 바탕을 둔다. 한편 ①의 앞부분에 제시된 의미는 특히 크리스트교에서 사용한다. 이에 대해서는 현대 중국어에 '성탄절聖誕節', '성경聖經', '성도聖徒', '성모聖母' 등과 같은 표현이 있는 것으로 잘 알 수 있다. 다시 말해 현대 중국어의 '聖'은 한편으로는 유교 이래의 전통적인 '성인'의 의미로 사용되고, 다른 한편으로는 크리스트교의 'saint'에도 의미가 확장되어 있음을 알 수 있다. 덧붙여 일본에서 바이블을 '성서聖書'라고 하지만 중국이나 한국에서는 '성경聖經'이라고 하는 것도 앞에서 설명한 문화대응형 성격을 나타내는 점에서 흥미롭다. 요컨대 이상에서 제시한 용례는 크리스트교의 '성자聖者saint' 또는 '성자성聖者性sainthood, saintliness'을 표현하는 한어로서 '聖' 외에 적절한 문자가 없음을 여실히 보여주고 있다.

이러한 'sacred', 'holy' 혹은 'saint'로서의 '성'은 보다 오래된 성경 번역에서도 확인하는 것이 가능하다. 17세기 초에 성립된 마테오 리치의 《천주실의天主實義》의 경우, 앗시지의 성 프란체스코San Francesco와 같은 성인을 '성신聖神'으로 표기한다(Shibata 2004, 227쪽). 이밖에 《천주실의》에 나오는 신神, 귀鬼, 천天 등과 같은 다른 역어에서도 같은 성격을 발견할 수 있을 것으로 생각되지만 지금의 논의에서 다소 벗어나므로 여기서는 다루지 않는다.

네스토리우스파 크리스트교

크리스트교 성자를 의미하는 '성聖'의 사용은 어디에서 유래했을까. 이 물음에 대답하기 위해서는 중국에 최초로 전래된 크리스트교, 즉 경교景敎로 불린 네스토리우스파 크리스트교에서 '聖'을 어떻게 사용했는지를 확인할 필요가 있다. 경교는 7세기 전반에 당나라 장안에 전래되었다.

경교를 분석한 여러 연구는 '聖'과 관련하여 중요한 점 두 가지를 지적한다. 첫째로, 경교의 문헌은 세존世尊, 대사大師, 대성大聖 등의 말을 사용하는데, 이것들은 의심할 바 없이 불교에서 차용한 것이다. 예를 들면, 당대 경교 관련 가장 중요한 문헌의 하나인《경교삼위몽도찬景敎三威蒙度讚》(「ペリオ將來敦煌寫本 3874號」)은 "지극히 높은 곳에서는 하느님께 영광이요Gloria in excelsis deo"[*]에 대응하는 한어 문헌이고, 그 제2·3부에 나오는 성聖, 세존世尊, 법황法皇 등의 말은 불교어에 바탕을 두고 있음이 밝혀져 있다(Chen Huaiyu 2009, 2009). 또한 일반적으로 영어의 'holy'에 대응하는 경교 문헌의 원어는 '聖'인 경우 외에 '청정淸淨'을 사용하는 경우도 있다고 한다(Tang Li 2009).

둘째로, 경교 문헌의 '聖'을 유교적 '聖'의 역어인 'sage'를 사용하지 않고 'holy'라는 형용사나 'saint'라는 명사를 사용하여 영어로 옮기는 것은 현대의 경교 연구자 사이에 극히 자연스럽게 이루어지고 있다 (Chen Huaiyu 2009, 2009, Tang Li 2009, Forte 1996).

---

[*] 〈누가복음〉 2장 14절에 나오는 예수 크리스트의 탄생을 제일 먼저 천사들이 목동들에게 알리는 말이다.

여기서 우리는 '성'을 크리스트교 문맥에서 사용하는 것이 가능하고, 그 기반은 당대 경교에까지 거슬러 올라갈 수 있으며, 그리고 이들 경교 용어는 불교에서 차용한 것임을 확인할 수 있다. 같은 내용을 불교어의 측면에서 보면 다음과 같이 말할 수가 있을 것이다. 크리스트교 문맥의 한어 '聖'의 번역 사례는 유교로 대표되는 중국 전통의 '聖'과는 의미가 다르므로 전통적·유교적 '聖'의 개념으로부터 직접적으로 파생했다고 보는 데는 무리가 있다. 시대적으로 유교적 '聖'과 경교적 '聖' 사이에 끼여 있는 것은 다름 아닌 외래 문화의 사상을 번역한 선례로서의 불교적 '聖'의 개념이었다. 특히 대승 불교의 '聖'은 물론 크리스트교의 '聖'과는 전혀 다른 것이지만 연결되는 측면이 있기 때문에, 불교적 '聖'은 경교에 차용되어 일부 흡수되었다고 추측할 수 있다.

불교어 '성'의 다양성

'성聖'의 역사성과 의미의 중층성 문제는 문헌을 읽는 사람이 누군가와도 깊은 관계가 있다. 말은 일단 성립되면 그 후 그것을 사용하는 사람에 따라 다양하게 해석되기 시작한다. 본래 의도대로 계속 이해된다고만은 할 수 없다. 똑같이 '성인聖人'이라는 말을 입에 담아도, 아니 동일어이기 때문에 읽는 사람에 따라 다양한 해석이 있을 수 있다. 오해의 가능성조차 있다. 만약 당唐의 유자儒者나 송宋의 주자학자가 불교의 성인 관련 문헌을 읽었다면 불교의 성인을 유학적 의미에 억지로 끌어 맞춰 오해하든지, 아니면 의미 불명의 혼란스러운 언설로서 전혀 받아들일 수 없든지 했을 것이다. 또한 만약 일본의 중세·근세의 승려가 중국 불교에 관한 지식을 충분히 갖지 않은 채 중국 불교의 성인설을 읽었다면 성인을 일본의 성인이나 '히지리(聖)'의 의미로 받아들여 중국 불교의 본래 의미와는 동떨어진 해석을 했을 가능성도 점쳐진다. 현대의 다양한 독자에게도 똑같이 적용될 수 있는 문제다.

요컨대 불교 한어 '聖'에는 세 가지 얼굴이 있다. 범어 '아리야'의 역어라는 얼굴, 유교적 전통에 입각한 한어로서의 얼굴, 나중의 크리스트교 성자와도 연결될 수 있는 새로운 얼굴이다. 불교의 문헌에서 '聖'이라는 한어를 사용할 때는 이 세 가지가 반드시 얼굴을 내밀며 뭔가 하나의 의미에만 한정시키고 나머지를 완전히 잘라버린 채 사용할 수는 없다. 세 가지 가운데 어느 것이 우세하게 되는지는 그때그때 문헌의 종류에 따라 혹은 문맥에 따라 바뀐다. 또한 읽는 사람의 지식이나 관심에 따라 본래 의도와는 다른 식으로 받아들여질 수도 있을 것이다. 범어 '아리야'를 한자 '聖'으로 표현한 그 순간부터 중국 불교의 '성'은 순순하게 인도적인 개념이 아니게 되고, 중국적 전통과의 관계성을 잘라버릴 수 없는 운명에 말려들게 되었던 것이다.

현대에도 존재하는 문화대응형 역어

이 장에서는 인도와 중국의 문화적 상이에 주목하여 한역의 특징을 살펴보았다. 요컨대 불전의 한역에는 원어의 의미를 축어적으로 옮기는 통상의 경우 외에, 특히 문화의 근본에 관계되는 개념의 경우에 축어적 번역이 아니라 용법이나 문화 체계에 상당하는 말을 들이맞추는 경우가 있었음을 지적하고 그것을 잠정적으로 문화대응형 역어라고 불렀다. 이러한 역어의 예로 여기서는 초기에만 사용된 무위無爲nirvāṇa와 본무本無tathatā, 그리고 수세기에 걸쳐 통사적으로 사용된 용龍nāga, 하늘天deva, 감로甘露amṛta, 도道Bodhi, 진인眞人arhat, 경經sūtra, 성聖ārya을 들었다. 이들은 하나같이 다른 것으로 대체할 수 없을 정도로 근본적인 말뿐이지만 범어의 본래 뜻과 한역의 의미가 대응하는 것이 아니다. 의미의 어긋남은 불가피하고 원어의 뉘앙스를 백퍼센트 한어로 옮기는 것은 불가능하다. 그러므로 문화대응형 역어는 항상 인도적 의미와 중국적 의미의 틈새에서 동요나 왜곡을 일으키면서 사용되게 된다.

이상에서 몇 개의 한역어를 실마리로 불전 한역의 한 국면을 이야기해보았다. 하지만 종교의 기본 용어가 갖는 이러한 성격은 인도에서 중국으로의 문화 전파에만 한정되는 것이 아니다. 이와 똑같은 현상은 현대의 역어에도 그대로 성립된다. 다시 말해, 현대 서양어의 경우 크리스트교나 유대교의 기본 용어를 사용하지 않고 불전을 번역하는 것은 불가능한 일이다. 예컨대 승려·비구比丘(비크슈bhikṣu)를 'monk'로, 사원(vihāra)을 'temple' 또는 'monastery'로, 경전經典sūtra을 'scripture'로 번역하는 것들은 그저 사소한 일례에 지나지 않지만, 그 어느 것이나 크리스트교 문화권의 어휘를 사용한 '문화대응형 영역英譯'임에 틀림없다.

예컨대 승려를 'monk'로 번역하는 경우, 영역의 실제 의도는 불교에서 말하는 승려란 크리스트교 문화의 'monk'에 대응하는 것으로 이해하라는 것이다. 따라서 만약 불교를 전혀 모르는 서양인이 불교 문헌의 'monk'라는 역어를 접하고 순수하게 크리스트교 문화권 내의 'monk'의 의미로 이해한다면 뜻밖의 오해를 불러일으킬 가능성이 많은 것이다. 덧붙여 말하면, 7장에서 언급한 것처럼, '승僧'이라는 한자가 범어 '상가Saṃgha'의 음역을 위해 중국에서 새로 만든 한자였다는 데 생각이 미친다면, 크리스트교의 monk를 '승려'라고 번역하는 경우도 상당히 복잡한 문화적 대응 관계를 무의식중에 하고 있다고도 할 수 있는 것이다. 만약 그러한 영역을 모두 거부하려 한다면, 예를 들면 영어의 문장에서 'dharma(法)'나 'karma(業)'를 그대로 사용하듯이 차용어loanword에 의지하는 것 외에 방법이 없을 것이다. 차용어란 한역에서는 음역을 말한다. 음역에는 음역 특유의 문제가 있음은 이미 언급한 대로다.

요컨대 '아리야'를 聖으로 한역하는 것, 일본에서 '데우스'를 '大日'로 번역하는 것, '승려·비크슈'를 'monk'로 영역하는 것 사이에 실은 보기보다 큰 차이는 없다. 시대나 지역의 차이에도 불구하고 종교어의 번역은 모두 어떠한 형태로든 이런 성격을 띤다고 해도 과언이 아니다.

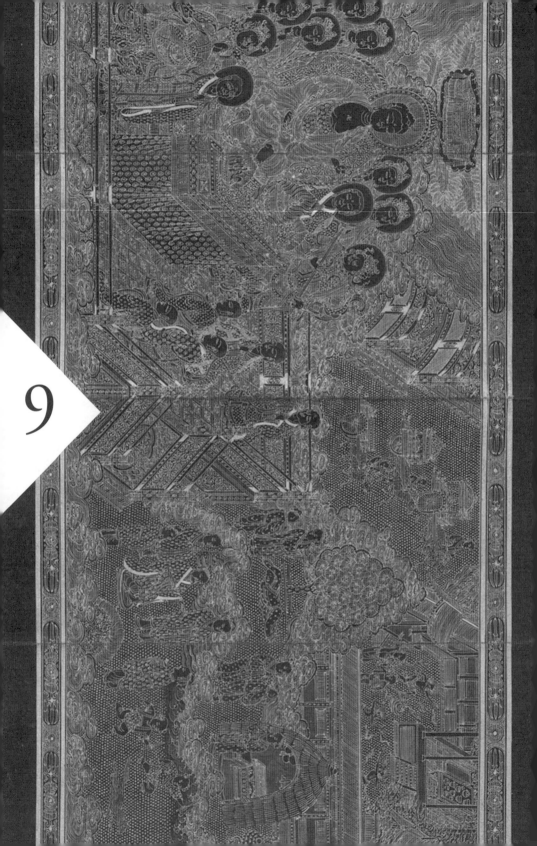

불전
한역사의
의의

1장 〈한역 세계로의 초대—인도 그리고 중국으로〉에서 한역에 대한 소개를 시도한 다음, 2~8장에 걸쳐 한역의 특징을 다양한 각도에서 조망해보았다. 마지막으로 이 책의 총정리로서 무엇을 말할 수 있을지, 나아가 어떠한 점에 주목할 수 있을지를 생각해보고자 한다. 먼저 각 장의 내용을 간단하게 되돌아보고 그중에서 특히 주목해야 할 점을 몇 가지 정리해보겠다.

각 장의 정리

2장 〈번역에 종사한 사람들—역경의 대략적인 역사〉에서는 거의 시간 축에 따라 주요 한역자와 번역된 경전이나 논서 및 이와 관련된 사항을 개관했다. 고유 명사의 확인이라는 점에서 보면 이 장에서 이야기한 내용은 아마도 불전 한역사에 관한 종래의 개설과 많은 점에서 겹치지만, 이 장에서는 새로운 시점으로서 시대에 따라 역경 사업에 성쇠가 있었음을 지적하였다. 또한 역경의 지역이 이동한 사실도 지금까지 충분히 유의하지 않은 것을 감안하여 거기에도 주목했다. 주요 번역자로서 언급한 사람 수는 60명 이상에 달한다. 덧붙여 번역자는 모두 남성이었고 여성 한역자는 한 사람도 없었다. 다시 말해 한역의 세계는 남성 편중의 세계였는데, 다만 전근대에 여성이 등장하지 않는 예는 비단 불전의 한역에 국한된 이야기는 아니다.

3장 〈번역은 이렇게 이루어졌다―한역 작성의 구체적 방법과 역할 분담〉에서는 한역은 복수의 사람에 의한 공동 작업이었음을 확인했다. 이른바 '역장譯場'에는 두 종류가 있었고 대체로 수대隋代 무렵을 경계로 많은 사람이 참가한 회의 형태의 번역에서 제한된 공간에서 전문가 집단만이 참여하여 신속하게 작업하는 번역 공방工房 형태로 변화했다. 어느 쪽의 경우든 '역주', '필수', '통역'이 중요한 역할을 맡았다.

복수의 사람이 역할을 분담하는 공동 작업으로 역경을 수행한 점은 불전 한역의 일대 특징일 것이다. 덧붙여 말하면, 티베트어역, 다시 말해 불전을 범어에서 티베트어로 번역했을 때도 번역에 종사한 인물로 인도인 학승(판디타Paṇḍita) 1명과 티베트인 번역관 1명의 이름이 번역의 발문에 기록되는 일이 많지만, 각자 역할 분담의 실태나 그 밖의 보조자가 있었는지는 분명치 않다. 또한 한역처럼 많은 사람이 관여하는 역장의 기록은 없는 것 같다.

4장 〈외국 승려의 어학력과 구마라집·현장의 번역론〉에서는, 먼저 외국 승려의 어학력에 주목하여 번역자 중에는 중국어를 알지 못한 사람도 있었던 반면에 수는 많지 않지만 중국어에 정통한 외국인 번역자도 있었음을 사료를 통해 검증했다. 그 경우 중국어 회화 능력과 문어로서의 고전 중국어 구사 능력은 구별해두어야 함도 지적했다.

설령 전혀 중국어를 말하지 못하고 또한 중국어를 당연히 읽고 쓰지 못하는 인도인 승려라도 그 사람이 경전을 암송하는 인물이거나 낭독함으로써 본래 텍스트를 중국인 앞에 보여주는 경우에 그가 '역주'가 되는 것이 그 한역의 정통성에 권위를 부여했다. 이것은 일견 불합리한 것 같지만 현대에도 통하는 면이 있다. 비근한 예를 들면, 사서류 편찬의 경우 예외적으로 모든 항목을 한 사람이 저술한 것도 있지만, 많은 경우 편자의 이름 아래 사서가 편찬되고 각 항목의 집필자는 편자 자신이 아니라 다른 사람이다. 편자는 개개의 항목을 실제로 집필했는가보다 어떻게 전체를 통괄했는가, 어떻게 내용에 책임을 가지고 독자에게 신뢰를 주는가에 기여한다. 한역 불전의 '역주'에게도 이것과 비슷한 측면이 있었던 것이다.

4장의 후반에서는 번역에 종사한 인물이 제시한 번역관 또는 번역 이론으로서 구마라집의 경우와 현장의 경우를 살펴보았다. 구마라집은 범어를 중국어로 완전하게 번역하는 것은 불가능하다고 생각하고 대략적인 의미를 알기 쉽게 전달하기 위해 어느 정도 자유스럽게 뜻이 잘 통하는 번역을 추구했지만, 반면에 의미의 번역과는 양립하지 않는 음역을 중시한 일면도 있었다. 번역이란 다른 사람이 씹다가 내뱉은 음식물 같은 것이라고 하는 구마라집의 냉철한 역경관을 표현하는 말은 원래 시문의 뉘앙스를 옮기는 작업의 곤란함을 이야기하는 것으로 문학 작품의 번역과 관련되는 것이었다. 원문의 리듬을 번역 가운데 재현하는 것은 현실적이고 또한 절실한 요구지만 구마라집은 원문의 리듬을 번역하는 것은 불가능하다는 입장이었다. 마지막으로 문체의 '문文(문아文雅)'과 '질質(질실質實)'의 양쪽을 담보할 수 없는 경우는 어느 쪽을 보다 우선해야 하는가에 관한 논의도 있었음을 석도안釋道安을 중심으로 소개했다.

5장 〈위작 경전의 출현〉에서는 '위경'으로 불리는 위작 경전을 대상으로 하여 번역이라고 할 수 없는 요소가 위작 경전에는 보이는 것을 확인했다. 한역에는 있을 수 없는 요소란 구체적으로는 중국의 인명·지명·중국 불교 특유의 이론 등이다. 위작의 배경에는 몇 가지 요인이 있었지만, 일반적으로 말해 중국 불교의 실태를 제대로 설명하는 문언을 한역 경전에서 찾아내지 못하는 경우에 중국의 실태를 추인하고 권위를 부여하는 경전이 근거로서 필요하게 되고 바로 그 점에서 위작 경전이 발생했던 것이다. 위작이 발각되었을 때 취해진 처분의 사례도 소개했다.

어떤 경전이 가짜인지 진짜인지를 판단하기 위해서는 중국 특유의 요소를 포함하는지를 조사하는 것이 유효하다. 중국적 요소는 문장 중에 직접 나타나는 경우도 있지만, 이밖에 이미 성립되어 있는 한역 경전을 소재로 한 글자 한 글자 한 구절 한 구절을 그대로 베껴 쓰는 형태로 문언을 이용하는 경우도 소재가 한자 자료라는 점에서 중국 고유의 요소를 갖는 것이므로 위경으로 판단할 수 있다.

이처럼 5장에서는 위작 문제를 굳이 전통적인 진위관의 틀 속에서 이야기했지만, 다음 6장 〈번역과 위작의 사이―경전을 '편집'하다〉에서는 이러한 진위의 이분법이 오래된 전통인 반면에 중국 불교사의 실태에 맞지 않음을 논증해 보였다. 위작에 대한 의식 없이 이른바 선의로 작성한 경전도 많고, 이들은 경록에서도 위경으로 규탄 받는 일 없이 중국 불교사에서 중요한 자리를 차지하고 있음을 알았다.

요컨대 전통적인 의미에서 진경인가 위경인가를 판단하려 해도 그어느 쪽도 아닌 경전이 많은 것이다. 이러한 중간 형태를 이 책에서는 '편집 경전'이라고 이름했다. 여기에 해당하는 문헌은 현재 판명되고 있는 것만으로도 상당수에 이르고 '편집 경전'을 만들어내기 쉬운 특정 장르가 있음도 알았다.

7장 〈한역이 중국어에 미친 영향〉에서는 한자 문화에 미친 한역 불전의 역할을 차원이 다른 여섯 종류의 각도에서 고찰했다. '연기', '세계', '윤회' 등 불교어로 불리는 새로운 어휘가 만들어졌음은 잘 알려져 있는데, 이러한 새로운 어휘는 현대의 표현을 사용하여 설명한다면 '차용 번역借用飜譯(calque)'의 일종이다. 이외에 '마魔' 등 불전을 한역하기 위해 새로 만든 한자도 생겨났다. 새로운 한자는 대체로 음역을 위한 것이었다. 음역의 어휘는 '음사어音寫語'라고도 하며 보다 일반적으로 말하면 '차용어借用語 loanword'다. 불전이 새로운 한자를 만들어낸 사실은 뒤집어 말하면 기존의 중국어 어휘만으로는 차용어의 문제를 완전히 처리할 수 없었음을 의미한다. 불전의 음역은 표의적 음역이 아니었다는 데도 특징이 있다.

나아가 이 장에서는 문체와 관련된 불전 특유의 어법으로서 '고故', '어於', '유由' 등이 범어의 직역으로 이용되며, 네 글자가 1구를 구성하고 그것을 반복하는 단조로운 리듬이 한역으로 성립되고, 또한 그것이 중국인 자신이 펴낸 저작의 어법과 문체에도 영향을 미쳤음을 지적했다. 끝으로 한자를 창설했다고 하는 창힐蒼頡의 전설과 인도의 문자 창설자 전설이 융합하여 한자 문화를 인도와 중국으로 구성된 당시의 세계관 가운데 상대화하여 파악하는 관점이 성립했음을 살펴보았다.

이상에서 이야기한 다양한 사항은 어느 것이나 불전이 중국어에 미친 영향을 가리키지만, 다만 한역 불전의 성립이 중국어를 변용시켰냐고 묻는다면 그것에 대해서는 어떤 의미에서는 긍정적, 어떤 의미에서는 부정적으로 대답해야 하지 않을까 생각한다. 한역 불전의 성립은 중국어를 바꾼 면도 바꾸지 못한 면도 있었다. 바꾼 면은 이상에서 이야기한 대로이고, 또한 같은 장 끝부분에서 소개한 사성四聲의 성립은 중국어의 깊숙한 부분과 관계하는 인도의 영향이라 할 수 있을 것이다. 그러나 한편으로 그것은 어디까지나 중국어에 내재되어 있는 요소를 자각적으로 끌어내는 계기로서 불전이 작용했다는 것에 지나지 않고 중국어의 어휘나 어법을 근저로부터 뒤집은 것은 아니라고 볼 수도 있다. 새롭게 만들어진 불교어나 새로운 한자도 마찬가지로 중요한 것임에 틀림없고 단순한 표층적인 영향에 머물렀다고 할 수 없으나 질과 양 양쪽의 의미에서 중국어를 근본적으로 개혁했다고까지는 말할 수 없을 것이다. 극단적인 표현을 쓴다면, 불교 전래 후에도 계속해서 한어는 한어 그대로, 중국은 중국 그대로였던 것이다.

8장 〈번역할 수 없는 근원적인 것〉에서는 번역하기 어려운 원어를 어떻게 처리했는지를 고찰했다. 이 문제에 대해 한역 불전에서는 굳이 음역 그대로 두거나, 새로운 어휘를 만들어 옮기거나, 엄밀하게는 번역이 아니지만 중국 문화에서 대응 사물을 찾아 끼워맞추는 세 종류의 대처법이 있었다. 세 번째의 대처법을 이 책에서는 '문화대응형 역어'라고 이름하고 그 특징과 실례를 살펴보았다. 종교 관련 어휘의 경우, 종종 자국 문화의 매우 근원적인 부분과 관련되고, 그 기본어는 다른 종교와의 사이에도 모종의 중복성 또는 공통성이 인정된다는 사정에 의해 문화대응형 역어가 상당히 현저함을 지적하고, 특히 '성聖'을 예로 들어 그것을 설명했다. 또한 비슷한 예로 '도道', '경經',

320 | 321

'진인眞人' 등과 같은 말이나 '용龍', '하늘天', '감로甘露' 등 사물과 관련된 말이 있다는 것도 제시했다.

각 장의 개요를 정리하면 이상과 같은 내용이 될 것이다. 한역이 갖는 의의를 총체적으로 생각할 때, 그러면 여기서 다시 무엇을 알 수 있을까. 다음에서는 이 문제를 다섯 가지 각도에서 생각해보고자 한다.

1—한역 사업의 융성과 정체가 의미하는 것

2장에서 살펴본 한역의 역사를 거시적으로 파악할 때 주목해야 할 사항이 두 가지 있다. 첫째는 시대에 따라 번역한 문헌의 종류에 약간의 변화가 보이는 것이다. 이미 지적한 것처럼 구마라집의 번역에는 공空 사상을 강설하는 대승 불전과 중관파의 문헌은 있었지만, 여래장 사상에 바탕을 둔 경전이나 유가행유식파 문헌은 포함되어 있지 않았다. 여래장 경전이 번역되는 것은 구마라집 직후 북량의 담무참이나 남조 송의 구나발타라 등이 활약하는 시기였다. 또한 유식唯識에 대해 말하면 6세기에 들어 북위에서, 그 후 전혀 다른 경로를 통해 남조 진陳에서, 무착無著(아상가)과 천친天親(세친世親, 바스반두)의 논서가 번역되었다. 이상과 같은 흐름이 인도에서의 대승 경전 성립사나 학파 성립사와 연동하는 것은 2장에서 지적한 대로다. 마찬가지로 7세기 말부터 밀교 경전의 번역이 활발하게 이루어지는 것도 아마 인도의 동향을 반영하는 것으로 보아야 할 것이다.

다만 중국에 어떠한 경전이 반입되었는지를 오로지 인도 측의 사정에만 기인한다고 생각하는 것은 적절하지 않다. 수용한 중국 측의 사정을 반영하는 측면도 있었다. 그것을 보여주는 좋은 예는 5세기 초엽에 복수의 '율律(비나야)'이 갑작스럽게 들어와 번역되어 나온 것이다.

4세기 후반, 석도안의 활동으로 출가승은 율의 규정대로 생활해야 한다는 생각이 소개되자 율을 자세히 학습하고자 하는 욕구가 강해졌다. 하지만 당시 중국에는 율을 상세하게 다룬 문헌이 부족했다. 4세기 말에 법현法顯이 율을 구하려고 인도행을 결의한 것은 바로 이러한 시대의 요구에 떠밀린 결과였다. 그러나 399년 법현이 장안을 출발하여 서역 여행길에 오른 직후 장안에 구마라집이 도래했다. 그를 비롯하여 불야다라弗若多羅, 담마류지曇摩流支, 비마라차卑摩羅叉가 살바다부薩婆多部의 율《십송률十誦律》을 한어로 번역하게 되며, 여기에 중국 불교 초유의 상세한 율이 성립되었다. 또한 그 직후 같은 장안에서 법장부法藏部의 율《사분률四分律》이 번역되었다. 남조의 건강建康에서는 《십송률》이 나온 지 거의 10년 정도 지나 인도에서 귀환한 법현이 가져온 새로운 사본에 의거하여 대중부大衆部의 율《마하승기율摩訶僧祇律》과 화지부化地部의 율《오분률五分律》이 번역되었다. 이렇게 20년 정도 사이에 4개 부파의 율이 차례로 번역되어 다양한 율과 관련된 상세한 내용을 알 수 있는 상황으로 급변했다.

그러나 인도에서 여러 부파의 율이 이 시기보다 오래전부터 존재하고 있었음은 틀림없다. 5세기 초엽 인도에서 특별히 율이 편찬되거나 보급되어야 할 사유가 발생했다고 생각할 만한 이유는 아무것도 없다. 오히려 중국 측의 수요가 가져온 결과라고 보아야 할 것이다. 아마 4세기 단계에도 인도에 율의 원전은 복수 존재했지만, 석도안 이전은 중국 측이 그것을 적극적으로 찾지 않았기 때문에, 또한 구마라집 이전에는 율의 상세한 규정을 명확하게 번역해내는 기술이 아직 미숙했기 때문에 각종 율을 번역·소개하는 상황에 이르지 않았을 것이다.

다시 말하면, 한역 문헌의 장르에 역사적 변화가 있음은 인도 측의 경전 성립 사정과 연동하여, 또는 부분적이기는 하겠지만 중국 측의 수요를 반영하는 면도 있었을 것으로 생각된다.

둘째로 한역의 거시적인 동향에 관해 주목해야 할 다른 하나의 사항은, 불전 한역이 왕성하게 이루어진 후한後漢에서 북송北宋 사이에도 역경이 활발한 시기와 정체된 시기가 있었다는 것이다. 어느 시대, 어느 지역의 역경 사업이 계속된다는 것은 그 직전의 역경 경험이나 노하우, 그리고 인물 자체가 다음 역경 사업으로 계승되는 것을 의미한다. 거꾸로 역경의 단절이란 그 직후 세대에 경전 역출譯出의 구체적 노하우가 전수되지 않는다는 것이다. 그런 의미에서 몇 번인가의 단절 중에서도 특히 구마라집이 활약하던 후진後秦의 멸망(417)과 함께 장안의 역경 사업이 수대隋代까지 중단된 점에 유의해야 할 것이다. 또한 남조에서는 5세기 말에서 6세기 전반에 걸친 제량齊梁 시대에는 특히 눈에 띄는 역경 작업이 없었다. 또한 북위에서는 불교가 진흥한 직후에 역경이 어떻게 되었는지도 밝혀지지 않은 부분이 많다. 그리고 역경의 단절이라고 하면, 9세기 초 당唐에서 10세기 말 북송에 이르기까지 이렇다 할 역경이 전혀 이루어지지 않은 최대의 단절기가 있었다.

다만 5세기 말 이후 남조나 9세기 초 당대唐代에 국가적 역경 사업이 이루어지지 않았다고 해서 그것이 불교 자체의 정체를 의미하는 것은 아니다. 2장에서 살펴보았듯이 남조 제량시대에는 불교가 정체하기는커녕 오히려 융성한 시기다. 경전 성립과의 관계에서 말하면 경전 내용의 소화·흡수를 의미하는 경전 편찬 활동이 활발하게 전개된 시대였다. 나아가 9~10세기 한역이 중단된 시기의 경우도 불교가 토착 신앙이나 도교적 관념과의 융합을 공고히 하는 시기였다. 특히 당 무종武宗이 자행한 불교 박해 사건인 '회창會昌의 폐불廢佛'(842~845)에 의해 불교는 문자 그대로 큰 타격을 받았다. 그렇지만 그런 와중에도 "석가의 법은 마음에서 마음으로 전할 수 있고(敎外別傳), 문자로써 표현할 수 없다(不立文字)"는 말대로 번역 경전에 대한 의존이 적은 선불교禪佛敎가 남방을 중심으로 착실하게 세력을 확장하여 불교가 그야말로 중국적으로 전개되는 소지가 형성되었다. 요컨대 한역이 활발하게 이루어진 시대란 외부로부터 새로운 정보가 왕성하게 유입된 시기고, 한편으로 한역이 단절된 시대란 직수입된 정보를 재우고 숙성시킨 시기며, 인도에 기원을 둔 외래 종교인 불교가 중국의 종교로 변모해나간 시기로 파악할 수 있다. 물론 그러한 중국적 변용은 역경의 융성기에 대해서도 이야기할 수 있지만, 특히 역경 정체기에는 외래 정보의 수용이 일단 정지됨으로써 중국화의 숙성이 가속된 면이 있었다고 생각해야 할 것이다.

2—경전 편집의 특징

6장에 설명한 내용은 전통적인 진경·위경 2분법이 한계가 있음을 보여준다. 어느 경전이나 논서가 번역인가 위경인가라는 논의는 과거에 많이 있었고 현재에도 활발하게 이루어지고 있지만, 최종적인 판단을 내릴 때 편집 경전이었을 가능성도 고려해야 한다. 이러한 시점 없이 한역인가 위경인가 양자택일하는 논의는 소득 없는 작업이 될 우려가 있다. 또한 어떤 판단을 내리든 단순하고 안이한 상정과 인상만으로 이것은 중국에서 편찬된 것이 틀림없다거나 위경임에 틀림없다는 식으로 말하는 것은 의미가 없다. 위경이든 편집 경전이든 건전한 논의를 구축하기 위해서는 왜 그렇게 상정하는지 그 근거를 가능한 한 구체적으로 명시할 필요가 있다. 그렇지 않으면 의미 없는 논의가 될 것이다. 여기에서 근거란, 해당 문헌과 동시대 또는 직후의 경록 등에 나오는 증언, 경전 자체에서 말하는 사항, 다른 문헌과의 관계 등 여러 시점에서 가능한 한 면밀하고 다각적으로 검증하는 것을 말한다.

  많은 편집 경전의 존재는 중국의 경전 편찬 작업이 인도 불교의 그 것과 공통되는 면을 가지고 있었음을 보여준다. 인도와의 차이라면, 중국인은 한어 문헌이나 한역 문헌에 의거하여 중국어를 바탕으로 하는 경전을 작성한 것이다. 이것은 편집 경전과 위작 경전 양쪽에 공통되는 이야기이지만, 여기에 위작 경전의 경우 중국 고유의 문화적 요소가 경전에 포함된 것이 인도 기원의 경전에는 있을 수 없는 특색으로 지적된다. 새삼스럽게 말할 필요도 없지만 인도 불교에서도 특히 대승에서는 경전을 연달아 펴냈다. 그 때문에 전통 불교로부터 '대승비불설大乘非佛說(대승은 불설이 아니다)'이라는 비판까지 받게 되었음은 널리 알려져 있다. 그 경우 인도의 경전 편찬자가 인도 문화를 반영하여 경전을 작성해도 그것을 위경이라 하지 않은 데 대해, 중국의 경전 편찬자가 중국 문화를 받아들여 경전을 작성하면 그것은 불설과는 다르다고 하여 위경이라는 비난을 불러왔다. 그러나 중국 고유의 문화적 요소가 들어있는가 없는가를 제외하면 인도와 중국의 경전 편찬은 많은 부분에서 공통된다. 역사적으로 보면 인도의 대승 경전은 어떤 의미에서 위경이고 날조라고까지 말할 수 있지만, 중국에서는 오로지 중국인의 날조만을 문제로 삼고 인도인이 날조했을 가능성에는 의식이 전혀 미치지 않았다.

중국의 편집 경전 작성은 많은 경우 기존 경전을 간략화해 알기 쉬운 요약본을 작성하는 방향으로 나아갔다. 이것은 경전의 '증광增廣'으로 불리는 '확대화·장문화長文化'로 나아가는 일이 많았던 인도의 경전 편찬과는 반대의 방향을 보여준다는 점에서 중국적 경전 편찬의 특징이라고 할 수 있다. 특히 남제南齊의 소자량蕭子良에 의한 초경抄經의 작성은 특기할 만한 것이다. 그 자신에게는 위작 작성의 의도 따위는 전혀 없었지만, 직후의 시대에 양梁을 대표하는 학승 승우僧祐에 의해 소자량의 초경은 불설을 혼란시키는 것으로 혹독한 비판을 받게 되었다. 진정한 불설과 그렇지 않은 것을 구별하기 위해서는 위작 경전이나 그것과 혼동하기 쉬운 편집 경전은 일절 만들어서는 안 된다고 주장하는 승우와, 경전을 사용하기 쉽게 고치고 정리하는 것에 실천상의 가치를 찾으려고 한 소자량의 태도는 경전 전승을 둘러싼 보수파와 진보파의 차이로 보는 것도 가능할 것이다.

또한 중국에는 인도의 《반야경》처럼 경전을 확대화·장문화하는 편집은 없었는가라고 묻는다면 그렇지 않다는 것이 대답이다. 그러한 방향도 있었다. 그러나 그것은 경전의 편집과는 별개의 영위였다. 단적인 예는 제량齊梁 시대에 왕성하게 이루어진 대형 불서의 편찬이다. 예를 들면 제량 무렵에 불교서를 편찬하여 일종의 백과전서로서

《법원경法苑經》189권이 만들어졌다(《出三藏記集》卷5〈新集抄經録〉). 양 무제武帝의 명을 받은 보창寶唱은 516년 현존하는 가장 오래된 불교 백과전서 《경율이상經律異相》50권을 편찬했다. 무제 보통普通 연간 (520~527)에는 양나라 3대 법사의 한 사람으로 유명한, 개선사開善寺 의 지장智藏(458~522) 등 20명의 승려가 《의림義林》80권을 편찬했다. 간문제簡文帝 소강蕭綱은 즉위 이전에 신하들과 함께 《법보연벽法寶聯 璧》220권을 편찬했다. 이 불서들은 《경율이상》을 제외하고 전부 소 실되어 현재 전해 내려오지 않지만 일종의 불교백과전서 형식을 갖 춘 문헌이었음은 알려져 있다. 이처럼 5세기 말에서 6세기 전반에 출 판된 대형 편찬서는 "여시아문如是我聞(이와 같이 나는 들었노라)"으로 시작하는 경전이 아닌 점이 초경과 다르다. 불전을 불설의 수트라 sūtra로서 확대화·장문화하는 방향은 인도에서는 현저했지만 중국에 서는 달랐던 것이다.

3—유럽 번역이론사와의 비교

《불조통기佛祖統紀》등의 자료를 통해 3장에서 확인한 것처럼, 한역은 우선 범어 원문을 단어별로 한어로 옮긴 다음에 각 단어의 어순을 바 꾸는 방식으로 이루어졌다. 이것은 불전의 한역이 문장 단위의 번역 (축문역逐文譯, sentence-for-sentence translation)이 아니라 단어 단위의 번 역(축어역逐語譯, word-for-word translation)을 원칙으로 했음을 보여준다. 한역의 기본 단위는 단어이고, 바로 그 때문에 1장에서 언급한 것처 럼 역어와 원어의 대응 관계를 분석하는 어휘 연구가 한역 연구에서 가장 중요한 과제 영역이 된 것이다.

　다만 한역이 단어 단위의 번역이라고 하면 의외라고 생각하는 사람도 많을 것이다. 완성된 한역을 보는 한 그것이 단어 단위의 번역이라는 것은 깨닫지 못할 것이고 범어와 한어는 언어적인 차이가 너무 커서 단어 단위로 정확히 대응하고 있다는 인상을 갖기 힘들기 때문이다.

　또한《불조통기》에서 설명하는 '철문綴文'에 의한 단어 순서 바꾸기 작업(3장 참조)은 현대의 기계 번역과 비슷한 것을 완전히 수작업으로 하고 있었음을 보여준다. 무리한 중노동 같은 이 번역 과정은 많은 현대인에게 놀라움으로 받아들여질 것이다. 매우 어설픈 번역 수법 같은 인상을 갖는 사람도 있는 것은 아닐까. 중고등학교에서 영어를 배울 때 영문 행간에 단어별로 모국어역을 써놓고 그것을 함부로 뒤바꾸면서 번역문을 만들어서는 안 된다거나, 단어만 보지 말고 문장 전체 의미를 파악한 다음에 번역하라고 배운 기억이 있다.《불조통기》에서 알려주는 번역 작업은 현대라면 해서는 안 된다고 꾸중을 들을 것 같은 일로 보이기조차 한다.

　한역 불전의 단어 중심주의는 유럽의 역사적 번역관과 대비시켜 보는 것도 가능하다. 유럽에는 축어적인 직역을 부적절한 번역으로 간주하는 전통이 있었다. 키케로M. T. Cicero(BC 1세기)나 히에로니무스E. Hieronymus(4~5세기)[*]는 단어에서 단어로의 번역을 명확하게 부정했다. 그리고 이들의 영향으로 유럽에서는 키케로에서 20세기 후

---

* 성경학자. 교황의 비서를 역임한 후 베들레헴에서 수도원을 지도했다. 교회 공인 번역으로《성경》의 라틴어역을 완성했다.

반에 이르기까지 축어역이 좋은지, 문장 뜻 전체를 전달하는 자유역 自由譯이 좋은지를 양자택일의 문제로서 논의하는 전통이 있었음을 많은 번역학Translation Studies 연구자들이 지적하고 있다. 예를 들면, 키케로의 다음과 같은 유명한 연설(BC 46)의 일절이 남아 있다.

> 그리고 나는 역자interpreter로서가 아니라 웅변가orator로서 번역했다. 같은 생각이나 형식, 혹은 말하자면 사고의 '형태'를 유지하면서, 그러나 우리의 사용법에 합치되는 말로 번역한 것이다. 그렇게 하는 가운데 나는 반드시 축어적으로 옮기는 것에 얽매이지 않고 오히려 그 말의 전체적인 문체나 힘을 유지한 것이다(Munday 2009, 29쪽).

위의 일절을 소개한 먼디Jeremy Munday의 해설에 따르면, 로마시대에 축어역이란 그리스어의 개개 단어를 가장 문법적으로 비슷한 가치(等價)를 갖는 라틴어 단어로 바꾸는 작업이고, 그 배경에는 로마인이 곧잘 그리스어 원전을 옆에 두고 대조하면서 라틴어역을 읽는 습관이 있었다고 한다. 키케로는 그러한 축어역은 좋은 번역이 아니라고 부정한 것이다.

더구나 세속 텍스트인 고전문학의 번역과 종교 텍스트인 《성경》의 번역은 일단 경향에 있어 차이가 있다고 한다. 그리스 고전문학의 라틴어 번역을 대표하는 키케로의 입장은 '키케로의 엄명'이라고도 하는데 'verbum pro verbo', 즉 '1어 1대응'으로 번역해서는 안 된다는 입장을 취했다. 바로 앞에서 소개한 키케로의 일절이 의미하는 내용도 이와 같은 생각에 입각한 것이다. 이에 대해 《성경》 번역의 경우는 성전의 내용을 바꾸지 않기 위해 축어역의 가치를 인정하는 면이 있었다고 이야기된다. 히브리어에서 그리스어로 축어 번역을 한 《70인역 성경Septuaginta》*은 축어역을 옳다고 여기는 경향에 있었다. 그러나 성 히에로니무스는 여기에 이의를 제기하고 너무 엄격한 축어역을 비판하고 'Non verbum de verbo, sed sensum exprimere de sensu(단어 단위가 아니라 의미 단위로 표현한다)'는 입장을 표명했다. 그리고 이 입장은 그 후 천 년 이상 유럽의 성경 번역 개념에 영향을 미치며, 그 결과 성 히에로니무스 이후 종교 텍스트와 세속 텍스트의 번역은 얼핏 보아 확실히 분간이 가지 않는다고도 한다(Oustinoff 2008, 31쪽). 16세기 전반에 독일어역 성경을 출판한 것으로 유명한 마르틴 루터Martin Luther도 성 히에로니무스에 따라 축어역으로 하는 것을 거부했다. 루터는 축어역으로는 '기점 언어'와 같은 의미를 전달할 수 없고 때로 이해 불능 상태에 빠지게 될지 모른다고 판단했기 때문이다(Munday 2009, 26쪽).

이러한 유럽의 비교적 오래된 번역사와 동아시아의 불전 번역사를 비교할 때, 불전의 한역에는 어떤 특징이 있을까. 두 가지 각도에서 대답을 시도해보겠다.

하나는, 앞에서 언급한 것처럼 한역 작성의 기본 단위가 단어이고 문장이 아니었다. 이것은 축어역으로 이어지는 방향이다. 유럽의 전통적인 번역관에서는 고전문학 번역과 관련된 키케로의 경우는 물

---

* 기원전 3세기 중엽부터 기원전 1세기 사이에 이집트의 파라오 프톨레마이오스 2세의 명령에 의해 히브리인의 경전을 그리스어로 번역한 것으로, 현존하는 가장 오래된 《구약성경》의 하나이다. 70을 의미하는 라틴어 원제 'Septuaginta'는 72인의 역자가 72일에 걸쳐 '모세의 5서書'(〈창세기〉, 〈출애굽기〉, 〈레위기〉, 〈민수기〉, 〈신명기〉)를 번역했다는 전설에서 유래한다. 히브리어를 읽지 못하는 그리스어 화자의 유대인, 개종한 유대인 등 이른바 '디아스포라' 유대인이 늘어났기 때문에 이들 수요에 부응하기 위해 번역된 것으로 보인다.

론,《성경》번역의 경우도 성 히에로니무스 및 그 후의 사람들은 하느님 말씀을 기록한 《성경》이라도 지나친 축어역에는 문제가 있다고 생각했다. 한편 불전의 한역은 단어를 기본 단위로 하여 이루어진 것이므로 유럽의 번역 전통과는 정반대라고 말할 수 있다. 그러나 한역이 단어 단위의 번역이고 문장 단위가 아니었다고 해도 우리는 여기에 단서를 붙일 필요가 있다. 그것은 3장에서 《불조통기》를 예로 들어 소개한 것처럼 《반야심경》의 '照見五蘊彼自性空見'이라는 단어 단위의 직역이 철문이나 윤문을 거친 결과, 최종적으로 '照見五蘊皆空, 度一切苦厄'이라는 역문이 된 것과 관련된다. 이 변화는 한역이 단어 단위의 번역을 출발점으로 하면서도 '목표 언어'의 문맥에서 자연스러운 이해를 상정하여 수정을 시도하는 경우가 있었음을 보여준다. 다시 말해 한역은 단어 단위의 번역에서 출발하지만 최종적인 형태는 반드시 직역이 아닌 경우도 있었던 것이다. 이것은 축어역인가 자유역인가의 대립이라는 유럽적인 도식으로 한역의 특징을 파악하는 것은 적절하지 않고, 정도의 차이는 있을지언정 한역에는 축어역으로서의 면과 자유역으로서의 면이라는 양면이 있었음을 보여준다.

다른 하나의 시점은, 불전의 한역에서 직역 대 의역이라는 대립적 관점이 있었는가라는 것이다. 분명히 3세기 전반의 지겸支謙에서 4세기 말의 석도안釋道安에 이르기까지 '문文'과 '질質'을 둘러싼 논의가 이루어진 것은 직역과 의역의 대립을 보여주고, 그러한 의미에서 유럽과 같은 시점은 중국 불교에도 존재했다고 말할 수 있다. 그러나 동시에 분명히 지적해두어야 할 점은, 이 논의가 구마라집과 현장이라는 석도안 이후의 한역 거장들에게 계승되지 않았다는 사실이다. 구마라집도 현장도 '문'과 '질'의 논의를 직접적으로 전개하지 않았다. 다시 말해 직역과 의역의 양자택일이 불전 한역사 전체의 중요한 논점이었던 것은 아니다. 원래 '문'과 '질'의 논의조차 '문질 빈빈文質彬彬'이나 '문질 상반文質相半'*이라는 말에서 보이듯이 '문'과 '질'의 어느 한 쪽에 너무 치우치지 않는 중용이 좋다는 입장이 기본에 있다. 불전 한역에서 '문'과 '질'의 완벽한 조화를 실현하는 것이 결코 용이하지 않은 현실임을 감안하여 '문'과 '질'의 어느 한 쪽을 선택하지 않을 수 없다면 어느 쪽이 좋은가라는 문제의식이 있었다. 유럽적 번역관의 기점인 키케로의 문제의식과는 뉘앙스가 달랐던 것이다.

요컨대 축어적인 번역을 할 것인가, 아니면 문장 뜻 전체를 번역할 것인가의 양자택일은 불전 번역사의 통사적인 논쟁거리가 되지 못했다. 그러면 한역에서 보다 중요한 논점은 무엇이었을까. 여기에 대답하기 위해서는 구마라집과 현장이라는 구역과 신역을 대표하는 양 거두가 공통의 문제의식을 어디에 두고 있었는지를 알아야 한다. 그것은 '번역 불가능성' 및 이와 관련된 음역의 문제였다.

4장에서 살펴본 대로 한역에서 음역이 갖는 의의는 중요하다. 현장에게로 귀착되는 '오종불번五種不翻'설은, 뜻을 옮기지 말고 소리 나는 음역인 채로 두어야 하는 다섯 가지 범주를 명시하는 것이었다. 이 다섯 범주 중에는 예로부터 전해오는 관습에 따라 소리 나는 대로 적어왔던 것은 음역 그대로 둔다는 소극적인 이유도 있었지만, 한편 적극적으로 '번역 불가능성'과 결부시켜 이유를 설명한 것도 있다. 특히 구마라집과 현장에게 공통되는 '번역 불가능성'의 핵심에는 두 가

---

* '문질 빈빈文質彬彬'은 '문'과 '질'이 서로 알맞게 갖추어져 조화를 이룬 모양이고, '문질 상반文質相半'은 '문'과 '질'이 서로 절반씩 섞여 어슷비슷한 모양이다.

지 있었다. 하나는 다라니陀羅尼처럼 원어의 힘을 유지하여 그 영험을
뚜렷하게 드러내게 하는 모습을 한어에도 담기 위해 일부러 음역에
그친다는 경우다. 그 배후에는 말의 신비로운 힘을 믿는 일종의 언령
言靈 사상이 작용하고 있다. 구마라집과 현장이 모두 인정한 또 하나
의 적극적인 의의는 1개의 원어가 복수의 의미를 동시에 함의하는
경우였다. 예를 들면 여섯 가지 의미를 내포하는 '박가범薄伽梵
bhagavān'이나 세 가지 의미를 가진 '아라한阿羅漢arhan' 등의 경우가
여기에 해당한다. 이들 말을 음역인 채로 두는 이유는 주석 문헌의
번역이 활발하게 이루어진 것과도 밀접하게 관련된다.

　또한 4장에서 언급하지 않았지만, 음역에 대해 주목할 점으로 음역
어의 계승과 쇄신의 문제도 있었다. 다시 말해 개개의 구체적인 음역
어에는 수세기에 걸쳐 오래된 시대의 음역을 계속 사용하거나 한자
의 발음 변화를 반영해 오래된 음역에서 새로운 음역으로 갱신하기
도 했으며, 신구 음역이 같은 시대에 공존하는 경우도 있었다. 《법화
경》을 설법한 곳으로 널리 알려져 있는 그리드라쿠타산Gṛdhrakūṭa의
경우, 오래된 음역은 '기사굴산耆闍堀山', 의역은 '영취산靈鷲山'을 주로
사용하였으나, 현장은 음역 '길률타라구타산姞栗陀羅矩吒山', 의역 '취
봉산鷲峯山'을 사용하도록 바꿨다. 이러한 경우에는 오래된 음역에 생
략이 있고 음이 정확하게 대응하지 않는 등의 문제가 있었기 때문에
새로운 음역이 제시되었던 것이다(이에 관해서는 범어의 방언인 프라크
리트어Prakrit를 음역했을 가능성도 고려해야 하지만 여기서는 깊이 들어가
지 않는다). 그러나 한편으로 중국인에게 의미가 통하는지 통하지 않
는지 하는 것만으로 말하면, 어느 것이나 중국의 불교도가 두루 알고
있고 오해의 가능성도 없는 이상 오래된 음역이라도 충분히 쓸모가

있었다. 따라서 현장玄奘의 번역이 등장한 이후에도 실제로는 오래된 번역도 살아남게 되고 대응하는 음역도 계속 사용되었다. 이러한 상황이 후대에 가져다준 것은 신구 복수의 음역과 의역의 공존이다. 예컨대 '영취산'의 경우, '영취산靈鷲山' 외에 '기사굴산耆闍崛山', '취봉鷲峯', '취두산鷲頭山', '취대鷲臺', '길률타라구타산姞栗陀羅矩吒山' 등이 병존하게 되었다. 1개 원어에 대한 복수 역어, 특히 복수 음역의 병존은 중국 불교사의 장구함을 말해준다.

불전의 음역 표기 방법에 대해서는 다양한 궁리가 이루어졌다. 범어에는 있지만 한어에는 없는 요소를 한어에 옮겨 담기 위해 장모음을 표기하는 기호로서 할주割註로 제시하는 '인引'이나 복합 자음을 나타내는 '이합二合' 등을 사용하거나(3장), 'R'음과 'L'음을 구별해 표기하기 위해 '하呵', '아阿', '갈曷' 등을 첨부하는 등의 방법을 고안했다(7장).

다만 이러한 궁리와 노력에도 불구하고 음사音寫를 끝내 실현하지 못한 원어적 요소도 있었다. 음의 유사성을 바탕으로 하나의 말에 두 가지 이상의 의미를 갖는 수사법을 동원한 설명 등이 그 전형일 것이다. 예를 들면, 바스반두(세친)의 《구사론俱舍論》 제4장(〈業品〉)은 '계戒'로 한역되는 '실라śīla'(도덕적 관습·습관)라는 말의 통속적 어의 해석으로서 'śītalatvād iti niruktiḥ(시탈라śītala이므로 실라śīla라고 하는 통속적 어의 해석이 있다'라고 설명한다. 'śīla'를 설명하면서 'śītala'라는 비슷한 음을 갖는 단어로 설명하고 있는 것이다. 원래 'śītala'는 '차갑다'라는 의미고, '조용하다', 나아가 '격정을 불러일으키지 않는다'라는 파생적인 의미가 있을 정도이므로 일종의 언어유희 내지 재미로 'śītala'를 이용하여 'śīla'를 설명한 것이다. 하지만 이것을 한역한 진陳의 진제眞諦는 "若依尼六多論, 由冷故名尸羅(만약 니룩다론에 따르면 '차갑다'라는

의미이므로 '시라'라고 이름했다. '大正藏 卷29, 230쪽 중)"라고 하여 'śītala'
의 의미를 '차갑다(冷)'라고 번역할 뿐으로 동음성同音性을 역어에 나
타내지 않았다. 마찬가지로 당나라 현장의 번역도 "訓釋詞者, 謂淸凉故
(범어 어원 설명에는 '청량'하기 때문이라고 한다. '大正藏 卷29, 73쪽 상)"라
고 하여 역시 동음성同音性에 대해 언급하지 않는다. 이런 문제는 번
역이 어지간히 근접한 두 언어 사이에서 이루어지지 않는 한 옮기기
곤란한 경우가 있음을 말하며, 실제로 현대어역에서도 마찬가지다.
나아가 또한 기점 언어의 감각을 목표 언어에 옮겨 담기 곤란한 문제
를 확장하면 오노매토피어onomatopoeia(의성어·의태어)의 번역도 도사
리고 있다. 어디까지나 좁은 식견에 지나지 않지만, 범어에 오노매토
피어 요소가 있는 경우 그것을 제대로 살려 한역한 예는 보지 못한
것 같다.

4―한역에서의 오독 가능성

그런데 3장에서 언급한 내용과 관련하여 한 가지 문제 제기를 해두
고자 한다. 현대의 우리가 한역 불전을 읽는다고 하면, 우리는 도대
체 무엇을 읽고 있는 것이 되는가. 원전 X에서 한역 Y가 만들어진 경
우, 우리는 Y 그 자체를 읽고 있는 것일까, 아니면 Y를 통해 X를 읽으
려 하는 것인가. 다르게 표현하면, 한역 Y에서 현대어역을 작성하는
경우 우리는 Y의 배후에 있는 원전 X를 옮기는 것인가, 아니면 Y 그
자체를 옮기는 것인가. 이런 질문을 제기하는 이유는 한역에는 이따
금 읽기 어려운 내용이 있기 때문이다. 통상의 한문으로는 내용을 알

수 없거나 바로 이해할 수 없는 것이 있고, 한역 그 자체가 아니라 범어 원전이나 대응하는 티베트어역, (만약 존재한다면) 다른 사람에 의한 한역 등과도 하나하나 대조함으로써 비로소 의미를 파악하는 것이 가능해지는 경우가 때때로 있다. 한문으로서 문장 구조가 매우 기묘하고 문법적으로 보통은 그렇게 읽을 수 없지만 범어 원전이나 티베트어역 등과 대조하는 한 그렇게 해석하지 않을 수 없는 경우다. 한역만으로는 엉뚱하게 읽고 마는 악문의 경우라고도 할 수 있다. 지금 문제로 삼고 있는 오독이란 단순히 독자의 무지에 의한 개인적인 오독이 아니라 해당 한문의 내용에 문제가 내포되어 있기 때문에 모든 독자 또는 거의 대부분의 독자가 오독으로 내몰리는 경우다. 세세한 문헌학의 이야기가 되므로 지금 그 예를 드는 것은 삼가지만 실제로 한역을 읽다 보면 종종 이런 사태에 조우한다.

　이러한 경우, 극단적으로 말하면 우리 현대인은 하나의 한역에서 2개의 현대어역을 만드는 것조차 생각해보아야 할 것이다. 하나는 본래 한역자가 상정하고 있었을 내용의 현대어역이다. 다만 종종 그것은 한문 구조에 무리가 있고 어쩌면 후대 중국 불교사에서 아무도 그런 의미로는 받아들일 수 없을 것으로 상상되는 내용을 제시하는 것이 될지도 모르겠다. 다른 하나는 특별한 지식 없이 보통으로 한문을 읽으며 이렇게 해석하는 것이 자연스럽다는 이해를 보여주는 현대어역이다. 다만 그것은 한역자의 의도와는 다른 것이 된다. 그것은 역사적으로 많은 중국 불교도가 공유한 이해를 보여주지만 원전과의 관계에서 보면 올바른 이해가 아니다. 그것을 재현하여 보여주는 것은 황당무계하게 보일지도 모르지만, 중국 불교사의 문맥에서는 의미가 있다. 무엇이든 텍스트는 그것이 필사되어 유포되고 많은 사람이 읽게 되면 작자의 본래 의도를 벗어나 독자적으로 움직이기 시작하며, 한역 불전도 예외가 아니다. 많은 사람이 한역자의 본래 의도와는 다른 방식으로 텍스트를 읽었을 경우에 그 독해 내용은 인도어 원전의 관점에서 보면 오독이지만, 중국 불교사의 문맥에 두고 본다면 수용 해석사로서의 의미가 발생하는 것이다.

물론 본래 이 두 종류의 현대어는 일치하는 것이 바람직하지만, 그렇지 않은 경우 우리는 어떻게 해야 하는가. 읽기 어려운 한역 부분을 인도어 원전을 통해 복원해야 하는가, 아니면 인도어 원전과 한역은 별개로 보고 굳이 원전과는 다른 의미(어쩔 수 없이 오독하게 하는 한역 그대로의 모습)를 제시해야 하는가. 현대의 불교 문헌학은 대부분의 경우 첫 번째 유형의 현대어역만을 제시하는 입장을 취한다. 그러나 첫 번째 유형을 제시하는 것은 정말로 한역을 현대어로 번역하게 되는 것인지 물어볼 가치가 있을 것이다. 한역 Y를 원전 X의 대체물로 볼 것인가, 아니면 번역에 의해 필연적으로 발생하는 원전과의 차이를 시인한 다음 원전 X와 그 한역 Y를 별개의 것으로 볼 것인가. 사견에 의하면 궁극적으로 한역 Y는 양쪽의 의의를 모두 갖는다. 따라서 원전 X와 한역 Y 사이에 괴리가 심하게 나타나는 문절passage에 관해서는 한역 Y의 원래 의도와 실태를 구별하여 한역 Y로부터 두 종류의 현대어역을 만드는 시도도 때로는 필요할 것으로 생각한다.

5—문화대응형 번역어와 동적 등가

범어 '아리야arya'(고귀하다)를 '성聖'으로 번역한 것은, 현대 번역이론으로 널리 알려져 있을 뿐만 아니라 발전적 응용도 이루어지고 있는 유진 나이다Eugine A. Nida(1914~2011)의 '동적 등가動的等價'라는 개념과 관련시켜 보는 것도 유의미하다는 생각이 든다.

나이다의 저서 《번역학 서설Toward a Science of Translating》(Nida 1964)은 엄밀하게는 2개 언어 사이에 완전히 동일한 가치를 갖는 등가물等價物 따위는 존재하지 않는다는 전제에 서서, 번역에 있어서의 등가를 '형식적 등가formal equivalence'와 '동적 등가dynamic equivalence'로 구별한다. 이 가운데 전자는 '기점 언어'의 원작 중심 발상에서 각 어구를 축어적으로 옮기는 경우다. 그러나 형식적 등가는 설령 충실한 역이라도 '목표 언어'에서는 누구도 그렇게는 말하지 않는 부자연스러운 번역이 될 우려도 있다. 이에 대해 동적 등가란 기점 언어를 시점으로 하는 것이 아니라 목표 언어의 수신자 반응 쪽에 관심을 돌리고, 만약 두 언어에 정통한 사람이 있다면 '원어의 전달 내용을 바로 우리는 목표 언어에서 그렇게 말한다'고 인정하는 등가적 효과를 가져다주는 번역을 하는 것이다. 원어의 전달 내용에 가장 가깝고 자연스러운 등가의 번역이다. 나이다의 학설은 학계에 커다란 영향을 미치게 되며 그 후 등가이론을 한층 발전시켜 자세한 분류를 주장하는 연구자도 나왔다. 그러나 한편으로 반대론자도 등장했다. 등가적 효과라는 것이 무엇인지 지역이나 시대에 따라 애매하고 기준이 주관적이라는 등의 비판이 있다. 등가의 개념 그 자체가 성립하지 않는다고 생각하는 사람도 있다.

그런데 중국 불교가 범어 '아리아ārya'의 번역으로 '성聖'을 선택했을 때 그것은 동적 등가와 공통되는 것이라고도 할 수 있다. 그러나 동적 등가의 일반적인 이해와 다른 면도 있다. 8장에서 언급한 것처럼 불교의 역어 '聖'에는 이중 잣대로서의 성격이 있고, 받아들이는 측이 완전히 유교적인 '聖'과 겹쳐 이해하든가, 불교 특유의 특별한 용어로서 전통적 의미를 무시하고 이해하든가의 사이에서 혼란을 겪는다. 실제로는 양쪽 의미를 중첩적으로 이해한 사람도 틀림없이 많았을 것이다.

'聖'을 둘러싼 사상사적인 혼란과 왜곡은 때때로 유儒·불佛·도道 3교의 교섭 과정에서 표면화된다. 이들 세 종교가 서로 비판하거나 우열을 다투거나 조화를 꾀하는 등의 3교 교섭에는 다양한 발현 형태가 있었다. 3교 가운데 어느 하나만을 인정하고 다른 것을 부정하는 논자에게 '聖'의 의미는 일관되겠지만 3교 융합이나 조화를 도모하려는 논자에게는 유교의 성인도 도교의 성인도 불교의 성인도 같은 성인이라는 점에서 각각 상이한 '聖'의 의미와 함께 대국적인 동일성도 동시에 인정하게 된다.

역어 '聖'을 한층 더 복잡하게 만든 것은 후대에 경교景敎, 다시 말해 네스토리우스파 크리스트교의 문헌이 불교적 '聖'의 용법을 그대로 모방하는 형태로 중국 역사에 등장하여 불교적인 의미에 크리스트교적 '聖(holy, saint, sacred)'의 의미를 그 위에 덧붙인 것이다. 역어로서의 불교적 의미를 '동적 등가'로 보고 전통적 '聖' A와 불교적 '聖' B 사이에 연속성을 인정하고, 나아가 불교적 '聖' B와 경교적 '聖' C 사이에 연속성과 등가성을 인정한다고 해도, 경교적 '聖' C(성자聖者, saint)는 중국 전통의 유교적 '聖' A(심오한 지식이나 경험을 가진 사람, sage)와 같지 않다. 이것은 범어 'ārya' X, 유교적 '聖' A, 불교적 '聖' B, 경교적 '聖' C 사이의 관계는 조금씩 비등가非等價임을 보여준다. 동일어의 등가가 복수의 문헌에 적용된 결과, 한어에서의 '聖'의 의미 그 자체가 근본적 변화를 일으키고 있다. 요컨대 중국의 종교 문화는 결코 단층 구조가 아니라 다른 몇 개인가의 층으로 이루어져 있는 것이다. 이처럼 각각 연속하면서도 전체적으로 차이가 있는 개념으로서 '뿔'을 사용하는 것을 가능케 하는 중국 종교 문화의 복잡하고 풍부한 역사적 중층성은 동적 등가설이 전제로 삼고 있는 단순한 상황과는 상당히 다르다고 생각해야 할 것이다.

정리

이 장에서는 불전 한역사의 의의를 다섯 가지 각도에서 생각해보았다. 마무리하는 의미에서 간단하게 정리해두도록 하겠다.

(1) 한역 성쇠의 의미

한역사를 거시적으로 파악할 때, 역경에는 융성과 정체의 시기가 있었고, 번역된 문헌의 장르에 시대적 변천이 있었던 것은 한역사가 인도 불교의 동향을 반영하면서 또한 부분적으로 중국 측의 요구 기반을 반영한 면도 있었음을 보여준다. 특히 한역 정체기는 불교 그 자체에 활기가 없어진 것이 아니라 인도로부터 관련 정보의 유입량이 감소함에 따라 거꾸로 중국적 숙성에 박차를 가한 시기라고 볼 수 있다.

(2) 경전 편찬의 의미

편집 경전과 위작 경전으로 알려진 중국적 경전 편찬은 실은 인도 불교의 경전 편찬과 상당히 공통된다. 다만, 편집 경전의 작성에서 중국의 경전 편찬은 장대한 경전을 작성하는 방향으로 나가지 않았던 점과, 위작 경전의 작성에서 중국 문화에 고유한 요소를 섞어 넣은 점에 인도와의 차이가 있었다.

(3) 한역 특유의 문제의식

유럽의 번역론은 축어역인가 자유로운 의역인가의 양자택일적인 물음에 대답하는 형태로 20세기 전반까지 계속되었다고 일컬어진다. 이에 대해 불전의 한역은 단어를 단위로 하는 축어 번역을 기본으로 하고 거기에 자유로운 의역의 요소를 가미시킨 것이다. 초기의 문질文質 논쟁을 제외하면 한역사에서는 그러한 양자택일적인 문제 제기는 주요한 논쟁거리가 되지 않았다. 오히려 구마라집이나 현장이 중시한 것은 '번역 불가능성'이나 음역의 문제였다.

(4) 한역이 갖는 이중성

원전이나 티베트어역과 비교하지 않으면 읽어낼 수 없는 이해하기 어려운 한역의 경우, 이론적으로는 한역자가 전하고 싶었던 원전 해석의 제시와 중국 불교사의 통상적인 이해에 근거한 역사적인 오독의 제시라는 이중적인 의의 부여가 가능할 것이다.

(5) 한역의 종교적 기본어와 현대 번역이론의 관계

불전의 '성聖'과 같은 종교적 기본어는 복수의 종교가 역사적으로 그것을 공유하면서 각각 조금씩 다른 의미로 사용해온 결과, '성聖'의 다의성多義性이나 종교 문화의 중층성을 낳았다. 그러한 점에서

'목표 언어'의 중국어 역어 '성聖'의 복잡한 상황을 나이다의 동적 등가의 개념과 같은 현대 번역론에 단순히 흡수시키는 것은 과도한 단순화로 그다지 적절하지 않다.

인도의 불교 성전은 문화적으로도 언어적으로도 전혀 다른 중국에 전래되어 불교의 동아시아적 전개를 가져다주었다. 특히 대승 불교에 대해 말하면 대승의 교설이나 문헌을 이토록 장기에 걸쳐 대량으로 보유한 지역은 한자 문화권을 제외하고 따로 없다. 성전을 인도의 말 그대로 전승하는 것이 아니라 한어로 바꾸고 한자로 사고함으로써 원래는 외래 사상이었던 불교는 한자 문화의 피가 되고 살이 되어 갔다. 인도의 '수트라sūtra'는 중국에서 '경전經典'으로 다시 태어났던 것이다.

저자 후기

이 책은 내가 지금까지 발표해온 논문이나 개설을 토대로 한역 불전의 특징을 다양한 시점에서 정리한 입문서다. 한역 불전의 특징에 흥미를 가진 일반 독자, 학생, 기타 많은 분들이 통독할 수 있도록 이미 발표된 논문이나 개설의 형식을 전면적으로 바꾸고 입문적인 해설과 서론·결론 부분을 새로이 보충하여 읽기 쉽도록 배려했다. 그러나 원고를 마무리한 지금 당초 의도와 달리, 한역 불전에 대해 이제부터 알려고 하는 사람에게는 여전히 이해하기 어려운 부분이 많은 것은 아닌지 우려된다. 가능한 한 구체적으로 해설하려는 생각에서 이것저것 많은 인명과 책 이름을 들었는데, 그 때문에 오히려 번거롭게 되고 더구나 난해한 불교 용어 문제까지 가세하여 나의 의도와는 반대로 한 번 읽는 것만으로 이해할 수 없는 부분이 많이 있는 것은 아닌지 문장력의 부족을 통감하고 있다.

이 책은 개설서이므로 어떤 형태로든 이미 알려져 있는 내용이 많다. 그러나 동시에 한편으로 내가 처음 알게 되어 논문으로 발표한 사항도 다소 있다. 또한 이 책에서 완전히 처음 이야기하는 내용도 있다. 예를 들면, 외국인 역경승의 중국어 능력(4장), 《반야등론般若燈

論》머리말에 보이는 필수筆受의 도중 교체에 관한 흥미로운 기사(3장, 4장), 위경《대방편불보은경大方便佛報恩經》의 거론(5장), 《야사전耶舍傳》이라는 소실된 전기에 관한 사항과 '마魔의 수수께끼'라는 제목의 1절(7장), 경교의 '성聖'을 문화대응형 역어로서 파악한 것(8장) 등이 그것이다. 이들 내용은 이 책의 원고 정리에 즈음해 처음으로 활자화하여 발표하는 사항이다. 지면 관계상 일일이 논증은 하지 않았지만 모두 문헌학적 뒷받침을 충분히 한 다음에 해설한 것이다. 또한 6장에서 이야기한 '편집 경전'에 대해서는 이미 논문을 통해 발표해온 내용이지만 나의 독자적인 주장임을 부언해두고자 한다. 거기서는 잠정적으로 '한역 편집 경전'이라고 했으나 이 책에서는 그것을 줄여 '편집 경전'이라고 표기했다. 이와 관련해 위경의 정의(5장)에 관해서도, 위경은 중국 고유의 요소를 포함한다고 한정적으로 규정하는 것은 나의 독자적인 주장이고, 전통적인 규정이나 선행 연구의 주장과 반드시 같지 않음을 지적해둔다. 그 위에 또한 전통적 의미의 진경·위경 어느 쪽에도 해당하지 않는 장르로서, 편집 경전 외에 인도나 서역에서 건너온 승려가 중국에서 중국인을 대상으로 수행한 강의 내용이 잘못 번역되어 전해 내려온 사례도 있다. 이 문제에 대해서는 여기서 충분히 해설하지 못했는데, 상세한 내용은 나의 다른 논문 〈'한역'과 '중국 찬술'의 사이「漢訳」と「中国撰述」の間〉(Funayama 2002)와 〈번역으로서의 개변Masquerading as Translations〉(Funayama 2006)을 참고하기 바란다. 덧붙여 세세한 점에 대해 저본으로 삼은 논문의 표기를 정정한 부분도 있다. 그러한 것들을 일일이 명시하지 않았지만 이 책의 기술 내용이 그동안의 연구를 개정한 결과임을 보여주는 것으로 이해해주면 고맙겠다.

전근대 중국에서 번역의 역사와 실태를 분석 대상으로 삼으면서 아쉽게도 언급하지 못한 점도 많다. 크리스트교 문헌의 한역에 대해서는 당대唐代의 경교景教 문헌을 부분적으로 언급하는 것이 고작이고, 마니교摩尼教 문헌은 전혀 거론할 수 없었다. 나아가 후대 마테오 리치Matteo Ricci의 《천주실의天主實義》나 모리슨Robert Morrison 등의 성경 번역에서 역어의 문제도 논의 대상에 포함시키지 못했다. 원대元代에 몽골어를 한어로 번역한 행정 문서나 명청明淸 시대에 한역된 이슬람 성전 등이 선행하는 불전 번역 사업과 어떻게 연결되고 있는 것인지, 불교 전통과 연속하는지 어떤지도 매우 흥미로운 주제지만 능력 부족으로 아무 이야기도 할 수 없었다.

부족한 점을 들면 끝이 없겠지만 불전 내부의 문제에 국한하면 주요한 특징이나 문제점은 어느 정도 정리된 것이 아닌가라는 생각이 들지 않는 것도 아니다. 그러나 그것이 어느 정도 실현되고 독자에게 전달되었는지는 솔직히 불안하다. 어쨌든 현시점에서 여기까지 말할 수 있다고 판단되는 것은 기술한 셈이다. 다만 내가 오해를 범했거나 이해가 부족한 부분도 많을 것이다. 비판은 기꺼이 감수하겠다.

지금까지 각 장에서 이야기한 사항의 바탕을 이루는 내용을 학부나 대학원 강의 등의 형태로 다룬 적이 있었다. 맨 처음 자료를 정리하여 수업 교재로 사용한 것은 2007년 7월 도쿄대학 대학원 인문사회계 연구과에서 행한 집중강의에서였다. 그 기회를 주신 스에키 후미히코末木文美士 선생(현재 도쿄대학 명예교수, 국제일본문화연구센터 교수)에게 감사의 말씀을 드린다. 그 후 캐나다의 브리티시 컬럼비아대학과 중국 인민대학의 공동 개최로 중국 뤄양洛陽 백마사白馬寺(중국에서 가장 오래된 사찰)에서 열린 각국 대학원생을 대상으로 하는 하기 불교강좌(2008년 8월)나 내가 근무하는 교토대학 인문과학연구소의 몇몇 공동 연구반의 연구 보고, 그리고 교토대학 문학연구과, 오타니대학大谷大学, 류코쿠대학龍谷大学의 수업, 고야산대학高野山大學 밀교문화연구소에서 행한 수차례의 보고에서 각각 이 책의 일부와 관련된 내용을 조금씩 다룰 기회를 가졌다. 해외에서는 미국, 독일, 네덜란드, 타이완에서 이 책과 관련된 내용을 말할 기회가 있었다. 이러한 좋은 기회 덕분에 국내외 학생 제군이나 다른 영역의 연구자를 대상으로 한역에 관한 여러 사항을 조금씩 부분적으로 이야기하는 가운데, 그러한 것들을 제각각 단편적인 사상으로서가 아니라 하나의 체계성을 갖춘 총체로서 제시해야 되는 것은 아닐까, 전문가가 아니라도 통독할 수 있는 형태로 원고를 정리할 수 없을까라는 마음을 굳히게 되었다. 그러한 때 우연히 이와나미 서점 편집부의 나라바야시 아이奈良林愛 씨를 만나 그런 의향을 이야기할 기회를 얻어 여기서 나의 바람이 일거에 현실로 옮겨지게 되었다. 이 기회를 준비해준 것은 도쿄대학의 집중강의에도 연일 참가해주고 여러 가지 조언을 아끼지 않은 고마자와대학駒沢大学의 오가와 다카시小川隆 선생님이었다.

본래 불교인식론과 논리학을 중심으로 인도 불교를 공부하고 있던 내가 중국 불교사의 매력에 빠져 연구해보고 싶다는 생각을 하게 된 것은 교토대학 인문과학연구소 교수였던 요시카와 다다오吉川忠夫(현재 교토대학 명예교수) 선생님 덕분이다. 오늘에 이르기까지 요시카와 선생님의 지도가 없었다면 중국 종교사의 재미와 심오함을 결코 알지 못했을 것이다. 가르쳐 주신 은혜에 대한 감사는 이루 말로 다할 수 없다.

이와나미 서점의 나라바야시 아이 씨로부터는 대목마다 적확한 조

언을 얻었다. 최종 원고 이전의 원고를 읽고 기탄없는 감상을 이야기 해준 무라타 미오村田みお(교토대학 문학부 비상근 강사)와 고가치 료古勝亮(교토대학 대학원생) 두 분에게도 감사의 말씀을 전한다. 일일이 거명하지는 않지만 다양한 형태로 나를 가르치고 이끌어주신 많은 선생, 동료, 친구 여러분, 학생 제군에게도 심심한 감사를 드린다. 끝으로 매일 연구에 몰두할 수 있는 가정환경을 만들어주고 있는 아내 준코淳子에게 평소 좀처럼 입 밖에 내지 못하는 '고맙다'는 말을 전하고 싶다.

불전 한역의 역사를 총체적으로 들여다보는 개설서가 지금까지 그다지 없었던 상황을 감안할 때 '한역이란 무엇인가'라는 물음에 대한 대답을 모색하는 이 책을 통해, 불전 한역이라는 인류의 지적 영위의 역사는 재미있고 또한 심오하다는 것을 느껴준다면 더할 나위 없는 행복일 것이다.

2013년 9월
후나야마 도루

옮긴이 후기

I

이 책은 일본 교토대학 인문과학연구소 후나야마 도루船山徹 교수의 《불전은 어떻게 한역되었는가—수트라가 경전이 될 때仏典はどう漢訳されたのか—スートラが経典になるとき》(東京: 岩波書店, 2013) 6쇄를 한국어로 옮긴 것이다. 한국어판 제목은 독자에게 이 책의 주제를 보다 직관적으로 전해주는 《번역으로서의 동아시아—한자 문화권에서의 '불교'의 탄생》으로 바꾸었다.

성경의 번역보다 방대한 규모로 장기간에 걸쳐 이루어진 한역 불전은 산스크리트어·팔리어·간다라어 등 인도어로 쓰인 원전을 고대 중국의 문자나 언어로 번역한 것이다. 인도와 중국의 언어적·문화적 차이를 고려했을 때 인도어 원문을 글자 하나하나 뜻을 새겨가며 그대로 고전 한어로 옮기는 것은 현실적으로 거의 불가능한 일이다. 경우에 따라서는 원문의 일부를 생략하거나 인도 고유의 어휘나 개념을 이전부터 존재하던 중국 특유의 문화적 요소를 이용하여 표현하지 않을 수 없었을 것이다. 말하자면 한역 불전은 인도인과 중국인이 구축한 거대한 두 문명의 접촉과 융합의 소산이라고 할 수 있다. 이러한 인류의 위대한 지적 영위를 통해 동아시아의 언어 공간 및 인식 세계가 형성되고 그 문화적 기층이 자리 잡게 되었다. 이상과 같은 관점에서 접근하지 않으면 한역 불전을 제대로 이해했다고 말하기 어려울 것이다.

II

좀 오래된 이야기이지만 동아시아 지역학, 동서교류사가 전공 분야인 옮긴이가 동아시아 기층문화의 형성이라는 주제를 연구하며 유교, 한자, 율령제와 함께 한역 불전이 갖는 의미와 중요성을 깨닫게 된 것은 대학원 시절 읽었던 도올 김용옥 선생의 《동양학 어떻게 할 것인가》라는 책이었다. 그 후 30여 년 동안 나름대로 한역 불전 연구 성과를 찾아 읽는다고는 했지만 애석하게 사상과 문화의 번역으로서의 한역 불전을 본격적으로 다룬 저작을 만나지 못했다.

물론 홍콩 출신 불교사학자 초시봉曹仕邦의 선구적인 업적이나 일본 소카創価대학 국제불교학 고등연구소 가라시마 세이시辛嶋静志 교수의 정력적인 연구는 지적인 자극을 받기에 충분했다. 그러나 이들은 대체로 한역 불전 관련 특정 주제나 문헌만을 다루거나 한역 불전 연구의 기초단계인 어휘 연구에 머물러 불전 텍스트 그 자체를 연구 대상으로 하지 않는 사람에게는 너무 전문적이고 난해하다는 느낌을 지울 수 없었다. 더구나 단순한 언어의 번역을 넘어서 사상과 문화의 번역으로서 한역 불전의 역사나 특징의 전모를 파악하는 데에는 여전히 많은 과제를 남겨주었다.

그러던 차에 2013년 11월 이와나미 서점 홈페이지의 신간 소개에서 이 책의 출판 소식을 접하고 곧바로 예약 주문하여 손에 넣었다. 처음에는 저자의 주요 논문을 두루 파악하고 있었다고 자부하고 있던 만큼 기존의 논문을 몇 편 모아 단행본으로 묶은 정도로 생각했으나 막상 책을 훑어보니 완전히 예상을 벗어난 구성과 내용이었다.

차례의 제목에 끌려 제일 먼저 탐독한 4장은 불전 번역에 종사한 외국인 승려의 중국어 능력을 다룬 것으로 지금까지 접해본 적이 없는 새로운 내용이었다. 한역 문장 작성의 구체적인 과정과 그 역사적 변천을 분석한 3장의 경우도 마찬가지다. 역할을 분담한 복수의 사람들이 참여한 공동 작업으로 놀라울 정도로 짧은 기간에 이루어지는 번역 과정을 자료를 바탕으로 논증해 들어가는 장면은 그야말로 손에 땀을 쥐게 하였다. 또한 5장과 6장에서는 전통적인 해석이나 기존 연구에 얽매이지 않고 중국 특유의 문화나 사상이 뒤섞이고 문장 구조가 파탄된 중국에서 제작된 위경과 편집 경전을 분석하고 이를 통해 한역 불전의 성격을 부각시키는 새로운 연구 지평을 열고 있다.

또한 유진 나이다Eugine A. Nida의 동적 등가dynamic equivalence 개념을 연상시키는 이른바 문화대응형 역어 문제를 다룬 8장의 내용은 이문화異文化 접촉과 융합으로서 한역 불전의 의미를 생각하는 데 중요한 시사점을 제공해준다. 특히 종교의 근본 개념과 관련된 '성聖'이라는 말을 사례로 그것이 갖는 역사성과 의미의 중층성 문제를 분석하는 대목은 매우 신선했다. 한역 불전에 나오는 '성聖'은 그 이전의 인도적 함의와 중국적 함의를 동시에 가지면서도 문화대응형 역어로서 그 어느 쪽과도 다른 뉘앙스로 사용되고, 나아가 그렇게 확립된 '성

聖'의 함의는 나중에 네스토리우스파 크리스트교(경교)가 중국에 전래
되었을 때 영어의 holy, sacared, saint, sainthood, saintliness 등을 의미하
는 말로 사용하는 것을 가능하게 했다는 것이다.

이 책은 한역 불전의 특징에 흥미를 가진 일반 독자, 학생은 물론
불교에 관한 전문적인 지식이 없는 사람도 쉽게 읽을 수 있도록 개설
서 형식으로 펴낸 것이다. 난해한 연구논문을 전면적으로 고쳐 쓰고
입문적인 해설을 덧붙이고 있으며 나아가 서론과 결론부분을 보충하
여 단행본으로서의 완결성을 갖추도록 노력한 배려를 확인할 수 있
다. 일반 독자가 한역 불전 관련 저작을 접할 때 제일 먼저 부딪히는
문제는 번잡한 경전 및 역경승의 이름 등 고유 명사에 익숙해지는 것
이리라. 2장은 종래의 한역사 개설에서도 다루어진 내용이지만, 후
한後漢에서 시작하여 육조수당六朝隋唐을 거쳐 북송北宋에 이르는 약
900년간 활약한 주요 한역자의 이름과 번역된 경전·논서의 특징을
번역 지역이나 번역 내용의 변천, 융성기와 정체기의 기복과 아울러
입체적으로 개관하여 한역 불전 이해의 바탕을 제공해주고 있어 참
으로 유익하다.

이 책은 일반 독자도 읽을 수 있는 체제로 펴냈다고는 하나 단순한
개설서가 아니다. 앞에서도 언급한 바와 같이, 책을 구성하는 장절의
상당 부분이 지금까지 활자화되지 않은 새로운 내용으로 채워져 있
거나 새로운 연구 지평을 여는 전문연구서로서의 면모도 아울러 가
지고 있다. 한역 불전의 역사뿐만이 아니라 동서 문화의 교류 및 융
합, 나아가 동아시아 기층 문화의 형성에 관한 연구에서 그야말로 획
기적인 의미를 갖는 저작이라고 해도 지나친 말이 아닐 것이다.

III

이 책의 번역출판은 구마라집鳩摩羅什과 함께 불전 한역사의 양대 거장인 현장玄奘과 관련된 에피소드가 계기가 되었다는 점에서 이를 소개하면서 옮긴이 후기를 마무리하고자 한다. 본문에 자세하게 나오지만, 구역을 대표하는 구마라집은 원전과 번역 사이에 어떻게 해볼수 없는 차이가 있음을 인정하고 번역이란 "다른 사람이 씹어 토해낸음식 같은 것"이라며 의역과 음역을 중시했다. 한편 중국 불교사상가장 위대한 번역자인 현장은 구역의 누락과 오류를 바로잡고 의역하지 않고 음역에 그쳐야 하는 5가지 장르를 열거한 '오종불번五種不翻'이란 번역이론을 제시했다.

옮긴이는 이 책을 몇 차례 통독하는 과정에서 그 학문적인 의미와중요성을 깨닫고 박학비재薄學非才를 무릅쓰고 국내 독자에게 번역소개하고 싶다는 생각으로 출판계획서를 작성하여 1년 가까이 출판사관계자들과 접촉하여 출판 의향을 타진했으나 거절당하기 일쑤였다. 취지는 충분히 이해하나 출판시장이 얼어붙어 있는 상황에서 판매를기대할 수 없는 전문서적, 특히 그것도 불교 관련 서적을 출판하는것은 부담스럽다는 출판인들의 비명에 가까운 목소리에 어떻게 해볼도리가 없었다.

거의 체념하다시피 하고 있는데 기회는 우연히 다른 곳에서 찾아왔다. 2015년 여름 재일동포 평화인권운동가 서승 선생의 안내로 타이완의 국가폭력 관련 현대사 답사를 다녀온 적이 있었다. 이를 총괄하는 북촌 모임에서 답사단이 지나간 타이완의 고산지대 일월담日月潭 남측 산기슭에 현장의 분골分骨을 모신 현장사玄奘寺가 있음을 소개하고 거기까지 그의 분골이 흘러들어온 입적 이후 현장의 육신이 겪은 기구한 운명에 대해 이야기했다. 여기에 사족처럼 이 책의 내용과 연구사적 의의를 소개하고 출판사를 찾지 못하고 있는 사정까지 곁들였다. 마침 그 자리에 참석한 푸른역사 박혜숙 사장이 호응하여 한국어판 출판이 극적으로 결정되는데, 아무래도 여기에는 삼장법사의 영험이 미쳤다는 생각을 지울 수 없다.

현장은 생존 당시 제자들에게 자신이 죽으면 유골은 아무도 모르는 산중 외딴 곳에 매장하고 사원 가까이에 두지 말라고 유언했다. 그러나 역사의 아이러니에 농락당하는 형태로 현재 중국 11개소, 일본 1개소, 대만 1개소, 인도 1개소 도합 4개국 13개소에 분장되는 처지가 되었다.

현장은 당 고종 인덕麟德 원년(664) 2월 5일에 향년 62세, 법랍 51년으로, 인도 구법 여행에서 가져온 불전 번역 작업에 매진하고 있던 옹주雍州의 옥화궁玉華宮에서 입적했다. 유해는 곧 장안의 대자은사大慈恩寺 번경당翻經堂으로 옮겨져 법요를 치른 다음 4월 15일 장안 동쪽 근교 백록원白鹿原에 매장되고, 5년 후 황제의 명에 의해 유골은 남쪽 교외에 흥교사興敎寺를 건립하여 사리탑에 봉안하고 그 이름과 업적을 영원히 기억하도록 했다. 그러나 당 말에 발생한 황소黃巢의 난 때 농민봉기군이 장안을 점령(880년 말)하여 흥교사 사리탑을 파괴함으로써 현장의 유골은 행방불명이 되고 만다.

현장 법사의 유골이 다시 세상에 나타난 것은 그로부터 108년이 지난 북송北宋 태종 단공端拱 원년(988)이었다. 금릉金陵(지금의 난징南京)의 장간사長干寺 가정可政 스님이 수행 중이던 섬서陝西 종남산終南山 자각사紫閣寺에서 사라진 현장의 정수리 뼈 사리를 발견한다. 흥교사 사리탑 파괴 장면을 목격한 어느 출가자가 경내에 널브러진 현장의 유골을 수습하여 이곳으로 가져와 그 경위를 설명하는 비석과 함께 조그만 탑을 세워 유골을 봉안했던 것이 모습을 드러낸 것이다. 가정 스님은 당시 서하西夏 등 북방 유목민족의 압력이 날로 강해져 또다시 피해를 입을 수 있다는 우려에서 천리 먼 길 강남까지 현장의 유골과 비석을 짊어지고 와서 일단 자신이 기거하던 장간사의 동각탑東閣塔에 봉안했다. 39년 뒤(1207)에 중화문 밖 우화대雨花臺 근처 천희사天禧寺로 이장된다. 그 후 경내에서 몇 차례 이동은 있었지만 647년간 천희사를 지키고 있던 현장의 유골은 1854년 태평천국의 반란군의 공격을 받아 수장보탑이 파괴되면서 또다시 행방불명이 되고 만다.

두 번째로 사라진 현장 법사의 유골을 찾아낸 것은 아이러니하게도 중일전쟁 와중에 난징을 점령한 일본군이었다. 1937년 12월 장제스蔣介石 국민당 군대가 본거지인 난징을 함락당해 충칭重慶으로 쫓겨나고 다카모리 다카스케高森隆介가 이끄는 일본군이 난징 우화대 대보은사大報恩寺 유적지에 자리한 한 병기공장에 주둔한다. 1942년 11월 이 공장의 뒷산에 참배용 이나리稻荷 신사를 세우기 위해 포대 부분을 파다가 기묘한 석함을 발견하는데 그 측면에 새겨진 금석문자를 판독한 결과 그것이 바로 현장의 유골이었던 것이다.

일본군 지휘관 이나다 마사즈미稻田正純 대좌는 크게 기뻐하며 이를 일본으로 빼돌리려고 했으나 감정 작업에 관여한 중국 연구자와 지역신문의 폭로로 정보가 새어나가 비판 여론이 심상치 않자 친일 괴뢰정권인 왕징웨이汪精衛 난징 정부도 더이상 수수방관할 수 없었다. 베이징의 저명한 문화재 전문가 바이룽핑白隆平을 파견하여 일본

354 | 355

군과 교섭하게 하여 현장의 유골을 일본과 중국에 나누어 공양할 것을 제안하고 일본군도 결국 분골에 동의한다. 이번에는 침략군과 괴뢰정권의 합의로 현장 법사의 유골은 몇 쪽으로 나누어져 각지에 흩어지는 운명에 처하게 되었던 것이다.

중일전쟁 와중에 일본불교연합회장 아오무라 슈호蒼村秀峰가 중국을 방문하여 현장의 분골을 맞아들여 사이타마현 자은사慈恩寺에 공양하게 되었다. 그런데 문제는 일본의 패전 이후 엉뚱한 곳에서 터져나왔다. 1950년대 초에 일본에서 열린 '세계불교우의대회'에 참석한 타이완의 대표자들이 자은사의 현장 유골을 보고 귀국 후 자국 정부를 통해 그 반환을 정식으로 요청해온 것이다. 1955년 일본과 타이완 사이에 합의가 이루어져 유골을 다시 반반씩 나누어 공양하기로 했다. 1955년 11월 25일 타이페이 쑹산松山 국제 공항에 현장의 유골이 도착했을 때 약 10만 명의 환영인파가 모일 정도로 열기였다. 그 후 타이완 정부의 결정으로 경승지인 일월담 남쪽 청용산靑龍山에 현장사를 건립하여 성골을 안치했던 것이다

이상에서 불전 한역사에 우뚝 솟은 커다란 산맥인 현장의 입적 이후 육신이 겪은 기구한 운명에 대해 조금 장황하게 이야기했다. 이책의 주제와 직접적인 관련은 없는 내용일지 모르지만 불전 한역사에 대한 호기심과 관심을 불러일으키는 계기가 될지 모르겠다는 생각에서였다. 번역 작업을 마무리할 때마다 왜 우리의 지적인 풍토에서는 이런 저작이 나오지 않는가라는 아쉬움이 드는데 이번에도 예외는 아니다. 물론 이런 종류의 책을 펴내기 위해서는 인도·중국뿐만 아니라 세계 각지의 불교에 정통해야 되고, 산스크리트어·팔리어·간다라어 등의 인도어, 고대·현대의 중국의 문자나 언어, 고대

티베트어, 나아가 영어·불어·독일어 등 현대의 유럽어를 자유자재로 구사하는 등 엄청난 학문적 역량이 필요하다. 우리는 지금 겨우 그러한 연구자를 만났다는 것을 기뻐해야 할지 모르겠다. 그러나 저자가 이 책 전편을 통해 출전으로 제시하고 있는 '다이쇼장大正藏'에 수록된 많은 경전 등은 실은 우리가 자랑스러운 문화유산으로 여기는 '고려팔만대장경'을 저본으로 하고 있다는 점에서 마음이 한층 복잡해지는 것이다. 우리 불교계는 "교외별전敎外別傳, 불립문자不立文字"라는 말을 너무 단락적으로 받아들여 '교내敎內의 법'을 소홀히 해온 것은 아닌가라는 생각이 들기조차 한다.

2018년 6월
북한산 사자능선 우거에서
이향철

불전 한역사 연표
(후한에서 북송까지)

연도	사회 일반	연도	불교 관계
25	유수劉秀(광무제), 후한後漢을 건국(~220)		
		65	초왕영(유영劉英), '불타(浮屠)'의 사찰(仁祠)'을 숭상하고 불교를 신앙
		67 무렵	불교 최초 전래 전설. 《사십이장경四十二章經》한역의 전설
		150~220 무렵	낙양에서 안세고安世高가, 이어 지루가참支婁迦讖, 안현安玄, 엄불조嚴佛調, 지요支曜, 강맹상康孟詳 등이 경전을 한역. 또한 엄불조는 《십혜경十慧經》을 편집
		179	지루가참, 《도행반야경道行般若經》 《반주삼매경般舟三昧經》을 한역
220	조비曹丕, 위魏를 건국(~265). 후한 멸망(25~). 삼국시대 시작		
221	유비劉備, 촉蜀을 건국(~263)		
222	손권孫權, 오吳를 건국(~280)		
		247	강승회康僧會, 오吳의 건업建鄴에 도래하여 역경. 강남 지역에 불교 보급 시작. 비슷한 시기에 재가의 지겸支謙도 오나라에서 역경에 종사.

250	이 무렵에 청담淸談 사상 유행		
265	사마염司馬炎, 진晉을 건국(~420, 서진西晉 265~316, 동진東晉 317~420)		서진西晉의 축법호竺法護(239~316)에 의 한 한역 작업
		310무렵	백시리밀다라帛尸梨蜜多羅 (일명 고좌도인高座道人), 건업에 도착
316	서진 멸망. 오호십육국시대 시작		
317	동진 출범(~420)		
		340무렵	백시리밀다라, 건업에서 입적
351	부건符健, 전진前秦을 건국(~394). 후조後趙 멸망		
		354	혜원慧遠, 석도안釋道安 문하로 출가
		365	석도안, 양양襄陽에 도착
		375	석도안, 《종리중경목록綜理衆經目錄》을 편찬
376	전진, 화북을 통일		
		379	석도안, 양양에서 장안으로 입성
383	비수대전淝水之戰에서 전진 패배		
		375~383 무렵	전진前秦 시대 장안에서 승가발징僧伽跋澄, 담바난제曇摩難提, 축불염竺佛念 등 역경에 종사. 같은 시기에 승가제바僧伽提婆, 장안에서 남조의 건강과 여산廬山으로 옮겨 역경을 계속
384	요장姚萇, 후진後秦을 건국	384	혜원, 여산의 동림사東林寺에 기거
		385	석도안(312~), 장안에서 입적
386	탁발규拓跋珪, 북위北魏를 건국(~534). 여광呂光, 후량後涼을 건국		
394	전진前秦(351~) 멸망		
397	북량北涼 건국		

398	북위北魏, 성락盛樂에서 평성平城으로 천도		
		399	법현法顯, 경전을 찾아 장안을 출발하여 천축天竺으로 향함
		401	구마라집鳩摩羅什, 고장姑臧에서 장안으로 강제 이주되어 역경을 시작
		404	불야다라弗若多羅, 장안에 도착하여 구마라집과 《십송률十誦律》 번역을 시작하지만 급사. 이듬해 담마류지曇摩流支의 도래와 함께 번역을 재개
		409	구마라집(350~), 장안에서 사망(일설에 344~413). 구마라집과 같은 시기에 축불염竺佛念, 불타야사佛陀耶舍 등도 장안에서 역경 작업에 종사
		412	담무참曇無讖, 북량北涼의 수도 고장姑臧에 도착. 그 후 여러 경전의 한역을 개시. 법현, 인도에서 귀환
		416	혜원(334~), 여산에서 입적
417	유유劉裕, 후진을 멸망시킴		
420	유유, 송宋을 건국(~479)		
		421	담무참 번역 《대반열반경大般涅槃經》의 완성
424	송의 문제文帝 즉위, '원가의 치元嘉之治' 시작(~453)	420무렵 ~440무렵	송의 문제 치하, 건강에서 불타발타라佛馱跋陀羅(359~429), 보운寶雲(~449), 구나발마求那跋摩(367~431), 승가발마僧伽跋摩, 담마밀다曇摩密多(356~442), 구나발타라求那跋陀羅(394~468) 등이 연달아 불전 한역을 전개
		430~431 무렵	이 무렵 담무참 번역 《대반열반경》이 건강에 전래
		433	담무참(385~), 고장에서 저거몽손沮渠蒙遜에게 살해됨

불전 한역사 연표

439	북위, 북량을 멸망시키고 장강長江 이북을 통일. 남북조시대 시작(~589)		
		446	북위의 태무제, 불교를 탄압(~452, '3무 1종三武一宗의 법난')
		460	북위, 운강雲崗에 석굴 개착을 시작. 같은 시기에 북위의 담정曇靖, 위경《제위파리경提謂波利經》 편찬
479	소도성蕭道成, 제齊를 건국(~502)	5C 후반 무렵	위경《인왕경仁王經》, 《범망경梵網經》, 조금 지나 《보살영락본업경菩薩瓔珞本業經》 성립
493	북위, 평성에서 낙양으로 천도	487무렵 ~494	남제南齊의 소자량蕭子良(460~494), 다채로운 불교 활동을 전개하고 많은 초경抄經을 편집
		494	북위, 용문龍門에 석굴 개착을 시작. 이 무렵 역경승의 도래는 크게 줄어들고 예외적으로 남조에서 구나비지求那毘地(~502)가, 그 후 승가바라僧伽婆羅(460~524)가 역경에 종사
502	소연蕭衍(무제), 양梁을 건국(~557)		
		514	양의 보창寶唱,《명승전名僧傳》편집
		518	《출삼장기집出三藏記集》의 편찬자 양의 승우僧祐(445~), 건강에서 입적
519	양의 무제武帝 천감天監 연간(502~519) 종료	519	양의 혜교慧皎, 《고승전高僧傳》 편찬
		6C 전반 무렵	북위의 낙양에서 늑나마제勒那摩提, 보리류지菩提流志(~527)가 《십지경론十地經論》 등을 번역함에 따라 낙양을 중심으로 북위에서 지론종地論宗이 융성. 북위에서 동위에 걸쳐 불타선다佛陀扇多, 반야류지般若流支, 비목지선毘目智仙, 담림曇林 등이 낙양 및 업鄴에서 역경에 종사

534	북위 멸망, 업鄴에 수도를 둔 동위(534~550)와 장안에 수도를 둔 서위(535~557)로 분열		
548	'후경侯景의 난' 발생	548~	진제眞諦(499~569), 건강에 도착하지만 '후경의 난'을 만나 건강을 벗어나 남조 각지를 전전하면서 역경을 전개
549	후경, 건강을 함락. 양의 무제(464~) 건강에서 사망		
550	고양高洋, 동위를 멸망시키고 북제北齊를 건국(~577)		
557	우문각宇文覺, 서위를 멸망시키고 북주北周를 건국(~581). 진패선陳霸先, 양을 멸망시키고 진陳을 건국(~589)		
		574	북주의 무제, 불교와 도교를 탄압('3무 1종의 법난')
577	북주가 북제北齊(550~) 를 멸망시키고 합병		
581	양견楊堅, 북주(557~)를 멸망시키고 수隋(~619)를 건국	수대隋代 (581~619)	나련제야사那連提耶舍(490~589), 사나굴다闍那堀多, 달마급다達磨笈多(~619), 사나야사闍那耶舍 등 역경에 종사
583	수, 대흥성大興城으로 천도		
589	수, 진(557~)을 멸망시 키고 전국을 통일		
604	수의 양제煬帝, 아버지 문제文帝를 살해하고 즉위하여 낙양을 동도東都로 삼음		
605	양제, 대운하 공사를 개시	605	정완靜琬, 방산房山에 대장경의 석각을 기획(방산석경房山石經)

618	양제, 살해당하고 수 멸망. 이연李淵, 당을 건국(~907)		
626	이세민李世民(태종, ~649) 즉위, 이듬해 연호를 정관貞觀으로 변경('정관의 치')		
		629~633	바라파가라밀다라波羅頗伽羅密多羅 (565~633), 장안에서 역경
		645	현장玄奘, 인도·서역에서 귀환. 현장의 역경 활동 시작
		664	현장, 장안에서 입적
		667	《속고승전續高僧傳》, 《광홍명집廣弘明集》 등의 편찬자인 도선道宣(596~), 장안에서 입적
		668	도세道世, 불교백과전서 《법원주림法苑珠林》을 편찬. 이 무렵 지바하라地婆訶羅(612~687), 불타파리佛陀波利 등이 밀교 경전을 한역. 그 후 《불정존승다라니경佛頂尊勝陀羅尼經》이 크게 유행
690	측천무후則天武后, 황제가 되어 주周를 건국(~705, 무주혁명武周革命)		
705	중종中宗의 황제 복위 및 당 국호 회복	700~711	의정義淨, 인도·남해에서 귀환하여 역경에 종사
710	중종, 황후 위씨韋氏에게 독살		
712	현종玄宗 즉위(~756, '개원開元의 치')		
		713	의정(635~), 장안에서 입적. 이 무렵 실차난타實叉難陀(652~710), 보리류지菩提流志(~727), 보사유寶思惟(~721), 선무외善無畏(637~735), 금강지金剛智(669~741), 불공不空(705~774) 등 밀교 경전을 한역. 밀교의 유행

		730	지승智昇, 《개원석교록開元釋敎錄》을 편찬
745	현종, 양귀비楊貴妃를 귀비로 책봉		
751	당군, 탈라스강변 전투에서 이슬람군에 패배, 서역에서 철수		
755	'안사安史의 난' 시작(~763)		
756	안록산安祿山, 대연大燕 황제를 참칭. 현종, 촉蜀(쓰촨성四川省) 으로 피신		
763	'안사의 난' 종료. 토번 吐蕃이 장안에 침입		
781	대진경교유행중국비 大秦景教流行中国碑의 건립		
783	당, 토번과 국경을 획정		
803	백거이白居易 (백낙천白樂天)의 〈장한가長恨歌〉 성립		
		810~811	반야般若, 《대승본생심지관경大乘本生心地觀經》을 번역. 그 후 역경은 급속히 쇠퇴
819	한유韓愈, 당 헌종에게 〈논불골표論佛骨表〉라 는 상주문을 바쳐 좌천. 유종원柳宗元, 사망		
822	당과 토번의 화평 성립. 이듬해 당번회맹비唐蕃 會盟碑를 건립		
		838	일본 승려 엔닌圓仁의 입당
		842~845	당의 무종武宗, 회창會昌의 폐불을 단행(3무 1종의 법난)
875	황소黃巢의 난(~884)		
904	주전충朱全忠, 당의 소종昭宗을 살해		

907	주전충, 당을 멸망시키고 후량後梁을 건국(~923). 오대십국시대 시작		
946	거란(대거란국, 916~), 후진後晉(936~)을 멸망시키고 국명을 요遼(~1125)로 변경		
		955	후주後周의 세종, 불교를 탄압(3무 1종의 법난)
960	조광윤趙匡胤, 송宋을 건국(~1179)		
979	송, 중국을 통일		
		982	개봉開封의 태평흥국사太平興國寺에 역경원譯經院(나중에 전법원傳法院 으로 개칭)을 설치하고 천식재天息災 (~1000)가 역경을 개시. 그 후 법천法天(~1001), 시호施護(~1017), 법호法護(963무렵~1058), 한인 유정惟淨(973무렵~1051무렵) 등 역경에 종사
		988	찬녕贊寧(919~1001), 《송고승전宋高僧傳》을 편찬
		12C 초엽	북송의 역경 활동 종언
1127	북송 멸망. 고종 즉위하여 남송南宋 시대 시작(~1279)		

참고문헌

Brough, John(1964). "The Chinese Pseudo-translation of Ārya-Śūtra's *Jātaka-mālā*," *Asia Major, New Series* 11-1.

Cao Ling曹凌(2011). 《中国佛教疑偽経綜録》上海: 上海古籍出版社.

Chen Huaiyu(2006). "The Connection between *Jingjiao* and Buddhist Texts in Late Tang China." In *Jingjiao: The Church of the East in China and Central Asia*, edited by Roman Malek. Sankt Augustin: Institut Monumenta Serica.

_____(2009). "The Encounter of Nestorian Christianity with Tantric Buddhism in Medieval China." In *Hidden Treasures and Intercultural Encounters: Studies on East Syriac Christianity in China and Central Asia*, edited by Dietmar W. Winkler and Li Tang. Wien: LIT Verlag.

Chen Yinke陳寅恪(1934). 〈四聲三問〉, 《金明館叢稿初編》上海: 上海古籍出版社, 1980(최초 논문 발표 1934).

Chikusa Masaaki竺沙雅章(2000a). 〈仏教伝来―大蔵経編纂〉《大谷大学通信》50. 나중에 大谷大学広報委員会 編, 《仏教伝来》(大谷大学, 2001)에 재수록.

_____(2000b). 〈漢訳大蔵経の歴史―写経から刊経へ〉, 《宋元仏教文化史研究》, 汲古書院.

Dao'an釋道安(1978). 《大藏經雕刻史話》臺北: 盧山出版社.

Deeg, Max(2010). "Creating Religious Terminology: A Comparative Approach to Early Chinese Buddhist Translations," *Journal of the International Association of Buddhist Studies* 31/1−2, 2008, 2010.

Doi Tadao土井忠生(1982). 《《十六・七世紀における日本イエズス会布教上の教会用語

の問題〉〉,《古利支丹論攷》, 三省堂.

Enomoto Fumio榎本文雄(1993). 〈闐賓―インド仏教の一中心地の所在〉,《塚本啓祥教授還暦記念論文集, 知の邂逅―仏教と科学》, 佼成出版社.

_____(1994). 〈《法句譬喩経》の成立について―《中本起経》の成立にからんで〉, 季刊《アーガマ》130.

_____(2001). 〈《法句譬喩経》覚え書き〉, 榎本文雄・神塚淑子・菅野博史・末木文美士・引田弘道・松村巧,《真理の偈と物語(下)―《法句譬喩経》現代語訳》, 大蔵出版.

_____(2009). 〈「四聖諦」の原意とインド仏教における「聖」〉,《インド哲学仏教学》24.

Fang Guangchang方廣錩(2003). 關於江泌女子僧法誦出經〉, 同主編,《藏外佛教文獻, 第九輯》北京: 宗教文化出版社.

_____(2006).《中國寫本大藏經研究》上海: 上海古籍出版社.

_____(2010). 〈三十七品經〉, 同主編,《藏外佛教文獻, 第二編, 總第十四輯》北京: 中国人民大學出版社.

Forte, Antonino(1996). "On the So-called Abraham from Persia: A Case of Mistaken Identity." In *Paul Pelliot, L'inscription nestorienne de Si-ngan-fou*, edited with Supplements by Antonino Forte, Kyoto: Scuola di Studi sull' Asia Orientale and Paris: Collège de France, Institut des Hautes Études Chinoises.

Fujieda Akira藤枝晃(1960). 〈敦煌写経の字すがた〉,《墨美》97.

_____(1971).《文字の文化史》(講談社現代文庫, 講談社, 1999, 최초 岩波書店, 1971).

Fujiyoshi Masumi藤善真澄(1986). 〈宋朝訳経始末攷〉,《参天台五臺山記の研究》, 関西大学出版部, 2006(최초 논문 발표 1986).

Funayama Tōru船山徹(1995). 〈六朝時代における菩薩戒の受容過程―劉宋・南斉期を中心に〉,《東方学報》京都67.

_____(1998). 〈《目連問戒律中五百軽重事》の原形と変遷〉,《東方学報》京都70.

_____(2002). 〈「漢訳」と「中国撰述」の間―漢文仏典に特有な形態をめぐって〉,《仏教史学研究》45-1.

_____(2003). 〈龍樹・無著・世親の到達した階位に関する諸伝承〉,《東方学》105.

_____(2004). Toru Funayama. "The Acceptance of Buddhist Precepts by the

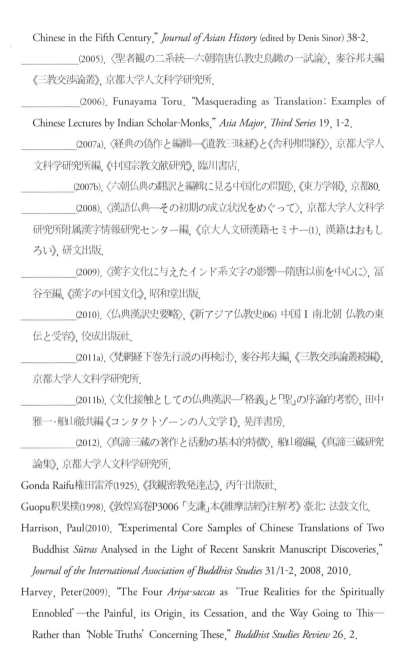

Chinese in the Fifth Century," *Journal of Asian History* (edited by Denis Sinor) 38-2.

_____(2005). 〈聖者観の二系統─六朝隋唐仏教史鳥瞰の一試論〉, 麥谷邦夫編 《三教交渉論叢》, 京都大学人文科学研究所.

_____(2006). Funayama Toru. "Masquerading as Translation: Examples of Chinese Lectures by Indian Scholar-Monks," *Asia Major, Third Series* 19, 1-2.

_____(2007a). 〈経典の偽作と編輯─《遺教三昧経》と《舎利弗問経》〉, 京都大学人 文科学研究所編, 《中国宗教文献研究》, 臨川書店.

_____(2007b). 〈六朝仏典の翻訳と編輯に見る中国化の問題〉, 《東方学報》, 京都80.

_____(2008). 〈漢語仏典─その初期の成立状況をめぐって〉, 京都大学人文科学 研究所附属漢字情報研究センター編, 《京大人文研漢籍セミナー(1), 漢籍はおもし ろい》, 研文出版.

_____(2009). 〈漢字文化に与えたインド系文字の影響─隋唐以前を中心に〉, 冨 谷至編, 《漢字の中国文化》, 昭和堂出版.

_____(2010). 〈仏典漢訳史要略〉, 《新アジア仏教史(06) 中国 I 南北朝 仏教の東 伝と受容》, 佼成出版社.

_____(2011a). 〈梵網経下巻先行説の再検討〉, 麥谷邦夫編, 《三教交渉論叢続編》, 京都大学人文科学研究所.

_____(2011b). 〈文化接触としての仏典漢訳─「格義」と「聖」の序論的考察〉, 田中 雅一・船山徹共編《コンタクトゾーンの人文学 I》, 晃洋書房.

_____(2012). 〈真諦三蔵の著作と活動の基本的特徴〉, 船山徹編, 《真諦三蔵研究 論集》, 京都大学人文科学研究所.

Gonda Raifu権田雷斧(1925). 《我観密教発達志》, 丙午出版社.

Guopu釈果樸(1998). 《敦煌寫卷P3006 「支謙」本《維摩詰経》注解考》 臺北: 法鼓文化.

Harrison, Paul(2010). "Experimental Core Samples of Chinese Translations of Two Buddhist *Sūtras* Analysed in the Light of Recent Sanskrit Manuscript Discoveries," *Journal of the International Association of Buddhist Studies* 31/1-2, 2008, 2010.

Harvey, Peter(2009). "The Four *Ariya-saccas* as 'True Realities for the Spiritually Ennobled'─the Painful, its Origin, its Cessation, and the Way Going to This─ Rather than 'Noble Truths' Concerning These," *Buddhist Studies Review* 26. 2.

Hayashiya Tomojirō林屋友次郎(1941).《経録研究(前篇)》, 岩波書店.

Hirakawa Akira平川彰(1960).《律蔵の研究 I》平川彰著作集(第9巻), 春秋社, 1999(초판 1960).

Hirakawa Akira et al.平川彰·平井俊栄·高橋壮·袴谷憲昭·吉津宜英(1973).《倶舎論索引(第一部), サンスクリット語 チベット語 漢訳対照》, 大蔵出版.

_____(1977).《倶舎論索引(第二部), 漢訳 サンスクリット語 対照》, 大蔵出版.

_____(1978).《倶舎論索引(第三部), チベット語 サンスクリット語 対照》, 大蔵出版.

Huijiao慧皎著(2009a). Yoshikawa Tadao & Funayama Tōru 吉川忠夫·船山徹訳,《高僧伝(一)》(岩波文庫), 岩波書店.

_____(2009b). Yoshikawa Tadao & Funayama Tōru 吉川忠夫·船山徹訳,《高僧伝(二)》(岩波文庫), 岩波書店.

_____(2010a). Yoshikawa Tadao & Funayama Tōru 吉川忠夫·船山徹訳,《高僧伝(三)》(岩波文庫), 岩波書店.

_____(2010b). Yoshikawa Tadao & Funayama Tōru 吉川忠夫·船山徹訳,《高僧伝(四)》(岩波文庫), 岩波書店.

Huo Wei霍巍(1994).《大唐天竺使出銘》及其相関問題的研究》,《東方学報》京都66.

_____(2001).《大唐天竺使出銘》相關問題再探》,《中国藏學》2001年 1期.

Hureau, Sylvie(2010). "Translations, Apocrypha, and the Emergence of the Buddhist Canon." In *Early Chinese Religion, Part Two: The Period of Division(220~589 AD)*, edited by John Lagerwey and Lü Pengzhi, Leiden/Boston: Brill.

Ikeda Eijun池田英淳(1937). 〈鳩摩羅什訳出の禅経典と廬山慧遠〉,《大正大学学報》26.

Jan Yun-hua(1970). "Ch'uan-fa yuan: The Imperial Institute for Transmission of Buddha-dharma in Sung China." In *Studies in Asian History and Culture*, edited by Buddha Prakash, Meerut: Meenakshi Prakashan.

Kaginushi Ryōkei鍵主良敬(1968). 〈本無および如·真如の訳出について〉,《大谷学報》47-4. 같은 저자의《華厳教学序説—真如と真理の研究》(文栄堂, 1968) 제1편 제1장 〈羅什以前の真如〉도 거의 같은 논문.

Kajiyama Yūichi梶山雄一(1992). 〈般舟三昧経—阿弥陀仏信仰と空の思想〉, 梶山雄一·

末木文美士,《浄土仏教の思想(第二巻), 観無量寿経・般舟三昧経》, 講談社.

Kamitsuka Yoshiko神塚淑子(2001),〈六朝隋唐時代における《法句譬喩経》, 榎本文雄・神塚淑子・菅野博史・末木文美士・引田弘道・松村巧《真理の偈と物語(下)》, 大蔵出版.

Karashima Seishi辛嶋静志(1996),〈漢訳仏典の漢語と音写語の問題〉,《シリーズ・東アジアの仏教(第5巻), 東アジア社会と仏教文化》, 春秋社.

_____(1998). *A Glossary of Dharmarakṣaʾs Translation of the Lotus Sutra*正法華経詞典, Hachioji: The International Research Institute for Advanced Buddhology, Soka University.

_____(2001). *A Glossary of Kumārajīvaʾs Translation of the Lotus Sutra*妙法蓮華経詞典, Hachioji: The International Research Institute for Advanced Buddhology, Soka University.

_____(2010). *A Glossary of Lokakṣemaʾs Translaion of the Aṣṭasāhasrikā Prajñāpāramitā. Daoxing borejing cidian/Dōgyō hannya kyō shiten*道行般若経詞典, Hachioji: The International Research Institute for Advanced Buddhology, Soka University.

_____(2011),〈利用「翻版」研究中古漢語演変: 以《道行般若経》「異訳」与《九色鹿經》為例〉,《中正大学中文学術年刊》2011年 2期(總18期).

Kawano Satoshi河野訓(1991),〈初期中国仏教の仏伝をめぐる諸問題─《修行本起経》に関連して〉,《東洋文化研究所紀要》113.

_____(2007),《漢訳仏伝研究》, 皇学館大学出版部.

Kimura Senshō木村宣彰(1985),〈維摩詰経と毘摩羅詰経〉,《中国仏教思想研究》, 法蔵館, 2009(최초 논문 발표 1985).

_____(1986),〈鳩摩羅什の訳経〉,《中国仏教思想研究》(최초 논문 발표 1986).

_____(1997),〈羅什と玄奘〉,《シリーズ・東アジア仏教(第2巻), 仏教の東漸》, 春秋社.

Kin Bunkyō金文京(2010),《漢文と東アジア─訓読の文化圏》(岩波新書), 岩波書店.

Kishino Hisashi岸野久(1998),《ザビエルと日本─キリシタン開教期の研究》, 吉川弘文館.

_____(2001),《ザビエルの同伴者アンジロー──戦国時代の国際人》, 吉川弘文館.

Kobayashi Masayoshi小林正美(1997),〈「格義仏教」考〉,《シリーズ・東アジア仏教(第3

巻),新仏教の興隆》,春秋社.

Kōno Yoshinori河野純徳(1988).《聖フランシスコ・ザビエル全生涯》,平凡社.

Kōzen Hiroshi興膳宏(2011).《仏教漢語50話》(岩波新書),岩波書店.

Kuwayama Shōshin桑山正進(1990).《カーピシー=ガンダーラ史研究》,京都大学人文科学研究所.

Leung Tin-sek梁天錫(2003).《北宋伝法院及其訳経制度》香港: 志蓮浄苑.

Liang Xiaohong梁曉虹(1994).《仏教詞語的構造与漢語詞彙滙發展》北京: 北京語言学院出版社.

Lin Min林敏(2005).〈《照明菩薩経》と《妙好宝車経》について〉,《仙石山論集2》.

Lin Wushu林悟殊(2003).《唐代景教再研究》北京: 中國社会科學院出版社, 2003.

Liu Shu-fen劉淑芬(2008).《滅罪與度亡: 佛頂尊勝陀羅尼經幢之研究》上海 : 上海古籍出版社.

_____ (2010).〈從造像碑看南北朝佛教的幾個面向—石像・義邑和中國撰述經典〉, 林富士主編,《中國史新論, 宗教史分冊》臺北: 中央研究院.

Mabuchi Kazuo馬渕和夫(1993).《五十音図の話》, 大修館書店.

Maggi, Mauro(2009). "Khotanese Literature." In *The Literature of Pre-Islamic Iran&(A History of Persian Literature, Companion Volume 1)*, edited by Ronald E. Emmerick Maria Macuch, London: I. B. Tauris.

Mair, Victor H.(1993). The Linguistic and Textual Antecedents of *The Sutra of the Wise and the Foolish*, Sino-Platonic Papers 38.

_____ (2010). "What is Geyi, After All?" In *Philosophy and Religion in Early Medieval China*, edited by Alan K. L. Chan and Yuet-Keung Lo, Albany: SUNY Press.

_____ (2012). "The Khotanese Antecedents of *the Sūtra of the Wise and the Foolish(Xianyu jing)*." In *Buddhism across Boundaries: The Interplay between Indian, Chinese, and Central Asian Source Materials*, edited by John R. McRae and Jan Nattier, Sino-Platonic Papers, 222, 2012(Revised edition of the *Buddhism across Boundaries: Chinese Buddhism and the Western Regions Taipei: Fo Guang Shan Foundation for Buddhist &, Culture Education*, 1999).

Mair, Victor H. & Mei, Tsu-lin梅祖麟(1991). "The Sanskrit Origins of Recent Style Prosody," *Harvard Journal of Asiatic Studies* 51-2.

Makita Tairyō牧田諦亮(1976). 《疑経研究》, 京都大学人文科学研究所.

Makita Tairyō & Ochiai Toshinori牧田諦亮監·落合俊典編(1996). 《七寺古逸経典研究叢書(第二巻)》, 大東出版社.

Maspero, Henri(1911). "Sur le date et l'authenticité du Fou fa tsang yin yuan tchouan." In *Mélanges d'Indianisme*, edited by Sylvain Lévi, Paris: Ernest Leroux.

Matsuda Kazunobu松田和信(2010). 〈中央アジアの仏教写本〉, 奈良康明·石井公成編《新アジア仏教史05, 中央アジア：文明·文化の交差点》, 佼成出版社.

Matsumoto Bunsaburō松本文三郎(1937). 〈趙末時代の訳経事業〉, 《仏教史雑考》, 創元社, 1944(최초 논문 발표 1937).

Max Deeg(2010). "Creating Religious Terminology: A Comparative Approach to Early Chinese Buddhist Translations," *Journal of the International Association of Buddhist Studies* 31/1-2, 2008, 2010.

Mayrhofer, Manfred(1963). *Kurzgefaßtes etymologisches Wörterbuch des Altindischen. A Concise Etymological Sanskrit Dictionary, Band II: D-M*, Heidelberg: Carl Winter, Universträtsverlag.

Mizuno Kōgen水野弘元(1990). 《経典—その成立と展開》, 佼成出版社.

Mizuno Sōhei水野荘平(2012). 〈南北朝時代における中国撰述経典の成立について—《仁王般若経》の成立を中心にして〉, 《日本仏教学会年報》77.

Mochizuki Shinkō望月信亨(1946). 《仏教経典成立史論》, 法蔵館.

Morino Shigeo森野繁夫(1983). 〈六朝訳経の語法と語彙〉, 《東洋学術研究》22-2.

Moule, A. C.(1930). *Christians in China before the Year 1550*, London: Society for Promoting Christian Knowledge.

Munday, Jeremy(2009). 鳥飼玖美子 監訳, 《翻訳学入門》, みすず書房.

Naito Ryūo内藤龍雄(1955). 〈大方便仏報恩経について〉, 《印度学仏教学研究》3-2.

Nakamura Kikunoshin中村菊之進(1977). 〈宋伝法院訳経三蔵惟浄の伝記及び年譜〉, 《文化》41-1·2.

Nattier, Jan(2008). *A Guide to the Earliest Chinese Buddhist Translations: Texts from the*

*Eastern Han*東漢 *and Three Kingdoms*三國 *Periods*, Hachioji: The International Research Institute for Advanced Buddhology, Soka University.

_____(2010). "Who Produced the *Da mingdu jing*&大明度經(T225)?: A Reassessment of the Evidence," *Journal of the International Association of Buddhist Studies* 31/1-2, 2008, 2010.

Nida, Eugene Albert(1964). *Toward a Science of Translating : with Special Reference to Principles and Procedures Involved in Bible Translating*, Brill. 일본어 번역 ユージン A. ナイダ(1972), 成瀬武史訳, 《翻訳学序説》, 開文社出版.

Nomura Yōshō & Ōkawa Fujio野村耀昌・大川富士夫(1996). 〈付法蔵因縁伝解題〉, 《国訳一切経 史伝部16下》, 大蔵出版.

Ochiai Toshinori落合俊典(2000). 〈二種の《馬鳴菩薩伝》─その成立と流伝〉, 牧田諦亮監・落合俊典編, 《七寺古逸経典研究叢書(第五巻)》, 大東出版社.

Ōchō Enichi横超慧日(1958a). 〈中国仏教初期の翻訳論〉, 《中国仏教の研究》, 法蔵館.

_____(1958b). 〈鳩摩羅什の翻訳〉, 《中国仏教の研究 第二》, 法蔵館, 1971 (최초 논문 발표 1958).

_____(1983). 〈仏教経典の漢訳に関する諸問題〉, 《東洋学術研究》 22-2.

Ogihara Unrai荻原雲来編纂・鈴木学術財団編(1986), 《漢訳対照梵和大辞典》(新装版), 講談社(초판 1977).

Okabe Kazuo岡部和雄(1971). 〈僧祐の疑偽経観と抄経観〉, 《駒沢大学仏教学部論集》 2.

_____(1972). 〈訳経史研究の方法と課題─付・《四十二章経》の成立と展開(一)・(二)〉, 《三蔵》 62・63.

Okayama Hajime丘山新(1980). 〈漢訳仏典に及ぼした中国思想の影響─古訳時代の文体論〉, 《仏教思想史・第2号, 仏教と他教との対論》, 平楽寺書店.

_____(1983). 〈漢訳仏典の文体論と翻訳論〉, 《東洋学術研究》 22-2.

_____(1996). 〈漢訳仏典と漢字文化圏〉, 高崎直道・木村清孝編, 《シリーズ・東アジアの仏教(第五巻), 東アジア社会と仏教文化》, 春秋社.

Okayama Hajime et al.丘山新・神塚淑子・辛嶋静志・菅野博史・末木文美士・引田弘道・松村巧(1995). 《現代語訳「阿含経典」長阿含経(第一巻)》, 平川出版社.

Ono Genmyō小野玄妙(1920). 〈千臂千鉢曼殊室利經並其序真偽考〉, 《仏教学雑誌》 1-4.

_____(1931).〈梁荘厳寺宝唱の翻梵語と飛鳥寺信行の梵語集〉,《仏典研究》3巻 12号.

_____(1936).〈経典伝訳史〉,《仏書解説大辞典(別巻), 仏教経典総論》, 大東出版社.

Ōno Hōdō 大野法道(1954).《大乗戒経の研究》, 理想社.

Osabe Kazuo 長部和雄(1971).《唐代密教史雑考》, 神戸商科大学経済研究所.

Ōta Tatsuo 太田辰夫(1988).《中国語史通考》, 白帝社.

Oustinoff, Michaël(2008). 服部雄一郎訳,《翻訳: その歴史・理論・展望》, 文庫クセジュ, 白水社.

Ouyang Zhongshi 欧陽中石主編(2009).《涉縣北齊刻經》(全二冊) 瀋陽: 萬巻出版.

Pinte, Gudrun(2012). "False Friends in the *Fanfanyu*," *Acta Orientalia* 65-1.

Rao Zongyi 饒宗頤(1985).〈文心雕龍声律篇与鳩摩羅什通韻〉,《梵學集》上海: 上海古籍出版社, 1993(최초 논문 발표 1985).

_____(1987).〈印度波儞尼仙之圍陀三聲論略—四聲外來說平議〉,《梵學集》上海: 上海古籍出版社, 1993(최초 논문 발표 1987).

Ren Jiyu 任継愈主編(1985).《中国佛教史(第二巻)》北京: 中華書局.

Saeki, P. Y. 佐伯好郎(1937). *The Nestorian Documents and Relics in China*. Tokyo: Tokyo Bunka Gakuin.

Saitō Takanobu 齊藤隆信(2011).〈漢語仏典における偈の通押とその要因〉,《印度学仏教学研究》60-1.

_____(2012).〈上林園翻経館沙門彦琮の漢訳論〉,《印度学仏教学研究》61-1.

Sen, Tansen(2002). "The Revival and Failure of Buddhist Translations during Song Dynasty," *T'oung Pao*, Second Series 88-1/3.

_____(2003). *Buddhism, Diplomacy, and Trade: The Realignment of Sino-Indian Relations, 600~1400*, Honolulu: Association for Asian Studies and University of Hawai'i Press.

Shibata Atsushi 柴田篤訳注(2004).《天主実義》(東洋文庫), 平凡社.

Shirakawa Shizuka 白川静(1994).《字統》(普及版), 平凡社(초판 1984).

Su Jinren蘇晋仁(1951).〈佛教譯場的發展〉, 蘇晋仁著·中國佛教文化研究所編,《佛學文史論叢》香港: 中國佛教文化出版, 2002(최초 논문 발표 1951).

Suzuki Norihisa鈴木範久(2006).《聖書の日本語─翻訳の歴史》, 岩波書店.

Suwa Gijun諏訪義純(1982).〈鳩摩羅什の生涯と訳経事業〉, 横超慧日·諏訪義純,《羅什》, 大蔵出版.

Takeda Masaya武田雅哉(1994).《蒼頡たちの宴─漢字の神話とユートピア》東京: 筑摩書房.

Tanabe Kazuko田辺和子(2000),《法句譬喩経》(新国訳大蔵経) 東京: 大蔵出版.

Tang Li(2009). "A Preliminaary Study on the Jingjiao Inscription of Luoyang: Text Analysis, Commentary and English Translation." In *Hidden Treasures and Intercultural Encounters: Studies on East Syriac Christianity in China and Central Asia*, edited by Dietmar W. Winkler and Li Tang, Wien: LIT Verlag.

Tang Yongtong湯用彤(1938).《漢魏両晋南北朝仏教史》長沙: 商務印書館.

Taylor, Rodney L.(1988). "The Sage as Saint: The Confucian Tradition." In *Sainthood: Its Manifestations in World Religions*, edited by Richard Kieckhefer and George D. Bond, Berkeley: University of California Press.

Tso, Sze-bong曹仕邦(1963).〈論中國佛教譯場之譯經方式與程序〉,《中國佛教譯經史論集》臺北: 東初出版社, 1990(최초 논문 발표 1963).

_____(1966).〈關於中國佛教的「譯場」〉,《中國佛教譯經史論集》臺北: 東初出版社, 1990(최초 논문 발표 1966).

Tsukamoto Zenryū塚本善隆(1942).〈中国の在家仏教特に庶民仏教の一経典─提謂波利経の歴史〉,《塚本善隆著作集(第二卷), 北朝仏教史研究》東京: 大東出版社, 1974. 원래 논문 제목은 '支那の在家仏教特に庶民仏教の一経典─提謂波利経の歴史'《東方学報》京都12-3, 1942)이다.

_____(1955).〈仏教史上における肇論の意義〉, 塚本善隆編,《肇論研究》, 法蔵館.

_____(1979).《中国仏教通史(第一卷)》(増補改訂版), 春秋社(초판은 鈴木学術財団, 1968).

Ugai Tetsujō鵜飼徹定(1916).〈訳場列位〉,《解題叢書》, 国書刊行会.

Ui Hakuju宇井伯壽(1949). 〈菩薩, 仏の音訳について〉, 《大乗仏典の研究》, 岩波書店, 1963(최초 논문 발표 1949).

Unebe Toshihide畝部俊英(1970). 〈竺仏念の研究─漢訳《増壱阿含経》の訳出をめぐって〉, 《名古屋大学文学部研究論集》51.

Wang Bangwei王邦維(1995). 《南海寄帰内法伝校注》北京: 中華書局(개정 중판 2009).

Wang Yarong王亞榮(1999). 〈大興城佛經翻譯史要〉, 《中國佛學》第2卷 1期. 같은 저자의 《長安佛教史論》(北京: 宗教文化出版社, 2005)에 재수록.

Wang Wen-yan王文顔(1984). 《佛典漢譯之研究》臺北: 天華出版.

Watanabe Shōgo渡辺章悟(2009). 〈笈多訳《金剛能斷般若経の研究》〉, 《金剛般若経の研究》, 山喜房仏書林.

Xu Shiyi徐時儀(2008). 《一切経音義: 三種校本合刊》上海: 上海古籍出版社.

Yanabu Akira柳父章(2001). 《「ゴッド」は神か上帝か》(岩波現代文庫), 岩波書店.

Yoritomi Motohiro頼富本宏(1979). 《中国密教の研究─般若と賛寧の密教理解を中心として》, 大東出版社.

Yoshikawa Kōjirō吉川幸次郎(1958). 〈仏説無量寿経の文章〉, 《吉川幸次郎全集(第7卷)》, 筑摩書房, 1968(최초 논문 발표 1958).

Yoshikawa Tadao吉川忠夫(1990). 〈真人と聖人〉, 《岩波講座・東洋思想(第十四卷), 中国宗教思想(2)》, 岩波書店.

Yu Liming俞理明(1993). 《佛經文獻語言》成都: 巴蜀書社.

Zacchetti, Stefano(1996). "Dharmagupta's Unfinished Translation of the Diamond-cleaver(*Vajracchedikā Prajñāpāramitā Sūtra*)," *T'oung Pao* 82.

_____(2002). "An Early Chinese Translation Corresponding of Chapter 6 of the *Peṭakopadesa*. An Shigao's *Yin chi ru jing* T603 and Its Indian Original: A Preliminary Survey," *Bulletin of the School of Oriental and African Studies* 65-1.

_____(2005). *In Praise of the Light*: *A Critical Synoptic Edition with an Annotated Translation of Chapters 1-3 of Dharmarakṣa's Guang zan jing*光讚經, *Being the Earliest Chinese Translation of the Larger Prajñāpāramitā*, Hachioji: International Research Institute for Advanced Buddhology, Soka University.

Zhang Xun章巽(1985). 《法顯傳校註》上海: 上海古籍出版社.

Zhang Zong張總(2009).〈涉縣北齊刻經的特殊意義─從經本到內容〉, 歐陽中石主編, 《涉縣北齊刻經(下)》瀋陽: 萬卷出版.

_____(2010). "Northern Qi Inscribed Sutras and Buddha Images: The Unique Case of the Inscribed-Sutra Cave at Mount Zhonghuang," *Asia Major*, Third Series 23-2.

Zhou Yiliang周一良(1944).〈中國的梵文研究〉, 《周一良全集(三卷)》瀋陽: 遼寧教育出版社, 1998(최초 논문 발표 1944).

Zhu Qingzhi朱慶之(1992).《佛典與中古漢語詞彙研究》臺北: 文津出版社.

Zhu Qingzhi & Zhu Guanming朱慶之·朱冠明(2006).〈佛典與漢語語法研究─20世紀國內佛教漢語研究之回顧之二〉, 《漢語史研究集刊(9)》成都: 巴蜀書社.

Zhu Qingzhi & Mair, Victor H.朱慶之·梅維恒(2004).《荻原雲來《漢譯對照梵和大辭典》漢譯詞索引》成都: 巴蜀書社.

Zürcher, Erik(1959). *The Buddhist Conquest of China: The Spread and Adaptation of Buddhism in Early Medieval China*, Leiden: E. J. Brill(3rd edition with a foreword by Stephen F. Teiser, Brill, 2006). 일본어 번역판은 エーリク·チュルヒャー, 田中純男·成瀨良德·渡会顕·田中文雄訳, 《仏教の中国伝来》, せりか書房(1995).

찾아보기

1. 승려의 이름은 앞부분에 '석釋'을 붙이는 경우가 많지만, 여기서는 이를 생략한 표기를 사용한다.
2. 불전명은 앞부분에 '불설佛說'를 붙이는 경우가 있지만, 여기서는 이를 생략한 표기로 통일한다.

225, 357

BUTTEN WA DŌ KAN'YAKU SARETA NO KA

by Toru Funayama

ⓒ 2013 by Toru Funayama

First published 2013 by Iwanami Shoten, Publishers, Tokyo.

This Korean edition published 2018

by Purnyoksa, Seoul

by arrangement with the proprietor c/o Iwanami Shoten, Publishers, Tokyo.

이 책의 한국어판 저작권은 에릭양 에이전시를 통해
일본 저작권자와 독점 계약한 '도서출판 푸른역사'에 있습니다.
저작권법에 의해 한국 내에서 보호를 받는 저작물이므로
무단 전재나 복제, 광전자 매체 수록 등을 금합니다.

번역으로서의 동아시아

⊙ 2018년 6월 22일 초판 1쇄 발행
⊙ 2019년 11월 26일 초판 3쇄 발행
⊙ 지은이   후나야마 도루
⊙ 옮긴이   이향철
⊙ 펴낸이   박혜숙
⊙ 펴낸곳   도서출판 푸른역사
  우) 03044 서울시 종로구 자하문로8길 13
  전화: 02) 720-8921(편집부) 02) 720-8920(영업부)
  팩스: 02) 720-9887
  전자우편: 2013history@naver.com
  등록: 1997년 2월 14일 제13-483호

ⓒ 푸른역사, 2019

ISBN   979-11-5612-097-1   93220